SPIEGEL
BUCH

Buch

Als er im November 1996 zusammen mit seiner Frau Alida in Kolumbien festgenommen wurde, glaubte Werner Mauss noch, alles lasse sich schnell aufklären. Er hatte passende Ausweispapiere, einen Schutzbrief der deutschen Botschaft und Kontakte zu höchsten Regierungsstellen vorzuweisen. Der Agent wollte Brigitte Schoene, die drei Monate zuvor entführte Frau des ehemaligen BASF-Managers, außer Landes bringen. Aber es hieß, er habe die Frau nicht befreit, sondern – im Gegenteil – selbst entführt, um mit dem Lösegeld die Guerilla-Organisation ELN zu finanzieren.
Stefan Aust ist dem umstrittenen Privatdetektiv seit Jahren journalistisch auf der Spur. Der Geheimagent arbeitete für Bundesnachrichtendienst, Polizei, Konzerne und Versicherungen. Dreißig Jahre in den Dunkelzonen der Macht, dreißig Jahre im Niemandsland zwischen Gut und Böse, drei Jahrzehnte inkognito mit immer wechselnden Identitäten. Wurde Mauss am Ende ausgetrickst?

Autor

Stefan Aust, langjähriger NDR- und SPIEGEL-Mitarbeiter, schrieb zahlreiche Fernsehdokumentationen und Bücher, von denen »Der Baader-Meinhof-Komplex« großes Aufsehen erregte. Er ist Gründer und Leiter von »SPIEGEL-TV« (seit 1988) und seit Dezember 1994 Chefredakteur des Nachrichten-Magazins DER SPIEGEL.

Stefan Aust
Mauss
Ein deutscher Agent

GOLDMANN

Umwelthinweis:
Alle bedruckten Materialien dieses Taschenbuches
sind chlorfrei und umweltschonend.

Neuausgabe Februar 1999
Mit einem aktuellen Nachwort
Wilhelm Goldmann Verlag, München,
in der Verlagsgruppe Bertelsmann GmbH
© 1988 Hoffmann und Campe Verlag, Hamburg
Umschlaggestaltung: Design Team München
Satz: Uhl + Massopust, Aalen
Druck: Presse-Druck Augsburg
Verlagsnummer: 12957
KF · Herstellung: Sebastian Strohmaier
Made in Germany
ISBN 3-442-12957-5

3 5 7 9 10 8 6 4 2

Dieses Buch wäre ohne Rudolf Müller vom »Stern«,
mit dem gemeinsam ich über ein Jahr lang
recherchiert habe, so nicht zustandegekommen.
Ihm sei an dieser Stelle für seine Mitarbeit gedankt.
Quellen und Informanten müssen anonym bleiben.
Dennoch sei auch ihnen gedankt.

Inhalt

Vorbemerkung 9

1. Kapitel: Das Geheimnis des Super-Agenten 11
Eine Expedition in den Untergrund der Polizei · Die Legende vom
Super-Agenten

2. Kapitel: Der Privatdetektiv 31
Wie alles anfing · Die Detektei »M.« · Die Hochzeit · Der Aufstieg ·
Der Hang zum Prächtigen · Firma Mauss »weltweit«

3. Kapitel: Der V-Mann 51
Abstieg in die Unterwelt · Durchbruch im Versicherungsgeschäft · Der
Hehler · Der Vertrag · Geschäfte vor der Tat · Herr »M.« – beim Einbruch anwesend · Ablenkungsmanöver · Die Passion des Herrn »M.« ·
Entlarvt · Ein neuer Name · Ein Mann mit Beziehungen · Das neue
Haus · Ehekrise · Ein Seitensprung mit Folgen · Die große Nummer des
BKA · Eine Leiche soll verkauft werden

4. Kapitel:
Die Privatisierung der Verbrechensbekämpfung 91
Mauss schießt los · Die Jagd auf Lecki und Derks · Die Spanien-Connection · Die »Institution M.« · Tagesablauf eines Super-Agenten · Hilfe vom
großen Bruder · Kleine Liebesgaben · Eine Geiselnahme · Gespräche im
Untergrund · Operation Eurogang · Überlebensgroß: Herr Mauss ·
Ärger mit der Assekuranz · Ärger mit dem BKA · Der Krach · Mauss beschwert sich über das BKA · Gehaltserhöhung · Erster Einstieg in den
Terrorismus · Der Schlüssel zu VW · Das Verblüffende an Herrn »M.« ·
Die Versicherung als Hehler · Ganz oben · Das Beispiel »M.« ·
Der Kölner Domschatz

5. Kapitel: Der Agent ... 175

Terroristenjagd · Am Rande des Abgrunds · Die Oetker-Ermittlung · »Django« · Auf der Suche nach Neuland · Das V-Mann-Trio · Zielperson Friederike P. · Ein Hilferuf an »M.« · V-Frau Veronika · Reisen im Auftrag von Herrn »M.« · Ein Komitee wird unterwandert · V-Mann Susak im Einsatz · Ein Mordversuch in Algier · Die Italien-Connection · Das Celler Loch · »Feuerzauber« zündet nicht · Ein parlamentarisches Nachspiel · »Django« hinter Gittern · »Django« als Fallensteller · Eine Spendensammlung für die »Institution M.«

6. Kapitel: Der Geheimdienstler ... 273

Mauss beim BND · Neues Amt und alte Quellen · Die Irland-Connection · Eine Agentin im Streik · »M.« will MPs an Terroristen liefern · Vorstoß ins rechte Lager · Albrecht weint sich aus und verschwindet · Mauss ganz nah an der Quelle · Am Lügendetektor

7. Kapitel: Rückkehr ins kriminelle Milieu ... 325

Schluß mit »Wind und Spesen« · Zurück ins organisierte Verbrechen · Der freie Mitarbeiter des BKA · Das Team »M. & M.« zerbricht · »Operation Ulrich« · Mauss und der Juwelier · Der Agent und die Wanzen · Die Mauss-Falle · Verfolgungsjagd durch Frankreich · Ein Autodiebstahl · Die Jacht an der Côte d'Azur · Der Juwelier geht in die Falle · Abstecher nach New York und Rhodos · Die Falle schnappt zu · Mauss wird bekannt

8. Kapitel: Der Mann für alle Fälle ... 379

Mauss und der Baader-Verteidiger · Das verschwundene Seveso-Gift · Ein Geheimnis soll gekauft werden · Der Deal in Lausanne · Ein Erfolg mit Fragezeichen · Scheidung und Verkauf der Villa · Geld für die Guerilla

9. Kapitel: Ende offen ... 411

»Staatsgeheimnis Mauss« · Mauss – und kein Ende

Nachtrag ... 423

Abkürzungen ... 467

Register ... 469

Vorbemerkung

Dies ist die zunächst kaum glaubliche Geschichte eines Mannes, der stets damit beschäftigt war – und es noch immer ist –, sich zu verbergen, unerkannt zu bleiben, den Ort seines jeweiligen Aufenthaltes geheimzuhalten, mit falschen Pässen und unter falschem Namen zu reisen.

Manche nannten ihn den »deutschen James Bond«, andere einen »hochstaplerisch begabten Dilettanten«. Er suchte die Gesellschaft kleiner Ganoven und großer Verbrecher ebenso wie die von Versicherungsbossen und Präsidenten nationaler und internationaler Polizeiapparate und Geheimdienste.

Er verdiente so viel Geld, daß er ein eigenes Flugzeug anschaffen konnte, Luxusautos, einen Privatzoo und eine Villa im eigenen Tal. Kurzum: Er lebte auf großem Fuß. Und er tut es noch immer. Und doch ist diese Beschreibung nicht der Steckbrief eines gesuchten Unterweltgewaltigen, sondern die Kennzeichnung eines Mannes, den man dafür bezahlt, daß er andere sucht und gelegentlich auch findet. Es ist die Geschichte eines hochbezahlten Detektivs, verdeckten Fahnders und Geheimagenten. Es ist die Beschreibung eines unauffälligen Mannes mit dem unauffälligen Namen Werner Mauss. Und es wäre nichts weiter als die Beschreibung dieses Mannes, die Schilderung seines ungewöhnlichen und an Spannung reichen Lebens, wäre es nicht zugleich die Aufdeckung einer unglaublichen politischen Farce.

Als Person blieb Mauss lange so unscharf wie das einzige Foto, das von ihm existierte. Ein Phänomen, ein Dunkelmann im wahrsten Sinne des Wortes. Seine Geschäfte im Dreiecksverhältnis zwischen Privatwirtschaft, Ämtern und Unterwelt blieben verborgen. Beamte und Politiker deckten ihn, so gut es ging. Ein Privatmann wurde gleichsam zum Staatsgeheimnis.

Die Karriere des Agenten Werner Mauss ist schon lange nicht mehr seine Privatsache. Sie ist ein Politikum.

Während normale Polizeibeamte und ihre Einsätze der – wenn auch lückenhaften – Kontrolle durch Dienstvorgesetzte, Politiker, Gerichte oder parlamentarische Untersuchungsausschüsse unterliegen, konnte Mauss bislang fast immer vollkommen unkontrolliert operieren. Der Mann mit den vielen Namen wirkte gleichsam im rechtsfreien Raum. Für ihn scheinen die Normen des Rechtsstaats nie gegolten zu haben: ein privater Geheimdienstler, der niemandem wirklich Rechenschaft ablegen mußte.

Werner Mauss ist eine interessante Persönlichkeit, aber was ihm darüber hinaus Gewicht verleiht, ist nicht so sehr die Unverfrorenheit, mit der er seinen Geschäften nachgeht, sondern die Skrupellosigkeit, mit der man sich seiner bedient hat: die Skrupellosigkeit der Landeskriminalämter, mancher Verfassungsschutzbehörden, des Bundeskriminalamtes, von Interpol, des Bundesnachrichtendienstes und auch anderer Geheimdienste, zum Beispiel des spanischen Nachrichtendienstes oder, am Rande, der CIA.

Am Ende dieses Buches wird zu fragen sein, ob es wirklich Skrupellosigkeit war oder der reine, nackte, empörende Dilettantismus dieser vom Bürger mit beträchtlichen Steuermitteln und einem fast unbegrenzten Vertrauensvorschuß in deren mit Professionalität ausgestatteten Institutionen.

1. Kapitel
Das Geheimnis des Super-Agenten

Eine Expedition in den Untergrund der Polizei

»Im Amt hieß der Mann nur ›M.‹. Wenn er durchs Haus ging, mußten vorher die Türen zugemacht werden. Niemand durfte auf dem Flur sein. ›M.‹ war das bestgehütete Geheimnis des Bundeskriminalamts.«

Sommer 1979. Frank Peter Heigl, ehemaliger Beamter des Bundeskriminalamts und inzwischen eine Art Journalist, erzählte aus seiner Vergangenheit. Wir saßen in seinem schwarzen Porsche-Targa. Vor und hinter uns kilometerlange Autoschlangen. Es goß in Strömen, Blitze, Donner.

»Das erste Mal habe ich ihn in der BKA-Außenstelle in der Biebricher Allee in Wiesbaden gesehen. Das muß so um 1970 gewesen sein. Er war in einem grünen Mercedes 280 vorgefahren, mit Autotelefon, schon damals. Ich saß im Zimmer eines Vorgesetzten, als ›M.‹ hereinkam. ›Herr Heigl, stellen Sie sich mal mit dem Gesicht zur Wand‹, sagte mein Chef. Aber ich hatte den Mann schon gesehen. Er war ziemlich klein, hatte einen runden Kugelkopf, trug ein Nyltesthemd und eine eng geknotete Hillbilly-Krawatte. Italienische Schuhe, alles ganz auf chic.«

Im Schneckentempo ging die Fahrt weiter. Wir waren auf dem Weg nach Altstrimmig nahe der Mosel. Dort, so hatte Heigl gesagt, sollte der geheimnisvolle »Super-V-Mann« des BKA wohnen. Ein ganzes Tal besitze er, abgesichert durch einen zwei Meter hohen Zaun, darin künstlich aufgerichtete Felsen, einen privaten Zoo mit Mufflons, Steinböcken, Gemsen und Pfauen. In seiner Villa habe »M.« die größte private Verbrecherkartei der Bundesrepublik gelagert. Einen Schrank voller Waffen, Abhörgeräte, Observationskameras mit Restlichtaufheller.

»Seinen richtigen Namen habe ich erst später erfahren«, sagte Heigl. »Da war ich zusammen mit dem ehemaligen BND-Beamten Folger, der Ende der sechziger Jahre vom Bundesnachrichtendienst zum BKA übergewechselt war, auf einer Dienstreise nach Zürich. Wir hatten nur ein Hotelzimmer bekommen und mußten deshalb zusammen im Doppelbett schlafen. Folger erzählte von seiner Zeit beim BND, wie er Agenten rein- und rausgeschleust hatte, von seiner Arbeit als BND-Resident in Stuttgart. Und dann kam die Rede auf ›M.‹ Werner Mauss hieß der Mann mit richtigem Namen. Ehemaliger Privatdetektiv aus Essen. ›Das müssen Sie absolut für sich behalten‹, beschwor mich Folger, ›das ist wirklich ganz geheim. ›M.‹ ist ein Supermann, das ist wirklich ganz heiß. Die Zukunft des BKA hängt davon ab.‹«

Später hatte Heigl den »James Bond des BKA« dann selbst genauer kennengelernt. Bei der Ermittlungsarbeit im Bereich der organisierten Kriminalität war »M.« als Undercoveragent in Einbrecher- und Hehlerbanden eingeschleust worden. Heigl und andere BKA-Beamte hatten ihm zur Hand gehen müssen, widerwillig, denn der geheimnisvolle Privatdetektiv hatte die polizeilichen Einsätze gesteuert, sich selbstherrlich als Chef aufgespielt und die Beamten des BKA wie Puppen für sich tanzen lassen.

»M.« hatte Feinde unter den Fahndern des Bundeskriminalamts. Aber in den höheren Etagen des Hauses schien man ihn bedingungslos zu decken.

Wir bogen von der Autobahn ab und fuhren durch die grüne, hügelige Landschaft an der Mosel. Der Regen hatte nachgelassen. Endlich erreichten wir die kleine Ortschaft Altstrimmig.

»Hier lebt Mauss unter dem Namen Richard Nelson«, sagte Heigl. Wir parkten den Wagen neben der Dorfkirche. Knapp fünfzig Meter entfernt lag hinter einem schmiedeeisernen Tor das Haus des geheimnisvollen Herrn »M.«: ein weißgetünchter Flachbau mit mindestens zehn Zimmern, einem schiefergedeckten Walmdach und großflächigen Panoramafenstern. Der repräsentative Bau im Stil der fünfziger Jahre klebte förmlich am Hang, und darunter erstreckte sich ein bewaldetes Tal von rund zehn Hektar. Büsche und Bäume verdeckten notdürftig die Sicht.

Über einen matschigen Feldweg am Rande eines übermannshohen Maschendrahtzaunes entlang gingen wir zu einem kleinen Privatflugplatz mit Hangar und Rollfeld. In der spitzgiebeligen Flugzeughalle stand eine zweimotorige Cessna.

»Ob Mauss der Flugplatz allein gehört, weiß ich nicht«, sagte der ehemalige BKA-Beamte. »Aber im Amt hat man sich immer gewundert, wie ein V-Mann zu so viel Geld kommt, daß er ein eigenes Flugzeug von dieser Größenordnung für seine Einsätze benutzen kann.«

Niemand störte uns bei der Besichtigung der einsamen Feldmark am Rande des Hunsrücks. Wir liefen zurück im Dorf. Als wir die kleine Straße »An der Borwiese« erreichten, öffnete sich ein Fenster des Hauses gegenüber der Nelsonschen Villa.

»Zu wem wollen Sie?« fragte ein älterer Mann.

»Zu Herrn Nelson«, antwortete Heigl.

»Keiner da.«

»Aber da steht doch ein Auto vor der Tür.«

»Keiner da«, sagte der Mann.

»Das wollen wir mal sehen.« Heigl drückte den Klingelknopf an der Pforte des Hauses Nummer 5.

Im nächsten Moment tauchte ein großer gelber Hund aus dem Gebüsch auf, knurrte, fletschte die Zähne und sprang am Pfortengitter hoch. Wir wichen ein paar Meter zurück. Eine Frau trat aus dem Haus und kam zum Tor. Sie war klein und zierlich, hatte mittelblondes, halblanges Haar, war etwa vierzig Jahre alt – und schien über den Besuch alles andere als erfreut zu sein.

»Das ist Frau Mauss«, sagte Heigl leise, »Deckname Karin Nelson.«

»Was wollen Sie?«

»Guten Tag, ich bin Frank Heigl, ein alter Kollege vom BKA.«

»Ach ja, ich weiß.« Die Frau öffnete die Pforte, und der Hund begann knurrend an unseren Beinen herumzuschnüffeln.

»Was wollen Sie?«

»Ich bin jetzt Journalist. Wir wollen eine Geschichte über Sie und Ihren Mann machen.«

»Das sollten Sie besser nicht tun.« Ihre Stimme klang kalt und schroff, nicht ohne Nervosität.

»Darüber würde ich gern mit Ihrem Mann sprechen.«

»Der ist nicht da.«

»Aber das Auto...«

Die Frau ging nicht darauf ein. »Wenn Sie unsere Identität preisgeben, wenn ein Foto von uns erscheint, bringe ich Sie persönlich um! Von diesem Stück Land vertreiben Sie uns nicht.«

Ohne auf eine Reaktion zu warten, drehte sie sich um und ging ins Haus zurück. Der gelbe Hund folgte ihr.

Auf dem Rückweg nach Frankfurt machten wir einen Abstecher nach Landau in der Pfalz. Dort hatte der ehemalige Leitende Kriminaldirektor vom BKA, Dr. Hans Kollmar, eine Detektei eröffnet. Als Versicherungsjurist war er Ende der sechziger Jahre zum BKA gekommen, wo er eine Abteilung zum Kampf gegen das organisierte Verbrechen aufbauen sollte. Dr. Kollmar hatte Mauss eine Zeitlang geführt, sich mit ihm aber schnell überworfen, weil dieser sich keine Vorschriften machen lassen wollte.

Heigl schilderte unsere Begegnung mit Frau Mauss alias Nelson. »Das würde ich sehr ernst nehmen«, sagte Dr. Kollmar. Er griff sich ein Blatt Papier und skizzierte darauf ein Stück

Autobahn und eine Autobahnbrücke. »Seien Sie vorsichtig, wenn jemand Sie auf der Autobahn links überholt und mit dem Heck seines Wagens zu dicht an Ihr linkes Vorderrad kommt.«

Er beschrieb in allen Einzelheiten, wie man bei hundertfünfzig Stundenkilometern von der Fahrbahn abgedrängt und zum Ansteuern eines Brückenpfeilers gezwungen werden kann.

»Ich würde auch gelegentlich meine Radmuttern kontrollieren, Herr Heigl«, riet er sanft.

Es war nicht ganz klar, ob Dr. Kollmar seine Warnung ernst meinte, ob er uns nur von unseren Recherchen in Sachen Mauss abhalten wollte oder uns schlichtweg auf den Arm nahm.

»Mauss soll laufend versucht haben, Polizeibeamte in seine Abhängigkeit zu bringen«, sagte Heigl. »Er soll sie in Gourmet-Restaurants eingeladen und ihnen wiederbeschafftes Diebesgut von der Versicherung zu Schleuderpreisen angeboten haben: Autos, Gemälde, Juwelen, Pelze, Münzen, Teppiche … Er soll sie eingeladen haben zu Flugreisen ins Ausland, Kaffeefahrten mit seinem Privatflugzeug …« Unnötig hinzuzufügen, daß Mauss solche Vorwürfe stets bestritt.

Dr. Kollmar wiegte besorgt den Kopf: »So etwas darf natürlich nicht sein.«

»Ich habe gehört, schon zu Ihrer Zeit im Amt hätte es Krach gegeben, weil Mauss stets die Ermittlungsakten einsehen wollte, um seine Arbeitsweise darauf einzustellen. Sich selbst aber wollte er nie in die Karten gucken lassen, um sich so der Kontrolle durch den Führungsbeamten zu entziehen.«

Dr. Kollmar blieb nachdenklich: »Unmöglich so etwas.« Nur wenn es um allgemeine Grundsätze der subversiven Verbrechensbekämpfung ging, taute er auf. »Ich glaube, daß wir die Zahlen der Untergrundagenten, die Methoden der Führung von V-Leuten, die Methoden der Einschleusung von Untergrundagenten, ihre Bezahlung, die Auswertung ihrer Nachrichten ganz wesentlich verbessern müssen«, sagte der ehemalige Kriminaldirektor. »Das bedeutet, daß wir insbesondere die

Führungsleute, aber auch die Untergrundagenten selbst absetzen müssen von den einzelnen Dienstgebäuden, sie auch verwaltungsmäßig absetzen müssen, um sie wirklich nach nachrichtendienstlichen Methoden führen zu können.«

Die Polizei als Nachrichtendienst? Ursprünglich hatte man sich das einmal anders vorgestellt. Nicht umsonst waren nach dem Krieg in der Bundesrepublik Polizei und Nachrichtendienst strikt getrennt worden. Die Polizei sollte, streng an das Legalitätsprinzip gebunden, Verbrechen aufklären. Die Nachrichtendienste sollten, vor allem natürlich im politischen Bereich, Informationen sammeln. Dabei waren sie nicht an das Legalitätsprinzip gebunden, das heißt, sie mußten beim Verdacht einer strafbaren Handlung nicht sofort eingreifen. Eine Vermischung polizeilicher Exekutivfunktionen mit geheimdienstlicher Arbeitsmethodik erschien den Vätern des Grundgesetzes als zu gefährlich. Die Geheime Staatspolizei der NS-Zeit lieferte ein anschauliches und erschreckendes Beispiel dafür, was bei einer Funktionskopplung entstehen konnte.

Über viele Jahre lief die Arbeitsteilung zwischen Polizei und den verschiedenen Nachrichtendiensten – Verfassungsschutz, Militärischer Abschirmdienst und Bundesnachrichtendienst – verhältnismäßig gut. Doch zu Beginn der sechziger Jahre veränderten sich die Strukturen der Kriminalität.

»Vermehrt traten kriminelle Organisationen in Erscheinung – mit hoher krimineller Energie und oft deliktübergreifend«, hieß es später in einem internen Papier des BKA,»insbesondere in den Bereichen Rauschgifthandel, Straftaten im Zusammenhang mit dem ›Nachtgewerbe‹, Verschiebung hochwertiger Kraftfahrzeuge, Großdiebstähle und Hehlerei, Herstellung und Verbreitung von Falschgeld sowie beim illegalen Waffenhandel.«

Der »totale Umbruch im Kriminalitätsgeschehen«, betonte damals der Sicherheitschef im baden-württembergischen Innenministerium, Ministerialdirigent Alfred Stümper, »erfordert zwangsläufig ein Umdenken bei den polizeilichen Methoden«.

So führte die Polizei nach und nach V-Leute, »Vertrauens-« oder »Verbindungsleute«, ein, die im kriminellen Untergrund lebten und den Behörden Hinweise gaben. Diese V-Männer gehörten selbst zum »Milieu«, waren deshalb nicht selten genauso »schräg« wie ihre »Zielpersonen«. Deshalb dachte man vermehrt darüber nach, wie man »V-Männer« durch »Undercover-Agents« nach amerikanischem Vorbild ersetzen könnte: Polizeibeamte, die sich als Kriminelle oder Hehler tarnten, um im Milieu ermitteln zu können.

Dr. Kollmar lag mit seinen Überlegungen also durchaus im Trend. Vor allem das Bundeskriminalamt bediente sich mehr und mehr geheimdienstlicher Methoden – im Bereich der gewöhnlichen Kriminalität genauso wie im Bereich politisch motivierter Straftaten. Dr. Kollmar hatte auch seine Erfahrungen bei der Führung von Untergrundagenten. Vor allem am Beispiel des Super-Agenten Mauss hatte er festgestellt, welche Schwierigkeiten das gelegentlich mit sich bringen konnte. Einen Agenten à la »M.« zu führen war kaum leichter, als einen Sack Flöhe zu hüten.

An diesem Tag im Sommer 1979 besuchten wir noch einen weiteren ehemaligen BKA-Mann, der ebenfalls mit dem Super-Agenten Mauss zusammengearbeitet hatte. Er leckte gerade an einer großen Eistüte, als wir sein Büro betraten.

»Mauss? Ja«, an den könne er sich gut erinnern. »Ich hatte immer den Eindruck, er war der Anführer der Gangsterbanden, so gut war er über geplante Verbrechen informiert. Einmal wurden wir zu einer großangelegten Razzia auf einen jugoslawischen Hehler- und Einbrecherring abkommandiert. Mauss hatte genau gesagt, wo und wann ein Pelzgeschäft überfallen werden sollte. Die Typen hatten nur noch kein Fahrzeug, mit dem die Beute abtransportiert werden konnte. Da wurden vom BKA fünftausend Mark locker gemacht, mit denen Mauss einen grauen Ford-Transit kaufte, den er an die Täter übergab. Den Lieferwagen haben wir dann später – mit Pelzen und Lederwaren gefüllt – wieder aufgefunden. Von den Tätern haben wir wie immer nur die kleinen Lichter erwischt.«

Er langte in seine Schreibtischschublade und zog ein paar Fotos heraus: »Das ist er.«

Die Bilder zeigten Mauss unscharf im Halbprofil. Auf einem der Fotos hatte er einen Schlüsselbund in der Hand und spielte damit, eine seiner typischen Posen. Geschickt verstand er es dabei, ein unveränderliches Kennzeichen zu verdecken: die fehlende Kuppe seines linken Mittelfingers.

Die drei Fotos, heimlich aufgenommen bei einem Einsatz in London, blieben für fast zehn Jahre die einzigen, die von Werner Mauss in der Öffentlichkeit bekannt waren.

Der ehemalige BKA-Beamte kramte weiter in seinen Unterlagen und zog einen Schnellhefter mit Fotokopien hervor. »Das sind die Schill-Berichte«, sagte er. 1973 habe es einen großen Krach im BKA gegeben. Der Kriminalkommissar Walter Schill, so wie sein Vorgesetzter, Kriminaldirektor Gerhard Folger, vom BND zum BKA gekommen, habe Bericht über die Verfehlungen des Super-Agenten geführt. Auf sein Betreiben hin sei ein »sehr ernstes Gespräch« mit Mauss und dessen Ehefrau geführt worden.

»Das ging natürlich aus wie das Hornberger Schießen. Mauss hatte genügend Rückhalt bei der Amtsspitze. Schließlich kostete er die Polizei keinen Pfennig. Sein Gehalt und seine Spesen wurden von der Versicherungswirtschaft getragen. Und in bestimmten Bereichen hatte er zweifellos Erfolge, die Polizeibeamte, an Recht und Gesetz gebunden, nicht so ohne weiteres aufzuweisen hatten.«

Mauss habe von den Versicherungen, für die er recherchierte, Hunderttausende von Mark zur Verfügung gestellt bekommen, als Honorar und als Spesenfonds. Das BKA habe ihn mit falschen Papieren für seine Untergrundeinsätze ausgerüstet – und natürlich mit den Ermittlungsakten, damit er sich auf einen Fall vorbereiten konnte.

»Nach dem Krach hat BKA-Präsident Herold dann eine salomonische Entscheidung gefällt. Mauss sollte nicht mehr von der BKA-Zentrale in Wiesbaden geführt werden, sondern von der Sicherungsgruppe Bonn, der damals vor allem im Terrorismusbereich ermittelnden Außenstelle des BKA. Von dort aus sollte er von Fall zu Fall an die Polizeien der Länder ausgeliehen werden.«

Das »sehr ernste Gespräch« hätten Dr. Kollmar, Walter Schill und Gerhard Folger mit Mauss und dessen Ehefrau geführt. »Schill hat eine Aktennotiz darüber verfaßt. Ich glaube, Folger war nur dabei, weil er wissen wollte, was da im Busch ist. In Wahrheit hat er Mauss wohl immer gedeckt.«

Er reichte uns das Papier.

»Nicht mitnehmen«, sagte er und schleckte weiter an seiner Eistüte, »dürfte ich eigentlich gar nicht haben.«

Heigl schaltete seinen Kassettenrecorder ein und las vor: »»Am 19. 2. 73 fand in der Zeit von 14 bis 17 Uhr bei EA 1 zwischen den Beteiligten ein Grundsatzgespräch statt, in dem Herrn M. von Herrn Folger und Herrn Kollmar die Voraussetzungen für eine gedeihliche Zusammenarbeit nochmals ausführlich dargelegt wurden. Herr Folger wies nochmals eindringlich darauf hin, daß Herr M. sicherheitsmäßig engstens an das BKA gebunden ist, da von hier alle für seine Sicherheit notwendigen Maßnahmen getroffen worden sind und abgedeckt werden. Herr M. wurde eindringlich darauf hingewiesen, daß er nicht zuletzt durch seinen Hauskauf …‹«

Heigl stockte: »Das war die Villa in Altstrimmig?«

Sein ehemaliger Kollege nickte, und Heigl las weiter: »›… die Fakten geschaffen hat, die Ursache dieser Tatsache sind. Es wurde ihm ferner erklärt, daß bei den Polizeidienststellen der

Länder und Kommunen Vorbehalte gegen seine Person und seine Mitarbeit bestehen, die insbesondere darauf beruhen, daß Herr M. immer wieder versucht hat, die Aktionen der Polizei in seinem Sinne zu steuern ...«"

Laut Schill-Dossier wurde Mauss wiederholt »eindringlich darauf hingewiesen«, sich streng an seine Aufträge zu halten, den Anweisungen seiner Fallführer »strengstens Folge zu leisten«, die ihm für Operationen zur Verfügung gestellten Ausweise anschließend sofort zurückzugeben und unverzüglich Berichte über seine Einsätze zu schreiben.

Heigl gab die Aktennotiz seinem ehemaligen BKA-Kollegen zurück, der das Papier zerriß und die Schnipsel in den Papierkorb rieseln ließ. Ein Zettel nach dem anderen wechselte den Besitzer, wurde auf Band »abgesprochen« und landete dann im Müll.

Es war das – unvollständige – Sündenregister des Super-Agenten, das der BKA-Beamte Walter Schill angelegt hatte und dessen Kopien andere BKA-Leute mit in den Vorruhestand genommen hatten.

Oft blieb der Zusammenhang der Fälle unklar, aber immer wieder tauchten Formulierungen auf wie: »Ohne jemanden zu informieren, hat M. hier auf eigene Faust koordiniert«, oder: »Ein weiterer klarer Verstoß gegen die Absprachen erfolgte, als Herr M ...«, oder: »Kripochef von Zürich wünscht nicht, daß Herr M. Namen von bestimmten Beamten nennt und diese aufsucht. Er verbietet ihm, das Polizeigebäude zu betreten ...«

Dazu Hinweise auf abenteuerliche Pläne des Agenten: »Angebot des M., einen Mann der UNO zum Unterinformanten zu machen. Dieser Mann, Schwede, soll sich mit undurchsichtigen Geschäften befassen und zur Durchführung seinen UNO-Status mißbrauchen. Herr M. schlägt nun folgende Taktik vor, die er anwenden möchte: M. will den Mann in die BRD einladen und hier im großen Stil bewirten. Anläßlich dieser Bewirtung soll der Mann betrunken gemacht werden, wobei er über alle seine Geschäfte befragt werden soll. Es ist beabsichtigt, alle Gespräche mitzuschneiden und dieses Material gegen den Mann als Druckmittel zu verwenden ...«

In einer weiteren Notiz hieß es: »In der Gardinenstange im Hotel war eine Wanze eingebaut von M.« In einer anderen: »M. erzählte, er wolle durch einen fingierten Flugzeugabsturz verschwinden, um aus dem Blickfeld zu sein. Für die Zukunft habe er die Aufgabe im BKA, die Schulung des Nachwuchses für die konspirative Arbeit zu übernehmen ...«

Heigl hatte das Tonband voll, die Aktennotizen lagen zerrissen im Papierkorb, wir verabschiedeten uns und fuhren zurück ins Frankfurter Hotel »Intercontinental«.

An der Rezeption lag eine Nachricht: »Bitte sofort die ›Panorama‹-Redaktion des Norddeutschen Rundfunks in Hamburg anrufen.« Die Sekretärin dort, von allem Konspirativen fasziniert, erklärte aufgeregt: »Ein Herr Folger vom BKA hat angerufen. Ganz dringend. Auf keinen Fall mit den Recherchen weitermachen. Er erbittet sofortigen Rückruf unter seiner Privatnummer. Zu jeder Tages- und Nachtzeit.«

Heigl rief seinen ehemaligen Vorgesetzten an und wurde für den nächsten Tag in die BKA-Außenstelle Mainzer Straße in Wiesbaden bestellt.

Schon bei der Begrüßung machte Kriminaldirektor Gerhard Folger dem Ex-Kollegen bittere Vorwürfe. Er habe lebenswichtige Belange des BKA und des Bundesnachrichtendienstes gefährdet. Von Frau Mauss sei er über den Besuch im Hunsrück informiert worden, sie sei fuchsteufelswild gewesen. Zu Recht, wie er meinte.

Drohend sagte Folger: »Wenn Sie da weitermachen, schreibe ich sofort einen Brief an den Generalbundesanwalt und zeige Sie wegen Hochverrats an.«

»Was soll denn da so gefährlich sein?«

»Mauss und ich haben bereits für den Bundesnachrichtendienst Operationen durchgeführt. Der gegnerische Machtbereich könnte duch eine Veröffentlichung wichtige Hinweise bekommen.« Dann wurde Folger wieder ganz kollegial. »Wir sollten uns arrangieren«, sagte er und fügte nach einer kleinen Pause hinzu: »Oder ich finde Wege, Ihnen die Flügel zu stutzen.«

Heigl fuhr als erstes in seine Wohnung in Wiesbaden und räumte alles, was er über die Jahre an Aktenmaterial angesammelt hatte, in einen großen Aluminiumkoffer, den er an einem geheimen Ort unterstellte. In den folgenden Wochen und Monaten begannen die Quellen im Amt des ehemaligen BKA-Beamten zu sprudeln. Er wurde mit vertraulichen oder geheimen Materialien geradezu überschüttet. All das, wonach er lange gesucht hatte, wonach er immer wieder ehemalige Kollegen gefragt hatte, wurde ihm plötzlich frei Haus geliefert. Dabei handelte es sich um unbedeutendes Material, das echt war, und bedeutendes, das gefälscht war.

Heigls so hoffnungsvoll begonnene Karriere als »Nachrichtenhändler« erfuhr einen jähen Knick.

Der geplante Film über den »Super-Agenten Mauss« blieb vorerst ungesendet. Das BKA: »Wenn Sie die Identität dieses Mannes preisgeben, ist er in drei Tagen tot. Wollen Sie das?«

Nein, das wollten wir nicht. Damals nahmen wir die angebliche Lebensgefahr für den Agenten noch ernst. Später wurde zunehmend deutlich, daß diese immer dann vorgeschoben wurde, wenn es etwas zu vertuschen gab.

Die Legende vom Super-Agenten

Über mehrere Jahre konnte Werner Mauss unbehelligt von den Medien seinen verdienstvollen Geschäften weiter nachgehen. Das Unheil brach erst über ihn herein, als er seinen größten Fall erfolgreich abgeschlossen hatte – oder dies zumindest glaubte. Der Fall beschäftigte mehrere Gerichtsinstanzen und einen parlamentarischen Untersuchungsausschuß und machte den Namen Werner Mauss bundesweit bekannt.

Am 31. Oktober 1981 hatte der Juwelier René Düe rund 150 Gäste aus dem hannoverschen Geldadel zu einer Ausstellung geladen. Die Pretiosen im Wert von 13 665 962 Mark hatte er aus seinen eigenen Vitrinen und denen seiner Lieferanten zusammengestellt und für eine Prämie von 61 682 Mark bei der Mannheimer Versicherung gegen Raub und Diebstahl versichert.

Aus der Juwelenschau wurde nichts, denn zwei Stunden vor dem Empfang betraten zwei Unbekannte Dües Laden, schlugen den Inhaber mit einem Knüppel nieder und räumten den Tresor aus. 3400 Schmuckstücke, darunter 184 Perlenketten und 350 teure Uhren, verschwanden auf Nimmerwiedersehen.

Um 9.35 Uhr fand ein Postbote den offenbar bewußtlosen Juwelier am Boden seines Geschäfts, eine Platzwunde am Kopf und eine Blutlache neben sich. Der Kriminalpolizei kam die Sache nicht ganz geheuer vor, der Mannheimer Versicherung noch weniger, denn sie mußte schließlich für den Millionenschaden haften. Irgendwie schienen die Verletzungen Dües überhaupt nicht zu seiner angeblichen Bewußtlosigkeit zu passen.

Der Fall verlangte nach einem Spezialisten, und das konnte nur Super-Agent Mauss sein. Schon einen Tag nach dem Überfall schwebte die »Institution M.«, wie Mauss beim BKA gern genannt wurde, mit ihrer zweimotorigen Privatmaschine D-IAWB auf dem Flugplatz Hannover-Langenhagen ein.

Die Mannheimer, bei der Auslobung einer Prämie von 25 000 Mark für die Ergreifung der Düe-Räuber noch verhältnismäßig zurückhaltend, bot Mauss ein Erfolgshonorar von 750 000 Mark zuzüglich Spesen. Und das waren noch einmal rund 600 000 Mark.

Am übernächsten Tag hatten Mauss und der Leiter der Düe-Sonderkommission bei der Kripo Hannover den Täter bereits dingfest gemacht – auf dem Papier jedenfalls. In einem gemeinsamen Protokoll stellten sie fest: »Übereinstimmend mit den Beamten der Polizeidirektion Hannover, Abteilung Raub, kamen wir zu dem Ergebnis, daß der Raubüberfall nach langfristiger Planung mit an Sicherheit grenzender Wahrscheinlichkeit vom Versicherungsnehmer Düe vorgetäuscht ist.«

Es fehlten nur noch die Beweise. Immerhin konnten die Herren von der Mannheimer erst einmal aufatmen. Die Kripo leitete ein Ermittlungsverfahren gegen Düe ein, was den »Zahlungsdruck« von der Versicherung nahm, wie Mauss in seinem späteren Erfolgsbericht anmerkte.

In den folgenden Wochen und Monaten entwickelte Versichungsdetektiv Mauss einen Plan zur Überführung des überfallenen Juweliers und setzte ihn Stück für Stück in die Realität um. Die Kriminalpolizei Hannover ging ihm dabei zur Hand. Die Aufwendungen waren enorm: eine Reise nach Australien, ein weißer Rolls-Royce, eine Luxusjacht in Nizza, diverse Reisen nach Rom, angeblich gestohlene, in Wahrheit aber aus dem Museum entliehene Gemälde, Abhörgeräte in einem Hotel auf den Kanarischen Inseln und viel Geld und gute Worte.

Ziel war, den Juwelier in eine Falle zu locken. Mauss lief zu Hochform auf, schaffte es, sich unter dem Decknamen »Claude« an Düe heranzumachen und dessen Vertrauen zu gewinnen.

Er kannte seine Pappenheimer, schließlich arbeitete er nicht erst seit gestern für Versicherungen. Und richtig: Düe zauberte, nachdem Mauss ihn weichgekocht hatte, ein paar Schmuckstücke hervor, die er, wie er später angab, »versehentlich« als gestohlen gemeldet hatte. Als er »Claude« fünfzehn Wertgegenstände, darunter Uhren und Schmuckstücke im Einkaufswert von 35 000 Mark, zwecks Einschleusung in den »internationalen Hehlermarkt« übergeben wollte, griff die Polizei zu.

Düe wurde am 4. Januar 1984 von der Großen Strafkammer des Landgerichts Hannover »wegen Vortäuschung einer Straftat, versuchten Betruges und veruntreuender Unterschlagung« zu sieben Jahren Freiheitsentzug verurteilt.

Nun war René Düe dem Agenten zwar geradezu klassisch in die Falle gegangen, aber er hatte immerhin bemerkt, daß er übertölpelt worden war. Sein Anwalt Elmar Brehm setzte darauf, »Claude« als Agent provocateur zu entlarven, der seinen unschuldigen Mandanten hereingelegt habe.

Am Ende trat ein Untersuchungsausschuß des niedersächsischen Landtags zusammen, der die zweifelhaften Ermittlungsmethoden des Agenten und seine Zusammenarbeit mit niedersächsischen Polizeidienststellen durchleuchten sollte. Der Parlamentarische Untersuchungsausschuß nahm seine Arbeit im Mai 1984 auf und tagte volle zwei Jahre, Versuche, den Agenten selbst einzuvernehmen, scheiterten daran, daß dieser keiner der Vorladungen Folge leistete.

Und immer wieder gab es neue Enthüllungen.

Im November 1985 deutete der ehemalige Flick-Manager Eberhard von Brauchitsch als Angeklagter im Bonner Parteispendenprozeß an, daß sich Jahre zuvor zehn deutsche Industriefirmen zusammengetan hatten, um dem Bundesnachrichtendienst mit einer runden halben Million »zur vorübergehenden Überbrückung eines fehlenden Etatpostens« unter die Arme zu greifen. Mit diesem Geld sollte der BND nach der Entführung und Ermordung des Arbeitgeberpräsidenten

Hanns-Martin Schleyer einen Privatdetektiv auf Terroristenjagd schicken. Es dauerte knapp einen Tag, dann war klar, wer dieser Privatdetektiv gewesen war: Werner Mauss.

Die private Finanzierung einer solchen BND-Operation erregte selbst bei Helmut Kohls Regierungssprecher Friedhelm Ost Verwunderung: »Eine befremdliche Spende.«

Was Mauss aber tatsächlich im Auftrag des BND unternahm, blieb verborgen. Offiziell wurde später lediglich mitgeteilt, daß die teuren Bemühungen des Privatdetektivs erfolglos geblieben seien.

Die Legenden schossen ins Kraut. Da wurde spekuliert, Mauss habe bei den Bemühungen um die Freilassung Schleyers eine Rolle gespielt, er habe Kontakt zu inhaftierten RAF-Mitgliedern in Stuttgart-Stammheim gehalten, er sei in der Todesnacht Andreas Baaders, Gudrun Ensslins und Jan Carl Raspes in Stuttgart gesehen worden.

Aus der »Mauss« wurde ein Elefant.

Jetzt begannen plötzlich die Behörden und ihrem Agenten freundlich gesonnene Presseobjekte geheime Operationen zu enthüllen. Detektiv Mauss, so schrieben sie, habe das »Seveso-Gift« gefunden.

1976 war aus einer zum Hoffmann-La-Roche-Konzern gehörenden Fabrik im norditalienischen Seveso das Gift Dioxin entwichen. 187 Menschen wurden verletzt. Bei den Aufräumungsarbeiten war tonnenweise hochgiftiger Müll angefallen, der von einer italienischen Tochter des deutschen Mannesmann-Konzerns beseitigt werden sollte. Im November 1982 wurde das Gift in Fässern abtransportiert. 41 Tonnen verschwanden unterwegs spurlos. Hektisch und unter größter Aufmerksamkeit der Medien wurde europaweit nach den fehlenden Fässern gefahndet. Erst im Mai 1983 wurden sie in einem stillgelegten Schlachthof der kleinen Ortschaft Anguilcourt-le-Sart in der Nähe der französischen Stadt Saint-Quentin entdeckt.

Zweieinhalb Jahre später, im Dezember 1985, enthüllte die Tageszeitung »Die Welt«, wer die erfolgreiche Dioxin-Schnüffelnase gewesen war: Werner Mauss.

Danach wurde es etwas still um den Agenten. Den tapfer ermittelnden Mitgliedern des niedersächsischen Untersuchungsausschusses wurde signalisiert, das geheime Objekt ihrer Neugierde befinde sich im außereuropäischen Ausland, sei viel auf Reisen und könne über eine Postfachadresse in Australien brieflich erreicht werden.

Schließlich beendete der Ausschuß seine Ermittlungen, ohne den Agenten zu Gesicht bekommen zu haben, und lieferte, fraktionsübergreifend frustriert, seinen Bericht zum Düe-Fall ab. Der Juwelier war inzwischen wieder auf freiem Fuß, denn der Bundesgerichtshof hatte das Urteil aufgehoben. Der Prozeß mußte wiederholt werden.

Die nächste Bombe im Zusammenhang mit dem mittlerweile legendenumwobenen Super-V-Mann Mauss platzte wiederum in Hannover.

Anfang 1986 erregte die Nachricht bundesweite Aufmerksamkeit, daß niedersächsische Geheimdienstleute selbst ein Attentat zu verantworten hatten. Im Sommer 1978 hatten beamtete Dunkelmänner ein Loch in die Mauer der Vollzugsanstalt Celle gesprengt. Die Tat wurde zwei Kriminellen zugeschrieben, die, mit dieser »Legende« bewaffnet, in den terroristischen Untergrund eindringen sollten.

Umgehend tauchte die Vermutung auf, Agent Werner Mauss habe das Drehbuch für diese Aktion geschrieben und sogar selbst mitgewirkt. Die niedersächsische Landesregierung bestritt zunächst jede Beteiligung des Super-Agenten, mußte jedoch später zugeben, daß Mauss bei der Gesamtaktion eine Rolle gespielt hatte. Zwar war er an der Sprengung, der »Aktion Feuerzauber«, nicht direkt beteiligt gewesen, ein dritter

V-Mann war aber auf seine Empfehlung in die Gesamtoperation eingeschaltet worden. Außerdem hatte »M.« einen nicht ganz unwichtigen Part bei einer Parallelaktion übernommen, der »Operation Neuland«. Auch bei »Neuland«, war es darum gegangen, Agenten in die terroristische Szene einzuschleusen. Die »Operation Neuland« war womöglich noch abenteuerlicher als die »Aktion Feuerzauber«.

Mauss – überall und nirgends: mittlerweile eine lebende Legende.

2. Kapitel
Der Privatdetektiv

Wie alles anfing

Auch Super-Agenten haben einmal klein angefangen. Werner Mauss alias »Rick« alias »Nelson« alias »John« alias »Jacques« alias »Maß« alias »Claude« alias »Möllner« alias ... wurde am 11. Februar 1940 morgens um 6.45 Uhr in Essen geboren. Der Standesbeamte registrierte den neuen Erdenbürger unter der Nummer 411/1940. Der Vater hieß August Mauss, war Kaufmann und evangelisch und lebte mit seiner Ehefrau Minna Emma Pauline Gertrud Mauss, geborene Keimes, ebenfalls evangelisch, in der Hugenbergstraße 52 in Essen.

Margret Mauss alias »Rick« alias »Nelson«... war schon ein Jahr früher auf die Welt gekommen, am 2. Januar 1939. Ihre Geburt wurde auf dem Standesamt Essen unter der Nummer 12/1939 eingetragen. Getauft wurde sie auf den Namen Margret Ida Elfriede Jüres. Ihr Vater hieß Dietrich Wilhelm Gerhard Jüres, die Mutter Alice Edith Luise Hedwig Jüres, geborene Völkening.

Einundzwanzig Jahre später, am 22. September 1961, heirateten Margret Jüres und Werner Mauss auf dem Standesamt in Essen-Bredeney, Heiratseintrag Nummer 151/1961.

Geschieden wurden sie im Mai 1983 in Bonn, Aktenzeichen 48 F70/83. Dazwischen lagen zweiundzwanzig Jahre gemeinsamer Karriere: »ganz oben« durch die Arbeit »ganz unten«.

Kennengelernt hatten sich die beiden im August 1959. Margret Jüres war gerade zwanzig Jahre alt geworden. Ein hübsches Mädchen, Typ Karin Baal, Ponyfrisur, Haare rötlich getönt, meistens schwarz gekleidet, tanzte gern Rock and Roll. Sie lebte bei ihren Eltern, arbeitete als Sekretärin beim Finanzamt in Essen.

Braungebrannt war sie von einem kurzen Urlaub am Strand von Scheveningen zurückgekommen. Eine Freundin klingelte an der Tür: »Wir wollen zu einer Party, willst du mit?« Margret hatte eigentlich keine Lust, ließ sich aber doch überreden.

Mit Freunden fuhren sie zu einem Haus in der Lilienstraße. Das Wohnzimmer war ausgeräumt, die Teppiche aufgerollt, an der Wand Kissen zum Sitzen. Gastgeber war Werner Mauss, ein unscheinbarer blonder junger Mann mit Elvis-Presley-Tolle, eigens angefertigter Partyweste, schmaler Fliege. Margret Jüres mochte ihn auf den ersten Blick nicht besonders.

Werner legte eine Platte auf: »Die hab' ich mir extra aus Paris kommen lassen.« Margret fand das irgendwie angeberisch. Sie blieb nur auf einen Tanz, dann ging sie wieder nach Hause.

Am nächsten Tag hatte ihr Bruder Geburtstag. Während die Verwandtschaft eintrudelte, fuhr sie ihr Patenkind spazieren. Zurück zu Hause, überfiel ihre Tante sie mit einer Neuigkeit: »Du wirst gleich abgeholt. Es geht wieder nach Scheveningen.«

Der junge Mann von der Party hatte unter Aufbietung gewisser detektivischer Fähigkeiten ihre Adresse herausbekommen, um Margret zu einer Wochenendtour nach Holland einzuladen. Mutter und Tante hatte er schon um ihre Erlaubnis ersucht.

Margret fühlte sich überrumpelt. Aber das Wetter war schön, und den Strand von Scheveningen schätzte sie ohnehin. So war sie bereit, als Werner Mauss und ein gutes Dutzend Freunde wieder auftauchten. Werner hatte einen todschicken Opel Kapitän, ein älteres Modell zwar, aber in elegantem Schwarz mit Viertonhupe und Radio. Margret durfte neben ihm auf dem Beifahrersitz Platz nehmen, obwohl er seine Freundin mitgebracht hatte, die dafür hinten sitzen mußte. Drei Autos, vollgepfropft mit jungen Leuten, die Radios auf denselben Sender eingestellt, heruntergekurbelte Fensterscheiben, so ging es in Richtung Niederlande.

Man schlief im Auto und am Strand, tanzte im Sand barfuß Rock and Roll und war am nächsten Abend wieder zu Hause in Essen.

Von nun an tauchte Werner häufiger bei den Jüres in der Kruppstraße auf. Margret empfand wohltuend, daß er zurückhaltender als andere junge Männer war. Ihre Mutter schätzte besonders seine höfliche Art, mit angedeutetem Handkuß und Zusammenknallen der Hacken bei der Begrüßung. Manchmal holte er Margret vom Dienst ab, in dem großen schwarzen Opel Kapitän, der seiner Mutter gehörte. Gelegentlich, zum Wochenende, präsentierte Werner sich auch in einer wunderschönen Reiterkluft, mit weißer Hose, blankgewienerten Stiefeln und rotem Jackett.

Der junge Mann war Reiter. In der Nähe von Essen machte er eine Lehre. Er wollte Reitlehrer werden. Verwandte hatten einen Bauernhof besessen, dort hatte er als Junge seine Ferien verbracht, war häufig über die Felder galoppiert und hatte beschlossen, aus seiner Liebe zu Pferden einen Beruf zu machen.

Werner Mauss verstand es, den Eindruck zu erwecken, als käme er aus besseren Kreisen, und in gewissem Sinne stimmte das auch. Sein Vater hatte alle möglichen Beteiligungen an Firmen besessen und eine Hemdenfabrik, in der Uniformteile für die Essener Straßenbahnbeamten geschneidert wurden. Kurz nach Kriegsende starb er. Die Mutter, schlecht beraten bis betrogen, hatte das Familieneigentum nicht zusammenhalten können. Geld und Besitz gingen dahin, und selbst das Haus in Essen-Bredeney gehörte inzwischen einer Grundstücksgesellschaft, bei der sie nun zur Miete wohnen mußten.

Haus und Opel Kapitän täuschten. Werner Mauss und seine Mutter hatten keine müde Mark mehr. Die beiden älteren Geschwister, ein Bruder und eine Schwester, waren längst verheiratet und verzogen. Werner hatte die Volksschule besucht und dort seine Schwierigkeiten gehabt. Nicht, daß er dumm war, aber die Disziplin der Schule war ihm ein Greuel, Hausaufgaben ebenfalls, und so hatte er den eigentlich standesgemäßen Sprung auf die Realschule oder das Gymnasium nicht geschafft.

So richtig einsehen konnten aber weder Mutter noch Sohn ihren sozialen Abstieg. Werner kaufte ein, als hätte er unerschöpfliche Geldvorräte. Tonbandgerät, Plattenspieler, alles, was in den späten fünfziger Jahren zum Wohlstand gehörte, wurde auf Raten angeschafft. Vor lauter Abstottern blieb kaum noch Geld fürs tägliche Essen. Eine Tüte Pommes frites für fünfzig Pfennig war häufig alles, was Werner für sich und seine neue Freundin Margret ausgeben konnte. Benzin für den Opel Kapitän wurde literweise getankt, selten für fünf, meistens nur für zwei Mark. Man kam nicht sehr weit damit.

Die Mutter ging inzwischen Staubsauger verkaufen, Marke Vorwerck »Kobold«, wahlweise nach Umbau auch als Haarfön zu verwenden, mit aufsteckbarer Trockenhaube. Als Margret die Familie Mauss kennenlernte, wurde aus dem Beruf der Mutter noch ein Geheimnis gemacht. Doch lange dauerte es nicht, bis sie merkte, daß ihrem Freund Werner und dessen Mutter das Wasser ständig bis zum Halse stand. In den Lebensmittelgeschäften der Umgebung wurde angeschrieben, bis es schließlich auf Anschreiben nichts mehr gab. Wohlverschlossen lagen die unbezahlten Rechnungen und Kreditverträge im Schreibtisch. Werner Mauss schien das alles nicht viel auszumachen. Er schaffte sich ein Pferd an: »Vulkan« mit Namen.

Später mußte es für 2000 Mark Kredit an einen in der Nachbarschaft wohnenden Bauunternehmer verpfändet werden, inklusive Sattel und Zaumzeug. Wie Werner Mauss das Futter für sein Pferd bezahlen konnte, blieb für die übrigen Mitglieder des Reitvereins am Stadtwald in Essen, wohin er inzwischen auch beruflich gewechselt war, ein Rätsel. Manche Reiterkameraden hatten aber einen gewissen Verdacht, wies ihre eigene Futterkiste doch regelmäßig Defizite auf.

Dennoch galt Werner Mauss etwas im Reitstall am Stadtwald. Er konnte gut reiten, und das lag nicht zuletzt an seinem Ausbilder, einem bekannten Dressurreiter. Er hatte großen Spaß daran, besonders wilde und verrückte Pferde zu zähmen.

Im Stadtwald erzählte man noch Jahre später die Geschichte, wie Werner Mauss ein Hallenturnier bestritten hatte. Schmuck gekleidet und unter den Augen von allerlei Lokalgrößen ritt er in den Parcours ein. Das Startsignal ertönte, und gleich bei einem der ersten Hindernisse stoppte das Pferd abrupt. Unverdrossen ritt Mauss wieder an. Das Pferd verweigerte erneut. Auch der dritte Versuch scheiterte. Über Lautsprecher wurde der Reiter nach dem dreimaligen Verweigern aufgefordert, den Parcours zu verlassen. Doch statt den unerbittlichen Richtern zu gehorchen, mühte sich Mauss weiter, sein Tier über den Sprung zu jagen. Wieder ertönte der Lautsprecher und forderte ihn zum unverzüglichen Verlassen des Parcours auf. Mauss blieb so stur wie sein Pferd, und unter den immer ärgerlicher werdenden Lautsprecherdurchsagen schaffte er es, das Pferd doch noch zum Springen zu bewegen. Am Ende meisterte er den Springparcours fehlerfrei – allerdings andersherum als vorgesehen, vom Ziel zum Start, was schwerer ist als umgekehrt. Stolz ritt er hocherhobenen Hauptes von dannen.

Wichtiger als das Gewinnen von Pokalen war ihm, sich durchzusetzen – und das nicht nur auf dem Pferderücken.

Bei einem anderen Turnier handelte er sich ein bleibendes Kennzeichen ein. Beim Springen fiel er vom Pferd, und eine Zügelschlaufe legte sich um seinen linken Mittelfinger. Das Pferd preschte davon, und der Finger wurde länger und länger. Schließlich hing die Fingerkuppe nur noch einem Stück Sehne, wie an einem seidenen Faden. Mauss kam wieder auf die Beine und konnte sich vom Zügel befreien. Der Finger blutete, und

Mauss schloß ihn mit seiner rechten Hand ein. Bleich, aber gefaßt, ging er gemächlichen Schrittes auf die entsetzten Zuschauerinnen in der ersten Reihe der Tribüne zu. Ruckartig öffnete er die Hand und erschreckte die Damen. Dann ging er ins Krankenhaus und ließ sich die halbabgetrennte Fingerkuppe ganz amputieren.

Inzwischen hatte sich Werner Mauss von seiner Freundin getrennt und sich ganz Margret Jüres zugewandt. An ihrem 21. Geburtstag veranstaltete sie die erste und letzte Party in ihrem Elternhaus. Zu vorgerückter Stunde eröffnete sie ihrer Mutter, daß sie sich mit Werner Mauss verloben wolle. Die Mutter war wenig begeistert und gab ihr um Mitternacht vor den versammelten Gästen eine Ohrfeige.

Es war der 2. Januar 1960, und, gerade volljährig geworden, wollte Margret eine solche Demütigung nicht auf sich sitzen lassen. Wenige Tage später besuchte die Mutter ihre Schwester. Margret kam nach Hause und stellte fest, daß sie fortgefahren war, ohne ihr eine Nachricht zu hinterlassen. Von einer Telefonzelle aus rief sie ihren frisch Verlobten an und sagte, er möge sie abholen. Sie warf ihre Siebensachen in den schwarzen Opel Kapitän und quartierte sich bei Werner Mauss in der Lilienstraße ein. Dessen Mutter war davon nicht so recht erbaut, schließlich waren die beiden noch nicht verheiratet. Doch fand sich eine Lösung, durch die sich Sitte und Moral und gemeinsames Wohnen miteinander vereinbaren ließen. Ein kleines Zimmer unter dem Dach wurde für Margret hergerichtet. Der Sohn wohnte weiter unten im Haus.

Nicht lange nach dem Umzug gab Margret Jüres ihre Stelle beim Finanzamt auf und ging als Sekretärin zum Dachverband der Lebensmittelindustrie. Sie verdiente verhältnismäßig gut, denn sie war eine ausgezeichnete Arbeitskraft. Das war auch nötig, denn im Hause Mauss fehlte nichts so sehr wie Bargeld. Wenige Besucher gingen so häufig ein und aus wie der Gerichtsvollzieher, der seinen Kuckuck an alles klebte, was auch nur entferntest an einen Wertgegenstand erinnerte. Ein alter Läufer, abgewetzt und fadenscheinig, wurde vom Gerichtsvollzieher nicht nur einmal als Klebestätte für sein Siegel ausgewählt.

Eines Tages wurde es der tatkräftigen Margret zu bunt. Sie hatte nicht umsonst in einer Anwaltskanzlei gelernt. Es mangelte ihr auch an jener fröhlichen Leichtfertigkeit, mit der Werner Schulden gemacht und sich einen Teufel um die Bezahlung der Rechnungen und Raten gekümmert hatte. Auch dessen Mutter war kaum in der Lage, die Schuldenmisere zu beseitigen. Rechnungen, Mahnungen, Zahlungsbefehle wanderten immer noch in eine Schublade, die sorgfältig verschlossen wurde.

Werner drängte zwar auf Heirat, meinte aber: »Wo kein Geld ist, fliegt nach einer Weile die Liebe zum Fenster raus.«

Margret brachte Werners Mutter dazu, die Schuldenlade zu öffnen. Dann setzte sie sich hin, schrieb Briefe an die Gläubiger und bat sie, die Schulden zu stunden oder in winzige Raten aufzuteilen. Einigen schlug sie allen Ernstes vor, sich auf mehrjährige Abzahlungsfristen mit monatlichen Summen von wenigen Mark bis hin zu unter 50 Pfennig abzufinden. Die gebeutelten Gläubiger willigten durchweg ein. Manche waren sogar damit einverstanden, nur einen Teil des Schuldenbetrags zurückzubekommen.

Streng achtete Margret Jüres darauf, daß die von ihr ausgehandelten Minitilgungsbeträge auch pünktlich gezahlt wurden. Allerdings blieb bei der Sanierung von Sohn und Mutter Mauss von ihrem eigenen Gehalt meist nichts übrig.

Nur an einer Sache vergriff Margret Jüres sich nicht: dem schwarzen Opel Kapitän. Er stand nicht zur Diskussion.

Zu dieser Zeit hatte das junge Paar vage Ideen, irgendwann einmal einen Reitstall aufzumachen. Doch als der Bauunternehmer das verpfändete Pferd »Vulkan« samt Sattel und

Zaumzeug einkassierte, war der Grundstock des Gestüts dahin.

Werner Mauss sattelte um. Er wurde Staubsaugervertreter. Gemeinsam mit seiner Mutter, die auf diesem Gebiet schon einige Erfahrungen gesammelt hatte, zog er nun von Tür zu Tür, um seine »Kobolde« zu verkaufen. Das Familienunternehmen erlebte einen gewissen Aufschwung, denn Werner war ein ausgesprochenes Verkaufstalent. Dennoch reichte das Geld kaum, um die fälligen Ratenzahlungen abzudecken. Es war ein Leben haarscharf am Rande des Offenbarungseids.

Weihnachten 1960. Margret kam vom Dienst nach Hause in die Lilienstraße. Ein Tannenbaum war da, aber das war auch alles. Es gab keine Geschenke und nichts zu essen, denn die Kasse war wieder einmal leer. Margret rannte davon, setzte sich mit ihren letzten fünf Mark in eine Kneipe und bestellte sich eine Ochsenschwanzsuppe. Ein paar Männer, obwohl ebenfalls nicht mit Reichtum gesegnet, setzten sich zu ihr an den Tisch und spendierten ihr ein karges Weihnachtsmenü. Erst nach Mitternacht kehrte sie zu Mutter und Sohn Mauss zurück.

Ein besinnliches Gespräch um die Jahreswende 1960/61 ergab, daß es so nicht weitergehen konnte.

Aber was tun und nicht stehlen? Aus dem Reitbetrieb konnte schon durch den Verlust von »Vulkan« nichts mehr werden. Als Staubsaugervertreter wollte Werner Mauss nicht sein Leben beschließen, auch wenn er sich neben seinem unbestrittenen Verkaufstalent auch eine atemberaubende Geschicklichkeit beim Auseinandernehmen, Zusammensetzen und Umbauen der Demonstrationsstaubsauger in Haarföne, Farbspritzpistolen und dergleichen mehr zugelegt hatte. Zudem entsprach der Vertreterberuf nicht ganz seinen Anwandlungen von Abenteuerlust, gesellschaftlichem Renommee und persönlicher Wichtigkeit.

Die Detektei »M.«

Werner Mauss beschloß, Detektiv zu werden.

Zum Glück war das häusliche Telefon gerade nicht gesperrt. Was fehlte, waren Visitenkarten, Annoncen, ein Büro und Klienten. Schon einen Tag, nachdem das Pärchen Werner Mauss und Margret Jüres diese, wie sich später herausstellen sollte, zukunftsweisende Idee geboren hatte, wurde das neue Gewerbe ordnungsgemäß angemeldet. Zweiter Schritt war dann der Druck von Visitenkarten mit dem Firmenzeichen der neuen Detektei, einem schwarzen und einem weißen Punkt, die wachsame Augen bei Tag und Nacht symbolisieren sollten.

Als nächstes wurden überdimensional große Anzeigen ins örtliche Telefonbuch gesetzt. Dann richteten die beiden Jungdetektive ihr Büro ein. Es war die untere Etage des Hauses in der Lilienstraße. Mutter Mauss, die die Räume im Parterre bewohnt hatte, erhielt ein Klappbett und durfte fortan im Büro der jungen Detektei nächtigen.

Wenn Werner Mauss etwas tat, dann tat er es richtig und mit vollem Einsatz. Er hielt es mit Panzergeneral Guderian: »Nicht kleckern, sondern klotzen.« Schon in jungen Jahren entwickelte er einen gewissen Hang zur Hochstapelei, was ihn in seinem neuen Beruf erheblich nach vorn brachte.

Die Bekanntschaft mit einigen Rechtsanwälten hatte Mauss und seine Verlobte Margret auf eine Marktlücke aufmerksam gemacht. Anwälten fehlten, vor allem in Scheidungsangelegenheiten, häufig genaue Informationen über das unsittliche Verhalten der Gegenseite. Hier, so planten Werner Mauss und Margret Jüres, sollte geholfen werden. Das nötige detektivische Rüstzeug hofften sie sich im Laufe der Zeit aneignen zu können. Erste Tips für das konspirative Verhalten hatten sie von einem befreundeten Polizisten bekommen.

Auch aus seinen Erfahrungen als Staubsaugervertreter konnte Werner Mauss auf ungeahnte Weise Vorteile schöpfen. Die meisten Kunden, die er und seine Mutter besucht hatten, konnten den Vorwerck »Kobold« nicht in bar bezahlen. So hatten sie mit dem Kaufvertrag auch gleich einen Kreditvertrag abgeschlossen. Dieses Modell übertrug Mauss auf sein neues Gewerbe. Er verkaufte detektivische Leistungen auf Kredit.

Durch die eigenen leidvollen Erfahrungen aus der persönlichen Schuldenmisere hatte das junge Paar den Direktor der örtlichen Kundenkreditbank mehr oder weniger unfreiwillig kennengelernt. Ihm trugen sie ihren Plan vor. Die Klienten in spe sollten mit der Bank einen Kreditvertrag in Höhe des Detektivhonorars abschließen, so daß Mauss & Co. schon zu Beginn ihrer Ermittlungstätigkeit über Bargeld verfügten und die Auftraggeber, zumeist betrogene Ehefrauen, den Betrag aus der Haushaltskasse abstottern konnten. Das Modell leuchtete dem Bankdirektor ein, hatte er doch nur so Aussicht, die selbst der Familie Mauss gewährten Kredite zurückzubekommen. Vielleicht imponierte dem Banker allerdings auch das forsche Auftreten der beiden jungen Leute.

Die Honorarsätze der jungen Detektei wurden mit Absicht und von Anfang an in erheblicher Höhe festgesetzt. 2500 Mark sollte das Bespitzeln eines untreuen Ehegatten kosten. Nur was teuer ist, so hatte Mauss richtig erkannt, wirkt seriös und erfolgversprechend. Sie klapperten Anwälte ab und boten ihre Dienste an.

Nach ihrer Devise, stets zu klotzen, hatten sie inzwischen den alten Opel Kapitän verkauft und sich, auf Pump natürlich, einen gebrauchten Mercedes zugelegt. Sie kleideten sich, ebenfalls mit geliehenem Geld, neu ein und staffierten die Wohnung der Mutter repräsentativ aus. Der Parkettfußboden, der nur einen Teil der Wohnung bedeckt hatte, wurde vervollständigt, ein großer Eichenschreibtisch angeschafft. Windsor-Garnitur,

Palme, Weltkarte, kupferne Hängelampe, ein neuer echter Teppich, ein Regal mit zunächst leeren Leitzordnern, ein bürgerliches Gesetzbuch und ein mausgraues Telefon erweckten den Eindruck einer gutgehenden, längst etablierten Detektei.

Und tatsächlich kamen die Kunden. Das System, detektivische Leistungen wie Staubsauger auf Kredit zu verkaufen, schlug ein und wurde weiter perfektioniert. Im Schreibtisch lagen vorgedruckte Kreditverträge.

Kam eine Klientin, zumeist eine nervöse Ehefrau, die sich von ihrem Gatten betrogen wähnte, wurde gesagt: »Es geht alles ganz einfach. Sie brauchen nichts zu bezahlen, jedenfalls nicht sofort. Haben Sie Ihren Personalausweis dabei? Wir machen alles, Sie brauchen sich nur dort hinzusetzen, und wir nehmen Ihre Personalien auf. Sie sagen uns, was Sie als Sicherheit bieten können, und Sie müssen nur noch unterschreiben. Dann gehen wir mit Ihnen zur Bank, Sie brauchen selbst überhaupt nichts zu tun, und die Sache ist geregelt. Sie brauchen keine Angst zu haben, daß Ihr Mann ein größeres Loch in der Haushaltskasse bemerkt. Die kleinen Ratenzahlungen können Sie auf einen längeren Zeitraum ausdehnen.«

Die Sache funktionierte. Die Zahl der Klienten nahm zu, denn unter mehr und mehr Scheidungsanwälten sprach sich das Ratensystem der Detektei Mauss herum, zudem leisteten die beiden Jungdetektive tatsächlich erstklassige Arbeit. Sie hängten sich mit ihrem Auto an den untreuen Ehemann, verfolgten ihn durch Bars und in Hotelhallen und listeten akribisch auf, wer, wann, wo und mit wem wie viele Küsse ausgetauscht hatte. Sie legten sich eine Kamera mit Teleobjektiv zu und konnten so auch optische Beweismittel liefern.

Scheidungsanwälte und Richter waren beeindruckt, wenn die Detektive vor Gericht als Zeugen ihre Protokolle vorlegten: »21.09 Uhr beugte sich Herr X zu Dame Y herüber, schaute dann wieder geradeaus und gab ihr um 21.13 Uhr einen Kuß, der bis 21.15 Uhr andauerte. Um 21.18 Uhr verschwanden beide im Hotel Z und trugen sich dort unter dem Namen Soundso ein.«

Margret Jüres' Perfektion in Stenografie machte eine derart detaillierte Beschreibung möglich. Mauss hatte die nötige Chuzpe und Phantasie, während seine Verlobte Ordnung und System in das aufstrebende Unternehmen brachte.

Es dauerte nicht lange, da gab sie ihre Anstellung beim Lebensmittel-Dachverband auf und konnte sich voll der gemeinsamen Ermittlungsarbeit widmen. Ihren Job als Sekretärin hatte sie nach Gründung des Detektivbüros ohnehin nicht mehr mit der gewohnten Sorgfalt ausüben können. Die nächtelangen Verfolgungen abtrünniger Ehepartner auch über die Stadtgrenzen von Essen hinaus hatten sie morgens oft unausgeschlafen und gelegentlich unpünktlich zum Dienst erscheinen lassen.

Die Hochzeit

Im März 1961 hatten Werner Mauss und Margret Jüres ihr Detektivbüro eröffnet, im Sommer kündigte Margret ihre Stellung, im September wurde geheiratet. Die Detektei lief gut, aber das Geld blieb dennoch knapp. Die Schulden wuchsen, aber der Umsatz stieg auch. Als sie ihr Familienstammbuch für fünf Mark kaufen sollten, überlegten sie zunächst noch, ob sie diese Anschaffung auch auf später verschieben könnten, irgendwie gelang es ihnen aber dennoch, die Investition in bar vorzunehmen.

Am 22. September 1961 wurden Werner Mauss und Margret Jüres im Standesamt Essen-Bredeney getraut. Die Braut trug ein silbergraues Kleid mit eingewirkten Silberfäden. Der Bräutigam hatte eine silbergraue Krawatte umgebunden und sich die Haare extrem kurz schneiden lassen. Direkt vor der Trauung mußten die beiden noch einem Auftrag nachgehen, so daß

Margret kaum Zeit blieb, vor dem feierlichen Ereignis zum Friseur zu gehen.

Anschließend ging es in kleinem Kreis zum Hochzeitsmahl. Das junge Paar hatte in der Gaststätte »Zum Bären« ein Menü bestellt. Es gab für 15 Mark pro Person französische Zwiebelsuppe, Krebspastetchen Mantua, gespickte Rehkeule Försterin-Art mit Pfifferlingen, Apfelmus, Preiselbeeren und Kroketten. Zum Nachtisch Pfirsich-Melba. Die Gesamtsumme für das Mahl belief sich auf 320 Mark, die die beiden auf Raten abbezahlten.

Kaum war das Dessert serviert, wurden die Detektive schon wieder unruhig. Eilends wurden die acht geladenen Gäste, Trauzeugen, Mütter und Geschwister, wieder verabschiedet. Noch in der Hochzeitskleidung nahm das Ehepaar Mauss seine Suche nach Scheidungsgründen betrogener Ehepartner wieder auf. Die Flitterwochen fielen zugunsten der Observation anderer, illegitimer Liebesbeziehungen aus.

Was die Eheleute Mauss zusammenschweißte, waren die gemeinsame Arbeit und die gemeinsamen Schulden. Sie waren ein Team, perfekt aufeinander eingestellt, nach außen hin einig und unzertrennlich. Die Karriere des Agenten Werner Mauss war die Karriere dieses Teams aus Mann und Frau.

Im Laufe der Jahre entwickelten sie ein System des Rollenspiels, mit dem sie sich in den Behördenapparaten von Polizei und Versicherungen genausogut bewegen konnten wie in der Unterwelt der Einbrecher- und Hehlerbanden. Sie waren Meister der Verstellung und der Schauspielerei. Schon zu Beginn ihrer detektivischen Karriere, als sie sich mit eher schmierigen Ehegeschichten befaßten, hatten sie sich ebenso simpler wie wirkungsvoller Taktiken bedient. Folgten sie etwa einem untreuen Ehemann und dessen Freundin in eine Hotelbar, so ließen sie es nicht bei der Observierung bewenden, sie rückten ihrem Zielobjekt nahe, sprachen es an, verwickelten es in ein Gespräch. Mauss stellte seine Ehefrau als seine Geliebte vor, machte ein paar anzügliche Bemerkungen und provozierte so ähnliche Bekenntnisse seines Opfers. Er hatte die Gesprächsführung stets im Griff, konnte seine Worte jeder Situation anpassen. Mauss erweckte Vertrauen und wickelte sein Gegenüber ein, um ihn anschließend seinem jeweiligen Auftraggeber auszuliefern.

Loyalität galt nur gegenüber dem Auftraggeber. Als eines Tages ein Ehemann, den sie bespitzeln sollten, in der Detektei auftauchte und ein lukratives Angebot für den Fall eines Frontenwechsels machte, lehnte das Ehepaar Mauss empört ab.

Der Aufstieg

Trotz Verschuldung versuchten Werner und Margret Mauss immer und überall den Eindruck zu erwecken, als ginge es ihnen blendend. Margret Mauss bekam einen mausgrauen Persianer, Werner Mauss schaffte sich eine kostbare Armbanduhr an, garantiert mit teurem Gestein. Bald reichte auch der gebrauchte Mercedes nicht mehr, und es mußte ein nagelneuer Porsche her.

Natürlich wurde er auf Pump gekauft, war mausgrau und mit Autotelefon ausgestattet – wenige Monate nachdem das Hochzeitsessen abgestottert war.

Schon Ende des ersten Jahres nach Gründung der Detektei lief das Geschäft mit den untreuen Ehegatten so gut, daß sich die beiden nach größeren und lukrativeren Betätigungsfeldern umsahen. Ihr Ruf als Supernasen war inzwischen bis in die Chefetagen von Wirtschaftsunternehmen vorgedrungen. Die ersten Aufträge aus diesem Bereich hatten noch eine gewisse Ähnlichkeit mit dem Aufspüren von Seitensprüngen abtrünniger Ehepartner. Hatte etwa ein Mitarbeiter gekündigt, und der Arbeitgeber verdächtigte ihn, innerhalb der Sperrfrist bei der Konkurrenz zu arbeiten, wurde das Ehepaar Mauss auf seine

Spur gesetzt. Solche Aufträge brachten natürlich mehr Geld und Prestige ein – und den Zugang zu den Chefetagen in Wirtschaft und Industrie.

Das wirkliche Geld aber, so hatte Werner Mauss schnell erkannt, ließ sich mit Versicherungsfällen verdienen. In der feinen Wirtschaftsgesellschaft allerdings war es noch wichtiger als anderswo, den schönen Schein von Reichtum, Erfolg und Wichtigkeit zu pflegen.

Als Margret und Werner Mauss im Auftrag eines Industrieunternehmens eine Sache in Locarno zu erledigen hatten und dort irgendwelche Herren auf der Terrasse eines Hochhauses zu beobachten waren, sagte Mauss mit seiner blühenden Phantasie: »Wenn wir jetzt ein Flugzeug hätten, könnten wir Fotos aus der Luft machen.«

Kurz entschlossen gingen sie zum örtlichen Flugplatz und mieteten sich eine Maschine, angeblich zum Rundflug über dem Alpenpanorama. Die Fotos von den Herren auf der Terrasse ließen in ihrer Qualität noch zu wünschen übrig, aber als Mauss aus der Maschine stieg, stand der Entschluß fest: »Ab morgen werden Flugstunden genommen.«

Binnen vier Wochen hatte Werner Mauss den Flugschein bereits in der Tasche. Was fehlte, war ein Flugzeug, aber auch das sollte sich bald ändern.

Der Hang zum Prächtigen

Inzwischen hatte das Ehepaar Mauss neue Freunde gewonnen, Architekten, Rechtsanwälte, Unternehmer: eine Clique mehr oder weniger erfolgreicher Prototypen der Wirtschaftswunderzeit. Manche hatten ihr Geld geerbt, andere in diversen Branchen selbst eine schnelle Mark gemacht. Sie alle waren ein Stück älter als das Ehepaar Mauss, aber gemeinsam hatten sie einen gewissen Hang zum Prächtigen. Es war die Zeit von Fellinis »La dolce vita«, und natürlich war es auf ihren Partys unverzichtbares Ritual, in voller Bekleidung ins Schwimmbad zu hüpfen oder sich gegenseitig hineinzustoßen. Man hatte Geld und stellte es zur Schau, und versuchte, einander mit der PS-Zahl der Autos, dem Preis der Armbanduhren und der Weite der Urlaubsreise zu übertrumpfen.

Werner Mauss, mit seiner unbestreitbar amüsanten Art, seinen Geschichten und Geschichtchen, seinem geheimnisvollen Zwielicht, war ein Paradiesvogel unter Paradiesvögeln. Daß fast nichts von seinem zur Schau gestellten Reichtum ihm gehörte, wußte niemand und interessierte niemanden.

Das Ehepaar Mauss war immer dabei, war gern gesehen und blieb dennoch ein Stückchen abseits. Beim Sprung in den Swimmingpool standen sie am Beckenrand und sahen zu, beim Saufgelage blieben sie nüchtern, bei der Erzählung persönlicher und beruflicher Abenteuer beschränkten sie sich auf geheimnisvolle Andeutungen. Nur bei der Autoparade waren sie voll dabei. Auf den 75-PS-Porsche folgte einer mit 90 PS. Dann reichte auch das nicht mehr, und es mußte ein Jaguar E sein, der Inbegriff eines Sportwagens, dessen schlichter Anblick auf dem Parkplatz einen Polizisten bereits in Gefahr brachte, den Fahrer wegen Geschwindigkeitsüberschreitung anzuzeigen. Wenn Margret Mauss zusammen mit ihren Freundinnen vor dem Friseursalon anrollte, führte die Parade von Luxussportwagen am Straßenrand zum Menschenauflauf.

Für die detektivische Alltagsarbeit waren die chromglitzernden Prestigeobjekte nicht unbedingt notwendig. Deshalb wurde zur Verfolgung von Zielpersonen ein unauffälligerer Zweitwagen angeschafft. Die Sportwagen dienten neben der Steigerung des Selbstwertgefühls vor allem der Akquisition neuer Kunden. Was für den Hauptmann von Köpenick die Uniform, war für Werner Mauss das Geld, Erfolg und Tüchtigkeit signalisierende Luxusgefährt. Erst später, als er sich mehr und mehr in Hehler-, Schieber- und sonstigen Ganovenkreisen bewegte, erhielten die Prestigefahrzeuge eine wirkliche Funktionalität.

Firma Mauss »weltweit«

Werner Mauss wollte noch höher hinaus, in die Luft nämlich. Ein glücklicher Umstand war, daß ein Architekt aus seiner Essener Wirtschaftswunder-Clique den Drang nach oben teilte. Gemeinsam erwarben sie ein Flugzeug, eine einmotorige Cessna 172. Der Architekt hatte zwar einen Pilotenschein, aber nur geringes Talent zum Fliegen. Saß er am Steuerknüppel, so zitterte er, und der blanke Schweiß stand ihm auf der Stirn. Er schien selbst mehr Angst zu haben als seine Passagiere. Immer häufiger überließ er die Maschine seinem Partner, der nun auch aus der Luft Observationen durchführen konnte und stolz auf seine Visitenkarte schrieb: »Eigener Flugeinsatz in ganz Europa.«

Im Laufe der Jahre war der Text auf den Geschäftskarten immer umfangreicher geworden. Auf den ersten hieß es noch: »Beobachtungen, Reiseschutz, Geldtransportüberwachung, Spezialauskünfte, Aufklärung von Wirtschafts- und Versicherungsbetrug. Zentrale: Essen-Bredeney, Postfach 222, Lilienstraße 52, Telefon tags 43697, nachts 446896. Telefonische Funkverbindung Tag und Nacht über Ruf Düsseldorf 1114, nach Meldung der Zentrale Verbindung mit Essen 2118947 verlangen. Telex 0857809«.

Wenige Jahre später prangte neben einem stilisierten Globus der Satz: »Sofortiger Einsatz in allen Ländern der Erde. Los Angeles, California; New York City, New York; London, England; Locarno Monti, Switzerland.« Tatsächlich gab es jedoch lediglich informelle Kontakte zu anderen Detektivbüros in den genannten Ländern. Die Firma Mauss mit ihrer weltweiten

Einsatzorganisation, ihrem angeblichen Funkwagennetz in ganz Europa und ihrer Zentrale in Essen-Bredeney bestand nie aus mehr als zwei festen Mitarbeitern, nämlich Werner Mauss und seiner Ehefrau Margret. Dazu kam eine ältere Dame, die stundenweise das Telefon in der Zentrale bewachte. Ein Zweipersonenbetrieb, der allerdings nach und nach ein ganzes Heer von Polizisten unentgeltlich beschäftigte: die Beamten des Bundeskriminalamts und die verschiedener Landeskriminalämter.

3. Kapitel
Der V-Mann

Abstieg in die Unterwelt

Enge Kontakte zur Polizei hatten Werner und Margret Mauss von Anfang an und bauten sie nach und nach systematisch aus. Informationen und Beziehungen waren ihr bestes Kapital. Nur durch Akteneinsicht hatten sie die Möglichkeit, Aufträge, die ins kriminelle Milieu hineinspielten, zu lösen. Auch hier war ihr System so einfach wie wirkungsvoll. Aus dem Studium der Ermittlungsakten entnahmen sie, wo zum Beispiel die Schwachpunkte eines Einbrecher- und Hehlerringes lagen. Mit schlafwandlerischer Sicherheit fand Werner Mauss in den polizeilichen Unterlagen Ansatzpunkte für seine Ermittlungstätigkeit.

Der Sprung in den kriminellen Bereich begann mit dem Aufspüren gestohlener Kraftfahrzeuge. Die Wiederbeschaffung von Diebesgut wurde von der Polizei weitgehend vernachlässigt. Ihr ging es um die Festnahme der Täter. Das nützte den Hauptgeschädigten, den Versicherungen, herzlich wenig. Sie wollten naturgemäß ihre Schadensersatzzahlungen möglichst gering halten. Mauss bot sich ihnen an und war von Anfang an ziemlich erfolgreich. Er setzte nicht bei den Tätern an, sondern bei den Hehlern. Sie, so pflegte Mauss zu sagen, seien die »Bäume« – Täter dagegen nur »Blattwerk«.

Gestohlene Autos mußten verkauft werden, sonst machte ein Diebstahl keinen Sinn. Also gab sich Werner Mauss selbst als Hehler aus, winkte mit Geld, das er zunächst aus eigener Tasche vorstreckte, und später, als sich seine Erfolge bei den Versicherungen herumsprachen, auf dem Wege der Vorkasse von den Unternehmen erhielt.

Schon 1964 gelang es dem Ehepaar Mauss, sich an einen größeren Ring von internationalen Autoschiebern zu hängen. Ihr damaliger Auftrag führte sie bis nach Istanbul und brachte sie in Kontakt mit Beamten des Bundeskriminalamts. Im Jahr darauf bearbeiteten sie wieder im Auftrag einer Versicherungsgesellschaft einen Fall, bei dem Lumpen nach Südamerika exportiert wurden, auf der Reise verschwanden und der Versicherung gegenüber als hochwertige Textilien ausgegeben wurden.

Doch auf die Dauer wollte sich Werner Mauss nicht mit Einzelaufträgen von Versicherungen zufriedengeben. Er selbst hatte eine Menge seines knappen Bargelds in diese Aufträge investiert, hatte das Risiko selbst getragen, denn nur im Erfolgsfalle erstatteten die Versicherungen die Auslagen und zahlten ein Honorar. Ihm schwebte eine generelle Abmachung mit einem Versicherungskonsortium vor, eine Art Globalvertrag, der es ihm erlaubte, finanziell abgesichert, sich die Fälle auszusuchen, bei denen er eine Erfolgschance sah. In den Zeitungen war ihm immer wieder aufgefallen, daß der HUK-Verband regelmäßig beklagte, wie viele Autos jedes Jahr gestohlen wurden.

Gestärkt durch die bisherigen Erfolge und getreu ihrem persönlichen Motto, »Frechheit siegt«, marschierten die Eheleute Mauss schnurstracks in die HUK-Zentrale in Hamburg. Wie auch später gaben sie sich nur ungern mit nachgeordneten Stellen ab. Mauss stieg immer ganz oben ein. Mit seinem Charme, seinem Ideenreichtum und seinem absoluten Willen zum Erfolg imponierte der junge Detektiv Versicherungsmanagern ebenso wie höheren Polizeibeamten und Gangsterbossen. Doch der Weg nach Hamburg blieb zunächst ohne Ergebnis.

Allzu bereitwillig belieferte die Polizei die beiden Privatdetektive mit Informationen und Unterlagen, konnte doch auch sie erheblich von der Arbeit der Firma Mauss profitieren. Der

Agent kannte sich inzwischen in der kriminellen Szene so gut aus, daß er von manchen Verbrechen erfuhr, bevor sie begangen wurden. Er informierte seine Vertrauensleute bei der Kripo, diese konnten den Tatort umstellen und die Täter, zumindest die ausführenden Hilfskräfte, auf frischer Tat ertappen und festnehmen. In der letzten Phase dieser Unternehmungen zog sich Mauss jeweils diskret zurück, natürlich wollte er in der Unterwelt unentdeckt bleiben. Die Polizei verbuchte die Erfolge für sich, Mauss blieb der Mann im Hintergrund, er erschien nicht in den Akten und mußte in Gerichtsverfahren auch nicht als Zeuge auftreten.

Die Arbeitsteilung war perfekt. Im Gegensatz zur Polizei war Mauss nicht an das Legalitätsprinzip gebunden. Er konnte eine Bande so lange ungeschoren lassen, bis er den richtigen Zeitpunkt für gekommen hielt, sie hochgehen zu lassen. Für Polizeibeamte wäre das schlichtweg illegal gewesen. Seine Arbeitsweise war Anfang und Mitte der sechziger Jahre bei der Verbrechensbekämpfung in der Bundesrepublik noch relativ neu: V-Leute, die zum kriminellen Milieu gehörten und gleichzeitig für die Polizei Spitzeldienste leisteten, hatte es immer gegeben. Neu war die Tätigkeit als Undercoveragent. Mauss leistete auf diesem Feld wahre Pionierarbeit. Erst später, und weitgehend an seinem Beispiel orientiert, führten Bundeskriminalamt und Landeskriminalämter Undercoverpolizisten ein.

Nur zu oft scheiterten sie dabei, denn die Zwitterrolle, einerseits Polizist zu sein und andererseits den Kriminellen zu spielen, brachte manchen Polizisten in arge Bedrängnis. Nicht immer konnten sie das süße Leben der Unterwelt, bei dem an Champagner und Geld keine Not herrschte, mit kleinlich-korrekten Reisekostenabrechnungen und einem schmalen Beamtengehalt unter einen Hut bringen.

Mauss hatte es da besser. Je umfangreicher und größer die Aufträge von den Versicherungen wurden, um so aufwendiger wurde auch sein Spesenetat. Zwar mußte auch das Ehepaar Mauss Reise- und Bewirtungsspesen detailliert bei den Versicherungen abrechnen, doch waren diese erheblich großzügiger als die entsprechenden Abteilungen der Polizei.

Es war die Aufgabe von Margret Mauss, neben den Einsatzprotokollen für die Auftraggeber auch die Buchhaltung zu machen. Argwöhnisch wachte sie darüber, daß sorgfältig Belege gesammelt wurden. Einmal wären sie fast enttarnt worden, weil Frau Mauss nach einem Essen mit Kriminellen unvorsichtigerweise noch einmal zurück ins Lokal ging und den zerknitterten Beleg aus dem Aschenbecher fischte, nachdem ihr Mann die Quittung kurz zuvor demonstrativ vor aller Augen zerknüllt hatte.

Ein anderes Mal wurden die Gäste aus dem Milieu mißtrauisch, als die angebliche Gangsterbraut Margret Mauss jede Viertelstunde auf der Damentoilette verschwand. Dort fertigte sie jeweils in Kurzschrift ein Protokoll des Gesprächsverlaufs an. Auf ihr häufiges Verschwinden angesprochen, redete sie sich mit Verdauungsstörungen heraus.

Mitte der sechziger Jahre operierte das Ehepaar Mauss noch unter eigenem Namen. Lediglich die Kennzeichen der wechselnden Autos wurden manchmal ausgetauscht.

Währenddessen war Mauss seinem Ziel, einen Globalauftrag vom Versicherungsdachverband zu erhalten, noch nicht nähergekommen. Seit 1965 hatte er vor allem für die Allianz-Versicherung gearbeitet, vorwiegend im Bereich des organisierten Kraftfahrzeugdiebstahls mit Schadenssummen über 100 000 Mark.

Durchbruch im Versicherungsgeschäft

Am 24. Oktober 1967 empfing das Ehepaar Mauss den Allianz-Prokuristen Dürkopf und dessen Mitarbeiter Dröse in seinem Büro in der Lilienstraße in Essen. Es ging um eine Ausweitung der Tätigkeit für die Versicherung.

Nach dem Gespräch notierte der Versicherungsmann Dröse: »M. hat eine ruhige, sachliche Art und macht einen recht guten Eindruck. Er erklärte seine grundsätzliche Bereitschaft, für uns bei größeren Schäden, etwa ab 100 000 Mark, tätig zu werden. Selbstverständlich will er auch kleinere Aufträge, bei denen wir seine Mitarbeit für zweckmäßig erachten, übernehmen. Seinen Auskünften nach hatte er mit der Kriminalpolizei innerhalb der Bundesrepublik gute Verbindung. M. ist dabei, sich in den Großstädten der Bundesrepublik eine Organisation an V-Männern aufzubauen. Seither hatte er auf diesem Wege die besten Erfolge.«

Sein Honorar werde jeweils bei Übernahme eines Auftrags vereinbart. Genaue Sätze oder Beträge habe er jedoch nicht genannt. Der Allianz-Vertreter kam zu dem Ergebnis. »Es erscheint zweckmäßig, M. im Auge zu behalten und bei eventuell interessanten Schäden einzusetzen.«

Zunehmend verlagerte sich der Arbeitsbereich des Ehepaares nun vom Kraftfahrzeug- zum Einbruchdiebstahl. Detailliert berichtete Mauss der auftraggebenden Versicherung über seine Einsätze, bombardierte die Versicherungsmanager häufig sogar mit nächtlichen Anrufen. Grundlage der Arbeitsberichte waren aber nicht nur die eigenen Recherchen. Auf dem Umweg über die Mauss-Protokolle erhielten die Versicherungen auch einen Einblick in Polizeiakten, denn diese waren das Fundament der erfolgreichen Arbeit des Agenten. Oft tippte Margret Mauss nächtelang die von ihrem Mann diktierten Einsatzprotokolle.

Die Beziehungen zur Polizei wurden immer besser, vor allem die zum hessischen Landeskriminalamt. Die Behörde half dem Ehepaar Mauss inzwischen nicht nur mit internen Ermittlungsakten aus. Zur Tarnung erhielt der Agent mittlerweile auch falsche Papiere. Als im Juni 1967 die Frankfurter Versicherungs-AG Werner Mauss einen Ermittlungsauftrag gegen eine Autoknackerbande in Hessen erteilte, stellte ihm das Landeskriminalamt einen Personalausweis auf den Namen Otto Johns, geboren in Dortmund, wohnhaft in Wiesbaden, zur Verfügung. Die Staatsanwaltschaft versah Mauss zudem mit einer Sondergenehmigung, zum Schein als »Hehler« gestohlenes Gut aufkaufen zu dürfen, um so an die Täter und an ihre Hintermänner heranzukommen. Eigens für diese Operation wurde dem Agenten ein neuer Geheimanschluß in sein Essener Büro gelegt.

Stolz berichtete Mauss der Versicherung, er habe mittlerweile Kontakte zu dreißig Personen – Dieben, Hehlern, Rauschgift- und Waffenhändlern – aufgenommen. Einer von ihnen habe ihm, dem angeblichen Hehler, inzwischen gestohlenen Schmuck im Werte von über einer Million Mark angeboten.

Im weiteren Verlauf der Operation wurden aus den Millionenjuwelen allerdings nur acht gestohlene Schreib- und Rechenmaschinen. Laut Mauss hatten sie einen Wert von immerhin 15 000 Mark. Die Täter verlangten dafür 2000 Mark. Mauss konnte den Preis noch auf die Hälfte herunterhandeln, und so wurde die Übergabe für den 29. September 1967 vereinbart.

Das Landeskriminalamt Hessen stellte dem Agenten dazu einen BMW-Leihwagen mit amerikanischem Kennzeichen zur Verfügung. Und tatsächlich konnte die Kripo am Abend in einer Privatgarage, versteckt unter Ersatzreifen und Zeitungen, sieben Schreib- und Rechenmaschinen beschlagnahmen. Die achte Maschine stellte Mauss später persönlich in der Wohnung einer seiner Kontaktpersonen sicher. Die von ihm investierten 1000 Mark stellte er der Versicherung in Rechnung.

Derartige Aufträge waren eben genau die »Kleckereien«, mit denen sich Mauss am liebsten gar nicht mehr abgeben wollte. Doch seine Frau bremste ihn bei seinen Höhenflügen: »Laß uns die kleinen Jobs behalten. Die kleinen bringen die großen ...«

Wie es sich für richtige Detektive gehörte, mußte man natürlich auch schießen können. In den ersten Jahren ihrer Arbeit waren die Beziehungen zur Polizei allerdings noch nicht so gut gewesen, daß die Eheleute Mauss ohne weiteres in den Besitz eines Waffenscheins hätten kommen können. Also machten sich beide daran, einen Jagdschein zu machen, der ihnen die Erlaubnis zum Waffenbesitz verschaffen sollte. Nächtelang lernten sie alles über Hasen, Rehe, Hirsche. Dabei stand ihnen der Sinn nach ganz anderem Wild, das zudem den Vorteil hatte, keine Schonzeit zu genießen. Beide bestanden die Prüfung mit Auszeichnung, kauften verschiedene Waffen und übten gelegentlich am Sonntagmorgen auf dem Schießstand der Essener Polizei.

In der Tat wurde der Job immer gefährlicher. Jäger Mauss begab sich nicht selten bewaffnet in die Unterwelt.

Der Hehler

Anfang November 1967 gab einer seiner Zuträger Mauss den Tip, daß eine Einbrecherbande in Offenbach für etwa 100 000 Mark Pelze in ihren Besitz gebracht hatte. Er könne Mauss in die Bande einführen. Einen Tag später machte er einen Rückzieher: »Mein Leben ist mir lieber als eine Belohnung.«

Mauss gab die Information an seine Vertrauensleute bei der Polizei, Kriminalhauptkommissar Schenk vom Landeskriminalamt Wiesbaden und Bezirkskommissar Mörschel von der Kripo Frankfurt, weiter. Gemeinsam wurden Ermittlungsakten gewälzt. Zusätzliche Recherchen führten zu Hinweisen auf die mutmaßliche Tätergruppe. Als angeblicher Hehler machte sich Mauss sofort an ein eher kleines Licht der Bande heran. Der wiederum nahm ihn mit in die Offenbacher Kneipe »Biberer Quick«, wo sich seine Komplizen aufzuhalten pflegten.

Mauss ließ durchblicken, daß er Waffen, Brillanten und Pelze gebrauchen könne und bereit sei, einen guten Preis zu zahlen. Dabei stellte er sich so überzeugend als kapitalkräftiger Hehler dar, daß ihn einer der Bandenbosse schon nach kurzer Zeit auf die Toilette winkte, da man sich dort ungestörter unterhalten konnte. Er habe für rund 100 000 Mark Rauchwaren anzubieten.

»Ich bezahle 15 Prozent vom Einkaufswert«, sagte Mauss, »aber erst nach Besichtigung.« Der Mann war einverstanden, wollte aber zunächst mit seinen Kumpanen Rücksprache halten und sich in einschlägigen Kreisen nach »Referenzen« erkundigen. Drohend fügte er hinzu: »Wenn Sie mir eine Falle stellen wollen, dann verstehen wir keinen Spaß.« Er machte eine schnelle Handbewegung und zauberte ein Klappmesser aus seinem Ärmel. Dann verabschiedete er sich: »Ich muß jetzt noch ein Geschäft erledigen und bin um halb elf wieder hier.«

Mauss fuhr nach Frankfurt in die Gaststätte »Fuchsbau«.

Den Wirt kannte er durch andere Ganoven, die ihn dort als den Hehler »Otto Johns« vorgestellt hatten. Mauss machte ein paar Andeutungen und tat so, als wolle er sich vor Abschluß eines Geschäftes über seinen Partner erkundigen. Der Wirt rief einen ihm bekannten Hehler an, der bereit war, sich mit Mauss in der Nähe seiner Gaststätte, einem Schiff auf dem Main, zu treffen.

Der echte Hehler ließ sich vom falschen Hehler einwickeln und verständigte den mißtrauischen Geschäftspartner in spe. Er könne Otto Johns voll vertrauen.

Zwei Tage später suchte Mauss in Begleitung zweier zwielichtiger Gestalten, die er bei vergangenen Operationen kennengelernt hatte und die auf die Spitznamen »Ringo« und »Der rote Egon« hörten, wieder das Lokal »Biberer Quick« in Offenbach auf. Er verwickelte den Wirt des Lokals in ein vertrauliches Gespräch und erfuhr von ihm, daß dieser früher in Frankfurt eine Gaststätte geführt hatte, in der vorwiegend Einbrecher verkehrten. Die, mit denen Mauss Geschäfte machen wolle, kenne er gut. Mauss bat ihn, eine Nachricht weiterzugeben. Er sei am späten Abend in der Frankfurter Bar »Charly Brown« zu erreichen. Tatsächlich rief der »Pelzhändler« den Agenten dort an und vereinbarte ein Treffen für den darauffolgenden Abend im »Biberer Quick«: »Dann können wir ein Teilgeschäft abwickeln.«

Aus dem Geschäft wurde jedoch nichts, denn Waldarbeiter hatten im Offenbacher Wald wenige Stunden vor dem vereinbarten Termin, unter einer Wolldecke versteckt, 25 Pelzmäntel gefunden. Die Polizei nahm die Pelze im Wert von rund 50 000 Mark in Verwahrung. Mauss rügte in seinem Bericht: »Auf diese Weise gingen wichtige Spuren verloren.«

Mauss nahm sich nun zunächst eines anderen Falles an. Wieder hatte ihm sein Verbindungsmann »Ringo« einen Tip gegeben. Eine italienische Einbrecherbande habe seit einiger Zeit Chinchillafelle aus einem Frankfurter Einbruch vorrätig und wolle diese für fünfzig Mark pro Stück absetzen. Mauss begann mit seinen Nachforschungen bei der Polizei. Von Bezirkskommissar Mörschel erfuhr er, daß im Oktober 1967 im Geschäft »Chinchilla-Moden« in Frankfurt eingebrochen worden war. Der Schaden habe etwa 150 000 Mark betragen, der zu Lasten der Viktoria-Versicherung gehe. Auch den Namen des Schadenssachbearbeiters, eines Herrn Hoffmann, erfuhr Mauss von seinem Freund und Helfer bei der Frankfurter Polizei.

Noch am selben Abend traf Mauss den Versicherungsmann auf dem Frankfurter Flughafen. Hoffmann erklärte Mauss besondere Merkmale, an denen die Felle zu erkennen seien.

»Die Täter verlangen pro Fell fünfzig Mark«, sagte Mauss, »ich werde sie aber schon auf vierzig Mark herunterhandeln.«

Gleich im Anschluß an das Gespräch mietete er einen Leihwagen, entfernte die echten Nummernschilder und tauschte sie gegen amerikanische aus. Gegen 23 Uhr traf er im Hotel »Republik« seinen Mittelsmann Ringo, der ihn mit einem Italiener, genannt Walter, und einem Jugoslawen mit dem Namen José bekannt machte.

Gemeinsam fuhren sie zum Lokal »Onkel Max« in der Großen Bockenheimer Straße. José ließ sich von Mauss dessen Pistole geben und entlud sie: »Die Munition bewahre ich so lange auf, bis unser Geschäft abgewickelt ist.« Dann brachte er den Agenten zu einem Hauseingang in der Nähe mit dem Schild: »Korra, Import und Export – Rom/Paris«. Während Mauss auf der Straße wartete, holte José einen beigefarbenen Plastikkoffer ab. Im Zimmer von Mauss im Hotel »Republik« wurde der Koffer geöffnet. Der Agent zählte im Beisein seiner Geschäftspartner 320 größtenteils hochwertige Chinchillafelle.

»Insgesamt haben wir 330 Felle, eine Chinchillastola und einen Chinchillabolero gegriffen.«

Mehr habe es nicht gegeben. Von der Versicherung aber wußte Mauss, daß der geschädigte Pelzhändler den Verlust von 580 Fellen gemeldet hatte.

Nach längeren Verhandlungen erhielt er den Zuschlag für vierzig Mark pro Fell. Die Übergabe des Geldes sollte am nächsten Morgen erfolgen, und Mauss mietete den Verkäufer im Nebenzimmer seines Hotels ein. Erfreut über den guten Deal plauderte José über sein Gewerbe. Seit sieben Jahren arbeite er mit vier Kumpanen zusammen, einem Franzosen, einem Österreicher und zwei Deutschen. Stolz verkündete er, daß sie bei ihren zahlreichen Einbrüchen im gesamten Bundesgebiet noch nie gefaßt worden seien. In letzter Zeit hätten sie fast ausschließlich Pelz- und Teppichgeschäfte beraubt. In Zukunft wollten sie sich allerdings mehr der Juwelenbranche zuwenden.

Um halb vier morgens verließ Mauss José und rief von seinem Hotelzimmer aus Kriminalkommissar Mörschel zu Hause an: »Um acht Uhr brauche ich eine Observationsgruppe.« Mörschel gehorchte.

Pünktlich um acht traf sich Mauss dann zum Frühstück mit José. Anschließend verließ er das Hotel, um in einer nahegelegenen Bank von seinem Privatkonto 12 000 Mark abzuheben. Im Beisein seines Mittelsmannes Ringo und des Italieners Walter übergab er José das Geld. Ringo erhielt von José eine Provision von 500 Mark und Walter von 200 Mark. Mauss übernahm die Felle und ließ Getränke auffahren, um so die Fingerabdrücke seiner Geschäftspartner auf den Gläsern zu sichern. Dann setzte er José im Frankfurter Westend ab.

Wie von Mauss gewünscht, hatte Kriminalkommissar Mörschel eine Observationsgruppe zum Hotel »Republik« geschickt, ausgerüstet mit Fotoapparaten und allem, was sonst noch dazu gehört. Von einer Festnahme des Jugoslawen wurde vorerst abgesehen. Auch in diesem Fall hielt sich die Kripo an die Vorschläge des Privatdetektivs. Schon bei Auftragsübernahme hatte Mauss mit dem Sachbearbeiter der Viktoria-Versicherung die Marschrichtung festgelegt. In seinem Bericht schrieb Mauss später: »Wir erörterten die Gesamtsituation und stellten fest, daß eine Festnahme der Täter zum derzeitigen Zeitpunkt aus ermittlungstechnischen Erwägungen heraus nicht möglich ist.«

Agent und Versicherung hatten über das Verhalten der Polizei entschieden. Nach dem Legalitätsprinzip hätte die Polizei die Täter festnehmen müssen. Wie auch später war die Kripo hier nicht Hilfsorgan der Staatsanwaltschaft, sondern Hilfsorgan des Privatmannes Mauss und seiner ebenfalls privaten Auftraggeber. Mauss übergab die Rauchwaren Bezirkskommissar Mörschel und verständigte die Versicherung von seinem Erfolg. Noch am selben Tag erstattete ihm Schadenssachbearbeiter Hoffmann die vorgestreckten 12 000 Mark.

Der Vertrag

Mit diesem Erfolg, der seiner eigenen Initiative zuzuschreiben war und nicht dem Auftrag durch eine Versicherung, war Mauss seinem Ziel, einen Globalvertrag von der Versicherungswirtschaft zu erhalten, entscheidend nähergekommen.

Im Januar 1968 war es dann soweit. Es kam zum gewünschten Vertrag mit dem Verband der Sachversicherer e. V. in Köln. Mauss sollte allgemein gegen Hehlerorganisationen und Einbrechergruppen ermitteln. Seine Aufgabe bestand darin, Banden zu unterwandern, um sie von innen heraus durch »subversive Tätigkeit« zu zerschlagen. In Zusammenarbeit mit den »zuständigen Kriminaldienststellen im In- und Ausland« sollten die Täter »beweismäßig erfaßt und einer Festnahme zugeführt werden«.

Der Polizei wurde dabei eine unterstützende Funktion zugedacht, beispielsweise über die Lieferung von Tarnpapieren und Tarnkennzeichen für Autos.

Im Vorwort zu seinem Tätigkeitsbericht für das Jahr 1968 schrieb Mauss: »Ziel unserer Ermittlungstaktik sollte es sein, die Hehlertätigkeit in Deutschland einzudämmen, Gruppen dieser Art zu zerschlagen oder zu zerstreuen, sowie Unruhe und gegenseitiges Mißtrauen in den Täterkreisen zu verbreiten. Der Erfolg unserer Tätigkeit sollte nicht in der möglichst umfangreichen Zurückschaffung von Stehlgut liegen, sondern vielmehr oben genannten Aufgaben gerecht werden.«

Damit hatte Mauss den Freibrief, sich nach Gutdünken um jeden Fall zu kümmern, der ihm interessant und erfolgversprechend erschien. Er selbst bestimmte sein Einsatzgebiet, seine Methoden und die Art und das Ausmaß der Zusammenarbeit mit der Polizei. Er bestimmte, ob und welches Stehlgut er zurückkaufte, welche Täter er der Polizei auslieferte und welche Beweismittel er an die Behörden weitergab.

Die Polizei beschränkte sich auf eine Statistenrolle und durfte schließlich zugreifen – ob, wann und wo bestimmte Mauss.

Ein von der Versicherungswirtschaft bezahlter Privatmann, gerade 28 Jahre alt, wenige Jahre zuvor noch ein besserer Pferdepfleger und Staubsaugervertreter, steuerte die Ermittlungstätigkeiten der Polizei nach eigenem Ermessen.

Als Honorar erhielt das Ehepaar Mauss monatlich 12 000 Mark, dazu ein Mehrfaches an Spesen. Reich wurden die beiden dennoch nicht, denn ihr aufwendiger Lebensstil verschlang Unsummen – auch wenn er größtenteils, etwa was die Autos und das Flugzeug anbetraf, vom Spesenetat abgedeckt wurde.

Inzwischen bestand das Detektivbüro seit fast sieben Jahren, eine Zeit, in der Mauss nicht nur sein eigenes Handwerkszeug vervollkommnet, sondern auch tiefen Einblick in Arbeitsweise und -struktur des organisierten Verbrechens bekommen hatte. In seinem Jahresbericht hieß es:

»Während unserer Tätigkeit stellten wir fest, daß der größte Teil der Einbrüche von den Tätern auf Bestellung ausgeführt wird, so daß die Ware nach Ausführung der Straftat sofort an den Abnehmer (gewerbsmäßige Hehler) gelangt, der wiederum über technische und gute finanzielle Mittel verfügt und dadurch in der Lage ist, das Stehlgut in den europäischen Raum, den Ostblock und nach Übersee zu verschieben. Im Gegensatz dazu ist nach unseren Erfahrungen eine Einbrechergruppe, die nach Ausführung der Straftat erst einen Abnehmer suchen muß, von vornherein zum Scheitern verurteilt...«

Mauss spielte im kriminellen Untergrund die Rolle eines »gewerbsmäßigen Hehlers«. Insofern wäre es nur konsequent gewesen, wenn auch er, seiner eigenen Theorie folgend, »Einbrüche bestellt hätte«, ein Verdacht, den von Anfang an viele ihm gegenüber kritisch eingestellte Kriminalbeamte hatten. Sicher ist, daß Maus im Verlauf seiner Karriere als Super-Agent von nicht wenigen Straftaten schon vor ihrer Ausführung erfuhr, manchmal sogar selbst dabei anwesend war.

Wenn Mauss vorab von einem geplanten Einbruch wußte, gab er seine Information an die Kripo weiter. Es kam aber auch vor, daß der Überfall dann überhaupt nicht stattfand.

Geschäfte vor der Tat

Im Dezember 1967 erfuhr Mauss von einem Bekannten aus der Unterwelt mit dem Spitznamen »Düsseldorfer Werner«, daß dieser ein Juweliergeschäft in der Frankfurter Innenstadt berauben wollte. In seiner Rolle als angeblicher Hehler ließ sich Mauss von »Düsseldorfer Werner« das Juweliergeschäft Ulreich in Frankfurt am Roßmarkt 12 zeigen. Im Schaufenster stand unter anderem ein Silbertablett mit Pretiosen im Wert von einer halben Million Mark. In allen Details schilderte der hoffnungsvolle Räuber dem Agenten seinen Tatplan und erklärte ihm, die »Schore« solle an einen Hehler nach Köln geliefert werden, der 25 Prozent vom Verkaufswert zahlen wolle. »Aufgrund unserer Unterhaltungen«, so schrieb Mauss in seinem Bericht, »sei er jedoch auch bereit, die Ware an mich zu liefern.«

In seinem Abschlußbericht vermerkte er dann aber enttäuscht: »Nachdem wir die uns zugegangenen Informationen der Frankfurter Versicherungs-AG sowie der Kriminalpolizei Frankfurt weitergeleitet hatten, konnte es nicht verhindert werden, daß der Juwelier über den Vorgang ebenfalls unterrichtet wurde und sofort von sich aus eine Umdekorierung des Schaufensters vornahm.«

Die kostbarsten Stücke wurden in Sicherheit gebracht. »Düsseldorfer Werner« bemerkte den Wertverlust und nahm von seinem Überfall Abstand. Mauss gegenüber reagierte er mißtrauisch und abwartend. Dennoch durfte der Agent hoffen: »Er [»Düsseldorfer Werner«] stellte jedoch in Aussicht, eine Beraubung zu einem günstigen Zeitpunkt trotzdem durchzuführen.«

Polizei und Versicherung durften sich freuen, irgendwann würde es mit dem Überfall schon noch klappen.

Das Vertrauenskapital des »Hehlers« Werner Mauss war neben seiner Überzeugungsgabe sein schier unbegrenztes Kapital. Da sich die Polizei auf Anraten von Mauss mit Verhaftungen sehr zurückhielt, kam der Agent so gut wie nie in Verdacht, mit der »Schmiere« zusammenzuarbeiten. Ließ sich eine Festnahme partout nicht mehr vermeiden, wurden komplizierte Konstruktionen ersonnen, um dem scheinbaren Mittäter ein unverdächtiges Verschwinden zu ermöglichen.

So kam es, daß Werner Mauss in den Frankfurter Hehler- und Einbrecherkreisen immer wieder mit denselben Leuten zusammenarbeiten konnte, ohne daß diese Verdacht schöpften. Und selbst, wenn sie einen Verdacht gehabt haben sollten, blieb das Geschäft für sie lohnend. Da Mauss vor allem die Handlanger hochgehen und die Hintermänner weitgehend ungeschoren ließ, konnten diese mit dem Deal durchaus zufrieden sein. Mauss zahlte gut und pünktlich, und Leute für »doggy work« zu finden, war in der Frankfurter Unterwelt nicht gerade schwer.

Herr »M.« – beim Einbruch anwesend

Aus dem einen Fall entwickelte sich der nächste. So hatte Mauss beim Rückkauf der acht gestohlenen Schreib- und Rechenmaschinen einen gewissen Jakob H. kennengelernt. Da die Übergabe der Büromaschinen ohne Verhaftung abgelaufen war, konnte er den Kontakt weiter halten.

Mehr oder weniger zufällig traf er Jakob H. Mitte November im Wartesaal des Hauptbahnhofs Frankfurt wieder. H. war in Begleitung eines gewissen Viktor W. Beide hatten 240 Persianermäntel, 160 Rohnerze und 55 Nerzjacken anzubieten, die in Norwegen gestohlen worden waren.

Außerdem berichteten sie Mauss von einem geplanten Großeinbruch in die Firma Öl-Becht in Frankfurt. Im dortigen Tresor sollten oftmals bis zu 130 000 Mark liegen.

W. habe sich bei einer Wach- und Schutzgesellschaft anstellen lassen und kenne die Firma Öl-Becht wie seine Westentasche. Seit Wochen kontrolliere er die in der Buchhaltung eingehenden Zahlungen. Im Privatbüro des Herrn Becht habe er zudem aus persönlichen Akten Unterschriftsproben entnommen und auf Wechseln, insgesamt fünf Blocks, nachgezeichnet. Mit den in der Firma herumliegenden Stempeln habe er dann die Wechselpapiere abgestempelt und zum Verkauf angeboten. Im Anschluß an den Einbruch sei geplant, Öl-Becht in Brand zu setzen.

Mauss zeigte sich an dem Vorhaben interessiert. Er informierte das Landeskriminalamt Wiesbaden, die Kripo in Frankfurt, die zuständige Versicherung sowie Firmeninhaber Becht. Man beschloß, die Täter in eine Falle laufen zu lassen. Mauss sollte weiter Kontakt mit ihnen halten und sich dieses Mal selbst mit an den Tatort begeben.

Am 25. November 1967 holte Jakob H. den Agenten und vermuteten Komplizen Mauss im Frankfurter Hotel »Republik« ab. Mit einem Taxi fuhren sie gemeinsam nach Heddesheim, nahmen ein weiteres Taxi und ließen sich nach Weißkirchen bringen. Von dort aus gingen sie zu Fuß zur Firma Öl-Becht.

Beamte des Landeskriminalamts hatten sich, in getarnten Observationswagen sowie im Gebüsch liegend, mit Maschinenpistolen und Lautsprechern rund um die Firma verteilt. Im Hof von Öl-Becht hatten sich weitere Kriminalbeamte unter den Planen der dort abgestellten Lastwagen versteckt.

Wachmann W. empfing Mauss und H. und führte sie ins Chefzimmer. Er hatte Kaffee gekocht und je fünf Tassen und Cognacgläser sowie Zigarren aus dem Schrank von Becht bereitgestellt. Er wollte eine Zahl von fünf Tätern vortäuschen. Neben ein gefülltes Glas Cognac und eine Zigarre legte er einen Zettel auf den Schreibtisch des Firmeninhabers: »Herr Becht, ergeben Sie sich, sonst kommt der Tag X. Internationale Gruppe X.«

Guten Mutes tranken W. und H. aus allen fünf Tassen und Gläsern und amüsierten sich über die Dummheit des Herrn Becht und der deutschen Polizei. Mauss trank nichts. W. überreichte seinen Gästen bereitgelegte Tücher, die sie um ihre Schuhe binden sollten, um Fußspuren und Abdrücke zu vermeiden. Dann gab er Mauss ein Paar Gummihandschuhe. H. trug bereits Handschuhe. Vor der hinteren Verladerampe wartete ein von W. aufgetanktes Transportfahrzeug. Daneben stand ein gefüllter Benzinkanister. H. sammelte Geschäftsunterlagen, Versicherungspolicen und Karteikästen ein und trug sie zur Rampe. W. hatte eine Transportkarre organisiert, auf der er sämtliche Schreib- und Rechenmaschinen der Firma Becht zu dem bereitgestellten VW-Bus fuhr. Mauss half beim Einladen.

Mit Hammer und Schraubenzieher öffneten die beiden Männer einen Stahlschrank und teilten das Bargeld untereinander auf. Auch Kraftfahrzeugbriefe, ein goldenes Feuerzeug von Herrn Becht, einige Zigarren, finnische Münzen und weitere Geschäftsunterlagen ließen sie mitgehen. W. verstreute händeweise Büroklammern auf dem Fußboden. Dann drapierte er Stricke neben einem umgestürzten Stuhl im Konferenzzimmer und versuchte, sich mit Hilfe einer Schere und einer Rasierklinge die Hand aufzuschneiden. Mit dem Blut wollte er die Wände bespritzen, um eine gewaltsame Entführung seiner eigenen Person vorzutäuschen. In seinem späteren Bericht schrieb Mauss: »Von weiteren Zerstörungsmaßnahmen konnte ich W. nur gewaltsam und mit Drohungen abbringen.«

Einer der beiden schwang sich hinter das Steuer des VW-Transporters, während sich der andere daranmachte, das Haupttor zu öffnen. Plötzlich flammten Scheinwerfer auf. Kriminalhauptkommissar Schenk vom hessischen Landeskriminalamt sprach das Trio über Lautsprecher an: »Hier spricht die Polizei. Nehmen Sie sofort die Hände hoch. Das Betriebsgelände ist umstellt.«

W. war zu überrascht, um geistesgegenwärtig zu reagieren. Er öffnete das Tor vollständig und riß dann die Hände hoch. Mauss rannte davon. Die Polizei schoß Leuchtpatronen ab und schrie über Lautsprecher: »Halt, dahinten läuft noch einer.« Mauss in seinem Bericht: »Es sollte verhindert werden, daß die Täter einen Verrat durch mich in Betracht ziehen.«

Die Täuschung gelang.

Ablenkungsmanöver

Später mußte sich Mauss immer neue Varianten ausdenken, um bei den Festnahmen zu entkommen und dennoch nicht in Verdacht zu geraten. Einmal schoß er sogar zum Schein mit seinem Revolver auf Polizeibeamte.

Selbst das Fernsehen wurde bemüht, um in einem Fall von seiner Doppelrolle abzulenken. 1970 hatte das Ehepaar Mauss gegen einen deutschen Hehlerring, der überwiegend in Spanien tätig war, ermittelt. Im Anschluß an die erfolgreiche Operation schrieb Mauss an den Geschäftsführer des Verbandes der Sachversicherer e. V., Fachausschuß Einbruchdiebstahl-Versicherung:

»Sehr geehrter Herr Dr. Lichtenwald! In der Anlage überreichen wir Ihnen zur o. g. Sache unseren Ermittlungsbericht. Das bayerische Landeskriminalamt München vereinbarte mit Herrn Zimmermann nach vorheriger Absprache mit uns, daß in der nächsten Fernsehsendung ›XY ungelöst‹ am 17. 4. 70 u. a. auch die Festnahme des B. gezeigt wird, die dann angeblich auf Ausstrahlung einer XY-Sendung zurückzuführen war. Diese Maßnahme wurde getroffen, um unsere Ermittlungstätigkeit in Spanien zu verschleiern. Mit freundlichen Grüßen, Mauss.«

Nicht immer konnte Mauss so geschickt seine Anonymität wahren, auch wenn die beteiligten Polizeibehörden und sogar die Justiz alles Erdenkliche taten, um den Agenten zu schützen. Zumal wenn Mauss bei Räubereien persönlich anwesend war, dämmerte es den Tätern gelegentlich, wem sie ihre Festnahme verdankten. Hatten sie zudem das Glück, an einen geschickten Anwalt zu geraten, konzentrierte der in manchen Fällen seine Verteidigungsanstrengungen darauf, Mauss als Anstifter zu entlarven.

Die Passion des Herrn »M.«

Schon 1968 kam auf diese Weise einiges an Merkwürdigkeiten über die Arbeitsweise des Agenten Mauss an die Öffentlichkeit. Mitte November 1967 hatte »M.« über einen Mittelsmann in Frankfurt erfahren, daß ein Grieche namens Carlos in der Gaststätte »Sabra« in Frankfurt zwei Holzskulpturen aus dem 16. Jahrhundert anbot. Mauss trat sofort in Aktion. Er rief Carlos an und durfte die wertvollen Skulpturen besichtigen. Der Grieche verriet ihm auch, daß ein gewisser Günter M. die Heiligenfiguren am 9. November aus einer Kirche in Mittelheim im Rheingau gestohlen hatte.

Mauss bekundete sein Interesse und wandte sich nach dem Gespräch an den Pfarrer der beraubten Kirche. Der Geistliche war zu einem Rückkauf der Madonnen bereit und stellte das Geld dazu aus der Kirchenkasse zur Verfügung.

Mauss besprach sich mit der Frankfurter Kriminalpolizei und erhielt von der Staatsanwaltschaft Frankfurt grünes Licht für den Handel. Schon einen Tag darauf traf er sich mit Carlos im Lokal »Sabra«. Der Grieche teilte ihm Betrübliches mit: Eine der beiden Holzskulpturen sei bereits an einen Antiquitätenhändler in Frankfurt verkauft worden. Für die zweite Figur verlangte er 2000 Mark, die Mauss prompt auf den Tisch legte. In der Wohnung eines mit ihm schon seit längerer Zeit in guter Geschäftsbeziehung stehenden Hehlers und Betrügers konnte Mauss die Madonna entgegennehmen.

Die Kirchendiebe, insgesamt drei Personen, sollten 800 Mark bekommen, den Rest strich Carlos ein.

Man war guter Dinge über das gelungene Geschäft, und vertrauensselig offenbarte der Grieche die Namen der drei Antiquitätenräuber: ein Günter M., ein Karsten K. und ein Horst H. Das Trio habe sich seit einiger Zeit auf Kunstdiebstähle spezialisiert und die Beute bisher an einen Offizier der amerikanischen Armee verkauft, der die Kunstgegenstände nach Amerika an einen Freund weiterverschob und durch diese Nebengeschäfte seinen Sold erheblich aufbesserte. Als der solvente »Hehler« Mauss auftauchte, war es mit diesem Geschäft vorbei.

Angeregt durch die Zahlungsfähigkeit des neuen Kunden schwärmten die drei wieder aus, um Nachschub an wertvollen Skulpturen zu beschaffen. Am 23. November stahlen sie am hellichten Tag eine 500 Jahre alte Holzfigur aus dem Frankfurter Dom und boten sie Mauss an. Wieder zeigte sich dieser kaufwillig. Da ihm eine Festnahme noch verfrüht erschien, signalisierte er Günter M. Interesse an weiteren Heiligenfiguren. Schon am 2. Dezember schleppten die drei einen holzgeschnitzten Heiland, einen Meter groß, aus einer Rüdesheimer Kapelle. Mauss ließ zwei der Täter, Günter M. und Horst H., in die Tiefgarage seines Stammhotels »Republik« kommen. Die Frankfurter Kripo, von Mauss informiert, schickte einen Funkstreifenwagen.

Man wollte zunächst nur einen der Täter festnehmen. Während Mauss einen der beiden im Hotel in ein Gespräch verwickelte, verließ sein Kollege die Garage und wurde »rein zufällig« von einer Funkstreife überprüft und festgenommen. Sein Komplize bekam von dem Vorfall zunächst nichts mit und verabredete mit Mauss eine neue Beschaffungsaktion. In der Nacht vom 6. auf den 7. Dezember sollten bei einem Einbruch in die katholische Pfarrkirche Eppstein im Taunus mehrere Holzskulpturen entwendet werden.

Mauss unterrichtete die Polizei vom geplanten Kirchenraub am Nikolaustag. Endlich wollte man die zwei noch freien Diebe auf frischer Tat ertappen. Durch die Verhaftung ihres Komplizen waren die beiden inzwischen aber zögerlich geworden, auch wenn Mauss mit 5000 Mark winkte. Gemeinsam reisten Agent und Kirchenräuber nach Eppstein. Mauss wartete im Auto, während seine »Lieferanten« in die Kirche eindrangen. Doch einer der beiden hatte so ein »ungutes Gefühl«. Im letzten Moment nahm er von seinem eigentlichen Vorhaben Abstand. Als Mauss ihn mit leeren Händen zurückkommen sah, schickte er ihn, angeblich mit dem Versprechen, 500 Mark zusätzlich zu zahlen, wieder an den Tatort zurück, um doch noch die gewünschte Heiligenfigur anzuschleppen. Der Kirchenräuber ließ sich überreden und wurde dann prompt von der Polizei festgenommen, als er mit einer Figur wieder aus dem Gotteshaus herauskam. Mauss und der dritte Mann konnten fliehen. Der wurde, um den Agenten nicht zu »verbrennen«, erst am nächsten Tag bei sich zu Hause verhaftet. Doch das Verdunkelungsmanöver mißlang, denn schon bei ihrer ersten Vernehmung durch die Polizei erklärten die Täter, von einem gewissen Otto Maß zu den Kirchendiebstählen animiert worden zu sein. Nur im ersten Fall, dem Diebstahl der beiden Heiligenfiguren aus der Kirche in Mittelheim, seien sie auf eigene Initiative tätig geworden. Alle drei weiteren Einbrüche hätten sie auf Bestellung und unter Mitwirkung des Hehlers in Angriff genommen.

Im August 1968 kam es zum Prozeß vor der 1. Strafkammer des Frankfurter Landgerichts. Wieder beschuldigten die drei Kirchenräuber Otto Maß als Anstifter. Ihre Anwälte verlangten die Vorladung des V-Mannes Otto Maß. Er könne bestätigen, daß die Anstiftung zu den zur Verhandlung stehenden Straftaten mit Wissen der Polizei und der Staatsanwaltschaft geschehen sei. Den richtigen Namen des V-Mannes Maß hatten sie allerdings nicht feststellen können, und Polizei und Staatsanwaltschaft wollten auch nicht weiterhelfen. Die als Zeugen geladenen Polizeibeamten, Dr. Gemmer, als Leiter der Ermittlungsabteilung beim LKA, und Bezirkskommissar Mörschel, wiesen die Behauptung zurück, der V-Mann selbst habe die beiden Täter zu ihren Straftaten angestiftet. Bei den Angeklagten handele es sich um Leute, die den Vorsatz gehabt hätten, auch weitere Diebstähle zu begehen, und denen »auf völlig rechtmäßige Weise« das Handwerk gelegt worden sei.

Die Verteidiger allerdings wollten den V-Mann Maß selbst dazu hören, da seine Aussage für die Strafzumessung von Bedeutung sei. Die beamteten Zeugen aber gaben den richtigen Namen nicht preis. Der Einsatz des V-Mannes sei eine »innerdienstliche Angelegenheit«. Mörschel geriet gar ins Schwärmen: Maß sei ein »absolut honoriger und geschulter Mann«, der exakt arbeite und kein Krimineller sei.

Doch ganz wollte sich das Gericht mit diesem guten Leumundszeugnis nicht zufriedengeben. Gemeinsam mit den Verteidigern und dem Staatsanwalt reisten drei Richter der Strafkammer nach Hamburg, wo sie Otto Maß vernehmen durften. Nur den Richtern zeigte der V-Mann seinen Paß auf den Namen Werner Mauss. Anklagevertreter und Verteidiger mußten sich mit der Feststellung der Richter begnügen, daß »alles in Ordnung« sei. Mauss gab an, keine Verbrechen organisiert zu haben, denn er sei darüber belehrt worden, daß ein V-Mann nie zu Straftaten anstiften dürfe. »Wenn Sie mich fragen, warum ich bei der Aufklärung von Straftaten helfe«, gab Mauss zu Protokoll, »kann ich Ihnen nur sagen: aus Passion!«

Entlarvt

Die Kirchenräuber Karsten K. und Günter M. wurden zu dreieinhalb und vier Jahren Zuchthaus verurteilt. Das Gericht erklärte in der Urteilsbegründung, es habe sich von der Glaubwürdigkeit des »bisher nicht vorbestraften V-Mannes« überzeugt und den Eindruck gewonnen, daß er als geschulte Person der Polizei bei der Aufklärung von Verbrechen wertvolle Dienste leiste.

Das Urteil hatte jedoch keinen Bestand. Der Bundesgerichtshof ließ eine Revision zu, da die Strafkammer nicht in ausreichender Weise nachgeforscht habe, ob die intensive Bearbeitung der Täter durch den V-Mann nicht doch strafmildernd ins Gewicht fallen müsse.

Beim erneuten Prozeß im Februar und März 1970 war der Auftritt von Otto Maß im Gerichtssaal nicht mehr zu vermeiden – freilich unter Ausschluß der Öffentlichkeit und mit einer Perücke sowie einer dunklen Brille getarnt. Dieses Mal wurde festgestellt, daß Mauss alias Otto Maß von den Angeklagten nach dem Kauf der ersten Heiligenfigur »Nachschub« angefordert, sich als Hehler zur Verfügung gestellt hatte und schließlich beim letzten Diebstahl in Eppstein selbst an der Tat beteiligt war, indem er die Angeklagten in seinem Wagen zum Tatort fuhr. Das Strafmaß für den Angeklagten Günter M. wurde aufgrund mildernder Umstände von vier Jahren Zuchthaus auf dreieinhalb Jahre Gefängnis reduziert. In der Urteilsbegründung erklärte der Vorsitzende, der Spitzel Mauss habe dem Angeklagten den Entschluß zu den Straftaten »erleichtert« und im letzten Falle »die Tat als solche gefördert«. Allerdings handelte es sich nach Ansicht des Gerichts nicht um »Anstiftung im technisch-juristischen Sinne«, so daß der V-Mann diesmal noch um eine entsprechende Anklage knapp herumkommen dürfe.

Die »Frankfurter Rundschau« kommentierte damals: »Ohne

V-Männer als Horchposten in der Unterwelt geht es nicht – das wird man der Kripo zugestehen müssen. Es kann aber nicht geduldet werden, daß Vorbestrafte, die ohnehin mit genügend Schwierigkeiten zu kämpfen haben, von zwielichtigen Existenzen wie Maß zu neuen Straftaten animiert werden, bloß damit dieser Herr, der seinen bemerkenswert aufwendigen Lebensstil aus ungeklärten Quellen finanziert, billige ›Erfolge‹ vorweisen kann.«

Mauss war noch einmal davongekommen, auch wenn plötzlich bekannt wurde, wie er aussah und welchen Geschäften er nachging. Einer der Angeklagten hatte nämlich im Gerichtssaal erklärt: »Er ist ein kleiner blonder Mann, dem an einem linken Finger die Hälfte fehlt.«

Sein Name schließlich wurde versehentlich von Kommissar Mörschel ausgeplaudert. Als Zeuge nach dem richtigen Namen des V-Mannes Maß befragt, verweigerte er die Aussage. Den nächsten Satz begann er dann mit den Worten: »Der Herr Mauss ...«

Ein neuer Name

Schon durch diesen ersten Prozeß, in dem sein Name genannt wurde, fühlte sich Mauss höchst gefährdet. Am 16. September 1968 schrieb er an seinen inzwischen engsten Vertrauten in der Versicherungswirtschaft, das Vorstandsmitglied der Frankfurter Versicherungs-AG, Dr. Feldmann: »Aufgrund des regen Interesses der Presse schlugen die Richter den Polizeidienststellen vor, eine entsprechende Absicherung unserer Person – besonders in Essen – vorzunehmen. Vom Landeskriminalamt in Wiesbaden ist geplant, mich bei den Essener Meldebehörden nach München, Anschrift unbekannt, verziehen zu lassen. In Essen selbst soll ich einen Decknamen erhalten, und die im Telefonbuch stehenden Nummern müßten in Geheimnummern umgeändert werden. Dieses Schreiben ist zu Ihrer Information bestimmt; wir bitten, es höchst vertraulich zu behandeln.«

Auch das Bundeskriminalamt, mit dem Mauss inzwischen zusammenarbeitete, verfügte über Informationen, daß Täter ihm nach dem Leben trachteten. In einem Fall hatte auch die Kölner Kriminalpolizei sich nicht gerade professionell verhalten und einem anderen V-Mann, der »auf beiden Schultern trug«, den Klarnamen von Mauss inklusive seiner Adresse in Essen mitgeteilt. Als dieser V-Mann sich schließlich wieder ganz in die kriminelle Szene einklinkte, gab er sein Wissen an Komplizen weiter.

In größter Eile mußte das Ehepaar Mauss, das bis zum Hals in neuen Aufträgen steckte, einen neuen Namen bekommen. Da die beiden in einem Fall gerade als Richard und Karin Nelson aufgetreten waren, wurde dieser Name einfach beibehalten. Für ihre Arbeit bekamen sie von verschiedenen Polizeidienststellen großzügig Papiere, die auch auf andere Namen lauteten und die sie nach Belieben verwenden konnten. Beim Fliegen benutzten sie die Namen Herbert und Karin Rick. Selbst neue Flugscheine auf diesen Namen wurden ihnen von der Polizei beschafft.

Ein Mann mit Beziehungen

Inzwischen arbeitete das Detektivehepaar europaweit. Internationale Hehler-, Einbrecher- und Autoknackerbanden wurden bis nach Schweden, in die Türkei, Bulgarien, Spanien, Italien, England, die Schweiz, Belgien, die Niederlande und Frankreich verfolgt. Selbst mit Interpol und dem amerikanischen Militärgeheimdienst CID arbeiteten sie zusammen. Dabei konnten vor allem die Amerikaner im Ausland gute Hilfsdienste leisten. In einem Bericht schrieb Mauss: »Durch die Zusammenarbeit mit der CID der amerikanischen Militärbehörden erhielten wir Hilfestellung im Ausland sowie amerikanische Tarnkennzeichen.«

In manchen Fällen fungierte Mauss mittlerweile als eine Art Koordinator zwischen verschiedenen Landeskriminalämtern und dem Bundeskriminalamt. Im Oktober 1968 listete er für seine Auftraggeber akribisch auf, mit wem er gerade zusammenarbeitete: Kriminaloberkommissar Schmid, Kriminalkommissar Steinke und Kriminalmeister Müller vom BKA; Kriminalrat Strass, Kriminalkommissar Zabel, Kriminalkommissar Hüskes vom LKA Koblenz; Kriminalhauptkommissar Schenk und Kriminaloberkommissar Unbescheiden vom LKA Wiesbaden; Kriminalhauptkommissar Brunk vom LKA Stuttgart; Kriminalhauptmeister Eckrodt vom LKA Düsseldorf und Kriminaloberkommissar Pukallus vom LKA Saarbrücken.

Im Anschluß an ein gemeinsames Gespräch bildeten diese Beamten sogar eine »Arbeitsgemeinschaft«, die von Kriminalrat Strass und Kriminalkommissar Zabel geleitet, in Wahrheit aber wohl von Mauss befehligt wurde.

Die Geschäfte gingen gut, und so schaffte sich das einflußreiche Ehepaar ein neues Auto, einen Ferrari, und gleich auch ein neues Flugzeug an.

Das neue Haus

Karin und Richard Nelson dachten über einen neuen Wohnsitz nach. In Essen war ihnen das Pflaster zu heiß geworden, und zudem erschien ihnen ihr Wohnbüro in Bredeney nicht mehr standesgemäß. Zunächst wurde eine konspirative Wohnung in Frankfurt angemietet, dann machten sie sich auf die Suche nach einem Grundstück in der Nähe von Koblenz, wo sie sich niederlassen wollten.

Um die Jahreswende 1968/69 hatten sie schließlich den passenden Baugrund gefunden. Ein Architekt legte nach ihren

Vorstellungen die Pläne an. Es sollte ein Haus in Hufeisenform mit Innenhof werden. Als das Grundstück bereits überschrieben war und mit dem Makler nur noch einige Einzelheiten besprochen werden mußten, schlug der vor, das doch im Auto zu tun, er müsse noch zu einem Objekt an der Mosel fahren.

In Altstrimmig hatte er ein Haus an der Hand, das seit fünf Jahren leer stand. Dem Bauherrn war das Geld ausgegangen, und so hatte er das Objekt nicht mehr ganz fertigstellen können. Es war mit Schiefer gedeckt, lediglich ein paar Zwischenwände fehlten noch, und die Fenster waren zerbrochen.

Mauss warf einen Blick auf den repräsentativen Rohbau, zu dem ein fast zehn Hektar großes Gelände gehörte, und sagte: »Das ist es.«

»Wie meinen Sie?« erkundigte sich der Makler.

»Das kauf' ich. Wie kann ich es bekommen?«

»Wenn du das Haus kaufst, dann lass' ich mich auf der Stelle scheiden«, warf seine Frau dazwischen. »Diese Bruchbude will ich nicht haben.«

»Beruhige dich, ich erkläre dir das. Es wird alles so, wie wir es uns gedacht haben, nur viel, viel schöner.«

Sie liefen im Haus umher, und Mauss erklärte mit seiner blühenden Phantasie, wie das alles einmal aussehen würde.

Der Makler war wie vor den Kopf geschlagen: »Das Haus gehört der Versicherung.« Und er fügte hinzu, welcher.

»Okay«, sagte Mauss, »das ist ja wunderbar, bei der hatten wir gerade einen Fall. Da weiß ich schon, wen ich anrufen muß.«

Haus und Grundstück kosteten ganze 100 000 Mark, zuzüglich 10 000 Mark Umschreibungskosten. Im März 1969 begannen die Umbauarbeiten und zogen sich bis zum September hin.

Beruflich rund um die Uhr im Einsatz und unterwegs in ganz Europa, konnten sich Mauss und seine Frau nur selten auf der Baustelle blicken lassen. So riefen sie, wo auch immer sie waren, alle paar Stunden in Altstrimmig an und ließen sich vom Bauführer und den Arbeitern detailliert über den Fortgang des Umbaus unterrichten. Telefonisch gaben sie ihre Anweisungen und vermittelten den Maurern und Installateuren das Gefühl, unter ständiger Kontrolle zu sein. Die Fußböden wurden neu verlegt, Deckenbalken wurden eingezogen und genau wie die Türen flambiert, so daß sie antik aussahen. Eine riesengroße Panoramascheibe wurde mit einem Kran im Wohnzimmer eingehängt.

Dann machten sich Mauss und seine Frau auf die Suche nach Antiquitäten. Den Hauskauf und die Umbauarbeiten finanzierten sie über Kredite. Noch immer war Bargeld knapp. Proportional mit den Einnahmen stiegen auch die Schulden.

Das Agentenpaar, das sich bei seiner Arbeit so überaus konspirativ verhalten mußte, wollte sich ein abgeschlossenes Reich, eine Insel außerhalb des Sumpfes seiner sonstigen Tätigkeit schaffen, ein Refugium, das gleichzeitig repräsentativ war, wenn auch zum Repräsentieren so gut wie keine Zeit blieb und die Bekannten aus dem Berufsleben, von einigen wenigen höheren Polizeibeamten und Versicherungsmanagern einmal abgesehen, keinesfalls davon Kenntnis bekommen sollten.

Gegen ungeladene Gäste ließ Mauss das gesamte Grundstück durch einen hohen Zaun sichern. Im Dorf gaben sich Richard und Karin Nelson als Vertreter eines amerikanischen Stahlkonzerns aus. Fast fünfzehn Jahre lang, bis Presse und Fernsehen über den Fall Mauss berichteten, wußten die Nachbarn der kleinen Gemeinde nicht, welcher Tätigkeit das Ehepaar tatsächlich nachging. Neben Villa und Garten wollte sich Mauss in Altstrimmig einen weiteren Wunschtraum erfüllen, einen Privatzoo nämlich. Mit gewohnter Tatkraft kaufte er Mufflons, Steinböcke, Gemsen, Damwild, Kraniche und Pfauen zusammen. Das Bergwild brauchte Felsen, und so ließ Mauss sich aus einem benachbarten Steinbruch riesige Steinbrocken bringen. Mit einem Tieflader wurden sie antransportiert und mit einem Kran in Position gebracht.

Eines Abends gegen 21 Uhr, als es schon etwas dämmrig wurde, stand der Hausherr gestikulierend neben dem Kran und gab Anweisungen, wo die künstlichen Berge heruntergelassen werden sollten. Paßte ihm ein Standort nicht genau ins Konzept, ließ er den Fels wieder anheben und umsetzen. Beinahe wäre ihm die Verwirklichung seines Traumes zum Verhängnis geworden, denn plötzlich fiel ein Zwanzigtonner aus der Halterung und krachte unmittelbar neben ihm auf den Boden.

Schließlich bildeten an die zehn Felsen ein künstliches Gebirge, auf dem Gemsen und Steinböcke herumspringen konnten.

Ehekrise

Doch das Paradies hatte seine Schattenseiten. Nach außen hin wirkte die »Institution M.«, wie das Detektivehepaar zunehmend in den Kriminalämtern genannt wurde, wie ein perfektes Team und ein ideales Ehepaar. Hinter der Fassade kriselte es zunehmend. Vor allem an Margret Mauss war das konspirative und gefährliche Leben mit seinem Streß, der nächtelangen Arbeit und besonders den ständig wechselnden Identitäten nicht spurlos vorübergegangen.

Ein eigentliches Privatleben gab es nicht. Die Ehe, von Anfang an eher eine nüchterne Geschäftsbeziehung, zeigte Auflösungserscheinungen. In den kleinen Pausen zwischen ihren Einsätzen hatten sich Karin und Richard Nelson persönlich kaum noch etwas zu sagen. Mauss verlangte von seiner Frau unbedingten Einsatz, Disziplin und Fügsamkeit.

Margret Mauss reagierte mit psychosomatisch bedingten Krankheiten, vor allen Dingen mit häufiger Migräne. Sie schluckte Unmengen starker Schmerzmittel, so daß sie manchmal leicht benommen der gemeinsamen Arbeit nachging. Der Arzt, bei dem sie in ständiger Behandlung war, konnte auch nicht helfen. »Wissen Sie, Sie werden Ihre Migräne nie los«, sagte er, »nur auf einem Wege werden Sie von dieser Migräne befreit: Sie müssen Ihr Leben ändern.« Margret Mauss wechselte den Arzt.

Als sie sich einmal in einem Sanatorium mit Frischzellen behandeln ließ und im Anschluß daran eine Zeitlang vollkommene Ruhe einhalten sollte, holte ihr Mann sie aus dem Bett. Die Arbeit ging vor, auch wenn es sich in diesem Fall nur um einen Theaterbesuch handelte. War man doch in wichtiger Begleitung, denn ein hoher BKA-Beamter war mit von der Partie.

Ein anderes Mal, als der Arzt ihr riet, nach Spritzen gegen eine Nierenkolik im Bett liegenzubleiben, sagte Mauss: »Okay, wir müssen aber nach Frankfurt fahren, wir haben dort eine Besprechung. Wir haben schließlich einen Mercedes, da mach ich den Liegesitz runter, da hat meine Frau die Möglichkeit zu liegen. Zum Kotzen nehmen wir ein paar Plastiktüten mit, da kann sie also jede Menge reinkotzen, soviel sie will.«

Alles geschah, wie von Mauss gewünscht. Beim anschließenden Gespräch mit Bezirkskommissar Mörschel in Frankfurt mußte seine Frau mehrmals zur Toilette, um sich zu übergeben. Sie spritzte sich kaltes Wasser ins Gesicht, und niemand merkte, wie schlecht es ihr ging – auch das wurde von ihr verlangt.

Im Laufe der Jahre hatte sie gelernt, sich zu disziplinieren, hatte gelernt, daß es keinen Grund zum Weinen und zum Zusammenbruch gab. Wenn sie doch einmal nicht mehr konnte, hagelte es Vorwürfe. Mauss schien einen gewissen Gefallen daran zu finden, seine Frau niederzumachen, um sie danach wieder aufzubauen.

Erst viele Jahre später offenbarte sie einem Vertrauten, was sie durchzumachen gehabt hatte: »Ich habe den Dingen jeweils standgehalten, aber er hat so lange weitergestritten, bis ich irgendwann zusammenbrach und anfing zu heulen. Dann war ich klein wie eine Fliege, und er hat diese Fliege dann noch totgetreten. Wenn die endlich zermatscht am Boden war, hat er mich mal ganz kurz in den Arm genommen. Und wenn ich mich dann besser fühlte, hat er mich wieder losgelassen.«

Einmal schloß sie sich nach einem Streit im Bad des neuen Hauses ein. Mauss begann die Tür einzutreten. Weil sie nicht wollte, daß die schöne Tür Schaden erlitt, öffnete sie.

Wenn die beiden im Bett lagen und Werner Mauss mit seiner Frau stritt und sie ihn bat, endlich aufzuhören, weil sie sonst nicht schlafen könne und sie doch morgen ihre ganze Kraft für einen Einsatz brauche, sagte er: »Es wird so lange gestritten, bis ich fertig bin.«

Wenn er dann endlich fertig war, drehte er sich um und schlief auf der Stelle ein.

Bei langen Fahrten auf der Autobahn kam es nicht nur einmal vor, daß Margret Mauss ihn bat, die nächste Tankstelle anzufahren, damit sie etwas trinken könne. Die Antwort lautete dann: »Ich habe keinen Durst.«

Kein Wunder, daß Frau Mauss sich inzwischen das, was sie von ihrem Mann nicht bekam, an anderer Stelle holte.

Ein Seitensprung mit Folgen

Anfang 1968, ein gutes Jahr bevor sie das neue Haus gekauft hatten, befand Mauss sich dienstlich über längere Zeit im Ausland. Er sollte eine Tätergruppe aufspüren, die falsche US-Dollars herstellte, gestohlene Pelze nach Belgien verkaufte, mit erbeutetem Schmuck handelte und gestohlene Kraftfahrzeuge in den Ostblock, vor allem nach Bulgarien, exportierte. Gelegentlich wurde auch Haschisch über Sofia und Wien in die Bundesrepublik eingeführt.

Mauss, wieder einmal in seiner Rolle als Hehler, sollte versuchen, die Organisation zu unterwandern. Nach anfänglichen Bedenken der beteiligten Landeskriminalämter und des BKA erhielt Mauss den Auftrag, auch in Bulgarien zu ermitteln.

Am 30. März 1968 flog »M.« von Wien nach Sofia, kam schon am nächsten Tag zurück und stieg zwei Tage später erneut ins Flugzeug nach Bulgarien. Diesmal blieb er drei Tage und informierte nach seiner Rückkehr den Leiter der Sonderkommission, Kriminalhauptkommissar S., von seinen Ermittlungsergebnissen. Anschließend machte er sich erneut auf die Reise, diesmal nach Wien, dann nach Brüssel und Lüttich. In diesem Monat kam der vielbeschäftigte Agent nur zu kurzen Abstechern nach Deutschland. Erst später setzte sich bei ihm der Verdacht fest, daß der Leiter der Sonderkommission ihn nicht ganz von ungefähr zu immer neuen Reisen animiert hatte.

S. hatte nämlich inzwischen eine Beziehung zu Margret Mauss aufgenommen. Neben aller beruflichen Heimlichtuerei, die sie mit ihrem Mann teilte, hatte sie nun ein weiteres Geheimnis mit Herrn S.

Als Mauss davon erfuhr, lief er buchstäblich Amok. Der an Verstellung und Selbstbeherrschung gewöhnte Geheimagent rannte schnurstracks zum Leiter des Landeskriminalamtes Wiesbaden und beschwerte sich vehement über den Verrat des Kriminalhauptkommissars und die Untreue seiner besten Mitarbeiterin, seiner Frau. Er bezichtigte andere LKA-Beamte, von der Affäre gewußt und sie ihm nicht offenbart zu haben. Er schien geradezu ein Vergnügen daran zu haben, seine Frau in den Dreck zu ziehen. Rückblickend sagte er später selbst: »Da bin ich richtig zur Wildsau geworden.«

Mauss beließ es nicht bei der Information der Vorgesetzten von S. Er rief sogar seine Auftraggeber bei den Versicherungen an, um sie vom Fehltritt seiner Frau zu unterrichten.

Der Kriminalhauptkommissar wurde zu einer kleinen Polizeidienststelle in die Provinz versetzt und brach von sich aus den Kontakt zu Frau Mauss ab.

Im Beisein eines Polizeibeamten machte Mauss seiner Ehefrau in der konspirativen Frankfurter Wohnung lautstarke Vorwürfe und beschimpfte sie.

Doch als Margret Mauss schließlich den letzten Ausweg in einer Scheidung sah, schaltete ihr Mann plötzlich um. Er schenkte ihr eine Nerzjacke und lud sie über die Jahreswende 1968/69 und zu ihrem 30. Geburtstag am 2. Januar zu einem Urlaub auf die Bahamas und nach Florida ein.

Dort bekam er dann allerdings die Hongkong-Grippe. Mitte Januar waren die beiden mit notdürftig gekitteter Ehe zurück in Deutschland. Doch der Auftritt des Super-Agenten im Wiesbadener Landeskriminalamt hatte Folgen. Die Amtsspitze verbot ihren Beamten jegliche weitere Zusammenarbeit mit dem Agenten Werner Mauss.

Viele Jahre später, als seine Tätigkeit von der Presse immer mehr ins Zwielicht gerückt wurde und in die Öffentlichkeit geriet, brüstete sich das LKA geradezu damit, die Beziehungen zu Mauss bereits Ende 1968 abgebrochen zu haben. Über die wirklichen Gründe bewahrte man Stillschweigen und versuchte statt dessen den Eindruck zu erwecken, man habe sich von Mauss getrennt, weil man mit dessen Arbeitsmethoden nicht einverstanden gewesen sei.

Mauss selbst war nicht so dezent. Lieber offenbarte er Privates, als Zweifel an dem Erfolg und der Seriosität seiner Arbeit aufkommen zu lassen.

Die große Nummer des BKA

Hatte auch die Zusammenarbeit mit dem Hessischen LKA in Wiesbaden ihr Ende gefunden, so gab es doch genügend andere Landeskriminalämter und das BKA, die auch weiterhin mit der »Institution M.« kooperieren wollten.

Vor allem das aufstrebende Bundeskriminalamt, das von

einer unbedeutenden Schaltstelle zwischen den Polizeien der Länder langsam zu einer mächtigen, eigenständigen Bundespolizei wurde, brauchte neue Leute und neue Ideen.

Kriminaloberrat Dr. Gemmer wechselte vom Landeskriminalamt Wiesbaden zum BKA und durfte nun wieder mit Mauss zusammenarbeiten. Gerhard Folger, den das Ehepaar Mauss inzwischen kennengelernt hatte, ging vom Bundesnachrichtendienst zum Bundeskriminalamt.

Kein Wunder, daß nachrichtendienstliche Mittel wie der Einsatz von Undercoveragenten von nun an im Bundeskriminalamt Konjunktur hatten. Leute wie Mauss wurden gebraucht.

Nach einigen kleineren Operationen in Zusammenarbeit mit der Frankfurter Kripo, die im Gegensatz zum LKA Wiesbaden weiter mit Mauss arbeitete, und der Kripo München übernahm das Agentenpaar Anfang März wieder einen größeren Fall.

Federführend war das BKA, Hilfsdienste leisteten die Interpolzentralen in Rom und Mailand sowie weitere Dienststellen in der Schweiz, Österreich und Frankreich. Eine internationale Kraftfahrzeug-Schieberbande sollte zerschlagen werden.

Nach bewährtem Modell trat Mauss wieder als Hehler auf. Am 26. März 1969 reiste er nach Paris und traf sich dort mit wichtigen Bandenmitgliedern, konnte sogar eine Schlüsselwerkstatt und die Einstellplätze der gestohlenen Wagen, vor allem Daimler-Benz, besichtigen.

Aus Geheimhaltungsgründen hatte das BKA zunächst auf eine Information von Interpol verzichtet. Als die französische Polizei dann gerade zum richtigen Zeitpunkt die Geschäftsräume des Schlüsseldienstes in Paris durchsuchte, wurde Mauss zusammen mit zwei deutschen Autoschiebern festgenommen. Mauss gab sich als Mitarbeiter des deutschen Bundeskriminalamts zu erkennen, doch das verbesserte seine Lage nicht. Der zuständige Brigadechef der Kriminalpolizei Paris war nämlich während des Krieges von der Gestapo festgenommen und gefoltert worden. In der unangemeldeten Tätigkeit des deutschen BKA-Agenten sah er einen Bruch internationalen Rechts und eine Verletzung der französischen Souveränität.

Mauss wurde in das Santé-Gefängnis in Paris eingeliefert. Unter seinem Decknamen Ralf Tiegel saß er in einer Gemeinschaftszelle – zusammen mit den übrigen echten Mitgliedern der Schieberbande, was seine Glaubwürdigkeit bei den Unterweltlern erheblich förderte.

Erst nach neun Tagen gelang es einem Abgesandten des BKA, Mauss aufzuspüren und aus dem Gefängnis zu befreien. Die französischen Behörden hatten sich zunächst stur gestellt und wollten die geheime Operation des BKA zum Politikum machen.

Sie änderten ihr Verhalten vielleicht auch deswegen, weil Mauss es geschafft hatte, trotz Leibesvisitation seine Pistole in die Gefängniszelle zu schmuggeln. Erst nach mehreren Tagen hatte der Agent die Waffe unter den Augen seiner Mitgefangenen und zum Entsetzen der Gefängniswärter durch die Gitterstäbe gereicht und freiwillig abgegeben. Eine solche Peinlichkeit wollten die französischen Beamten dann wohl doch nicht öffentlich werden lassen.

Damit hatte Mauss auch den französischen Beamten gegenüber eine Probe seiner Fähigkeiten gegeben und wurde ein Jahr später zusammen mit seinem Vertrauten Dr. Gemmer sogar von der Anti-Gang-Brigade zu einer Besprechung ins französische Innenministerium eingeladen.

Unmittelbar nach seiner Freilassung nahm der Agent wieder Kontakt zur Münchner Filiale des Verbrechersyndikats auf. Die Spur führte weiter nach Rom.

Diesmal meldete das BKA den Agenten vorsichtshalber bei der italienischen Interpolstelle an. Wieder schaffte es Mauss, bis in die Zentrale der Bande vorzustoßen. Bei einem Gespräch mit dem Boß des Syndikats bekam dieser einen Anruf. Mauss konnte mithören, wie dem Gangster der Text des Fernschreibens vorgelesen wurde, in dem das BKA den Einsatz seines Agenten bei Interpol Rom angekündigt hatte. Zum Glück hatte das BKA den Decknamen Hansen verwendet. Bei der Bande war er als Hans Roland aufgetreten.

Nicht ganz zu Unrecht vermutete Mauss, leitende römische Kriminalbeamte müßten in die Sache verwickelt sein. Er rief beim BKA an und bat um besondere Vorsicht. Daraufhin wurde er unmittelbar dem italienischen Interpolchef, Dr. Manopulo, und dessen engsten Vertrauten unterstellt. Nur sie persönlich unterrichtete er von seinen Ermittlungsergebnissen. Stolz vermerkte der Agent in seinem späteren Bericht: »Dr. Manopulo stand uns Tag und Nacht persönlich und telefonisch zur Verfügung.«

Nachdem 23 wichtige Täter, fünf Kriminalbeamte und mehrere Zollbeamte festgenommen worden waren, schickte Interpol Rom ein Fernschreiben an Interpol Wiesbaden, Bern, Wien, Paris und Brüssel und teilte mit, daß aufgrund der Ermittlungen des Verbindungsmannes des BKA Wiesbaden eine restlose Zerschlagung der Bande möglich gewesen sei: »Die Zusammenarbeit mit Hansen, in Frankreich bekannt unter dem Namen Ralf Tiegel, war ganz hervorragend.« In einem weiteren Fernschreiben informierte Rom Interpol Paris, daß Hansen/Tiegel in Frankreich noch weitere Recherchen zu unternehmen habe.

Mauss war nun auch auf europäischer Ebene ganz oben.

Eine Leiche soll verkauft werden

Trotz unbestreitbarer Erfolge kam es allerdings auch vor, daß Mauss bei seiner fast manischen Verbrecherjagd auf die Spintisiereien seiner Zielpersonen hereinfiel. Bei einem Gespräch im Unterweltmilieu, das er inzwischen wie seine Westentasche kannte, erfuhr er davon, daß ein Mann im Streit totgeschlagen worden war. Er gab den Tip an die Polizei weiter, und diese beauftragte ihn, der Sache nachzugehen. Mauss bot den Mitwissern der angeblichen Tat Geld, wenn sie ihm die sterblichen Überreste des Mannes beschaffen könnten. Er informierte die Staatsanwaltschaft vom geplanten Geschäft »Geld gegen Leiche« und wartete in seiner Frankfurter Wohnung auf einen Anruf seines Gewährsmannes. Der jedoch meldete sich nicht.

Mitten in der Nacht schreckte Mauss hoch. Seinem untrüglichen Instinkt folgend, versuchte er, einen seiner Geschäftspartner anzurufen, dann den nächsten und den übernächsten. Niemand war zu Hause. Mauss klingelte den zuständigen Staatsanwalt aus dem Bett und verlangte sofortige Aktion. Er habe das dringende Gefühl, die teure Leiche sei bereits exhumiert worden.

Zusammen mit Staatsanwalt und Kripo fuhr er zur Wohnung der kriminellen Friedhofsgräber. Tatsächlich waren sie inzwischen von ihrer Buddelei zurückgekommen und hatten sogar noch Erde unter den Fingernägeln. Im Verhör gestanden sie, daß sie die Leiche des natürlich verstorbenen Bruders des Vermißten hatten ausgraben wollen, um den verwesten Körper an Mauss zu verkaufen. Als jedoch bei der Grabung auf dem Friedhof der Grabstein plötzlich in die Grube gefallen sei, hätten sie fluchtartig die Stätte verlassen.

Werner Mauss war in letzter Minute wie von Geisterhand vor einer Fehlinvestition bewahrt worden.

4. Kapitel
Die Privatisierung der Verbrechensbekämpfung

Mauss schießt los

Wurde er auch weiterhin von den Versicherungen bezahlt, so entfernte sich Mauss bei seiner Arbeit doch immer wieder von deren eigentlicher Interessenlage. Er widmete sich mit seinen eigenwilligen Methoden der allgemeinen Verbrechensbekämpfung. Es ging ihm darum, »Dreckskerle« zu fangen, wann, wo und mit welchen Mitteln das auch immer möglich war. Er vollzog damit eine Privatisierung der Verbrechensbekämpfung: mit dem Geld von Versicherungen, unterstützt von staatlichen Ermittlungsbehörden, losgelöst von jeglicher Art Dienstaufsicht.

Mauss verhielt sich, als sei er persönlich Träger staatlicher Hoheitsaufgaben, und wurde von den Behörden gedeckt wie ein Geheimagent. Er wendete Maßnahmen an, die eigentlich der Polizei vorbehalten sind, und darüber hinaus Taktiken, die der an Recht und Gesetz gebundenen Polizei verwehrt sind. Er war ein Werkzeug der Polizei, und die Polizei war gleichzeitig sein Werkzeug. Mauss wurde für die Instanzen des Rechtsstaats zunehmend unkontrollierbar. Der Radius seines Arbeitsfeldes vergrößerte sich. Längst ging es nicht mehr nur um die Zerschlagung von Einbrecher- und Hehlerringen oder die Wiederbeschaffung gestohlener Waren – Bereiche, an denen seine Auftraggeber, die Versicherungen, direkt interessiert waren.

Schon 1967 war Mauss von der Kölner Kriminalpolizei um Hilfe gebeten worden, als der nach mehreren Raubüberfällen zu sieben Jahren Gefängnis verurteilte Helmut Derks aus der Bochumer Strafanstalt geflohen war. Während die Strafgefangenen zu Weihnachten in der Kirche gerade »Macht hoch die Tür, die Tor macht weit« sangen, hatte Derks das Weite gesucht.

Acht Tage und acht Nächte verfolgte Mauss gemeinsam mit zwei Kripo-Beamten den Entsprungenen. Auf einem Campingplatz am Langwieder See bei München stöberten sie ihn auf. Derks warf sich in sein Auto und raste direkt auf Mauss zu, der sich mit einem Sprung ins Gebüsch rettete.

Die Beamten, die ein Stück weiter weg standen, riefen: »Nun schießen Sie doch, schießen Sie doch, sonst geht er uns durch die Lappen.«

Mauss griff seine Pistole, doch die kleinkalibrigen Kugeln der 7.65er drangen nicht durch das Autoblech. Mit seiner zweiten Waffe, einem Revolver der Marke Smith & Wesson, traf er den Flüchtenden dann neben dem Rückgrat. Derks kam mit dem Leben davon und wurde wieder eingesperrt.

Zwei Jahre später, wieder zu Weihnachten, brach Helmut Derks erneut aus dem Gefängnis aus. Diesmal floh er zusammen mit dem Polizistenmörder Alfred Lecki aus einer Essener Strafanstalt.

Die Jagd auf Lecki und Derks

In kürzester Zeit stellten die beiden bundesweit bekannten Verbrecher eine neue Bande zusammen, um Raubüberfälle auf Banken und Geldtransporte durchzuführen. Im Westerwald hatten sie eine Villa gemietet. Nachbarn beobachteten, wie ständig Luxusautos vorfuhren. Ein Dorfpolizist machte die neuen Bewohner darauf aufmerksam, sich bitte möglichst bald polizeilich anzumelden. Daraufhin verschwanden die Gesuchten – ohne der polizeilichen Aufforderung nachzukommen.

Anfang des Jahres 1970 dann häuften sich in Frankfurt und Umgebung die Raubüberfälle. Zuweilen wurden Autofahrer auf offener Straße niedergeschlagen und ihnen das Fahrzeug kurzerhand abgenommen. In anderen Fällen waren Autobesitzer mit vorgehaltener Maschinenpistole vom Fahrersitz geholt worden. Dazu kamen einige Überfälle auf Juweliergeschäfte, welche die Polizei der Gruppe Lecki/Derks zuschrieb.

Das hessische Innenministerium übertrug die Ermittlungsführung dem Bundeskriminalamt, dieses nahm Kontakt zu Dr. Lichtenwald vom Verband der Sachversicherer in Köln auf und verlangte den Einsatz der »Institution M.«.

Mauss ließ seine Beziehungen in der Unterwelt spielen und machte sich an einige Mitglieder der Lecki-Derks-Bande in Essen heran. Die Staatsanwaltschaft veranlaßte über einen zuständigen Ermittlungsrichter eine Genehmigung zum Abhören der Telefonanschlüsse zweier von Mauss ermittelter Kontaktpersonen.

Am Ostersonnabend 1970 begab sich Mauss gemeinsam mit einem BKA-Beamten ins Postamt Essen, um die Telefongespräche auf Band mitzuschneiden. Die beiden blieben dort bis Ostermontag und wurden dann von anderen Beamten abgelöst.

Zwei Monate lang wurden die Gespräche abgehört. Dieser eher langweiligen Tätigkeit gingen Beamte nach, während Mauss sich aufregenderen Ermittlungen widmete. Die Sache zog sich hin. Erst Anfang Juni meldete sich Derks unter dem Namen »Nicki« aus Brüssel. Das Telefon dort gehörte einer Schwarzen mit Namen Marthe. Mauss wurde wieder hinzugezogen.

Am 13. Juni 1970 fuhr er zusammen mit einem bislang belgischen V-Mann, den das Polizeipräsidium Köln besorgt hatte, nach Belgien. Dort stellten die beiden fest, daß Marthe in Brüssel als Bardame arbeitete und im Moment mit einem gewissen André in ihrer Wohnung zusammenlebte.

Der belgische V-Mann machte sich im Auftrag des deutschen V-Mannes an André heran und erfuhr, daß Marthe einige Zeit mit einem Deutschen befreundet gewesen war, der sich »Nicki«

genannt hatte. Ende März habe es aber Streit gegeben, und »Nicki« sei ausgezogen. Auf seinen Vorgänger offenbar immer noch eifersüchtig, besorgte André aus der Wohnung seiner Freundin mehrere Postkarten, die »Nicki« aus Spanien und Marokko geschickt hatte. Marthe kannte sogar die Daten aus dem Personalausweis ihres Ex-Freundes »Nicki«: Karl-Heinz W., wohnhaft in Düsseldorf.

Mauss ließ über das BKA die Brüsseler Kripo aktiv werden. Sie legte der Frau Fotos von Derks und Lecki vor. Marthe erkannte beide, Derks als »Nicki« und Lecki als dessen Freund »Otto«. Auch andere Mitglieder der Lecki-Derks-Gang hatte sie kennengelernt. Ihre Gesprächsbereitschaft gegenüber der Polizei hing auch damit zusammen, daß Derks in der Nacht vom 20. auf den 21. April nach einem Streit versucht hatte, sie zu erwürgen. Die Frau hatte sich jedoch losreißen, in einem Nebenzimmer einschließen und von dort aus die Polizei anrufen können.

Derks war so kaltblütig gewesen, auf die Polizei zu warten und sich mit seinem falschen Paß auszuweisen. Erst danach war er verschwunden.

Mauss und seine Helfer von der belgischen Polizei eröffneten der Bardame, daß sie sich mit einem Verbrecher eingelassen hatte, ja, daß »Nicki« ein Mörder sei, was allerdings nicht stimmte, denn es war »Nickis« Freund »Otto«, Alfred Lecki, der Jahre zuvor einen Polizeibeamten erschossen hatte. Darüber hinaus glaubte sie den Worten der Polizei und des deutschen Agenten entnehmen zu können, daß ihr neuer Freund André für die Polizei gearbeitet hatte und alle seine Liebesschwüre nur Mittel zum Zweck gewesen seien.

Die Barfrau, Mutter zweier Kinder, machte einen Selbstmordversuch. An ihre Mutter schrieb sie: »Ich kann es einfach nicht fassen, daß ich mit einem Mörder Umgang hatte, ja, mit ihm schlafen konnte, es ist mit einem Mal alles so schrecklich, Mutti, und ich habe vor mir selbst Abscheu, war ich doch allzu naiv... Ach, Mutti, sei mir nicht böse, nimm Willi und Ghislaine und gib ihnen viel, viel Liebe, denn wenn nun mein eigenes Leben zu Ende ist, dann nur deswegen, weil es mir an Liebe gefehlt hat und ich zu naiv gewesen bin. Versteh mich doch, auf dieser Welt hier ist kein Platz mehr für mich, denn in 27 Jahren hat mich das Leben schon allzusehr enttäuscht.«

Mauss hatte von der Bardame erfahren, in welchem Hotel Lecki und Derks in Brüssel gelegentlich gewohnt hatten. Zusammen mit dem Hoteldirektor sah er die Meldekarten durch. Dabei fiel ihm die Eintragung eines Deutschen namens Wilhelm P. auf. Noch vom »Hilton« in Brüssel aus ließ Mauss alle »Hilton«-Hotels in Spanien und Marokko anschreiben, um nachzufragen, ob die Herren P. – Alfred Lecki – oder W. – Helmut Derks – irgendwo als Hotelgäste verzeichnet waren. Schon nach zwei Stunden antwortete das »Castellana«-Hotel in Madrid, die Gesuchten hätten sich dort im März aufgehalten.

Noch bevor Mauss mit seinen weiteren Ermittlungen beginnen konnte, gab es plötzlich eine neue, ganz heiße Spur. Der Hinweis ging völlig unkonspirativ bei der Berliner Polizei ein.

Nach den zahlreichen Zeitungsartikeln über den Ausbruch der beiden berühmten Kriminellen meldete sich ein Berliner bei der Kripo und gab zu Protokoll, daß seine Tochter Gabi, die in Alicante in einer Bar arbeitete, Beziehungen zu Derks unterhalte. Mauss wurde umgehend informiert.

Mit den neuen Erkenntnissen bewaffnet, flog der Agent, den Spaniern vom BKA Wiesbaden avisiert, nach Madrid und besuchte den dortigen Interpoldirektor Nieto.

Die Spanien-Connection

In einem späteren Bericht schrieb Mauss: »Da für meine individuelle Fahndung eine besondere Bewegungsfreiheit notwendig war, schlug Herr Direktor Nieto vor, die Sache dem Generaldirektor der gesamten spanischen Polizei vorzutragen, damit dieser entsprechende Direktiven geben konnte.«

Tatsächlich wurde Mauss wenige Tage später dem Generaldirektor der gesamten spanischen Polizei, Don Eduardo Blanco, und dem Direktor der spanischen Kriminalpolizei, Don Lorenzo de Benito, vorgestellt und durfte ihnen den Fall schildern. Die Polizeichefs zeigten sich aufgeschlossen und sicherten dem Privatdetektiv die besondere Unterstützung aller spanischen Polizeidienststellen zu. Mauss erhielt einen Dolmetscher und eine schriftliche Vollmacht, unterschrieben von Don Eduardo Blanco – ein »Sesam öffne dich« bei der spanischen Polizei.

Das Schreiben bevollmächtigte Mauss, allen Polizeidienststellen in Spanien Weisungen zu erteilen. Er erhielt zusammen mit seinem Dolmetscher einen Dienstwagen mit Chauffeur und nahm seine Ermittlungen an der Costa del Sol auf.

In Alicante spürte das Team die Berliner Bardame Gabi auf, bei der sich Derks tatsächlich gemeldet hatte. Mauss regte bei den Spaniern eine Festnahme der Deutschen sowie ihrer ebenfalls in Alicante lebenden Mutter und einer Tante an. Alles geschah nach seinen Wünschen. Abwechselnd befragte er die festgenommenen Frauen.

Nach anfänglichem Leugnen gaben sie zu, dem Gesuchten weitergeholfen zu haben. Er schaffte es, die Barfrau Gabi »umzudrehen«, und sorgte dafür, daß die Frau wieder aus der Haft entlassen wurde, um sie als Lockvogel zu verwenden. Er hatte nämlich aus ihr herausbekommen, daß Derks demnächst wieder bei ihr auftauchen wollte.

Mauss ließ einen spanischen Polizeibeamten im Nachbarappartement der Bardame Position beziehen. Er selbst erhielt vom Polizeipräsidium Alicante eine Schnellfeuerpistole und traf sich erneut mit Gabi. Sie berichtete ihm, daß Derks tatsächlich zurückgekehrt sei. Er habe sie beim Einkaufen angesprochen und sei anschließend in ihre Wohnung gegangen.

Derks habe seinen Alfa Romeo auf einem Nachbargrundstück hinter einer Hecke abgestellt. Mauss zerstach eigenhändig die Reifen des Wagens und wies die Frau an, dafür zu sorgen, daß Derks in der Wohnung bleibe, ihre inzwischen ebenfalls wieder freigelassene Mutter und Tante sich aber in Sicherheit brächten. Dann alarmierte er die spanische Polizei.

Drei Kriminalbeamte und mehrere Angehörige der Guardia Civil, bewaffnet mit Maschinenpistolen und speziellen Karabinern, wurden ihm zur Verfügung gestellt und bezogen Posten im Appartementhaus. Durch das Schlüsselloch konnte der Privatdetektiv Helmut Derks beobachten. Er schien übernächtigt und war eingeschlafen. Werner Mauss und seine spanischen Helfer traten die Tür ein und nahmen den nur mit einer Badehose bekleideten Derks fest.

Im Polizeipräsidium Alicante konnte der deutsche Agent Derks vernehmen. Der Festgenommene war ausgesprochen aggressiv, erkannte er doch jenen Mann, der ihn knapp drei Jahre zuvor schon einmal festgenommen und dabei angeschossen hatte. Mauss unterbrach das Verhör, machte beim BKA in Wiesbaden telefonisch Meldung von seinem Zwischenerfolg und bat dann den Polizeichef von Alicante, dafür zu sorgen, daß vorerst keine Zeitungsartikel über die Festnahme Derks erschienen. Der tat, wie ihm geheißen, und ließ die entsprechenden Verlagsdirektoren zum Stillschweigen verpflichten.

Um 23 Uhr dann ging Mauss zurück zu Derks und bearbeitete ihn bis um halb fünf Uhr morgens. Dann hatte er ihn soweit, daß er den Aufenthaltsort seines Kumpanen Lecki verriet.

Am Vormittag gegen zehn Uhr fuhr Mauss in Begleitung von vier spanischen Kriminalbeamten nach Marbella. Zur Unterstützung schickte der Polizeichef von Malaga weitere Beamte. Ein Dutzend Spanier umzingelten unter dem Oberbefehl des deutschen Privatdetektivs das von Derks angegebene Haus, vor dem ein Mercedes-Coupé parkte. Wieder ließ Mauss persönlich die Luft aus den Reifen.

Einige Minuten später öffnete sich das Badezimmerfenster, und der Agent konnte von seinem Beobachtungsposten aus dem gesuchten Alfred Lecki beim Waschen zusehen. Eine knappe Viertelstunde später verließ der Deutsche das Haus. Mauss gab den spanischen Beamten ein Zeichen, und sie griffen zu.

Nach kurzen Anschlußermittlungen gaben Mauss und der inzwischen ebenfalls eingetroffene Leiter der deutschen Lecki-Derks-Sonderkommission, Kriminalhauptkommissar Vogel, ein Abendessen für den Polizeichef von Alicante und die beteiligten Kriminalbeamten.

Mauss wurde für den nächsten Tag nochmals zu einem kurzen Besuch nach Madrid gebeten. Am Flughafen stand ein Regierungsfahrzeug mit Standarte und Chauffeur bereit, um ihn zum Amtssitz des Generaldirektors der spanischen Polizei zu bringen. Don Eduardo Blanco gratulierte Mauss zu seinem Erfolg und versicherte dem deutschen Agenten, er werde in Spanien immer Unterstützung finden.

Lecki und Derks wurden an Deutschland ausgeliefert. Elf Jahre später, im April 1981, wurde Derks aus der Haft entlassen, ging in die Schweiz und baute dort wieder eine Bande auf. Nach erneuter Festnahme vergiftete er sich im April 1983 in seiner Einzelzelle im Bezirksgefängnis Zürich-Dielsdorf.

Alfred Lecki, zu lebenslanger Haft verurteilt, gelang 1986 ein neuer Ausbruch. 1987 wurde er auf Sylt wieder gefaßt. Diesmal war Mauss nicht beteiligt.

Die »Institution M.«

Die Festnahme der berüchtigten Ausbrecher Lecki und Derks in Spanien machte bundesweit Schlagzeilen. Doch nirgends wurde erwähnt, daß ein Privatdetektiv die Aktion gesteuert hatte. Dennoch sprach sich die Beteiligung der »Institution M.« innerhalb der Polizeibehörden herum.

Der Fall Lecki/Derks begründete die »Legende Mauss«. Dabei hätte jeder halbwegs intelligente Kriminalbeamte dieselben Spuren verfolgen können wie Mauss und wäre vermutlich auch zum selben Ergebnis gekommen. Schließlich war der entscheidende Hinweis auf die Bardame Gabi in Alicante ohnehin von der Berliner Polizei gekommen. Der große Vorteil des Privatdetektivs Mauss bestand einzig und allein darin, daß er ohne irgendwelche bürokratischen Hemmnisse sofort seinen Einsatz im Ausland beginnen konnte.

Seine Schnelligkeit war einer seiner größten Vorteile gegenüber der Polizei. Dort gab es Reise- und Spesenanträge, dort durften Beamte nur in Hotels einer ganz bestimmten Kategorie absteigen, am Tage nur einen festgelegten, geringen Verzehrbetrag ausgeben.

Bei Mauss war das alles anders. Er konnte in Luxushotels wohnen, seine Zielpersonen in Luxusrestaurants einladen, seinen Unterinformanten kleine oder größere Summen zuschieben, sie mit teuren Autos beeindrucken, mit Pelzen, feinem Tuch und brillantenbesetzter Chopard-Uhr protzen. Er brauchte niemanden um Genehmigung zu fragen, wenn er sich hinter den Steuerknüppel seiner Cessna setzte, flog nach eigenem Gutdünken quer durch Europa und arbeitete bis tief in die Nacht hinein, ohne hinterher seine Überstunden abbummeln zu müssen.

Spanien, damals noch unter dem autoritären Franco-Regime, war für Mauss das ideale Arbeitsfeld. Die Strukturen der Polizei waren völlig hierarchisch und keiner wirklichen Kontrolle, etwa durch Parlament oder Justiz, unterworfen. Sobald die Spitze der Behörde Mauss grünes Licht gegeben hatte, tanzten alle untergeordneten Dienststellen nach seiner Pfeife. So konnte eine Privatperson aus der Bundesrepublik in Spanien deutsche Bundesbürger observieren lassen, konnte ihre Festnahme durch einen Wink veranlassen, durfte selbst stundenlange Vernehmungen durchführen – sozusagen eine moderne Ein-Mann-Version der Legion Condor.

Der gesamte Polizeiapparat stand dem Privatdetektiv kostenlos zur Verfügung. Er selbst wurde von der deutschen Versicherungswirtschaft bezahlt.

Mit gewissen Abstrichen galt das spanische Modell auch für den Einsatz der »Institution M.« in der demokratischen und rechtsstaatlichen Bundesrepublik. Auch hier ließ sich Mauss die Generalvollmacht für seine Einsätze jeweils von der Behördenspitze geben. In gleicher Weise verhandelte er bei den Versicherungen grundsätzlich nur in den Chefetagen.

Mit wenigen Ausnahmen spurten die untergeordneten Beamten der Polizei und die Sachbearbeiter der Versicherungen so, wie es ihre Vorgesetzten mit Mauss vereinbart hatten. Widerstand gab es selten. Lediglich Finanzverwalter in den Versicherungen wunderten sich manchmal über die in die Hunderttausende gehenden Spesenabrechnungen des Ehepaares Mauss und verlangten detaillierte Aufstellungen und Begründungen für Reisen, Bewirtungen und sonstige Aufwendungen.

Tagesablauf eines Super-Agenten

Nächtelang saß Margret Mauss über der Buchhaltung. Jeder Schritt im Untergrund wurde genauestens protokolliert. Die Tagesberichte gingen zusammen mit Belegen und den Fallbeschreibungen an die Versicherungen. Um die Jahreswende 1969/70 etwa sah der Tagesablauf der »Institution M.« so aus:

1. Dezember 1969: Berichte an die Versicherungen diktiert und geschrieben; am nächsten Tag ebenfalls. Anschließend Fahrt von Altstrimmig nach Frankfurt. Dort gab es eine Besprechung mit einem Direktor der Dresdner Bank. Mauss wollte, daß die Bank ihm einen fingierten Bankauszug herstellte, mit dem er bei einer Falschmünzerbande den Eindruck eines hohen Kontos vorspiegeln konnte. Gegen 22.00 Uhr setzte sich Mauss in den Ferrari und fuhr bei Schneeglätte nach

München. Dort kam der fleißige Detektiv morgens um 4.00 Uhr an.

3. Dezember: Besprechung im Landeskriminalamt München über die geplante Festnahme der Falschgeldgang. Danach telefonierte Mauss mit diversen Kriminellen und übernahm anschließend Diebesbeute.

Der 4. Dezember war wiederum Gesprächen mit Kriminalbeamten und Kriminellen gewidmet. Ein Untergrundtreffen auf dem Münchner Hauptbahnhof zog sich bis in die späte Nacht. Erst um 5.00 Uhr morgens konnte sich Mauss zur Ruhe legen.

Auch am 5. und 6. Dezember traf der Agent sich mit verschiedenen Kriminellen oder telefonierte mit ihnen. Anschließend fuhr er von Frankfurt aus zurück ins heimische Altstrimmig, wo wieder Berichte geschrieben wurden.

Zwei Tage später war Mauss schon wieder auf Achse. Von Frankfurt aus flog er nach Hamburg und hatte dort neben Gesprächen mit Kripo-Leuten eine »erfolgreiche Unterhaltung« mit verschiedenen Kriminellen. Am nächsten Tag desgleichen.

Am übernächsten Tag, dem 10. Dezember, flog er nach einer Besprechung mit Direktor Brumm vom HUK-Verband über Frankfurt nach München, wo er sich wiederum mit Untergrundganoven traf.

Am 11. Dezember zog Mauss von München aus seine Fäden, reiste dann gemeinsam mit Kripo-Beamten nach Nürnberg, anschließend nach Aschaffenburg. Dort erfolgte am Abend die Festnahme der Geldfälscher und die Sicherstellung von Blüten im Nennwert von 50 000 Mark. Danach ging es im Eiltempo wieder nach Frankfurt, wo ein weiterer Ganove auf seine Festnahme wartete. Mauss in seinen Notizen: »5 Uhr kurz in der Wohnung in Frankfurt übernachtet.«

Schon am nächsten Morgen saß er wieder im Flugzeug nach München. Dort hatte er ein Rendezvous mit drei Villen-Einbrechern. Gemeinsam mit ihnen und ihrer Beute fuhr der Agent nach Konstanz. Am nächsten Morgen ging es weiter in die Schweiz, wo die Einbrecher in der folgenden Nacht mit ihrer Beute festgenommen wurden.

Schon am 14. Dezember war Mauss wieder in München und wandte sich einer Bande von kriminellen Ungarn zu. Spätabends erreichte er nach Flug und Autofahrt die eigene Villa in Altstrimmig. Der 15. Dezember war wieder Schreibtag.

Der 16. Dezember – es ging langsam auf Weihnachten zu – war Pelzgeschäften vorbehalten. Im Frankfurter »Intercontinental« traf sich Mauss mit einem V-Mann und dessen Rauchwarenhändler. In mehreren Telefonaten erfuhr der vielbeschäftigte Agent zusätzlich, daß auch in Berlin gestohlene Pelze angeboten wurden, dazu Schuhe im Wert von über 100 000 Mark. Mauss, in seiner Rolle als Hehler, bekundete Interesse. Am nächsten Tag flog er nach Berlin und lockte die dortigen Pelzhändler in eine Falle. Nach getaner Arbeit flog er nach Frankfurt zurück und traf sich dort am folgenden Tag mit einigen Ganoven. Abends ging es wieder nach Altstrimmig. Zwei Tage lang diktierte er seiner Frau die Einsatzberichte.

Am 22. Dezember war er schon wieder unterwegs: Gespräche mit Kripo-Leuten in Frankfurt, danach Festnahme eines Pelzdiebes und Sicherstellung der Waren.

Am 23. war Mauss zurück in Altstrimmig und gönnte sich die wohlverdiente Weihnachtsruhe. In seinen Bericht schrieb er: »24. 12. 69 bis 1. 1. 70 blieb unberücksichtigt.«

Sofort nach Anbruch des neuen Jahres stürzte Mauss sich wieder in den kriminellen Untergrund. Gespräche mit Kripo-Leuten, Versicherungsmanagern, Einbrechern, Hehlern, V-Leuten, Rauschgifthändlern, den lieben langen Tag über. Reisen durch die Luft, zu Land, auf Straße und Schiene, kreuz und quer durch die Bundesrepublik und ins benachbarte europäische Ausland. Abreise zu Zeiten, in denen Beamte oder Kriminelle noch im Bett lagen, Heimkehr im Morgengrauen. Privatdetektiv Mauss rackerte sich im Kampf gegen das Verbrechen redlich ab. Alles, aber auch alles mochte man ihm vorwerfen können, nicht aber mangelnden Arbeitseifer.

Hilfe vom großen Bruder

Nur die Versicherungsspitzen wurden derartig detailliert über den Tagesablauf der Firma Mauss informiert. Die Polizei erfuhr nur so viel, wie es Werner Mauss für richtig hielt. Der Detektiv arbeitete nach einem strengen Abschottungsprinzip. Nur die jeweils beteiligten Beamten und Dienststellen wurden unterrichtet, und auch das meist nur bruchstückhaft. In den ersten Jahren durften Karin und Richard Nelson sogar die von der Polizei zur Verfügung gestellten falschen Papiere behalten und nach Belieben weiter verwenden. Später mußten sie die »Alias-Papiere« nach Abschluß eines Einsatzes zurückgeben.

Nur den Versicherungen gegenüber mußte das Ehepaar Mauss Rechenschaft ablegen; schließlich wurde ihr lukrativer Globalauftrag Jahr für Jahr neu vergeben.

Die Großzügigkeit der Versicherungen hatte kaum Grenzen, soweit alles ordentlich abgerechnet wurde. Arbeitsweise und Kostenaufwand konnte das Ehepaar fast völlig frei bestimmen. Sogar für Sonderzahlungen, die mit ihren Aufträgen nur sehr indirekt zu tun hatten, kam die Versicherung auf.

Anfang 1969 hatten Margret und Werner Mauss ihr neues Domizil nebst Grundstück in Altstrimmig zunächst unter ihrem richtigen Namen gekauft. Dann änderten sie ihren Namen auf »Nelson« und mußten die Grundbucheintragungen korrigieren. Zwei Jahre später schrieb Mauss an den Verband der Sachversicherer: »Über verschiedene Polizeidienststellen der Städte, der Landeskriminalämter und des Bundeskriminalamtes Wiesbaden wurden uns ernstzunehmende Morddrohungen übermittelt. Aus diesem Grunde mußten wir – abgedeckt – aus Essen fortziehen. Als zweite Maßnahme wurde durch das BKA beim Innenministerium und der Bezirksregierung eine Namensänderung durchgesetzt, die in ihrer konsequent erforderlichen Form bisher in der BRD einmalig ist, auf größte gesetzliche Schwierigkeiten stieß und nur aufgrund der besonderen Gefährdung in allen Punkten positiv beschieden wurde.«

Da die Namensänderung im Interesse ihrer Tätigkeit für die Versicherungen läge, seien sie der Auffassung, die Gebühren für die Grundbucheintragungen sowie die Notarkosten unter Nelson müßten vom Versicherungsverband getragen werden.

Die reklamierten Grundbuchkosten betrugen 914,90 Mark und die doppelt angefallenen Notarkosten 865,94 Mark. Die Gebühren für die Namensänderung auf Nelson beliefen sich auf 2600 Mark. Auch sie wurden von den Versicherungen gezahlt. Selbst beim Finanzamt intervenierten sowohl die Versicherungen als auch das Bundeskriminalamt zugunsten des Ehepaares Mauss.

Am 6. Dezember 1971 schrieb Mauss an Dr. Lichtenwald vom Verband der Sachversicherer in Köln: »Leider haben wir es bisher verabsäumt, in den zurückliegenden Honorarabrechnungen ab 1968 die jeweilige Mehrwertsteuer mitzuberechnen. Inzwischen erhielten wir vom Finanzamt für die Jahre 1968/69 einen Entscheid, wonach ein Mehrwertsteuersatz von 11% zu zahlen ist, da sich das Finanzamt auf den Standpunkt stellt, daß für diesen Zeitraum noch ein Gewerbebetrieb vorlag. Da wir aus den bekannten Geheimhaltungsgründen gegen diesen Entscheid nicht prozessieren können, ist der Mehrwertsteuersatz von 11% nunmehr nachzuzahlen.«

Erst nachdem das Bundeskriminalamt, der Steuerexperte des Gesamtverbandes HUK und ein weiterer Experte vom Verband der Sachversicherer eingeschaltet worden war, erklärte sich das Finanzamt bereit, den Mehrwertsteuersatz ab 1970 auf 5,5 Prozent herabzusetzen.

Mauss in seinem Brief weiter: »Außerdem wurde der Bitte

des Bundeskriminalamtes Wiesbaden stattgegeben, die Sache nach abschließender Rücksprache mit dem Landesfinanzministerium bei dem Direktor der zuständigen Steuerstelle in Essen-Süd zwecks zusätzlicher Abdeckung unserer Person unter dem Namen ›M.‹ – Berufsbezeichnung: Rechtssachverständiger – als Verschlußakte weiterzuführen.«

Für die Jahre 1968/69 hatte das Ehepaar Mauss außer der nachzuzahlenden Mehrwertsteuer auch noch die Gewerbesteuer zu entrichten. Da die gesamte Nachzahlung für die Firma Mauss eine zu große Belastung sei, wurden die Versicherungen gebeten, den Mehrwertsteuerbetrag in Höhe von 22 496 Mark nachträglich zu überweisen.

Dazu Mauss später in einer eidesstattlichen Versicherung: Der »halbe Mehrwertsteuersatz ist mir deswegen eingeräumt worden, weil das Finanzamt mich als Freiberufler anerkannt hat«.

Kleine Liebesgaben

In der Tat brauchte Mauss immer noch jede Mark. Nicht alles, was er benötigte, um im Verbrechermilieu »mitschwingen« zu können, war dienstlich absetzbar. Die verschiedenen Flugzeuge, nacheinander angeschafft, wurden immer größer und perfekter ausgestattet. Zwar wurde jeder Flugkilometer bei den Versicherungen abgerechnet, aber teuer blieb das dienstliche Hobby dennoch.

Am 1. November 1973 pachtete Mauss neben seinem Grundstück in Altstrimmig auf 25 Jahre ein zehn mal fünfzehn Meter großes Gelände und baute eine Flugzeughalle für seine Cessna. Verpächter war ein Nachbar, der dort einen Privatflugplatz besaß. Start- und Landebahn durfte Mauss mitbenutzen. Er konnte jetzt direkt neben seinem Haus zum Lufteinsatz gegen die internationale Verbrecherwelt abheben.

Nicht selten nahm er im Flugzeug Polizeibeamte zu dienstlichen Einsätzen mit, was auch deren Selbstwertgefühl sehr zugute kam. Gelegentlich konnte Mauss auch, wie schon angesprochen, wiederbeschafftes Diebesgut, etwa Autos, Pelzmäntel und Teppiche, zu günstigen Konditionen über die Versicherungen vermitteln. Kleine Wohltaten festigten die Freundschaft und förderten die Kooperationswilligkeit, ohne direkt den Tatbestand der Bestechung zu erfüllen.

Die immer wieder von Gegnern aus dem kriminellen Untergrund und der Polizei ausgestreuten Gerüchte, Mauss und seine Frau hätten sich manchmal an wiederbeschafftem Stehlgut schadlos gehalten, sind sicherlich falsch.

Das Mauss'sche Rechtsbewußtsein ließ derartige Unkorrektheiten nicht zu. Nichts konnte das Ehepaar Mauss mehr empören als Verdächtigungen, die besagten, sie hätten »klebrige Finger«.

Konsequenterweise wehrte der Agent sich auch immer dagegen, »V-Mann« genannt zu werden, denn diese gehörten ja zum kriminellen Milieu, »trugen auf beiden Schultern«, indem sie selbst Straftaten begingen und parallel dazu für die Polizei Spitzeldienste leisteten.

Am liebsten hatten es Margret und Werner Mauss, wenn sie als »Institution M.« bezeichnet wurden. Das klang geheimnisvoll und seriös, erweckte den Eindruck einer großen Organisation, halb staatlich, solide und etabliert.

In seinen Berichten und Briefen schrieb Mauss fast nie »ich«, sondern immer »wir« und »unsere Person«. Es war eine Mischung aus dem Pluralis majestatis und dem Bekenntnis, daß er nicht alles allein gemacht hatte. Tatsächlich war seine Frau auch nach der Ehekrise bei fast allen Einsätzen dabei. Auch die Schulden für Haus, Grundstück, Flugzeug und Autos trug sie zu gleichen Teilen. Finanziell wurde sie kurzgehalten. Mauss teilte ihr das Geld zu, wobei er überaus sparsam und zurückhaltend war. Selbst für den Friseurbesuch bekam sie von ihm im Monat fünfzig Mark zugeteilt. Was davon übrigblieb, durfte sie zur freien Verfügung behalten. Den zuweilen erheblichen Gefahren beim Einsatz im Gangstermilieu durfte sie sich dagegen ungeteilt stellen.

Eine Geiselnahme

Einmal, etwa zur Zeit der Olympischen Spiele in München 1972, ging es wieder einmal um eine Autoschieberbande, die nebenbei auch mit Kunst und anderen Dingen handelte.

Wie immer zeigte sich Mauss an jeglichen gestohlenen Waren interessiert.

Während der Haupttäter geschäftlich in Beirut weilte, bot dessen Ehefrau Mauss auf Anweisung ihres Gatten einen angeblich echten holländischen Meister an, der aus einem niederländischen Museum stammen sollte. Das Ehepaar Mauss begutachtete das Gemälde in einem Einfamilienhaus in der Nähe von Frankfurt und bekundete Kaufbereitschaft. Dann fuhren sie gemeinsam mit der Frau zum Frankfurter Flughafen und luden sie auf einen Drink ein.

Mauss hob den Kaufpreis, 100 000 Mark, von seinem Privatkonto ab, unterrichtete seine Vertrauensleute bei der Polizei von dem geplanten Deal, sagte ihnen, wo das Gemälde stand und daß die Frau in ihrer Wohnung ein Fenster offengelassen hatte. Während die Polizei sich auf den Weg machte, um das gestohlene Bild sicherzustellen, hielt Mauss die Frau mit einem weiteren Drink auf.

Erst dann fuhr man gemeinsam, die 100 000 Mark Kaufsumme in der Tasche, zurück. Das Geld vor Augen, wollte die kriminelle Kunsthändlerin den holländischen Meister holen, doch der war nicht mehr an seinem Platz.

Gemeinsam wurde beratschlagt, was nun zu tun sei. Die Frau machte sich Vorwürfe, das Fenster nicht geschlossen zu haben, und langte verwirrt nach dem Telefon, um die Komplizen ihres Mannes vom Verlust des Bildes zu unterrichten. Sie habe einen solventen Kunden da, und nun sei das Bild futsch.

In einem unbeobachteten Moment flüsterte Frau Mauss ihrem Mann zu: »Hau ab. Wenn hier andere Leute ankommen, um die zu trösten. Wir haben immerhin unser eigenes Geld dabei, wer weiß, was dann passiert. Das Geld gibt uns keiner wieder.«

Sie bugsierte ihren Mann mit dem Geld aus dem Haus und blieb selbst da, um auf die Ankunft der übrigen Gangster zu warten. Es sollte unter allen Umständen vermieden werden, daß die Täter das Ehepaar Mauss mit dem Verschwinden des Bildes in Verbindung bringen und möglicherweise vom telefonisch verabredeten Treffen Abstand nehmen würden.

Während Margret Mauss der verstörten Frau Mut zusprach, unterrichtete ihr Mann die Observationstruppe der Polizei von der prekären Situation, in der seine Angetraute steckte.

Nach und nach trudelten die Mittäter ein. Mauss rief zwischendurch immer wieder an: »Wie ist es nun? Kann ich kommen mit dem Geld und das Bild endlich abholen?« Doch das Bild blieb verschwunden und langsam schöpfte die inzwischen auf ein halbes Dutzend angewachsene Gangsterbande Verdacht.

Im Haus standen diverse Sportgewehre, und hysterisch, wie sie war, fuchtelte die Frau damit vor der Nase der nach außen hin völlig unerschrockenen Margret Mauss herum. Stundenlang saß sie im Pelzmantel auf dem Sofa und hörte sich mit Engelsgeduld an, wie darüber diskutiert wurde, was man alles mit ihr anstellen wollte. Sie sollte gefesselt, geknebelt und im Keller deponiert werden. Wenn ihr Mann nicht mit dem Geld rüberkäme, werde man sie erschießen und auf eine Müllkippe werfen, da fände sich am nächsten Tag keine Spur mehr von ihr.

Plötzlich war sie das Handelsobjekt und nicht der holländische Meister. Mauss rief wieder an und verlangte, seine Frau zu sprechen, was von der versammelten Mannschaft abgelehnt wurde. Die Gekidnappte sprang auf, riß ihnen den Hörer aus der Hand und schrie:»Hilf mir um Himmels willen!«

Die Männer warfen sich auf sie. Es gelang ihr noch, einem den Hörer auf den Kopf zu schlagen, dann wurde im allgemeinen Handgemenge das Telefon aus der Wand gerissen.

Mauss und die inzwischen draußen eingetroffenen Polizeibeamten überlegten fieberhaft, wie man seine Frau aus der gefährlichen Situation befreien könnte, ohne Gefahr zu laufen, daß es zu einem Massaker käme. Kurze Zeit zuvor hatten Terroristen bei den Olympischen Spielen in München Geiseln genommen und waren gemeinsam mit ihnen von der Polizei zusammengeschossen worden. Diese Bilder hatten alle Beteiligten im Kopf, als sie über einen Befreiungsplan nachsannen.

Inzwischen hatten die Männer im Haus den vagen Verdacht geschöpft, sie könnten bereits von der Polizei umzingelt sein. Wie zur Probe schossen sie mit einem Kleinkalibergewehr in den Garten. Auf Anraten von Mauss ließ sich die Polizei jedoch nicht aus ihrem Versteck hervorlocken. Statt dessen wurde der Dorfpolizist geholt und beauftragt, an der Tür zu klingeln.

Der ältere Schutzmann tat, wie ihm geheißen:»Nachbarn haben sich beschwert. Hier ist herumgeballert worden. Was ist denn los? Darf ich mal hereinkommen.«

Man ließ ihn tatsächlich ins Haus:»Wir machen eine Party und haben grad mal die Waffen gezeigt, wir sind also unwahrscheinlich putzfidel.«

»Gut«, sagte der Polizist,»ich sehe, daß Sie hier zu mehreren zusammen sind und daß alles recht friedlich aussieht. Aber weil ich eben durch die Nachbarn aufmerksam gemacht worden bin, muß ich ja meiner Pflicht nachkommen. Lassen Sie mich wenigstens mal Ihre Papiere kontrollieren, damit ich weiß, wer Sie sind.«

Brav zückten alle ihre Personalausweise. Als letzte kam Margret Mauss an die Reihe.

»Ich hab' nichts dabei«, sagte sie, so schnippisch wie sie konnte.

»Schau mal an, das ist aber interessant, warum haben Sie denn nichts dabei, das ist doch das Normalste von der Welt, daß man was dabei hat.«

Wieder reagierte Margret Mauss so frech, wie sie konnte.

Der Polizist wurde hart: »Also dann tut es mir leid, dann muß ich Sie mitnehmen.«

Die übrigen Partygäste boten sich an, Margret Mauss zu begleiten, doch der Schutzmann wehrte ab: »Na, ich sehe, daß diese Frau noch auf beiden Beinen steht, ich denke, die wird alleine mit mir kommen können, das wird sie schon noch packen.«

Mit zitternden Knien schaffte Margret Mauss den Weg bis auf die Straße und wurde von dem Polizeibeamten in Sicherheit gebracht. Als die Polizei nun das Haus stürmen wollte, hielt Mauss sie davon ab. Eine Festnahme zu diesem Zeitpunkt wäre ihm ungelegen gekommen, denn dann wäre klar gewesen, für wen er und seine Frau tatsächlich arbeiteten. Er wollte aus dem lebensgefährlichen Abenteuer seiner Frau, das immerhin von sechs Uhr abends bis Mitternacht gedauert hatte, noch Vertrauenskapital in der kriminellen Szene schlagen.

Tatsächlich konnte sich keiner der Beteiligten später vorstellen, daß Mauss und seine Frau nicht »sauber« waren, denn schließlich hatten sie ihnen in höchster Gefahr anscheinend nicht die Polizei auf den Hals geschickt.

Gespräche im Untergrund

Jede Verhaftung einer Tätergruppe war für den Untergrund-Agenten Mauss ein Risiko. Dennoch mußte er Erfolge, also auch Festnahmen, vorweisen. In dieser Lage ging er häufig einen Mittelweg, was ihn wiederum bei jenen Polizeibeamten, die ihm nicht wohlgesonnen waren, suspekt machte. Mauss ließ nämlich, wie bereits gesagt, vornehmlich die kleinen Lichter hochgehen; mit den Bossen mußte er weiterarbeiten. Hätte er nach dem Prinzip »verbrannte Erde« die von ihm unterwanderten Gruppierungen bei der erstbesten Gelegenheit vollständig auffliegen lassen, wäre seine Karriere im Untergrund schnell vorbei gewesen. Mauss wandelte auf einem schmalen Grat.

Nicht zuletzt durch das Nichteingreifen der Polizei bei der Geiselnahme seiner Frau war das Vertrauen der Unterwelt zu ihm weiter gefestigt worden. Jetzt konnte sich der Agent sogar mit einem versteckten Tonbandgerät zu Gesprächsterminen mit den Anführern von Hehler- und Diebesbanden begeben.

In der Gaststätte »Apollo 11« am Frankfurter Flughafen traf er sich am 31. Oktober 1972 mit den Hehlern Josef M. und Günther S. Sie wollten den Agenten als qualifizierte Kraft in ihren Ring aufnehmen. Offenherzig plauderten die Kriminellen über ihre Geschäftspraktiken.

»Seit 20 Monaten liefern wir wöchentlich neuwertige, gestohlene Fahrzeuge in den Libanon«, erklärte Josef M. »An meine Leute, die die Fahrzeuge holen, zahle ich 3500 Mark, für die Zulassung 1000, für die Überbringung an den Autohändler 2000 und für den Rückflug noch einmal 500. Im Libanon bekomme ich 18 bis 20 000 Mark bar für jedes Fahrzeug, so daß ich zwischen 11 000 und 13 000 an jedem Wagen verdiene. Die Jungs werden nicht unruhig, sie fahren schließlich vier- bis fünfmal im Monat und verdienen so 8 bis 10 000 Mark, und das seit 20 Monaten. Das ist doch Geld! Meine Leute küssen mir die Füße, sie brauchen sonst nichts zu tun.« Nur einmal habe es Schwierigkeiten gegeben. Da habe einer auf der Rückreise sechs Kilo Haschisch mitnehmen wollen. In der Türkei sei er festgenommen worden.

»Er wollte auf eigene Rechnung nebenher noch mehr Geld

verdienen. Ein Jahr hat er gesessen, danach kam er zurück, und wir haben ihn wieder eingestellt. Der ist für immer geheilt.«

Das sei für die anderen Fahrer eine Lehre gewesen. »Er ist in der Türkei geschlagen worden. Im Gefängnis gab es Ratten. Ein Jahr ist dort wie fünf Jahre hier.«

Die Anwaltskosten habe das Syndikat bezahlt. »Wir lassen von unseren Leuten niemanden hängen. Andererseits darf man seine Leute nie zuviel Geld verdienen lassen, sonst werden sie größenwahnsinnig. Nur wir selbst haben den Überblick und können mit größeren Geldmengen umgehen. Sie müssen immer so gehalten werden, daß sie sagen: Chef, ich brauche noch 500 Mark Vorschuß.«

Sein Komplize Günther S. griff in das Gespräch ein: »Wenn man mich festnimmt, ich bin ein paar Millionen wert, denn was ich in den letzten Jahren umgesetzt habe, das sind Millionen.«

Er habe das Geld zurückgelegt, um in Südamerika mit seiner Freundin zusammen ein großes Hotel zu bauen. Aus seiner Brieftasche zog er ein Foto seiner Geliebten und zeigte es Mauss. »Mit 55 Jahren will ich nicht mehr arbeiten.«

Die beiden Unterweltler schilderten Mauss den Anfang ihrer Verbrecherkarriere. S. habe früher in Frankfurt ein Geschäft für An- und Verkauf besessen. Dort sei die Kripo ein und aus gegangen: »Die haben bei mir einen Cognac getrunken, und anschließend sind die Frauen von denen gekommen und haben sich bei mir eingekleidet; die Ware war geklaut und der Cognac auch. Zu einzelnen Beamten habe ich immer noch Kontakt. Ich habe in Frankfurt viel gelernt.«

Später habe er dann ein Import- und Exportgeschäft aufgemacht und vor allem mit einem Ostblockland gute Geschäfte geführt. »Wir arbeiten Jahre mit diesen Leuten zusammen. Wir liefern an die Länder sämtliche Arten von Haushalts- und Elektrogeräten zu günstigen Preisen. So billig wie wir kann niemand sein.« Alle lachten. Um einen gewissen Devisenausgleich zu schaffen, importiere die Gruppe aus ihrem Abnehmerland

Wein. »Wir kaufen 200 000 Flaschen Wein für 66 Pfennig das Stück. Dann kosten sie mit Zoll 98 Pfennig. Die verkaufen wir dann auch mit 98 Pfennig. Wir wollen nicht eine Mark daran verdienen. Dafür haben wir den Export.«

Vertrauensselig erklärten sie sich damit einverstanden, daß Mauss einen ihrer Fahrzeugtransporte nach Beirut begleitete. Sie hätten auch größere Mengen Edelstahl anzubieten, kostbare Steine und einen Posten von 700 Krokotaschen. Mauss gefiel ihnen so gut, daß sie ihm vorschlugen, seinen Urlaub im Bungalow von S. in Torremolinos zu verbringen: »Es sind zwei Schlafzimmer mit vier Betten vorhanden. Wir haben schon Orgien darin gefeiert. Meine Tochter ist auch schon dort gewesen.«

Das junge Mädchen sei besonders intelligent und studiere an der Universität in Bochum. Bei der Überführung gestohlener Kraftfahrzeuge nach Italien, Griechenland und in die Türkei sei sie nicht minder begabt. »Sie fährt als Studentin völlig unauffällig. Günstig ist außerdem ihr schlechtes Aussehen, da vermutet niemand etwas.«

Bei weiteren Gesprächen boten die Hehler Werner Mauss Falschgeld, gefälschte Kraftfahrzeugscheine, Pelze, Rechenmaschinen, Teppiche und sonst noch alles mögliche an. Alles, was nicht niet- und nagelfest war, hatten sie in ihrem Gemischtwarenladen zu bieten. Agent Mauss griff zunächst nur bei den angebotenen Luxusautos zu. Als Geschenk offerierten die Gangster ihm Kugelschreiber, in deren Spitze eine Feinkanüle steckte, aus der ein starkes Betäubungsmittel versprizt werden konnte. Die getroffene Person sei eine halbe Stunde ohne Bewußtsein; das Mittel wirke sofort.

Operation Eurogang

Mauss führte regelmäßig verschiedene Operationen parallel durch. Während der eine Fall noch voll im Gang war, wurde der andere abgeschlossen und ein dritter oder vierter in Angriff genommen. Manche Ermittlungen zogen sich über Monate, manche über ein Jahr oder länger hin.

Schon bei seinem unfreiwilligen Gefängnisaufenthalt in Frankreich war Mauss im März 1969 auf die Spur einer internationalen Bande von italienischen, französischen und deutschen Gewohnheitsverbrechern gekommen. Seine Mitgefangenen, die ihn aufgrund seiner Festnahme für einen wichtigen Ganoven hielten, hatten ihm gegenüber angedeutet, der Kopf der Gruppe säße in Rom. Nach seiner Freilassung hielt Mauss Kontakt zu seinen ehemaligen Zellennachbarn. Er fand heraus, daß der stellvertretende Polizeichef von Rom im Nebenberuf Bandenchef war und ihm weitere 26 Kriminal- und Zollbeamte zuarbeiteten.

Im Zusammenhang mit dem Einsatz des Superdetektivs in Rom wurden damals insgesamt achtzig italienische Gangster inklusive hochrangiger Beamter festgenommen. Doch damit war der europaweit arbeitende Ring noch nicht zerschlagen.

Vor allem in Frankreich biß sich die Polizei die Zähne an der »Eurogang« aus. Ein französischer Kriminalbeamter, dem es gelungen war, als Undercoveragent in die Organisation einzudringen, war Jahre zuvor enttarnt und von dem Bandenmitglied Christian-Jacques D. erschossen worden. Zwei weitere französische Polizisten wurden lebensgefährlich verletzt.

Aus abgehörten Telefonaten ergab sich, daß die Eurogang fast die Hälfte ihrer Geschäfte in der Bundesrepublik abwickelte. Nach einem Gespräch im französischen Innenministerium am 16. Oktober 1970, an dem von deutscher Seite der leitende Regierungskriminaldirektor Dr. Gemmer und Regierungskriminaloberrat Jeschke vom BKA sowie das Ehepaar Mauss teilnahmen, wurde die Geheimwaffe »M.« des Bundeskriminalamts auf die Eurogang angesetzt.

Wieder bezahlte die deutsche Versicherungswirtschaft den Einsatz der Firma Mauss. Seinen Auftraggebern schilderte der Agent die Bande in den glühendsten Farben: »Um die straffe Organisation aufrechterhalten zu können, wurden Bestrafungen und Tötungsdelikte auch innerhalb der eigenen Reihen beschlossen und durchgeführt. Eine Unterwanderung der Verbrecherorganisation mußte deshalb als äußerst gefährlich angesehen werden, da sie rücksichtslos von der Schußwaffe Gebrauch machte.«

Die Bande betreibe organisiertes Verbrechen wie Tötungsdelikte im Auftrag, Raubüberfälle, bandenmäßige Hehlerei, Einbrüche mit Schwerpunkt in der Bundesrepublik sowie umfangreiche Rauschgift-, Falschgeld- und Waffengeschäfte.

Aus den in Frankreich belauschten Telefonaten war deutlich geworden, daß sich wichtige Organisationsmitglieder regelmäßig in Frankfurter Bars und Hotels trafen. Mauss und seine Frau observierten diese Treffpunkte, registrierten an die 200 verschiedene Fahrzeugkennzeichen und ließen sie durch die Polizei überprüfen. So konnte Mauss die Personalien einiger vermutlich zu dieser Gruppe gehörenden Personen feststellen.

Dann machte er sich auf die Suche nach einer Person, die sich in der Organisation bewegte, dort Vertrauen genoß und die inneren Zusammenhänge und Verbindungen genau kannte. Schon im Oktober wurde er fündig. Über einen seiner langjährigen V-Leute kam er an einen Italiener namens Luigi J., genannt »Napoleon«, heran.

Im Bundeskriminalamt wurde die Sonderkommission 514, benannt nach der Zimmernummer, in der sich die Zentrale befand, unter Leitung von Regierungskriminaloberrat Strass gebildet. Die hauptsächlich betroffenen Länder Frankreich,

Italien und Belgien stellten Beamte zur Unterstützung ab. In diesen Ländern kannte Mauss die wichtigsten Polizeiführer bereits aus früheren Fällen. So hatte die Kripo Brüssel Mauss in der Sache Lecki/Derks unterstützt und kannte ihn unter dem Decknamen »Marlow« – nicht unähnlich dem Namen von Raymond Chandlers verlottertem Meisterdetektiv Philip Marlowe.

Sonderstaatsanwalt Heinrich in Frankfurt, genannt der »eiserne Heinrich«, weil er in seinem Büro eine eiserne Faust stehen hatte, übernahm die Ermittlungen nach Paragraph 129 – »Kriminelle Vereinigung«.

Das Bundeskriminalamt mietete eigens ein konspiratives Haus in Frankfurt an und richtete im Keller eine Abhörzentrale ein. Super-Agent Mauss machte sich an die Arbeit. Um seinen Vertrauensmann »Napoleon« zu testen, ließ er ihn ein angeblich mit Schmuggelgut gefülltes Auto über die Grenze nach Belgien fahren, wo der Wagen von Kripo-Leuten in Empfang genommen wurde. Niemand in der Sonderkommission fand es merkwürdig, daß ein so einflußreiches Mitglied der Eurogang sich von Mauss einfach für vergleichsweise profane Handlangerdienste einsetzen ließ. Auch stießen die Mauss'schen Zwischenberichte auf wenig Skepsis, obwohl sie sich wie Legenden lasen.

Zum Syndikat sollten ehemalige Kämpfer der rechtsradikalen französischen Untergrundorganisation OAS und Angehörige der Mafia gehören. Zwei von ihnen, Inhaber von Frankfurter Restaurants, hätten in den zwanziger Jahren sogar zu den engsten Freunden der berühmten Mafiosi Al Capone und Lucky Luciano gehört. Wichtigster Boß der europäischen Supergang sei, laut Mauss, ein gewisser Felix L. Der habe in den zurückliegenden Jahren einen großen Teil der illegalen Millionengeschäfte in Auftrag gegeben. Im offiziellen Hauptberuf war der aus dem Elsaß stammende L. ein schlichter Barbesitzer in Frankfurt.

Mauss bombardierte die Sonderkommission 514 mit abenteuerlichen Informationen über das Innenleben des internationalen Gangstersyndikats: »In der Gruppe bewegten sich bis jetzt nicht eindeutig identifizierbare ›Aufsichtsorgane‹, die darüber wachten, daß Bandenmitglieder aus allen ›Geschäften‹ bestimmte Abgaben – sogenannte Taxen – entrichteten. Wiederholt kam es bei Zuwiderhandlung vor, daß Bestrafungen oder sogar Tötungsdelikte angeordnet wurden.«

So sei ein in Deutschland lebendes Bandenmitglied in Kaiserslautern aus einer dunklen Limousine durch eine Maschinengewehrsalve gehunfähig geschossen worden. Aus Angst sei die Kriminalpolizei nicht informiert worden. Ein für die Organisation eingesetzter Killer habe schon 1966 in Italien jemanden liquidiert. Auch sein Verbindungsmann »Napoleon« J. sei vor einiger Zeit von der Bande bestraft worden, indem man seinen Kopf mit kochendem Wasser verbrüht und anschließend mit Fausthieben bearbeitet habe. Mauss: »J. lag etwa sechs Monate dieserhalb im Krankenhaus und hat seitdem eine bleibende Gehirnverletzung.«

Offenbar aus den Erzählungen des hirngeschädigten »Napoleon« schöpfte Mauss eine weitere Information, die er an die Sonderkommission weitergab: »Kleinere Bestrafungen – als erste Warnung – gestalten sich so, daß einzelnen Tätern die Handrücken mit Sandpapier abgescheuert, sie zusammengeschlagen, die Pistole an den Kopf oder in den Mund gehalten wurde und sogar Bein- oder Bauchschüsse hingenommen werden mußten. Diese Art von Bestrafungen nannte man ›Raketen‹.«

In seinem späteren Erfolgsbericht schrieb Mauss: »Durch J. enttarnten wir eine Vielzahl von Gruppenleitern, ihre dazugehörenden einzelnen Einbrechergruppen und führende Personen in Rom, Genua, Neapel, Brüssel, Frankfurt und Umgebung.« Bis März 1971 seien – durch seine Arbeit – allein in der Bundesrepublik etwa 600 Täter als Bandenmitglieder und Verbindungspersonen identifiziert worden.

Einige der an den Ermittlungen gegen die Eurogang beteiligten BKA-Beamten beurteilten die Mauss'sche Erfolgsbilanz zurückhaltender.

Im konspirativen Haus am Dag-Hammarskjöld-Ring nahe der Frankfurter Nordweststadt saßen zeitweise mehrere Dutzend Kriminalbeamte, Sekretärinnen, Dolmetscher und Interpol-Leute aus Frankreich, Belgien, Holland, England und Italien zusammen.

Mauss tauchte regelmäßig nachts auf und brachte angebliche Beweismittel mit, die er von der Eurogang gekauft hatte. Es waren Bilder, beispielsweise ein angeblicher Spitzweg, gefälschte Dollars, russische Ikonen. Ein Gartentisch wurde zurechtgerückt, und die Gegenstände wurden auf ihm wie auf einem weihnachtlichen Gabentisch aufgebaut. Die Beamten der SoKo 514 standen staunend davor und prosteten einander mit Sekt auf die kommenden Erfolge zu.

Im Keller, gleich neben den Abhörgeräten, entstand über Monate hinweg eine überdimensionale Zeichnung, die wie ein Spinnennetz mit Fotos und Namen die große mysteriöse Gang abbildete. In allen Gaststätten, die angeblich zum Syndikat gehörten, wurden die Telefone über Wochen und Monate hinweg abgehört, die Gespräche auf Tonbänder aufgezeichnet und anschließend abgeschrieben.

Derweil reiste Mauss mit »Napoleon« durch ganz Europa und stellte stapelweise Berichte zusammen. In Florenz lagerten Rauchwaren im Werte von mehreren Millionen Mark, in Nizza habe ein Bandenmitglied falsche US-Dollars angeboten, in Genua sei ihm reines Heroin offeriert worden, ebenfalls in Genua lägen in einem Magazin 300 Maschinenpistolen, die 600 Mark pro Stück kosten sollten. Dazu Gemälde, ein Picasso und ein de Chirico. Selbst Juwelen, die Sophia Loren gestohlen worden seien, hätten seine Mittelsmänner im Angebot. Beim BKA konnte man nur noch staunen.

Die jüngeren BKA-Beamten begannen schon zu witzeln, wenn Mauss wieder einmal, ganz im Gegensatz zu seinen großspurigen Berichten, mit Kleinkram ankam: »Unser Mann war wieder im Leihhaus.« Darüber hinaus ging es ihnen auf die Nerven, stundenlange Telefonmitschnitte aus den angeblichen Treffpunkten des Syndikats abzuhören und auszuwerten, aus denen nichts, aber auch gar nichts Substantielles hervorging.

Die Telefonate drehten sich lediglich darum, ob der Tonio oder der Luigi kam oder keiner von beiden; es ging um Bananen, Äpfel und Spaghetti, aber etwas Handfestes, mit dem man die Ermittlungen hätte weiterbringen können, kam nicht zur Sprache. Währenddessen spazierte Super-Agent Mauss, wenn er mit abenteuerlichen Berichten beladen von seinen europaweiten Reisen zurückkehrte, munter durch den konspirativen Bungalow des BKA, erging sich in geheimnisvollen Andeutungen von größter Wichtigkeit, nahm Einblick in die Ermittlungsakten und informierte sich darüber, wessen Gespräche gerade abgehört wurden und wessen nicht.

Einer der Beamten in der SoKo 514 war der eingangs erwähnte junge BKA-Beamte und spätere Journalist Frank Peter Heigl, dem bei der Beförderung zum Kommissar in die »Beurteilung« geschrieben worden war: »Modern, aufgeschlossen, beweglich, ist stets um Fortbildung bemüht.«

Zusammen mit einem Kollegen namens Korter ging er zum Leiter der SoKo Strass. Sie äußerten ihre Bedenken gegenüber Mauss. Er sei nun schon seit Monaten innerhalb der Supergang unterwegs, und herausgekommen sei immer noch nichts. Vielleicht sollte man ihm mal auf den Zahn fühlen.

Sie erhielten von Strass die Genehmigung, sich selbst an die Hauptquelle des Agenten Mauss, »Napoleon« J., heranzumachen.

Beim Autoverleih Hertz mieteten sie einen orangefarbenen Porsche-Targa an und rüsteten ihn mit falschen Kennzeichen aus. Dann rief Heigl in einer der Bars an, in der »Napoleon«

verkehren sollte, und ließ ihn ans Telefon rufen. Er stellte sich als Südafrikaner vor, nannte ein paar Namen, die er aus den Mauss-Berichten kannte, und äußerte den dringenden Wunsch, J. und dessen Kompagnon Fernandino C., genannt »Studente«, zu treffen. Er habe höchst wichtige Geschäfte vor und käme in ein paar Tagen auf dem Frankfurter Flughafen an.

Obergangster »Napoleon« und »Studente« willigten sofort ein. Am verabredeten Tag marschierte Heigl von hinten in den Flughafen hinein und kam vorne an der Zollkontrolle wieder heraus. Er hatte sein Aussehen zuvor am Telefon beschrieben, und die beiden erkannten ihn sofort. Heigl war höchst überrascht. Die beiden angeblichen Mafiosi machten eher den Eindruck abgehalfterter Vorstadtgauner, als daß sie den Duft der großen weiten Welt des Verbrechens ausgestrahlt hätten.

Fernandino C. war groß und hager, hatte eingefallene Wangen und die typische Gefängnisblässe. Er trug einen alten abgetragenen Anzug. »Napoleon« war klein, hatte ölig-schwarze Haare, die sich im Nacken kräuselten, trug einen abgeschabten Kamelhaarmantel und um den Hals einen großen Seidenschal, den er nach Opernart hinten über den Mantel fallen ließ. Die beiden erinnerten Heigl an Laurel und Hardy.

Heigl hatte sich als Cowboy ausstaffiert. Er sagte: »Ich habe jetzt keine Zeit. Kann ich euch diese Woche mal sehen? Ich würde euch gern mal treffen, hab große Sachen vor. Wo kann ich euch erreichen?« Die beiden nannten ihm eine Adresse. Heigl verschwand und ließ die angeblichen Mafia-Bosse stehen.

Schon am nächsten Tag trafen die drei im Restaurant »Mario« in der Kaiserstraße in Frankfurt zusammen. Ohne großes Vorgeplänkel bot »Studente« hundert gestohlene Fellmäntel an und berichtete, daß er Fahrzeuge aller Art unterschlage und verschiebe sowie mit gefälschten Papieren handele. »Napoleon« wollte nicht nachstehen und erzählte, er habe bereits zahlreiche gestohlene Autos von Italien nach Deutschland gebracht. Ob Heigl nicht einen Fiat 130 für 7000 Mark kaufen wolle. Heigl zeigte sich interessiert, und umgehend fuhren die drei zu einem Parkhaus in der Mainzer Landstraße, wo der Fiat abgestellt war. Einen Tag später, nachdem er sich von der Sonderkommission 5000 Mark hatte geben lassen, nahm Heigl den Fiat mit dem Kennzeichen Roma F 3 4744 entgegen und reichte das Bargeld weiter. Zwei Kollegen aus der Sonderkommission observierten die Übergabe.

Knapp weitere zehn Tage später traf der BKA-Kommissar sich im »Airport-Hotel« wieder mit den beiden angeblichen Obergangstern. Diesmal boten sie drei Gemälde an. »Studente« zeigte zudem zwei Industriediamanten und bemerkte, er habe ein halbes Kilogramm davon zu verkaufen. Er könne außerdem fünfzig Kilogramm Haschisch besorgen sowie Falschgeld in jeder Menge und Währung.

Der angebliche Südafrikaner Heigl, schauspielerisch ähnlich begabt wie Mauss, sprach mit holländischem Akzent und verstand es, »Napoleon« und »Studente« durch sein Auftreten und den orangefarbenen Porsche-Targa zu beeindrucken. Er behauptete, ursprünglich Holländer zu sein und inzwischen in Südafrika zu leben. Sofort hatten die beiden einen Decknamen für ihn: »Tulipan«, die Tulpe.

Mindestens ein halbes dutzendmal traf Heigl sich mit den Hauptinformanten des Agenten Mauss. Seine Telefonate mit ihnen wurden wie alle anderen im Keller des konspirativen Hauses aufgezeichnet. Bei einem seiner Besuche sah Mauss die Abschriften und wunderte sich über den neuen Geschäftspartner »Tulipan«. Er schöpfte Verdacht.

Inzwischen hatte Heigl bei den beiden Italienern falsche US-Dollars bestellt, die sie so offenherzig angeboten hatten. Heigl orderte gleich drei Millionen, für die er zwanzig Prozent des Wertes in echten D-Mark zahlen wollte. Das waren immerhin 600 000 Mark. »Napoleon« und »Studente« machten sich auf den Weg nach Paris, denn natürlich hatten sie das Falschgeld nicht vorrätig. In Wahrheit hatten sie nicht einmal echtes. Am Telefon jammerten sie, kein Geld für die Tickets zu haben, und beknieten einen Kumpan, ihnen die Flugkosten vorzustrecken.

Zurück in Frankfurt mußten sie sich erneut Geld leihen. Dann trafen sie sich mit Heigl. Auf der Toilette des »Airport-Hotels« schoben sie ihm drei Probeblüten, zwei Hunderter und einen Fünfzigdollarschein, unter der Tür durch. Im BKA wurde das Geld überprüft. Es war tatsächlich gefälscht.

Einen Millionendeal vor Augen, wurden die beiden kleinen Ganoven keß und verlangten von Heigl eine Liquiditätsprobe. Das BKA besorgte von der Bundesbank einen Berg Vorzeigegeld. Heigl fuhr in seinem Leih-Porsche mit der Geldtasche zum »Airport-Hotel«. Ein zweiter BKA-Wagen folgte ihm zur Bewachung. Heigl lotste »Napoleon« und »Studente« zum Parkplatz und ließ sie in die Geldtasche blicken. Die beiden wurden totenbleich. Offenkundig war dieses Geschäft eine Nummer zu groß für sie. Steifbeinig gingen sie ins Hotel zurück.

Heigl warf sich in den Porsche und raste davon. Auch er hatte Angst bekommen, denn aus den abgehörten Telefonaten hatten er und seine Kollegen inzwischen entnommen, daß die beiden einen Tip bekommen hatten, für wen »Tulipan« wirklich arbeitete.

Natürlich wies Mauss alle Verdächtigungen, er habe »Napoleon« und »Studente« einen Hinweis gegeben, entschieden zurück. Darauf angesprochen, daß die beiden nach Aufzug, Aussehen und Auftreten wohl kaum die von ihm beschriebenen Obermafiosi sein könnten, erklärte er: »Die sind clever, die Hunde, die ziehen sich ganz olle an und machen auf ganz klein.«

Auf einer Konferenz innerhalb der Sonderkommission wurde Mauss nun auch von anderen Beamten vorgehalten, seine beiden Hauptkontaktleute seien nichts als Schmalspurgauner. Über sie könne man niemals an die richtigen Gangster herankommen. Durch die monatelange Operation sei zudem im Grunde das halbe BKA lahmgelegt worden.

Anfang Mai 1971 schlug das Bundeskriminalamt dann aber zu. 56 Haftbefehle wurden ausgestellt. In der Wohnung des mutmaßlichen Bosses der Eurogang, des Barbesitzers Felix L., wurden Waffen, Falschgeld und Heroin gefunden. Das Bundeskriminalamt sprach in einer Pressekonferenz vom »tollsten Ding seit Kriegsende«.

Leider war die Beweislage dünn.

Die meisten der Festgenommenen wurden nach kurzer Untersuchungshaft wieder freigelassen, andere zu nur geringen Freiheitsstrafen verurteilt. Selbst der angebliche Obermafioso Felix L. wurde unmittelbar nach der Verurteilung in Richtung Frankreich abgeschoben.

Dort zunächst auf freiem Fuß, wurde er wieder festgenommen, weil er bei den Franzosen noch eine längere Freiheitsstrafe abzusitzen hatte.

Mauss äußerte sich in seinem Schlußbericht enttäuscht: »Sicherlich wäre es notwendig gewesen, den Gesamtkomplex ermittlungsmäßig noch ca. $1^{1}/_{2}$ Jahre weiter zu bearbeiten, um durch einen noch größeren Schlag auch die Finanzspitzen der Organisation, besonders im Ausland, zum Versiegen zu bringen.«

Darüber hinaus hielt es der Super-Agent für notwendig, die ihn finanzierende Versicherung noch auf die neueste Kriminalstatistik aufmerksam zu machen:

Aufgrund seinem persönlichen Einsatzes seien die Einbruchschäden in Frankfurt von vier Millionen Mark im Jahre 1970 auf 900 000 Mark im Jahre 1971 zurückgegangen.

Außer Agent Mauss schien in Frankfurt offenbar niemand tätig zu sein.

Überlebensgroß: Herr Mauss

Jeweils im Juni lieferte die »Institution M.« dem Verband der Sachversicherer eine Zusammenfassung der in den vergangenen zwölf Monaten bearbeiteten Fälle. In einem Vorwort schilderte Mauss seine neuesten Erfahrungen. Regelmäßig wies er darauf hin, wie segensreich und profitabel sein Einsatz im Auftrag des Verbandes war: »Unsere Erfahrungen zeigen, daß ›gut und wendig arbeitende‹ Täter monatlich fünftausend bis zehntausend Mark ›einnehmen‹ und damit ihren aufwendigen Lebensunterhalt bestreiten, d. h., daß der ›Einnahme‹ von zehntausend Mark ein Versicherungsschaden von mindestens einhunderttausend Mark gegenübersteht.«

Die Recherchen hätten die Firma Mauss in die verschiedensten europäischen Länder geführt, »wodurch wir einen weitläufigen Einblick in das organisierte Verbrechertum erhielten«.

Dabei sei festgestellt worden, daß die Banden untereinander zwar »Geschäftsverbindungen« unterhielten, ein sogenannter »Nachrichtendienst« aber nicht bestehe. »Dies ist wohl auch darauf zurückzuführen, daß in Europa bisher eine regelrechte Durchorganisation der einzelnen Gruppen und ihrer Tätigkeit noch nicht stattgefunden hat.«

Dann listete Mauss seine Erfolge für 1969/70 auf:

Juni 1969: Festnahme von vierzig Personen im Zusammenhang mit einer Kraftfahrzeugbande mit Schwerpunkt in München, die in Italien, Frankreich, Belgien, Österreich und Deutschland gearbeitet habe.

Ebenfalls im Juni: Festnahme eines deutschen Autoschiebers in Istanbul.

August 1969: Festnahme eines Hehlers in London, der vor allem im Ruhrgebiet gearbeitet habe.

August bis Anfang September 1969: Zerschlagung einer Einbrecherbande, bestehend aus dreizehn Personen, die sich ebenfalls vor allem im Ruhrgebiet auf Einbrüche in Villen, Tankstellen, Gaststätten, Elektro-, Juwelier- und Pelzgeschäfte spezialisiert hatte.

Ebenfalls im August 1969: Festnahme einer Autoschieberbande mit Arbeitsgebiet in Rheinland-Pfalz, Hessen, Holland, Frankreich und Griechenland.

November 1969: Sprengung eines weitverzweigten Hehlerringes in der Bundesrepublik, der Schweiz, dem Ostblock und dem Orient. Vierzehn Personen wurden festgenommen, die sich mit Geschäfts- und Villeneinbrüchen, Rauschgift- und Waffenhandel sowie umfangreichen Kraftfahrzeugverschiebungen befaßt hatten.

Ebenfalls im November 1969: Festnahme von vier Personen, einer Hehler- und Einbrecherbande in Nordrhein-Westfalen.

Dezember 1969: Zerschlagung eines ungarischen Hehlerkreises mit Schwerpunkt in Frankfurt; Festnahme von sieben Personen.

Ebenfalls im Dezember 1969: Verhaftung von elf Mitgliedern einer Bande, die sich im hessischen und bayerischen Raum vornehmlich auf Villen spezialisiert hatte.

Außerdem im Dezember 1969: Festnahme eines Hehlers in Frankfurt.

Januar 1970: Verhaftung von drei Personen, die zu einer Hehlerbande in Köln gehörten.

Ende Januar 1970: Verhaftung von acht Personen einer Hehler- und Einbrecherbande in Berlin.

Ebenfalls im Januar: Verhaftung von vier Personen einer Frankfurter Diebesbande.

Anfang März 1970: Zerschlagung eines überwiegend in Spanien ansässigen deutschen Hehlerringes, bestehend aus acht Personen.

Ebenfalls im März: Festnahme von vier Personen einer ausgedehnten Hehlerverbindung mit über achtzig Geschäftseinbrechern, bestehend aus Chilenen, Italienern und Spaniern.

April 1970: Festnahme weiterer fünf Personen des ungarischen Hehlerkreises in Bayern.

April 1970: Zerschlagung einer internationalen Diebesbande mit Schwerpunkt Saargebiet; Festnahme von elf Personen.

Detailliert führte Superdetektiv Mauss auch die »zurückgeführten Vermögenswerte« auf: darunter 25 Autos im Gesamtwert von 367 350 Mark.

Innerhalb von nur zwölf Monaten wollte die »Institution M.« also insgesamt 17 verschiedene Banden zerschlagen und die Festnahme von insgesamt 147 Straftätern herbeigeführt haben.

Im darauffolgenden Jahr, von Juni 1970 bis Mai 1971, hatte Mauss immerhin 14 angebliche Erfolge vorzuweisen:

Juni 1970: Verhaftung der Ausbrecher Lecki und Derks in Spanien sowie die Festnahme von weiteren neun Personen aus deren Umfeld.

Juli 1970: Zerschlagung eines Frankfurter Hehlerringes mit der Festnahme von drei Personen und der Sicherstellung von sechzig Kilogramm Haschisch.

September 1970: Unterwanderung und Zerschlagung einer Berliner Einbrecher- und Hehlergruppe, Festnahme von sieben Personen und Sicherstellung von Zigaretten im Wert von 220 000 Mark, Waffen, gefälschten Papieren, Stempeln usw.

Mitte 1970: Aufklärung eines vorgetäuschten Einbruchdiebstahl-Schadens in Höhe von 200 000 Mark.

Ende 1970: Festnahme von fünf Personen einer Einbrecher- und Hehlergruppe in Nürnberg.

Zwischen September 1970 und Mai 1971: Festnahme von acht Personen einer Kraftfahrzeugschieber- und Fälscherbande in Rheinland-Pfalz, Hessen und Bayern.

Ebenfalls im September 1970: Zerschlagung einer überwiegend in Frankfurt aktiven Hehler- und Einbrechergruppe; Festnahme von acht Personen, Sicherstellung von Schmuck im Wert von 300 000 Mark, 400 Anzügen im Wert von 80 000 Mark, Pelzmänteln, Lederjacken, Kameras und Projektoren.

Ebenfalls im Oktober 1970: Festnahme eines Täters in Berlin, Sicherstellung von Perücken im Wert von 60 000 Mark.

Ebenfalls im Oktober 1970: Festnahme von fünf Personen einer Frankfurter Einbrecher- und Hehlergruppe, Sicherstellung von Waffen im Wert von 30 000 Mark.

Ende 1970: Hilfe für das Landeskriminalamt Koblenz bei der Klärung eines Einbruchdiebstahls. Der bescheidene Kommentar: »Unser persönlicher Einsatz wurde nicht erforderlich.«

Januar 1971: Festnahme von vier Personen eines Täterkreises in Dortmund, Sicherstellung von Schmuck im Wert von 20 000 Mark.

Februar 1971: Festnahme eines Züricher Juwelenräubers in Paris, Sicherstellung von Brillanten im Wert von zwei Millionen Mark.

Mai 1971: Zerschlagung der italienisch-französischen Verbrecherorganisation Eurogang, Festnahme von 100 Personen.

Ebenfalls im Mai 1971: Festnahme von neun Personen einer Einbrecherbande in Frankfurt, Sicherstellung von 26 Radios und einem Auto.

In diesem Jahr wollte Werner Mauss also 162 Verbrecher ihrer gerechten Strafe zugeführt haben. Überlebensgroß – Herr Mauss. Es scheint, als habe der Super-Agent jeden Erfolg der Polizei, an dem er auch nur am Rande beteiligt war, als seinen eigenen ausgegeben.

Ärger mit der Assekuranz

Kaum zu glauben, daß der so überaus erfolgreiche Privatdetektiv plötzlich Ärger mit den Versicherungen bekam. In einem Telefongespräch am 31. August 1972 hatte ein Herr Schäfer vom Verband der Sachversicherer Frau Mauss Vorhaltungen wegen diverser Auslandsflüge und der nur sehr sporadischen Berichterstattung gemacht.

Mauss reagierte beleidigt: »Alle Auslandsreisen sind genau abgewägt und werden vom Nutzen der Assekuranz ausgeführt. Wir sind deshalb der Auffassung, daß uns so viel Vertrauen und Entscheidungsfreiheit entgegengebracht werden müßte, zumal wir in zurückliegender Zeit bei den Versuchen, Sie vorher von der Sachlage zu unterrichten, oft größte Schwierigkeiten bezüglich Ihrer Erreichbarkeit hatten, da auch Sie bekanntlich häufig verreist sind.« Mauss beruhigte seine Finanziers: »Eine Auslandsreise ohne Absprache mit irgendeiner Dienststelle hat nie stattgefunden und wird auch in Zukunft nicht durchgeführt.« Mit welcher Dienststelle er seine Auslandsreisen angeblich vorher abgesprochen hatte, ließ Mauss offen.

»Die Spesen«, so schrieb er an den Verband der Sachversicherer, »werden in der jeweiligen Abrechnung genau spezifiziert angegeben. Sollten sich dennoch wegen der Auslandsreisen irgendwelche Fragen aufwerfen, so sind wir jederzeit sofort in der Lage, den angesprochenen Komplex sachlich zu begründen und die mitarbeitenden Dienststellen zu benennen.«

Tatsächlich hatte Mauss in seinen Jahresberichten immer aufgeführt, mit welchen Ämtern er in einem Fall zusammengearbeitet hatte. Bei fast jedem Einsatz im Zeitraum Juni 1969 bis Mai 1970 hatte er mit dem Bundeskriminalamt in Wiesbaden kooperiert, dazu mit der Kriminalpolizei in München, Frankfurt, Recklinghausen, Gelsenkirchen, Bochum, Dortmund, Mainz, Köln, Berlin, Aschaffenburg, Lübeck und Saarbrücken. Darüber hinaus mit Interpol Paris, Rom, Mailand, Bern und Madrid sowie Scotland Yard in London, der Stadtpolizei Zürich und Madrid und der deutschen Botschaft in der spanischen Hauptstadt.

Von Juni 1970 bis Mai 1971 kamen noch hinzu: Interpol Brüssel, die Generaldirektion der gesamten spanischen Polizei in Madrid, die Stadtpolizei in Malaga und Alicante, das Landeskriminalamt Saarbrücken, die Kriminalpolizei in Hofheim, das

Landeskriminalamt Koblenz, die Kriminalpolizei in Pforzheim und Dortmund, die Kantonspolizei in Zürich, die Anti-Gang-Brigade Paris, die deutsche Botschaft Paris, Interpol Den Haag und die Kriminalpolizei in Amsterdam und in Nürnberg.

Federführend war fast in jedem Fall das Bundeskriminalamt in Wiesbaden, von dem Mauss inzwischen auch so gut wie immer mit Tarnpapieren ausgestattet wurde.

Ärger mit dem BKA

Im Jahre 1972 erfolgte beim Bundeskriminalamt in Wiesbaden eine erhebliche Personalumstellung: Kriminaldirektor Gerhard Folger, den Mauss noch aus dessen Zeit beim Bundesnachrichtendienst kannte, Kriminalhauptkommissar Walter Schill, der ebenfalls vom BND zum BKA übergewechselt war, und Kriminaldirektor Dr. Hans Kollmar, ehemals Versicherungsjurist, sollten sich von nun an um das Ehepaar Mauss kümmern.

Alle drei, vor allem Walter Schill, hatten inzwischen Bedenken gegen die eigenmächtigen Operationsmethoden des Agentenpaares bekommen. Mauss war praktisch völlig unkontrollierbar geworden. Nach eigenem Gutdünken nahm er Kontakt zu jeder Dienststelle der Polizei auf, die er gerade brauchen konnte. Er ging in den Diensträumen ein und aus, ließ sich alle Akten zeigen, die ihn interessierten, steuerte Polizeieinsätze mit seinen großartigen Intimkenntnissen der Verbrecherszene und gab umgekehrt nur die Informationen preis, die ihm notwendig erschienen. Machten ihm einzelne Beamte irgendwelche Schwierigkeiten, wandte er sich an ihre Vorgesetzten.

Mauss war zur grauen Eminenz des BKA geworden, kannte die Behörde in- und auswendig und wußte über Schwächen und Verfehlungen einzelner Beamter bis in Details Bescheid.

Demgegenüber hielt sich Mauss bei Informationen über seine eigenen Unter-V-Leute bedeckt. Zuweilen forderte er für sie vom BKA falsche Papiere an, ohne daß er zuvor grünes Licht für deren Einsatz bekommen hatte. So arbeitete er etwa mit einem inzwischen pensionierten BND-Mann namens Christian M. zusammen. Mauss besorgte seinem Mann Alias-Papiere beim BKA. Sie lauteten auf den Namen Markus A. Kriminalhauptkommissar Schill legte einen Vermerk an: »Bei EA 11 (3) ist nicht bekannt, daß Christian M. in irgendeinem Komplex für das BKA tätig ist und dafür die Papiere benötigt. Auch seitens Herrn Folger erfolgte keine Information über eine Tätigkeit des Christian M. für das BKA in der zurückliegenden Zeit.«

Auf »besondere Weise« seien die Deckpapiere im April 1973 an Kriminaldirektor Folger ausgehändigt worden, der sie seinerseits an Mauss weitergegeben habe. Schill sarkastisch: »Bei der Übernahme der Papiere übernahm Herr Folger die Verantwortung für Herrn [Christian] M.«

Mauss hatte Christian M. alias Markus A. bei den Ermittlungen über Verschiebewege von Luxusautos in den Libanon eingesetzt. In Zürich sollte ein Bandenmitglied namens Dieter M. kontaktiert werden. Dabei wollte sich Mauss von dem ehemaligen BND-Mann Christian M. helfen lassen. Der störrische Schill hatte schon Wochen zuvor abgelehnt, Christian M. einen falschen Ausweis zur Verfügung zu stellen. Vor allem die Vorgehensweise schien ihm allzu fragwürdig zu sein. Mauss hatte verlangt, daß das BKA ihm den Paß für seinen Mitarbeiter zum Frankfurter Flughafen bringen lassen sollte. Er wollte ihn dann für seinen bereits in der Schweiz weilenden Unter-Agenten mitnehmen. Schill wies darauf hin, daß der Paß noch nicht unterschrieben sei und es nicht angehe, daß Mauss einen nicht unterschriebenen Paß über die Grenze in die Schweiz transportiere. Außerdem sei es nicht notwendig, daß Herr Christian M. sich Dieter M. gegenüber ausweise. Deshalb gebe es keinen Grund, mit diesem Paß zu arbeiten. Mauss wurde ärgerlich, da nicht alles nach seinen Wünschen ablief. Kurz vor halb elf Uhr nachts rief er Schills Privatnummer an und verlangte von dessen Frau, sofort mit Schill verbunden zu werden. Der aber ließ Mauss abblitzen und beauftragte seine Frau, ihm auszurichten, er sei bei einem Architekten und daher nicht zu sprechen.

In Zürich sollte es nach Angaben von Mauss nicht nur um simple Autoverschieberei gehen. An der Sache sei, so der Agent, ein Mitglied der terroristischen Palästinenserorganisation »Schwarzer September« beteiligt. Diesen Mann gelte es zu observieren.

Offenbar war man beim BKA aber nicht sonderlich von den Mauss'schen Erzählungen überzeugt. Man erteilte ihm strenge Weisungen, auch mit Rücksicht auf die Züricher Kripo. Deren Chef, Dr. Baumann, hatte nämlich seine eigenen Vorbehalte gegen den Super-Agenten. Auf seinen Wunsch hin wurde es Mauss verboten, die Namen von bestimmten Beamten zu nennen oder diese aufzusuchen. Es wurde ihm sogar untersagt, das Polizeigebäude in Zürich zu betreten.

Auch vor Eigenmächtigkeiten wurde Mauss gewarnt. Er durfte neben der bloßen Observation keine anderen Aktionen in die Wege leiten. Sofern ein konkreter Hinweis auf die Zugehörigkeit des Palästinensers zur Organisation »Schwarzer September« auftauchte, sollte er sofort in Wiesbaden anrufen.

Das Treffen in Zürich mit dem angeblichen Terroristen kam nicht zustande. In einem Aktenvermerk schrieb Schill: »Warum, ist nicht zu erkennen. Vermutlich hat Mauss wegen der strengen Konditionen und der untersagten Verbindungsaufnahme zur Schweizer Polizei die Sache in Zürich abgebogen.«

Weiter registrierte er: »Bis Mittwoch, den 28. 2. 1973, hatte Mauss weder schriftlich noch mündlich über die Absage des Treffens in Zürich gesprochen.«

Schon in den Wochen zuvor war Mauss wiederholt dafür gerügt worden, daß er seiner Berichterstattung nur sehr zögernd und unregelmäßig nachkam. Die Basis jeglicher Zusammenarbeit, so wurde ihm klargemacht, sei, daß er alle Informationen zuerst und ausschließlich an das BKA liefere. Auch dürfe er sich nur dann in einen Fall einschalten, wenn das BKA die Genehmigung dazu erteile. Es wurde Mauss streng verboten, von sich aus andere Polizeidienststellen in einen Fall einzuschalten.

In Aktenvermerken rekonstruierte Schill jeden Verstoß gegen diese Anweisungen. In einem Fall kam er dabei zu folgendem Ergebnis: »Herr Mauss hat bereits zu einem Zeitpunkt Kontakt aufgenommen, als noch nicht entschieden war, ob das BKA in diesen Fall einsteigt oder nicht. Ohne irgend jemanden zu informieren, hat er hier auf eigene Faust koordiniert.«

Schill wollte es vor allem nicht mehr hinnehmen, daß Mauss ständig einen Beamten gegen den anderen und ein Amt gegen das andere ausspielte. Im Falle des Kraftfahrzeugschiebers Dieter M. mit seinen angeblichen Kontakten zum »Schwarzen September« war Mauss z. B. davon unterrichtet worden, daß das Landeskriminalamt Koblenz Dieter M. bei der nächstbesten Gelegenheit festnehmen wolle. Mauss erklärte daraufhin, daß Herr Michel vom Bundesamt für Verfassungsschutz daran interessiert sei, Dieter M. weiterhin auf freiem Fuß zu lassen. Schill rief Michel beim BfV an und erfuhr, daß dieser keinesfalls eine Herauszögerung der Festnahme Dieter M.s beabsichtige oder befürworte.

Der skeptische BKA-Beamte recherchierte daraufhin auch bei anderen Dienststellen, ob sie Mauss irgend etwas vorzuwerfen hätten.

Nachdem Dieter M. entgegen den Wünschen von Mauss vom Landeskriminalamt Koblenz festgenommen worden war, erklärte dieser seinen Vernehmungsbeamten, ein Kriminalbeamter habe ihm hundert Kilogramm Haschisch, »roter Libanese«, zum Verkauf angeboten. Der Beamte erkundigte sich, ob er etwas Genaueres zu diesem Beamten mitteilen könne.

Daraufhin erklärte Dieter M.: »Es handelt sich nicht um einen richtigen Kriminalbeamten, sondern um einen Mann, der für Versicherungen arbeitet. Er befaßt sich hauptsächlich mit

Kraftfahrzeugdiebstählen und arbeitet für die Agrippina-Versicherung, wahrscheinlich als Detektiv.«

Das LKA teilte den Vorgang Walter Schill mit. Unter P. S. hieß es in dem Schreiben: »Es dürfte sich hierbei um Mauss handeln.«

BKA-Mann Schill stocherte auch in früheren Fällen des Super-Agenten Mauss und kam zu dem Ergebnis: »Bei der Falschgeldsache im Saarland handelte es sich bei dem Drucker um ein kleines Würstchen, das Kfz-Papiere druckte. Er wurde von Mauss provoziert (eigene Angabe), die Dollars zu drucken. Als die endlich einigermaßen etwas taugten, erfolgte der Zugriff.«

Schill registrierte weitere Fehler des Privatdetektivs: Im Zusammenhang mit der Eurogang habe ein Beamter des Landeskriminalamtes Hessen Mauss in einem Polizeiwagen der Frankfurter Kripo gesehen. Kurz darauf hätten sich die Täter bei ihren überwachten Telefonaten sehr zurückgehalten. Auch sie hätten Mauss vermutlich gesehen, als er im Polizeiauto durch das Bahnhofsviertel, ihr Revier, fuhr.

Ebenfalls im Zusammenhang mit der Eurogang habe das Bandenmitglied Fernandino C., genannt »Studente«, Einzelheiten aus der Sonderkommission 514 von Werner Mauss erfahren. In einem anderen Fall habe sich Agent Mauss unter dem Decknamen »Wagner« als BKA-Mann bei der Telefonüberwachungsstelle der Post gemeldet, um festzustellen, welche Anschlüsse abgehört wurden.

Selbstverständlich bestritt Mauss diese Vorwürfe.

Der Krach

Die Unzufriedenheit war durchaus gegenseitig. Auch Mauss beschwerte sich nun in der Chefetage über die ihm zugeteilten Beamten Kollmar, Schill und Folger. Sie hätten immer wieder versucht, »uns unsere Selbständigkeit zu nehmen und uns größtmöglichst einzuengen«. Wenn er aufgrund seiner Informationen Hinweise auf kriminelle Gruppierungen gegeben habe, sei die Bearbeitung seitens des BKA immer wieder »mit der lapidaren Erklärung des Personalmangels abgelehnt« worden. Mauss rügte: »Die Koordination mit den einzelnen Dienststellen erfolgte entweder nur mangelhaft oder wurde so lange auf Eis gelegt, daß innerhalb der Täterkreise eine Umgruppierung erfolgte und die Kontakte unsererseits gar nicht mehr möglich waren oder neu aufgebaut werden mußten.«

Auch im Zusammenhang mit dem oben genannten Libanon-Komplex, bei dem es im einzelnen um Einbruchdiebstahl, Hehlerei, Herstellung von Falschgeld und falschen Papieren, Rauschgiftverbreitung und Autoverschiebungen gegangen war, habe das BKA versagt. Mauss: »Nach einer Besprechung im BKA wurde der Fall zwei Kriminalhauptmeistern der Kriminalpolizei Karlsruhe übertragen, die bei einem derartig ausgeweiteten Fall, der eigentlich schon allein durch die Auslandsverbindungen vom BKA Wiesbaden hätte übernommen werden müssen, völlig überfordert waren, zumal ihnen nicht einmal weitere Beamte zur Bearbeitung zugeführt wurden.«

Am 6. März 1973 kam es zum offenen Streit. In einem Gespräch, das von 14.45 Uhr bis 17.30 Uhr dauerte, versuchten Folger, Kollmar und Schill das Ehepaar Mauss auf verbindliche Grundlagen einer Zusammenarbeit festzulegen.

Die »Institution M.« sollte engstens an das BKA gebunden werden, da nur so alle für die Sicherheit notwendigen Maßnahmen getroffen werden könnten. Eindringlich wurde Mauss darauf hingewiesen, daß er nicht zuletzt durch seinen Hauskauf Fakten geschaffen habe, die das alles notwendig machten. Weiter wurde ihm erklärt, daß bei den Polizeidienststellen der Länder und der Kommunen Vorbehalte gegen seine Person und seine Mitarbeit bestünden, die insbesondere darauf beruhten, daß er immer wieder versucht habe, die Aktionen der Polizei in seinem Sinne zu steuern.

Zukünftig habe er darüber hinaus alle ihm zur Verfügung gestellten Ausweise nach Abschluß der jeweiligen Operation an das BKA zurückzugeben.

Folger ermahnte ihn, sich streng an seine Aufträge zu halten und eine Ausweitung auf andere Komplexe unter allen Umständen zu vermeiden. Bei Fällen, in denen Mauss einer anderen Polizeidienststelle zur Verfügung gestellt werde, habe er alle einzelnen Aktivitäten engstens mit dem jeweiligen Fallführer abzusprechen. An diese Anweisungen müsse er sich streng halten.

Die drei BKA-Beamten stellten für die Zukunft klar: »Herr Mauss liefert alle Informationen so schnell wie möglich und schriftlich. Dies im voraus per Fernschreiben, im nachhinein in Berichtsform. Anhand der hier eingehenden Berichte wird eine Auswertung vorgenommen, die mit hier vorliegenden Erkenntnissen angereichert wird. Aus der Erkenntnis der Auswertung erhält Herr Mauss alle Informationen, die für sein weiteres taktisches Verhalten, für seine Sicherheit notwendig sind.« Das Ausmaß der Informationen bestimme im einzelnen einzig und allein das Referat EA 11 (3).

Die Grundzüge der Zusammenarbeit wurden in vier wesentlichen Punkten schriftlich niedergelegt, die das Ehepaar Mauss unterschreiben sollte.

In leise drohendem Ton sagte Dr. Kollmar dazu: »Aber ich warne Sie, wenn ich herausfinde, daß Sie dagegen verstoßen, d. h., daß Sie mit anderen Dienststellen sprechen, dann ist es bei mir zappenduster.«

Als Mauss Widerstand gegen die Anweisungen zu erkennen gab, sagte Kollmar: »Machen Sie mal nur, wir werden schon sehen. Wir werden die Sache mit Ihren Geldgebern genau besprechen, da werden die Karten ganz klar auf den Tisch gelegt. Ich nehme da kein Blatt vor den Mund. Wir haben Ihren Geldgebern gegenüber die Verantwortung. Und so, wie die Sache jetzt läuft, müssen wir jede Verantwortung ablehnen. Und das wird Ihre Geldgeber auch nicht gerade erfreuen, wenn sie das hören. Steuern können nicht Sie uns, sondern nur wir werden Sie steuern. Das, was wir jetzt hier besprochen haben, ist ein Vertrag. Und wenn Sie sich nicht daran halten, dann müssen wir uns trennen. Ich habe mir sehr viel Zeit für Sie genommen, auch jetzt wieder. Hiernach wird kein Gespräch in dieser Art mehr folgen. Es ist jetzt allerhöchste Zeit für Sie, denken Sie daran.«

Mauss beschwert sich über das BKA

Das Ehepaar Mauss weigerte sich, die Vier-Punkte-Erklärung in der von Dr. Kollmar verfaßten Formulierung zu unterschreiben. Dem Verband der Sachversicherer teilte Werner Mauss mit, daß dann »unsere Arbeit eingeengt und wir völlig abgeblockt wären und somit die gesteckten Ziele, für die wir von der Versicherungswirtschaft eingesetzt sind, nur noch schwach erreichen könnten«.

Der Agent beschwerte sich bei seinen Auftraggebern vor allem über Kriminalhauptkommissar Schill. Wenn andere Dienststellen die »Institution M.« in bestimmten Komplexen angefordert hätten, habe der BKA-Mann diese unter irgendwelchen Vorwänden abgewiesen, ohne Mauss darüber zu informieren oder sich mit ihm zu beratschlagen.

Mauss weiter an die Versicherung: »Selbstverständlich sind wir bereit, mit dem BKA Wiesbaden zu einer guten Zusammenarbeit zu kommen, doch ist es unmöglich, mit Personen zusammenarbeiten zu müssen, die ohne Sachkenntnis und ohne die nötige Erfahrung Entscheidungen treffen, durch die wichtige Ermittlungskomplexe abgeblockt, zu schwach oder nur einseitig bearbeitet werden.«

Dann wurde er ganz massiv: »Wir können und wollen es auch nicht hinnehmen, daß drei Personen, die sich dazu berufen fühlen, unsere Arbeit einzig und allein unter ihre Kontrolle zu bekommen, uns bedrohen, wenn wir nicht willenlos auf ihre Forderungen, die unserer ganzen Erfahrung widersprechen, eingehen und uns darüber hinaus bezüglich unserer ›Geldgeber‹ mit bestimmten Andeutungen in Angst und Schrecken jagen wollen.«

Voller Selbstbewußtsein schrieb Mauss weiter: »Wir wissen, daß unsere Position beim BKA Wiesbaden, anderweitigen Dienststellen und wichtigen Persönlichkeiten der Polizei stark genug ist, um bestimmte Ziele durchzusetzen.«

In einem zweiten Informationspapier für die Versicherer äußerte Mauss sogar Zweifel an der fachlichen Kompetenz jener drei Beamten, mit denen er im Streit lag: »Der für uns in erster Linie zuständige Kriminaldirektor Dr. Kollmar war bis vor kurzer Zeit noch im Schadensressort einer Versicherungsgesellschaft tätig, ging dann vor etwa einem Jahr zum BKA und wurde erst vor wenigen Wochen vom BKA endgültig übernommen. Auch der uns für die Koordination zugeteilte Beamte, Herr Kriminalhauptkommissar Schill, kann aus der zurückliegenden Tätigkeit bei einer völlig anders gelagerten Dienststelle auf keine Erfahrung auf dem Gebiet der Bandenkriminalität zurückblicken; das gleiche gilt für Herrn Kriminaldirektor Folger. Gleichwohl sind diese drei Beamten im BKA Wiesbaden speziell zur Bekämpfung der Bandenkriminalität eingesetzt.«

Mauss wies auf seine eigene direkte »Fronterfahrung« hin. Dadurch könne er einen Gesamtkomplex oftmals besser überblicken und schärfer analysieren als alle anderen.

Sein Resümee: »Wenn wir in Zukunft in diesen entscheidenden Punkten, selbständiges Handeln, eigene Kontakte zu den Dienststellen und Einflußnahme, eingeengt werden, ist die unkonventionelle Bearbeitung von Fällen nicht mehr möglich, und damit sind die gestellten Aufgaben nur noch mit geringem Erfolg zu erfüllen.«

Auch heute, mehr als zehn Jahre später, beharrt Mauss darauf, daß er und nicht die drei BKA-Beamten damals recht gehabt hätten.

Er ließ seinen Anwalt mitteilen:

»Nach einer Anbindung an Schill, Kollmar und Folger sollten die Erkenntnisse zentral Herrn Schill zugeleitet werden. Dieser sollte die Vorgänge mit seinen Vorgesetzten besprechen. Daraufhin sollte entschieden werden, ob innerhalb des BKA eine Sonderkommission gebildet oder ob die Vorgänge an andere Stellen abgegeben werden sollten.

Diese Neuregelung hat sich als totaler Fehlschlag erwiesen. Die Vielzahl der praktisch täglichen Informationen [von Mauss] über bestehende und die Bildung neuer Banden, über geplante Überfälle, Einbrüche, über die erfolgte Ortung von Lagern mit Stehlgut usw. usw., die jetzt gebündelt bei Schill eingingen, haben ihn total überfordert. Angesichts des Verfolgungszwanges hätte allen diesen Erkenntnissen nachgegangen werden müssen. So wäre z. B. bei der Meldung eines für den Folgetag geplanten Überfalls sofort etwas zu veranlassen gewesen. Dazu aber waren Schill und seine Mitarbeiter nicht in der Lage. Ihnen ist die Sache vollkommen über den Kopf gewachsen ...

Es stimmt auch nicht, [Herr Mauss] habe ›ständig einen Beamten gegen den anderen und ein Amt gegen das andere‹ ausgespielt. In Wirklichkeit geht es darum, daß speziell bei der Bekämpfung der Bandenkriminalität gelegentlich steuerbar ist, an welchem Ort der Bande eine Falle gestellt wird, so daß sie bzw. einzelne Mitglieder oder die Hintermänner gefaßt werden können. Wenn es [Herrn Mauss] gelungen ist, eine Bande z. B. in Bonn festnehmen zu lassen, waren die Bonner Beamten eventuell der Meinung, die nächste Verhaftung hätte wiederum im Bonner Raum organisiert werden sollen statt anderswo, z. B. in Koblenz, damit das Bonner Erfolgskonto weiter erhöht wird. Die Koblenzer Beamten hinwiederum haben eventuell gemeint, gelegentlich hätte auch die vorangegangene Verhaftung statt in Bonn in Koblenz veranlaßt werden sollen. So ist [Herr Mauss] tatsächlich gelegentlich ein wenig zwischen die Stühle geraten. Das war aber die unvermeidliche Folge von Sachzwängen ... mit dem Ausspielen des einen Amtes gegen ein anderes, hatte das überhaupt nichts zu tun.

Falsch ist auch die im Zusammenhang mit dem angeblichen gegeneinander Ausspielen aufgestellte Behauptung, [Herr Mauss] habe in Koblenz angerufen und wahrheitswidrig angegeben, das BfV sei gegen die Verhaftung eines Autoschiebers. Diese Darstellung ... beruht auf einer freien Erfindung. Falls irgend jemand etwas derartiges kolportiert haben sollte, ist das ersichtlich geschehen, um [Herrn Mauss] ins Zwielicht zu rücken und der These Nahrung zu geben, er sei ›umstritten‹ oder gar ›dubios‹.

Ebenso falsch ist die Behauptung, [Herr Mauss] habe sich als vermeintlicher BKA-Mann bei der Telefonüberwachungsstelle der Post in Frankfurt danach erkundigt, welche Anschlüsse abgehört werden ... Tatsächlich dürfte es um folgendes gehen:

[Herr Mauss] hatte seinerzeit unter dem Namen Wagner eine konspirative Wohnung angemietet. Dort hatte er einen Telefonanschluß, dessen Nummer ab und zu geändert werden mußte, vornehmlich nach Abschluß eines Auftrages bzw. bei Übernahme eines neuen. Allein deswegen hat er sich unter dem Namen Wagner mit der Telefonüberwachungsstelle in Verbindung gesetzt. Mit dem Abhören hatte das überhaupt nichts zu tun. Hierzu sei angemerkt, daß Schill sich auch in dieser Angelegenheit einzumischen versucht hat.

Die Folge der Querelen war, daß Kollmar seinen Dienst beim BKA hat quittieren müssen. Schill ist 1974 versetzt worden. Seine Nachfolge hat der Kriminalbeamte Haupt angetreten. Wie sich nachträglich herausgestellt hat, ist damit der Bock zum Gärtner gemacht worden. Haupt ist sogar straffällig geworden. Auch er hat entlassen werden müssen.«

Gehaltserhöhung

Mauss konnte sich weitgehend durchsetzen. Die Zusammenarbeit mit dem Bundeskriminalamt lief weiter.

In seinem Jahresbericht für die Zeit von Juni 1973 bis Mai 1974, den er allerdings erst im Januar 1976 bei der Versicherung ablieferte, schrieb er stolz: »Unsere Arbeit wurde von maßgebenden Persönlichkeiten der Exekutive des In- und Auslandes unterstützt und anerkannt.«

Dadurch habe er sich im Laufe der Jahre wertvolle Kontakte aufgebaut, die ihm einen vielschichtigen Einsatz zugunsten der gesamten Assekuranz ermöglichten: »Die Effektivität unserer Tätigkeit für die Versicherungswirtschaft wird dadurch noch erhöht, daß wir bei den Exekutivvorgängen im In- und Ausland nicht als Mitarbeiter der Assekuranz, sondern als Mitarbeiter des Bundeskriminalamtes angekündigt werden.«

Im Zuge seiner Tätigkeit für die Versicherungswirtschaft habe er von Januar 1968 bis Dezember 1974 Vermögenswerte von 15,4 Millionen Mark zurückgeführt. Im selben Zeitraum habe die »Institution M.« Honorare und Spesen mit einem Gesamtbetrag von 1,8 Millionen Mark geltend gemacht.

Mauss: »Unsere Tätigkeit hat sich mit hohem Gewinn selbst bezahlt.«

Das schien den Gönnern des Ehepaares Mauss bei den Versicherungen einzuleuchten. Vom 1. Januar 1974 an wurde ihre monatliche Pauschalvergütung von bis dahin 12 000 Mark plus Spesen auf monatlich 15 000 Mark plus Spesen heraufgesetzt.

Mauss dazu heute: »Das Ursprungshonorar ist 1968 vereinbart worden. Die sechs Jahre später erfolgte Anhebung ist die bloße Folge des Geldwertschwundes und des allgemein gestiegenen Einkommensniveaus.«

Doch der Krach mit der Ermittlungsabteilung für Bandenkriminalität, EA 11 (3), beim Bundeskriminalamt hatte Folgen. Angeblich durch eine »salomonische Entscheidung« von BKA-Präsident Herold wurde Mauss schließlich 1976 bei der Bad Godesberger Außenstelle des BKA, der Sicherungsgruppe Bonn, angebunden. Allerdings befaßte sich die Sicherungsgruppe zu dieser Zeit vor allem mit Terrorismusfahndung, einem Gebiet, zu dem Mauss bis dahin nicht den geringsten Zugang gehabt hatte. Offenbar war die BKA-Spitze der Ansicht, daß ein Mann, der sich so überaus erfolgreich als Hehler in der kriminellen Unterwelt bewegt hatte, auch terroristische Gruppen wie die »Rote Armee Fraktion« unterwandern könnte.

Trotz des Krachs im Frühjahr 1973 arbeitete auch die BKA-Abteilung für Bandenkriminalität unter der Führung von Kriminaldirektor Dr. Hans Kollmar zunächst weiter mit Mauss. Die von ihm angestrebte Kontrolle des V-Mannes wurde allerdings immer schwieriger. Mauss arbeitete nämlich vermehrt mit den einzelnen Landeskriminalämtern zusammen.

Erster Einstieg in den Terrorismus

Je vielfältiger die Auftraggeber wurden, um so geringer waren die Chancen einer einzelnen Dienststelle, den Gesamtüberblick über die Maus'schen Aktivitäten zu behalten. Selbst den Versicherern, die Mauss immer noch finanzierten, konnte er nun Einzelheiten zu bestimmten Operationen vorenthalten. Vor allem im Sektor Terrorismusbekämpfung hielt er sich sogar seinen Finanziers gegenüber bedeckt.

So steht etwa in seiner Fallauflistung 1973/74 das Stichwort »Rote Ruhr Armee« und dazu die schlichte Bemerkung: »Aus Geheimhaltungsgründen keine Angaben.«

Im angehefteten Einsatzbericht gibt er dann doch etwas mehr preis. Dort heißt es unter der Überschrift »Rote Ruhr

Armee«:»In Zusammenarbeit mit verschiedenen Dienststellen in Nordrhein-Westfalen nahmen wir Ende 1973 Kontakt mit Angehörigen der illegalen ›Roten Ruhr Armee‹ auf, die auch für diverse Raubüberfälle und Einbruchdiebstähle in Frage kamen. Es gelang uns, wichtiges Hintergrundmaterial an die Dienststellen weiterzuleiten. Weitere Informationen sind aufgrund der besonderen Geheimhaltung nicht möglich.«

Die »Rote Ruhr Armee« war eine terroristische Splittergruppe, die im Ruhrgebiet agierte. Allem Anschein nach war die Zurückhaltung des Agenten bei seiner Berichterstattung auch auf seine Erfolglosigkeit in diesem Bereich zurückzuführen. Wenn es mangels Masse nichts zu berichten gab, hüllte Mauss sich gern in konspiratives Schweigen.

Dennoch markierte das Jahr 1973 für Mauss den Übergang von der Beschäftigung mit rein kriminellen Organisationen auch in den politischen Sektor. Dabei ging er offenbar davon aus, daß illegale Gruppen immer nach dem gleichen Muster arbeiteten, ganz egal, ob es ihnen nun um Geld oder um Revolution ging. Konsequenterweise nahm er an, daß auch der Einstieg in den Terrorismusbereich auf ähnliche Weise möglich sein müsse wie der Einstieg in Hehler- und Einbrecherbanden.

Die Terrorismusbekämpfung war ein neuer, aufstrebender Markt. Seit sich im Frühjahr 1970 die »Rote Armee Fraktion« gebildet hatte, pumpten die Parlamente des Bundes und der Länder Unsummen in diesen Bereich. Das BKA erhielt seinen wichtigsten Wachstumsschub im Zeichen der Jagd nach politisch motivierten Gewalttätern. Die Erfolge waren dürftig, und in allen Dienststellen sann man über neue Ermittlungsmethoden nach. Immer wieder war versucht worden, Informanten in die Szene einzuschleusen, meist ohne Erfolg. Vielleicht, mag man sich gesagt haben, könnte Mauss mit seinem reichen Schatz an Erfahrungen in der Unterwanderung krimineller Gruppen auch hier zum Segen der Allgemeinheit tätig werden.

Vom Terrorismus waren, wenn auch nur sehr indirekt, ebenfalls die Versicherungen betroffen. Schließlich mußten sie für die Schäden aufkommen, die von Terroristen, sei es durch Sprengstoffanschläge, sei es durch Attentate, in deren Folge Lebensversicherungen fällig wurden, sei es durch Banküberfälle, verursacht worden waren. Jedenfalls hatten die Versicherer offenbar nichts dagegen einzuwenden, daß sich der von ihnen bezahlte Privatdetektiv nun auch noch um den Terrorismus kümmerte – sofern sie überhaupt wußten, was Mauss so alles trieb.

Einen weiteren, wenn auch bescheidenen Bezug zu anarchistischen Gruppen bekam Mauss im Spätsommer 1973.

Der Schlüssel zu VW

Mitte August 1973 wurde Mauss über das BKA von der Kriminalpolizei in Niedersachsen angefordert. Er sollte in eine Bande eindringen, die sich mit Einbrüchen und Raubüberfällen befaßte.

Nach bewährter Manier studierte Mauss zunächst die Akten und suchte im Geflecht der Bande nach schwachen Gliedern. Dabei stieß er auf zwei Vorbestrafte, an die er sich heranmachte. Von ihnen erfuhr er, daß die Bande im Besitz eines Generalschlüssels des Volkswagenwerks in Wolfsburg sei. Der Schlüssel sollte an Personen aus dem anarchistischen Untergrund verkauft werden. Diese, so brachte Mauss weiter in Erfahrung, wollten durch einen Sprengstoffanschlag im Kraftwerk die Stadt Wolfsburg und das VW-Werk vorübergehend lahmlegen. Außerdem planten sie, im Computerraum von VW wichtige Magnetbänder zu stehlen, um dadurch die Autoproduktion zu stoppen.

Werner Mauss konnte sich das Vertrauen der kriminellen Gruppe erschleichen und wurde sogar mit zu Schießübungen im Wald bei Wolfsburg genommen. Mit Genehmigung von Kriminalpolizei und Staatsanwaltschaft kaufte der Detektiv zunächst Brillantschmuck auf, den die Bande, 14 Tage nachdem Mauss Kontakt zu ihr aufnahm, erbeutet hatte.

Die Gefahr, daß der Generalschlüssel des VW-Werks an eine Terroristengruppe verkauft werden könnte, mobilisierte sogar das Innenministerium in Hannover. Zusammen mit Mauss, dem zuständigen Oberstaatsanwalt und dem Leiter der Kripo Wolfsburg informierte ein Ministerialbeamter den Sicherheitsbeauftragten des VW-Werks über die drohende Gefahr. Es wurde eine Telefonüberwachung von sechs Bandenmitgliedern angeordnet. Aus Sicherheitsgründen schaltete man die Leitungen der Betroffenen auf die Anlage des Landesamtes für Verfassungsschutz.

Das VW-Werk stellte Mauss Geld zum Ankauf des vermeintlichen Generalschlüssels zur Verfügung, offenbar mehr, als andere Interessenten zahlen wollten. Um nicht Gefahr zu laufen, für teures Geld einen x-beliebigen Haustürschlüssel zu erwerben, bestand der Agent auf einer Probe. Zusammen mit seinen Gewährsleuten aus der Verbrecherbande drang er nachts in unterirdische Kabelgänge von VW ein und konnte sich so vom Wert des Schlüssels überzeugen.

Als er ihn schließlich käuflich erworben hatte, ergaben Proben des Sicherheitsbeauftragten, daß man mit dem Schlüssel ins Werkskraftwerk, in den Computerraum und sogar bis ins Büro des Generaldirektors Leiding vordringen konnte. Die VW-Leute bestätigten Mauss, daß ein Diebstahl der Magnetbänder aus der Computerzentrale in Wolfsburg nicht nur das Hauptwerk, sondern auch alle europäischen Werke für einen längeren Zeitraum völlig zum Stillstand gebracht hätte. Der Schlüssel sei kaum bezahlbar.

Bei einer weiteren Schießübung gemeinsam mit seinen angeblichen Komplizen konnte Mauss jene Person identifizieren, die den Generalschlüssel hergestellt und weitergegeben hatte. Dabei handelte es sich um einen Mann, der im werkseigenen Schlüsseldienst von VW arbeitete.

Schlüssel schienen eine lukrative Einnahmequelle für die Bande zu sein, die als weiteren Coup plante, einen bereits nachgearbeiteten Generalschlüssel des Olympia-Rechenzentrums in München an eine dortige Anarchistengruppe zu verkaufen.

Gemeinsam wurde die Festnahme geplant. In der Nacht vorher kam Mauss allerdings noch in Bedrängnis. Die Gangster hatten Verdacht geschöpft. Einer ihrer Gewährsleute beim Amtsgericht Gifhorn hatte sie von den Abhörbeschlüssen unterrichtet. Jetzt glaubten sie in Mauss einen Verräter zu erkennen und beratschlagten, ob sie ihn in eine Falle locken und erschießen sollten. Mauss konnte jedoch alle gegen ihn gerichteten Verdachtsmomente zerstreuen.

Die Gruppe wurde festgenommen, und VW-Generaldirektor Leiding bedankte sich danach schriftlich beim damaligen Bundesinnenminister Hans-Dietrich Genscher für den erfolgreichen Einsatz des Agenten.

Der Fall hatte für Mauss und seine Arbeit weitreichende Folgen. Er hatte nämlich einen Kriminalbeamten kennengelernt, der ihm in den nächsten Jahren noch beste Dienste leisten konnte. Der Name des Mannes war Manfred Borrak. Doch dazu später.

Das Verblüffende an Herrn »M.«

Die »Institution M.« bewies Kontinuität. Im Laufe der Jahre arbeitete sie immer mit denselben Beamten zusammen; manche verlor man unterwegs aus den Augen und traf sie dann Monate oder Jahre später bei anderen Fällen wieder. So gelang es Mauss, sich sein gut funktionierendes Netz von Gewährspersonen, Zuträgern und Unterstützern in den verschiedenen Ämtern und Dienststellen auszubauen und zu sichern.

Seine Kontakte zur Unterwelt funktionierten im Grunde in

gleicher Weise. Auch hier hatte er häufig mit denselben Personen zu tun. So war der legendäre Boß der Eurogang, Felix L., im Falle der Jugoslawenmafia wieder aufgetaucht. So hatte er den Ausbrecher Helmut Derks gleich zweimal auf seiner Liste. So benutzte er einen gewissen »Django« Susak im Falle der jugoslawischen Einbrecher- und Hehlerbande genauso wie später im terroristischen Untergrund.

Manche BKA-Beamte, die Mauss über Jahre kannten, begannen zu zweifeln, ob bei ihm tatsächlich alles mit rechten Dingen zuging. So groß, verzweigt und voneinander abgeschottet war die deutsche Unterwelt nun doch nicht, daß sich Mauss über Jahre und fast Jahrzehnte völlig unentdeckt im Sumpf der Kriminalität bewegen konnte.

Selbst die engsten Vertrauensleute des Ehepaares Mauss bei der Polizei wunderten sich manchmal darüber.

Gerd Steffen, Leitender Kriminaldirektor in Bonn, hatte Mauss schon Ende der sechziger Jahre kennengelernt. Sporadisch traf man immer wieder aufeinander. Im Laufe der Zeit hatten sich sogar freundschaftliche Beziehungen zwischen dem Ehepaar Mauss und dem Ehepaar Steffen entwickelt. 1984 wurde Steffen als Zeuge vor den Untersuchungsausschuß des Landtags in Hannover geladen, der verschiedene Aktivitäten des Agenten Werner Mauss aufklären sollte.

Steffen sang das Loblied seines Freundes: »Wir haben mit ihm ganz erfolgreich gearbeitet. Lassen Sie mich noch einmal eines dazu sagen, wie mit ihm gearbeitet wurde: Irgendeine Polizeibehörde hat einen schwierigen Fall und kommt irgendwo nicht weiter. Dann ist versucht worden, ihn für den Fall heranzubekommen. Dann ist ihm meinetwegen gesagt worden: ›Die und die sind verdächtig.‹ Zu denen hat er dann Kontakt aufgenommen, hat sich selbst als Ganove ausgegeben, und zwar als hochkarätiger Ganove. Das Phänomenale war, wie schnell es ihm immer wieder gelungen ist, Kontakt aufzunehmen. Er sprach die Sprache.«

Manchmal sei die Polizei Jahre hinter einer Sache hergelaufen, etwa wenn irgendwelche Informationen aus dem Polizeiapparat in die Unterwelt durchgesickert waren. Mauss habe sich zwei Abende mit den Kriminellen zusammengesetzt und dann der Polizei gesagt: »Das Loch ist da und da.« Er habe bei den Unterweltlern ein bißchen auf den Putz geklopft, und die hätten ihm gegenüber angeben wollen und gesagt: »Wir haben hier sogar die und die Leute, die für uns arbeiten.«

»Zwei Dinge haben mich immer wieder verblüfft«, sagte Kriminaldirektor Steffen, »einmal, wie schnell er Kontakt zu denen hatte. Da war von der anderen Seite kaum Mißtrauen. Das zweite war, daß er eigentlich in seinen späteren Fällen kaum einmal Schwierigkeiten durch die Bearbeitung früherer Fälle hatte. Man sollte immer meinen, nach einer gewissen Zeit, wenn man hier tätig ist: Mein Gott noch mal, jetzt wird es aber ganz heiß. Er ist eigentlich nie durch einen früheren Fall von Ganoven als verdächtig angesehen worden. Das ist nie passiert. Das waren zwei Dinge, die verblüffend waren.« – Verblüffend und verdächtig.

Die Versicherung als Hehler

Manchmal wurde Mauss von der Polizei auch ganz bewußt eingesetzt, wenn ein Täter, der mit seiner Hilfe schon einmal zur Strecke gebracht worden war, nach seiner Haftentlassung oder gar seiner Flucht erneut dem angestammten Gewerbe nachging.

Am 7. Januar 1971 wurde das Juweliergeschäft Hauser in Zürich überfallen. Der Täter erbeutete lose Brillanten im Wert von etwa 2,2 Millionen Schweizer Franken. Aufgrund seiner Vorgehensweise identifizierte die Züricher Kantonspolizei einen gewissen Aldo Galeno als den Juwelenräuber.

Die Pretiosen waren bei der Allianz in München versichert, und Mauss wurde in die Schweiz beordert. Nach bewährtem

Rezept ließ er sich die Akten über Galenos kriminelle Karriere zeigen und fahndete nach ehemaligen Kumpanen. Parallel zu Mauss ging die französische Polizei, die ebenfalls in die Ermittlungen eingeschaltet worden war, den einfachsten denkbaren Weg. Sie ließ die Ehefrau Galenos, die in Frankreich lebte, observieren und belauschte die Telefongespräche anderer Familienangehöriger.

Am 19. Januar 1971 konnte Galeno bei einem Treffen mit seiner Frau in Paris festgenommen werden. Von den Juwelen im Wert von über zwei Millionen Schweizer Franken fehlte allerdings nach wie vor jede Spur.

Jetzt kam die große Stunde des Versicherungsdetektivs Werner Mauss. Er rief den Generaldirektor der geschädigten Allianz-Versicherung in München, Dr. Gärtner, an und machte ihm den Vorschlag, die geraubten Brillanten schlichtweg zurückzukaufen. Aus Gesprächen mit französischen Kriminalbeamten hatte er entnommen, daß Frau Galeno möglicherweise den Weg zu den geraubten Brillanten weisen könnte – wenn er denn entsprechend vergoldet würde.

Mauss erhielt grünes Licht von der Versicherung, teilte den Plan der Kantonspolizei Zürich mit und bat sie, den Untersuchungsrichter Hügeli um seine Genehmigung zu ersuchen. Hügeli willigte ein. Dann rief Mauss den bei Interpol Paris residierenden BKA-Vertreter, Kriminalrat Jeschke, an. Er möge doch bitte einen Termin mit dem Chef der französischen Anti-Gang-Brigade vereinbaren.

Am 9. Februar 1971 landete Mauss um 20.05 Uhr auf dem Flughafen Paris-Orly. Jeschke holte ihn ab und fuhr mit ihm am nächsten Tag zum Büro des Leiters der Anti-Gang-Brigade in Paris.

Auch die Franzosen hatten keine Bedenken dagegen, daß Mauss im Auftrag der Versicherung die Juwelen zurückkaufen wollte, und sicherten ihm Hilfestellung zu.

Von den an der Ermittlung beteiligten Pariser Polizisten ließ sich Mauss die Frau des Juwelenräubers genau schildern und erfuhr, daß sie äußerst hysterisch sei und laufend in Angst schwebe, weil sie ständig von zweifelhaft auftretenden »Käufern« belästigt und auch bedroht werde.

Inzwischen war auch die Deutsche Botschaft eingeschaltet worden, sie hatte für Mauss eine Dolmetscherin bereitgestellt. Nach einer kurzen Unterhaltung erschien ihm diese Frau aber völlig ungeeignet. In Windeseile beschaffte Botschaftskanzler Meier einen neuen Übersetzer.

Mauss mietete einen Leihwagen, fuhr zusammen mit dem Dolmetscher nach Châlons-sur-Marne und klingelte an der Haustür von Frau Galenos Mutter. Auch die Tochter sollte dort wohnen. Aber niemand öffnete. Mauss setzte den Dolmetscher im Hotel ab, kehrte selbst zum Haus zurück und observierte es bis zwei Uhr morgens.

Am nächsten Tag ließ er den Dolmetscher bei Frau Galeno anrufen und unter einem Vorwand seinen Besuch ankündigen. Eine halbe Stunde später erschien Mauss an ihrer Tür und erklärte, daß er sie von den ständigen Drohungen und Erpressungen windiger »Käufer« befreien wolle. Er selbst vertrete eine Stelle, »die rechtmäßiges Interesse an der Rückführung der geraubten Edelsteine« habe. Nach langwierigen Verhandlungen gelang es ihm, Frau Galenos Mißtrauen abzubauen und sie davon zu überzeugen, daß er nicht von der Polizei kam.

Frau Galeno, die durch einen mehrmonatigen Aufenthalt in einem Saarbrücker Haushalt deutsch sprach, erklärte, ihr Mann habe mit dem Raubüberfall in Zürich nichts zu tun. Später deutete sie aber an, daß ihr Mann doch den Schmuck in der Hand habe, und gab zu erkennen, daß die Juwelen augenblicklich an einem sicheren Ort lagerten. Dann wiederum behauptete sie, der Schmuck sei bereits in Neapel an einen finanzkräftigen Hehler verkauft worden.

Mauss glaubte das nicht und schilderte ihr eindringlich, welche Folgen es für sie persönlich haben könnte, wenn sie den Schmuck an einen Hehler verkaufen würde. Trage sie aber dazu bei, die Juwelen an den rechtmäßigen Eigentümer zurückzuführen, dann sei es möglich, zwar nicht den vollen Hehlerpreis, jedoch eine entsprechende Belohnung auszuzahlen. Für ihren Ehemann, so betonte der Agent, könne sich ein solcher Handel keineswegs straferschwerend auswirken. Daraufhin meinte Frau Galeno, nur ihr Ehemann kenne das Versteck, und er müsse für die geraubten Brillanten mindestens 500 000 Mark bekommen.

Plötzlich betrat die Mutter von Frau Galeno das Wohnzimmer. Sie reagierte aggressiv und hysterisch. Werner Mauss mußte erneut seine Überzeugungsgabe einsetzen und konnte schließlich auch ihr Wohlwollen erringen. Sie war dann sogar bereit, ihre Tochter in das Gefängnis zu begleiten, in dem Galeno einsaß. Inzwischen hatte Mauss die Frauen auf 300 000 Schweizer Franken heruntergehandelt, für die Galeno das Versteck verraten sollte. Schon am Nachmittag traf man sich im »Hilton« am Flughafen wieder. Frau Galeno berichtete, daß ihr Mann nur für 330 000 Franken verraten würde, wo er die Juwelen verborgen habe. Es war wie beim Pferdehandel.

Beim nächsten Gespräch einen Tag später erschien Frau Galeno zusammen mit der Anwältin ihres Mannes. Diese teilte Mauss mit, daß ihr Mandant den Aufbewahrungsort der Pretiosen erst offenbaren würde, wenn zwischen ihr und der geschädigten Versicherungsgesellschaft ein Vertrag geschlossen worden sei.

Es folgten zähflüssige Diskussionen um schriftliche Erklärungen, Verträge und Übergabemodalitäten. Schließlich konnte sich Mauss mit seinem Plan durchsetzen. Frau Galeno und die Anwältin sollten mit ihm nach Frankfurt fliegen, sich dort den geforderten Geldbetrag von 330 000 Schweizer Franken ansehen und dann das Versteck preisgeben. Die endgültige

Auszahlung des Geldes wurde von der aufgefundenen Menge des Stehlguts abhängig gemacht.

Mauss informierte Dr. Gärtner von der Allianz und vereinbarte mit ihm ein Treffen im »Airport-Hotel« in Frankfurt. Dr. Gärtner erklärte sich bereit, den geforderten Betrag in Schweizer Franken mitzubringen.

Mauss buchte drei Plätze für den Flug um 17.15 Uhr von Paris nach Frankfurt. Während er sich zusammen mit Frau Galeno auf den Weg nach Orly machte, fuhr die Anwältin noch einmal ins Gefängnis. Kurz vor Abflug der Maschine traf auch sie am Flughafen ein und erklärte, sie habe den Auftrag, die ganze Angelegenheit bis Mitte nächster Woche zu verschieben. Die von Mauss ausgehandelten Konditionen erschienen dem Juwelenräuber Galeno zu unsicher. Es gab Streit, doch Mauss schaffte es, Frau Galeno auf seine Seite zu bringen.

Ängstlich sagte sie: »Wenn die Reise negativ ausgeht, muß ich das mit Sicherheit mit dem Leben bezahlen. Ich habe die Hinterleute meines Mannes in Neapel und Frankfurt kennengelernt.«

Als die Anwältin sah, daß Frau Galeno fest entschlossen war, mitzureisen, willigte sie schließlich ebenfalls ein und flog mit nach Frankfurt.

Unter einem Decknamen hatte Mauss im »Airport-Hotel« zwei Einzelzimmer mit Durchgangstür reservieren lassen. Seine Frau holte das Trio am Flughafen ab. Werner Mauss stellte sie als seine Sekretärin vor. Ihr Auftrag war es, auf Frau Galeno und die Anwältin beruhigend einzuwirken, während Mauss die Geldübergabe organisierte.

Schon von Paris aus hatte Mauss die Frankfurter Kriminalpolizei gebeten, im Nebenzimmer des »Airport-Hotels« Posten zu beziehen, die Gespräche abzuhören und notfalls bei irgendwelchen Zwischenfällen bewaffnet einzugreifen. Schließlich sollte der Koffer mit dem gesamten Geld im Zimmer der drei Frauen, Frau Galeno, der Anwältin und Margret Mauss, bleiben. Es konnte nicht ausgeschlossen werden, daß Leute aus der französischen Unterwelt inzwischen von dem Deal erfahren hatten und das Geld in ihre Gewalt bringen wollten.

Als der Geldkoffer vereinbarungsgemäß im Hotelzimmer stand und sich die beiden Französinnen von dessen Inhalt überzeugt hatten, bat Frau Galeno den Detektiv auf den Gang. Unter vier Augen teilte sie ihm das Versteck der Brillanten mit. Es war das Bankfach Nr. 163 bei der Dresdner Bank, Frankfurt, Filiale Roßmarkt, angemietet unter dem Namen Robert Marchini.

Leider war es inzwischen Freitag, und die Bank hatte bereits geschlossen, zudem gab es bislang keinen richterlichen Beschluß zum Öffnen des Bankfachs. Mauss ließ seine Beziehungen spielen. Er rief einen ihm bekannten Direktor der Dresdner Bank, Hauptstelle Frankfurt, an und unterrichtete das BKA, daß eine richterliche Anordnung besorgt werden müsse. Das Ganze zog sich bis Mitternacht hin, ohne daß Mauss wesentlich weiterkam. Dann informierte er die beiden Französinnen, der Austausch Geld gegen Brillanten könne frühestens am nächsten Tag erfolgen. Die 330 000 Schweizer Franken wurden im Hotelsafe zwischengelagert. Anschließend fuhr Mauss zum BKA nach Wiesbaden, erörterte die Lage und legte sich um vier Uhr nachts in seiner Tarnwohnung in Frankfurt zur wohlverdienten Ruhe.

Am Morgen traf er sich im Hotel »Intercontinental« mit Allianz-Manager Dr. Gärtner. Gemeinsam riefen sie Direktor Scholz von der Dresdner Bank in Frankfurt an und bekamen die betrübliche Mitteilung, daß zum Öffnen der Bankfiliale am Roßmarkt drei Schlüssel notwendig seien. Einer der drei Schlüsselinhaber sei an einen unbekannten Ort verreist. Jetzt wurde gar Allianz-Direktor von Schlayer in München mobilisiert, dem es nach vielen Telefongesprächen und größten Schwierigkeiten gelang, für den nächsten Tag, den Sonntag, eine Öffnung der Bank durchzusetzen. Mittlerweile war die

Anwältin Galenos mit der Bahn nach Paris zurückgereist, dort habe sie eine unaufschiebbare private Einladung zu einem Tennismatch.

Vom Wochenenddienst der Frankfurter Kripo erfuhr Werner Mauss, daß der notwendige richterliche Beschluß zur Öffnung des Banksafes nicht mehr zu erwirken sei. Der Wochenendrichter habe bereits seine Dienststelle verlassen. Wieder hängte sich Mauss selbst ans Telefon und brachte es doch noch fertig, die zuständige Richterin aufzutreiben. Um 14.00 Uhr traf man sich, und gegen 16.00 Uhr war der Beschluß ausgestellt.

Mauss ließ sich vom Kriminaldauerdienst den für dieses Wochenende zuständigen Schlüsseldienst mitteilen und vereinbarte mit dem Inhaber der Firma, er solle sich für den kommenden Vormittag bereithalten.

Wenig später meldete sich die Dresdner Bank und kündigte an, daß am Sonntagmorgen um 11 Uhr die Filiale am Roßmarkt betreten werden könne – allerdings nur bei entsprechender Absicherung. Wieder wurde Mauss aktiv und bestellte bei der Frankfurter Polizei mehrere mit Maschinenpistolen ausgerüstete Schutzpolizisten.

Auch der für den Fall Galeno zuständige Beamte der Züricher Kantonspolizei namens Schweizer und der überfallene Juwelier Hauser waren inzwischen in Frankfurt eingetroffen. Sie fuhren mit zur Bank, als der Safe dann endlich geöffnet wurde. Die Juwelen waren bis auf wenige Stücke vollständig. Wenn auch minimal, so wirkte der Verlust natürlich preismindernd. Nach Rücksprache mit dem Vorstand der Allianz in München handelte Mauss den Kaufpreis auf 285 000 Schweizer Franken herunter. Er übergab Frau Galeno das Geld, verlangte aber im Auftrag der Versicherung von ihr, eine Erklärung auf deutsch und französisch zu unterschreiben. Darin bestätigte Frau Galeno, den Betrag von 285 000 Schweizer Franken als »Belohnung« erhalten zu haben. Sonst hätte der Verdacht aufkommen können, bei dem Geschäft handelte es sich um den Verkauf gestohlener Ware, um ein Hehlergeschäft also.

Der Handel war für beide Seiten lukrativ. Die Versicherung mußte den Schaden von 2,2 Millionen Schweizer Franken nicht ersetzen und kam statt dessen mit 285 000 Franken davon. Familie Galeno hatte immerhin fast den Hehlerpreis erzielt. Nachdem das Geschäft so gut gelaufen war, nahm Galeno offenbar an, er könne den Deal wiederholen.

Knapp zwei Jahre später brach Galeno aus dem Gefängnis aus. Wiederum knapp zwei Jahre später, am 11. November 1974 überfiel er dasselbe Juweliergeschäft in Zürich zum zweiten Mal. Diesmal betrug der Schaden 2,3 Millionen Franken. Wieder wurde der erfolgreiche Privatdetektiv Werner Mauss eingeschaltet.

Auch diesmal gelang es ihm, Kontakt zu Galeno aufzunehmen. Er bot dem Juwelenräuber, wie schon beim ersten Mal, an, die Ware aufzukaufen. Die Übergabeverhandlungen sollten auf dem Domplatz in Mailand geführt werden. Doch diesmal wollte das rechte Vertrauen nicht aufkommen. Gegen den Willen von Mauss hatte die Polizei darauf bestanden, das Treffen abzusichern. Galeno war nicht weniger mißtrauisch und kam bewaffnet. Das Ehepaar Mauss wartete in einem geparkten Wagen. Als Galeno auftauchte und sich zu ihnen in das Auto setzen wollte, griff die Polizei ein. Galeno schoß aus seiner Manteltasche und traf die Beamten, die schwerverletzt zusammenbrachen. Mauss und seine Frau warfen sich auf den Boden, um sich vor den Schüssen der rundherum postierten Polizeibeamten zu schützen. Sie blieben unverletzt, doch ihr Geschäftspartner Galeno wurde von Kugeln zerfetzt.

Nur ein Teil der Juwelen im Wert von 400 000 DM konnte später in einem Schließfach des Hauptbahnhofs Mailand gesichert werden. Nach der Schießerei wurden Mauss und seine Frau zum Polizeipräsidium gebracht. Es gab ein fürchterliches

Tohuwabohu. Polizei, Staatsanwälte, Presse, alles schrie und hantierte durcheinander, keiner wußte irgend etwas Genaues. Dann kamen die ersten Meldungen übers Fernsehen: Die Beamten schwebten in Lebensgefahr, und Galeno sei tot.

Mauss nahm die Nachricht noch relativ gefaßt auf, aber seine Frau war dem Zusammenbruch nahe. Man ging in ein Restaurant, trank einen Schluck Wein, und Margret Mauss kippte vom Stuhl. Ihr Mann und ein Beamter brachten sie zur Toilette.

Schließlich schleppte man sie noch in ein anderes Restaurant, doch Frau Mauss konnte und wollte nichts essen. Als Werner Mauss und seine Frau gegen Mitternacht ihre Zimmer im »Hilton« beziehen wollten, bekam sie in der Hotelhalle einen Weinkrampf. Doch ihr Mann schrie sie an: »Hör endlich auf, was macht das für einen Eindruck hier im ›Hilton‹.«

Er packte sie, schob sie in den Aufzug und bugsierte sie ins Zimmer. Dort begann sie am ganzen Körper zu zittern und war nicht einmal mehr in der Lage, sich auszuziehen. Mauss zog ihr den Pullover über den Kopf, dabei riß ihre Kette, und die Perlen rollten in alle Richtungen davon. Mauss legte seine Frau ins Bett, deckte sie zu, doch sie zitterte weiter. Er holte Handtücher aus dem Bad und wickelte sie darin ein, doch das Zittern hörte nicht auf. Er deckte sie mit Bademänteln zu, ohne Erfolg. Laut vernehmlich klapperte sie mit den Zähnen. Da schrie er sie an: »Hör mit diesem Schnattern auf, das ist ja entsetzlich, mein Gott, beiß doch mal die Zähne zusammen.«

Ganz oben

Die übrigen Fälle der »Institution M.« von Juni 1973 bis Dezember 1974 verliefen weniger spektakulär.

Werner und Margret Mauss halfen den »Jugoslawienkomplex« aufzuhellen und ließen einen Einbrecherring in Niedersachsen auffliegen. Dann war da noch die geschilderte Wiederbeschaffung des VW-Generalschlüssels und die Aufklärung eines vorgetäuschten Raubüberfalls auf ein Juweliergeschäft in Dortmund, soweit zumindest, daß die Versicherung den Schaden nicht ersetzen mußte. Für eine Anklage wegen Vortäuschung einer räuberischen Erpressung reichte das Beweismaterial allerdings zunächst nicht aus. Erst später wurde der Juwelier von einem Mittäter so schwer belastet, daß die Staatsanwaltschaft doch noch Anklage erheben konnte.

Darüber hinaus ging es in diesem Zeitraum um Villeneinbrecher in Süddeutschland, den vorgetäuschten Untergang eines Motorseglers, eine spanische Tätergruppe in Frankfurt, einen Kreis betrügerischer Zigeuner, eine italienische Bande am Flughafen von Frankfurt, eine weitere deutsch-französische Tätergruppe, die »Rote Ruhr Armee«, eine italienisch-schweizerisch-französische Hehler- und Betrügerbande und einen Hehlerring, der mit gestohlenen Gemälden handelte.

In Folge ihrer Honorarerhöhung auf 15 000 Mark ab Januar 1974 verdiente die »Institution M.« 180 000 Mark und machte zusätzlich noch Spesen in Höhe von 235 586,41 Mark geltend. Das waren zusammen 415 586,41 Mark, die aus Kassen der Versicherungswirtschaft in die Taschen der Firma Mauss flossen.

Besondere Reichtümer konnte das erfolgreiche und gut bezahlte Agentenehepaar jedoch auch jetzt nicht anhäufen. Der Unterhalt des Hauses in Altstrimmig verschlang Unsummen. Mauss hatte eine Vorliebe für technisches Gerät, Filmkameras, Projektoren, Fotoapparate. Das große Panoramafenster, das den Blick freigab auf den Mauss'schen Privatzoo mit seinen Gemsen und Steinböcken, ließ sich in eine überdimensionale Leinwand verwandeln, auf der er Filme von seinen zahlreichen Reisen vorführen konnte, meist Landschaftsaufnahmen.

Ein Rentnerehepaar von nebenan hielt Haus und Grundstück in Ordnung und wehrte ungebetene Besucher ab.

Nach der Ehekrise im Jahre 1968 hatten Margret und Werner Mauss ihre Beziehung auf geschäftlicher Ebene wieder einigermaßen ins Lot gebracht. Im privaten kriselte es weiter. Noch immer litt Margret Mauss unter Migräneanfällen, nahm Tabletten, starke Zäpfchen und ließ sich Spritzen geben. Nur so war sie in der Lage, die konspirative Lebensführung zu ertragen.

Nach dreizehn Jahren detektivischer Arbeit war das Ehepaar Mauss nicht reich geworden und schon gar nicht glücklich. Werner Mauss schien nur zufrieden, wenn er seinen Jagdinstinkten freien Lauf lassen konnte.

Während seiner kurzen Aufenthalte in der Villa an der Mosel stellte er mangels Krimineller den Kaninchen im Garten nach. Mit einer Schrotflinte machte er, wie Zeugen berichten, Jagd auf die Mümmelmänner. Das hatte es allerdings auch schon nobler gegeben: In Spanien war er mit seiner Frau bereits einige Male zu Jagdpartien, an denen auch die Spitze des Franco-Regimes teilnahm, eingeladen worden.

Mauss rauchte nicht und trank keinen Alkohol. Eine Zeitlang goß er fast manisch Orangensaft in sich hinein, bis ihm ein Chemiker dessen »Schädlichkeit« erläuterte. Fortan entsagte er seinem Lieblingsgetränk.

Ein Privatleben gab es nicht. Jede freie Minute wurde der Verbrecherjagd gewidmet oder dem, was Mauss dafür hielt.

Als das Ehepaar eines Abends während eines Einsatzes unverhofft nichts zu tun hatte, beschloß man, ins Kino zu gehen. Es war ein Abenteuer, das sie seit über zehn Jahren nicht genossen hatten. Leider hatten die meisten Filme aber schon begonnen, und so verschlug es sie in einen billigen Horrorfilm.

Mauss und Gattin waren empört über das, was sich auf der Leinwand abspielte, und gaben lautstark ihre mißbilligenden Kommentare ab. Schließlich standen die beiden auf, verließen das Kino und wendeten sich wieder der eigenen, weniger gruseligen Tätigkeit zu.

Selbst den ständigen Aufenthalt in Luxushotels und Restaurants konnte Mauss kaum wirklich genießen. Immer war er in Eile und brauchte die luxuriöse Umgebung nur als Mittel zum Zweck, irgend jemanden zu blenden, um ihn dann anschließend um so besser aufs Kreuz legen zu können.

Das einzige, was er an den Aufenthaltsorten der besseren Gesellschaft zu genießen schien, war, daß er es bis dorthin geschafft hatte. Ein Schönheitsfehler bestand nur darin, daß er immer wechselnde Rollen spielte, es also nie Herr Werner Mauss, ehemals Reiterlehrling und Staubsaugervertreter mit Volksschulbildung war, der nun eine so große Kugel schob.

Er versuchte seine kleinen Anfänge und vor allem seine mangelnde Schulbildung, so gut es ging, zu verschleiern. Diesbezüglich war er höchst sensibel.

Den einzig wirklichen Lustgewinn schien Mauss daraus zu schöpfen, sich durchzusetzen – nicht mehr, aber auch nicht weniger. Das scheinbar Unmögliche reizte ihn mehr als alles andere. In gewisser Weise war es immer wieder wie auf dem Springparcours in Essen, auf dem er auch nach mehrmaligem Verweigern seines Pferdes und trotz wiederholter Lautsprecherdurchsagen nicht aufgegeben und den Parcours schließlich in umgekehrter Richtung absolviert hatte.

Einerseits konnte Werner Mauss überaus großzügig sein – gesetzt den Fall, es stärkte sein Ego –, andererseits war er kleinlich wie ein Finanzbeamter. Als er nach dem zwiespältigen Erfolg mit dem toten Juwelenräuber Galeno von der Versicherung eine Prämie bekam, gab er sie an die verletzten italienischen Kriminalbeamten weiter.

Seine Frau erhielt ihr Taschengeld immer noch zugeteilt. Seine Mutter, in deren Wohnung die Detektei Mauss begonnen hatte, mußte als Kassiererin bei Woolworth ihren bescheidenen Lebensunterhalt selbst verdienen. Mit finanzieller Unterstützung hielt sich der gutverdienende Sohn zurück, zumal das Ehepaar M. immer noch reichlich Bankschulden hatte.

Dennoch mußte in periodischen Abständen immer wieder ein neues Flugzeug gekauft werden: auf Kredit, und fast jedesmal brach Margret Mauss in Tränen aus, statt sich über die neue Maschine zu freuen.

Mauss hetzte von einem Fall zum anderen, gönnte sich und seiner Frau keine Ruhepause. Ein »Fliegender Holländer« über den Weltmeeren des Verbrechens. Rücksichtslos gegen sich selbst und noch mehr gegen andere. Erfolg war es, was zählte.

Er wollte stärker, größer, schlauer, schneller, reicher, intelligenter und mächtiger sein als alle anderen. Ein »Unmöglich« gab es für Mauss nicht. Er war mißtrauisch und neugierig, wollte alles wissen, um es bei passender Gelegenheit verwenden zu können. Er konnte ein charmanter Unterhalter sein, wenn es notwendig schien, aber meist fiel er allen und jedem ins Wort. Bei manchem offiziellen Gespräch stieß seine Frau ihn unter dem Tisch mit dem Fuß an, um ihn zu bremsen.

Mauss war hartnäckig, wenn er ein Ziel verfolgte, gab nie auf, konnte, wenn es die Situation erforderte, blitzschnell seine Vorgehensweise ändern, schlug Haken und war immer etwas schneller als seine kriminelle Jagdbeute.

Den meisten Gangstern war er damit weit überlegen. Den Polizeiapparat im Rücken und das Geld der Versicherung in der Tasche, konnte er seine Erfolge einheimsen. Mit seiner Wendigkeit, seinem unermüdlichen Arbeitseifer und seiner unerschöpflichen Phantasie arbeitete er ungleich effektiver als der schwerfällige Behördenapparat deutscher Kriminalämter. Allzu willfährig ordneten die Behörden sich ihm unter.

Das Beispiel »M.«

Der Versuch der BKA-Beamten Folger, Kollmar und Schill, den Agenten unter Kontrolle zu bekommen, war im ersten Ansatz steckengeblieben. Mauss hatte offenbar begriffen, daß es für ihn gefährlich war, sich allzusehr an eine einzelne Dienststelle anzuschließen. Er brauchte verschiedene Auftraggeber, um sich nicht in die Karten sehen zu lassen.

So war es besser, mal mit einer Polizeidienststelle, ein anderes Mal mit einer anderen zu arbeiten. Freundschaften in den Behörden sicherte er dadurch, daß er den Beamten sporadisch Informationen über sein derzeitiges Arbeitsgebiet zukommen ließ.

Nicht wenige Beamte hatten auch schlichtweg Angst vor ihm. Mauss wußte zuviel, als daß man sich noch traute, irgendwelche Initiativen gegen ihn zu starten oder auch nur die Substanz seiner Erfolge anzuzweifeln.

Gelegentlich tuschelte man in den Ämtern hinter vorgehaltener Hand über den Super-Agenten, tatsächlich wagte es aber kaum einer, offen gegen ihn aufzutreten, denn man wußte allgemein, daß er mit den Vorgesetzten auf Du und Du war.

Nicht selten hatte es Mauss auch verstanden, im Überschwang seines Jagdeifers Polizeibeamte in unkonventionelle Fahndungsmethoden zu verwickeln, die ihnen strenggenommen ein Disziplinarverfahren oder sogar mehr hätten einbringen können. So wie Mauss gelegentlich Kriminelle dazu verführte, ihrem vorgeblichen Hehler auch Ware anzutragen, die sie noch gar nicht in ihrem Besitz hatten, und sich, von seinem Interesse angespornt, auf neue Beutezüge begaben, ließen sich von Zeit zu Zeit auch Polizeibeamte von Mauss mitreißen.

Manchen ging die durch Behördenstruktur und Recht und Gesetz überaus eingeschränkte Handlungsfreiheit ohnehin auf die Nerven. Hier tauchte plötzlich ein von den Amtsspitzen gehätschelter Privatdetektiv auf, für den alle gewohnten Einschränkungen nicht zu gelten schienen. Kein Wunder, daß man versuchte, ihm nachzueifern, schon allein, um nicht als kleinkarierter, engstirniger Beamtentyp dazustehen.

Einige Beamte, die mit Mauss gearbeitet hatten, versuchten später sogar in seine Fußstapfen zu treten. Der BKA-Beamte Hans-Georg Haupt etwa, der Mauss Mitte der siebziger Jahre führen sollte, dabei aber Schiffbruch erlitten hatte und einer seiner schärfsten Kritiker geworden war, versuchte sich anschließend selbst als Undercoveragent im Auftrag des BKA.

Auch er trat als Hehler auf, mietete ganze Hotelzimmerfluchten, warf mit Geld um sich und ließ den Champagner fließen – und wurde wegen angeblicher Unkorrektheiten bei der verlangten pfenniggenauen Spesenabrechnung von seinem eigenen Amt ins Gefängnis gebracht. Letztendlich wurde Haupt in den wesentlichen Punkten freigesprochen, aber er verließ das Gefängnis nach monatelanger Haft als gebrochener Mann.

Auch Frank Heigl, der Mauss im Zusammenhang mit der Eurogang nachspioniert hatte und dem der Agent schon damals höchst windig vorgekommen war, tauchte kurz darauf als Undercoveragent des BKA in die kriminelle Szene ein. Über Monate war er dienstlich zu einem Pilotenkurs zur Lufthansa geschickt worden. Als er zwar nicht fliegen, sich aber zumindest als Pilot ausgeben konnte, kommandierte man ihn nach Belgien ab. Dort sollte ein großer internationaler Rauschgiftring gesprengt werden, der für den Transport der Drogen Piloten von Linienflügen anheuerte. Heigl bekam auch tatsächlich Kontakt zur Bande, zu seinem Unglück verliebte sich jedoch die Tochter des Gangsterbosses in ihn. Der kriminelle Vater wollte den angeblichen Flugzeugführer dann lieber als Schwiegersohn statt als Rauschgiftkurier. Die Operation mußte abgeblasen werden.

Selbst Mauss-Kritiker Schill betätigte sich nach seiner Pensionierung als Privatdetektiv. Kriminaldirektor Dr. Kollmar warf das Handtuch beim Bundeskriminalamt schon vor Erreichen des Rentenalters. Nach seinem Ausstieg eröffnete er neben einer Anwaltspraxis diverse Detekteien, die sich nach Mauss'schem Vorbild neben simpler Detektivarbeit in Kaufhäusern auch größeren Projekten, nämlich unkonventioneller Terrorismusbekämpfung, zuwandten.

Nach seinem Ausscheiden aus dem BKA schlug Dr. Kollmar etwa dem im bayerischen Innenministerium für den Verfassungsschutz zuständigen Dr. Hans Langemann neuartige Methoden der Terrorismusbekämpfung vor.

So hatte er ein Konzept entwickelt, das verdächtige Ähnlichkeit mit dem hatte, was niedersächsische Verfassungsschützer 1978 in Celle in die Tat umsetzten.

In einem Untersuchungsausschuß des bayerischen Landtags, der die Umtriebe Langemanns begutachtete, erklärte Dr. Kollmar im Sommer 1982: »Ich hatte exakt ausgearbeitet zwei Pläne zur Bekämpfung bestimmter Erscheinungsformen der Kriminalität, die zum damaligen Zeitpunkt uns besonders lästig waren, und ich hatte vorgeschlagen, diese Sachen nicht mit den üblichen Polizeimethoden zu bekämpfen, sondern auf nachrichtendienstliche Weise.«

Das Programm sollte innerhalb von zehn Monaten durchgeführt werden. Den Erfolg erhoffte sich Dr. Kollmar im Verlaufe von etwa zwei Jahren.

»Ich hatte vorgeschlagen, eine Gruppe von zwei oder drei Mitarbeitern zu etablieren, die als Terrorgruppe aufgebaut werden sollte, im Parallelgang zu bestehenden terroristischen Vereinigungen«, erläuterte Dr. Kollmar in geheimer Sitzung des Untersuchungsausschusses. »Es war damals die Schwierigkeit, in Terroristengruppen einzuschleusen. Und da ich wußte, daß das nicht geht und daß das gefährlich ist, habe ich vorgeschlagen, eine isolierte Terroristengruppe zu bilden, die mit der Zeit von sich reden macht.«

Wodurch seine Terroristengruppe »von sich reden machen« sollte, darüber schwieg sich der Ex-BKA-Mann aus. Aber die ungläubig zuhörenden bayerischen Parlamentarier konnten sich wohl denken, daß dafür eigentlich nur Sprengstoffanschläge oder ähnliches in Frage kamen.

Dr. Kollmar spann seinen dem Ministerialrat im bayerischen Innenministerium, Dr. Hans Langemann, vorgetragenen Plan weiter aus: »Und wenn sie bekannt genug ist in den Kreisen, dann werden sich von selbst Kontakte zu anderen Gruppen ergeben. Und von da an kann man von der Seite einsteigen.« Plötzlich war er ganz stolzer Vater einer grandiosen Idee: »Welche taktischen Maßnahmen erforderlich sind, wie da vorgegangen werden muß, das habe ich exakt im Detail ausgearbeitet. Das war nicht nur eine spinnerte Idee, sondern ich habe ganz exakt bestimmte Maßnahmen vorgeschlagen, wie man das machen kann. Ich habe das deshalb Herrn Langemann vorgeschlagen, weil ich ihn in seiner nachrichtendienstlichen Denkweise für ausgezeichnet gehalten habe und für einen Mann, der so etwas aufnimmt und der es vielleicht in einer sinnvollen Weise zu unser aller Besten weitergeben kann.«

Dieses Modell sollte tatsächlich bald Schule machen. Davor lagen für den Agenten Werner Mauss aber noch eine Reihe Fälle im Bereich konventioneller Kriminalität, die buchstäblich zum Himmel stanken.

Der Kölner Domschatz

Die Tat, um die es hier geht, war ziemlich unchristlich. Das Gericht empfand sie später als geradezu undeutsch. »Wir sind angehalten, unsere sakralen und Kunstgegenstände zu erhalten, und lassen uns das von keinem nehmen«, erklärte der Vorsitzende Richter. Es sei sicher kein Zufall, daß die Tat von drei

Ausländern begangen worden war. »Wir sind sicher, daß man keinen noch so hartgesottenen Kölner Ganoven dafür gekriegt hätte.«

Es ging um einen der spektakulärsten Kircheneinbrüche in der bundesdeutschen Kriminalitätsgeschichte. 1975, ausgerechnet in der Nacht zu Allerheiligen, hatte sich ein Mann durch einen engen Ventilatorschacht in das Allerheiligste des Kölner Doms abgeseilt, die Schatzkammer.

Mit einem Meißel brach er die Vitrinen auf und brachte die heiligen Schätze in seine Gewalt: eine goldene Monstranz aus dem Jahr 1657, drei bis vier Kilogramm schwer, besetzt mit Edelsteinen; die Kußtafel des Kardinals Albrecht von Brandenburg, 14,4 Zentimeter hoch, aus massivem Gold, besetzt mit Perlen und Diamanten, aus dem Jahre 1530; neun Bischofsringe mit Smaragden, Brillanten, Amethysten, Topasen und Saphiren, alle bis zu 200 Jahre alt; ein Brustkreuz aus Gold, besetzt mit Amethysten, Rubinen und Diamanten; ein Blumenstrauß aus Gold, mit Emaille überzogen, besetzt mit diversen Edelsteinen, aus dem Jahre 1657; eine Schmuckkette von 1657 aus Gold mit Edelsteinen, 17 Zentimeter lang.

Von einer Sonnenmonstranz aus der Mitte des 18. Jahrhunderts brach der Einbrecher den mit Edelsteinen besetzten Strahlenkranz ab und nahm ihn mit. Eine weitere Monstranz aus vergoldetem Silber, hergestellt um das Jahr 1400, wurde ebenfalls ihrer wertvollsten Teile beraubt.

Der Wert der geraubten und zerstörten Kultgegenstände war unschätzbar. Schon vom Material her lag er zwischen fünf und zehn Millionen Mark.

Als er noch eine Monstranz in Händen hielt, hörte der Räuber, wie jemand von draußen an die Schatzkammertür pochte. Erschrocken ließ er den heiligen Wertgegenstand fallen und wandte sich zur Flucht. Er band die Tasche mit der Beute an ein Seil und ließ sie von einem Kumpan durch den Schacht nach oben ziehen. Er selbst folgte mit Hilfe einer Strickleiter.

Die beiden Domräuber machten sich eiligst davon, wurden aber wegen ihres verdächtigen Tuns von einem angetrunkenen nächtlichen Passanten verfolgt. Sie warfen die wertvolle Tasche in ein Gebüsch und holten sie später wieder ab. Dann trafen sich die beiden mit einem dritten Mann, den sie später als ihren Auftraggeber bezeichneten, in dessen Wohnung und luden das Diebesgut in einen schwarzen Koffer um.

Kaum eineinhalb Stunden später stand die Polizei vor der Tür. Der Wohnungsinhaber war schon Jahre zuvor bei ähnlichen, wenn auch kleineren Geschäften aufgefallen. Nach dem beispiellosen Domraub war die Kölner Kripo durch Sichtung der Akten blitzschnell auf den möglichen Tatverdächtigen gestoßen. Die drei Anwesenden, alles Jugoslawen, wurden vorläufig festgenommen. Den Koffer mit der Beute übersahen die Kripobeamten aber offenbar.

Noch am Abend desselben Tages, dem 2. November 1975, wurden zwei der drei wieder freigelassen. Es gab keine Beweise. Der dritte Mann, Vilijam Dallavalle, wurde wegen illegalen Aufenthaltes in der Bundesrepublik in Haft behalten und nach zweieinhalb Monaten Gefängnisaufenthalt und 400 Mark Geldstrafe nach Italien abgeschoben. Die beiden anderen, der mutmaßliche Anstifter Ljubomir Ernst, von Beruf Kunstmaler, sowie der extrem schmächtige Klettermaxe mit Namen Borislav Tunjic durften sich weiterhin ihrer Freiheit im Gastland Bundesrepublik erfreuen. Verbissen ermittelte die Kripo weiter.

Ljubomir Ernst beschloß zunächst, in seine Heimat zu reisen, während seine Frau in Köln zurückblieb. Tunjic telefonierte gelegentlich mit ihr, um auf dem laufenden zu bleiben. Schließlich mußte die wertvolle Beute ja irgendwann versilbert werden, und Ernst hatte die Pretiosen in Verwahrung genommen. Die Ehefrau riet ihm dringend, nicht mit Ernst in Belgrad Kontakt aufzunehmen. Die Polizei dürfe nicht argwöhnisch werden.

Mit der Zeit aber wurde Tunjic selbst argwöhnisch. Er reiste nach Italien, wo er den inzwischen abgeschobenen Dallavalle wiedertraf. Beide beratschlagten, wie sie ihren – möglicherweise untreu gewordenen – Kumpan und vor allem die Beute wieder auftreiben könnten.

Über dasselbe Problem dachten inzwischen auch andere nach, allerdings erfolgreicher. Super-Agent Mauss war von der betroffenen Versicherung in den Fall eingeschaltet worden. Beim Aktenstudium stieß er natürlich sofort auf die drei verdächtigen Jugoslawen. Leider befand sich einer von ihnen in Italien, in Triest, der andere pendelte zwischen Triest und seinem Wohnort Köln hin und her, und der dritte, Ljubomir Ernst, in früheren Zeiten bereits als Hehler gestohlener Kirchenschätze hervorgetreten, war in Jugoslawien. Das aber sollte sich bald ändern.

Zunächst einmal beschlossen Dallavalle und Tunjic, ihren Schatzverwalter aufzustöbern. Leider konnte Dallavalle nicht verreisen, schon gar nicht in die Bundesrepublik, da er keinen Reisepaß mehr besaß. Wundersamerweise erfuhr er aber nach kurzer Erkundungsphase in Mailand, daß man von einer bestimmten Person in Genua falsche Papiere erwerben könne. Umgehend reiste er dorthin und erstand in einer Kneipe einen Reisepaß auf den Namen Jeremia Ceccato. Er bezahlte in italienischer Währung etwa 300 Mark.

Der Paßverkäufer brachte das Gespräch, ohne daß Dallavalle es so recht merkte, darauf, wie man gestohlenen Schmuck verkaufen könnte.

Da war er nun just bei genau dem Problem, das Dallavalle gerade intensiv beschäftigte. Der Jugoslawe deutete an, größere Mengen von Gold und Edelsteinen auf Lager zu haben. Der »Paßverkäufer« verschaffte ihm über mehrere Mittelsmänner den Kontakt zu einem Mann, der bereit war, gestohlenen Schmuck zu guten Preisen aufzukaufen. Leider mußte Dallavalle ihm erklären, daß er nicht allein über die Beute verfügen könne. Sie seien zu dritt, und der dritte Mann halte die Sachen versteckt. Zunächst gelte es, ihn zu finden. Am besten könne er die Suchaktion von der Wohnung seiner Freundin in Basel aus starten.

Der Unbekannte war einverstanden, ließ sich die Baseler Telefonnummer geben und sorgte sogar für Reisegeld und Fahrkarte.

Wenige Tage später rief er in Basel an. Er habe inzwischen mit seinen Hintermännern gesprochen. Wenn Dallavalle tatsächlich Wertgegenstände in der angedeuteten Größenordnung von fünfzig Millionen Lire anzubieten habe, sei man interessiert. Er möge doch bitte seine beiden Kollegen sowie den Schmuck aufstöbern. Dann könne man sich in einer Gaststätte am Frankfurter Flughafen mit dem zahlungskräftigen Kunden treffen und einen Deal ausmachen.

Dallavalle unterrichtete Tunjic, und gemeinsam versuchten die beiden, Ljubomir Ernst telefonisch ausfindig zu machen. Das gelang ihnen jedoch zunächst noch nicht, und so mußten sie ohne ihn zum Treffen auf dem Frankfurter Flughafen kommen.

Der »Aufkäufer« stellte sich als »Jacques« vor und ließ durchblicken, daß er in der Unterwelt ein großes Tier sei. Überflüssig zu sagen, daß »Jacques« Mauss war. Die beiden Jugoslawen erklärten ihm, daß es sich bei der heißen Ware um die geraubten Kultgegenstände aus dem Kölner Dom handelte, was Mauss natürlich nicht unbekannt war. Er ermunterte seine neuen Geschäftspartner, sich mit Nachdruck auf die Suche nach dem Kunstmaler und dessen Wertsachen zu machen.

Tatsächlich gelang es Dallavalle nach einigen Tagen, Ernst in Belgrad ans Telefon zu bekommen.

»Mit der Sache ist nichts mehr«, sagte Ernst. »Ich habe in Haft gesessen. Meine Frau ist zusammengeschlagen worden. Das ist wahrscheinlich von der Polizei angezettelt worden, damit ich in eine Falle laufe. Belästige mich nicht mehr und ruf mich nicht mehr an. Aus der Sache wird nichts werden.«

»Sei nicht kindisch«, erwiderte Dallavalle. »Ich glaube dir das nicht. Ich habe jetzt einen guten Aufkäufer für die Sachen.«
»Da mußt du sehr vorsichtig sein. Das ist vermutlich ein Mann von Interpol. Fahrt um Gottes willen nicht nach Deutschland, da werdet ihr von der Polizei gesucht.«

Dallavalle schlug Ernst vor, er solle sich doch selbst einmal mit dem »Aufkäufer« zusammensetzen. Ernst erklärte sich dazu bereit, meinte aber, er besitze zur Zeit keinen Reisepaß.

In der Tat war die in Köln gebliebene Ehefrau des Kunstmalers, Johanna Ernst, am 10. Februar 1976 »Opfer eines tätlichen Raubüberfalls« geworden, wie es später im Urteil hieß. Daraufhin war Ljubomir Ernst nach Deutschland gekommen. Einen Tag später nahmen ihn Kripo-Beamte in seiner Kölner Wohnung fest, »da sich inzwischen der Verdacht erhärtet hatte, daß er an dem Einbruch in die Domschatzkammer beteiligt gewesen sein könnte«.

Bei einer Wohnungsdurchsuchung wurden handschriftliche Papiere des Kunstmalers gefunden, auf denen es unter anderem in gebrochenem Deutsch hieß: »Der Ring, der zu anbei finden, sind als Beweis, daß wir im Besitz des entwendeten Schatzes sind. Als Schatz ist genau so gut erhalten bzw. geringfügig beschädigt, wie das beigefügte Ring. Wir verlangen a) die Hälfte der Summer, die Sie von Provincial (Versicherung) bekommen haben, b) nicht einschalten die K-Polizei oder Versicherungsagent und bitten dafür 2 bis 3 Tage nach Geldempfang (Übernahme) die Übergabe des Kruzifix, Prunkmonstranz und andere Sachen. Suchen zu einem Priester Ihres Vertrauens auf in der Stadt und übergeben Sie dem Mann in kleinen, nicht numerierten Scheinen das Mindestpreis nach Verkaufspreis...«

Bei seiner polizeilichen Vernehmung gab Ernst an, die Notizen während seines Rückfluges von Belgrad nach Köln aus Langeweile und in alkoholisiertem Zustand niedergeschrieben zu haben, zumal er sich schon seit längerem sehr mit dem Fall beschäftigt habe. Er habe selbst aber mit der Sache nichts zu tun. Er vermute, daß ein Kölner Barbesitzer darin verwickelt sei, und werde sich nach Kräften bemühen, diesen ausfindig zu machen.

»In der Hoffnung, daß der Angeklagte die aus der Schatzkammer erbeuteten Gegenstände zurückbeschaffen werde«, hieß es später im Urteil, »wurde er am 19. 3. 1976 unter Auflagen vom weiteren Vollzug der Untersuchungshaft verschont.«

Ernst wurde freigelassen. Er hielt sich jedoch nicht an seine Zusage, in Köln zu bleiben, sondern setzte sich umgehend nach Belgrad ab. Dort hatten ihn nun seine Kumpane telefonisch erreicht und über den solventen »Aufkäufer« Jacques unterrichtet.

Dallavalle berichtete Mauss bei seinem nächsten Treffen, daß Ernst an einem Kontakt interessiert sei, aber keinen Reisepaß mehr besitze. Das war für »Jacques« natürlich kein Problem. Er benötigte nur Fotos. Dallavalle rief Ernst wieder an und forderte ihn auf, Paßbilder zu schicken. Der Kunstmaler wollte nicht, die Sache sei ihm zu gefährlich.

Daraufhin reiste Dallavalle gemeinsam mit Tunjic nach Belgrad. Ernst behauptete, keine Schmuckstücke aus der Beute mehr zu haben, und erzählte irgendeine windelweiche Geschichte.

»Jacques ist aus der Unterwelt«, drohte Dallavalle. »So leicht ist der nicht abzuspeisen. Nachher nimmt er an, man hat ihn betrogen.«

Der Kunstmaler lenkte ein: »Ich habe noch zwei Ringe retten können.«

Mit den zwei wertvollen Bischofsringen im Gepäck reisten Dallavalle und Tunjic in die Schweiz und übergaben sie in Zürich an »Jacques«. Der rief sie einige Tage später wieder an und sagte: »Ich habe die Ringe überprüft, sie stammen wirklich aus dem Kölner Dom.« Er bearbeitete die beiden so lange, bis sie ihm die Belgrader Telefonnummer des Kunstmalers gaben.

Der »Aufkäufer« wollte sich nun direkt mit dem »Lieferanten« in Verbindung setzen.

Mauss reiste nach Jugoslawien und schaffte es, Ljubomir Ernst einen Teil der Beute abzukaufen. Im Juni 1976 traf er sich wieder mit den beiden anderen Jugoslawen, diesmal in Lugano. Er berichtete ihnen, daß Ernst ihm für 60 000 Schweizer Franken eine Kostprobe des Domschatzes verkauft hätte. Das Hauptgeschäft solle drei Wochen später in Mailand abgewickelt werden. Der Kunstmaler wolle selbst nach Italien kommen und den Schmuck gegen 100 000 Mark und zwei Personenwagen, einen Mercedes 350 SL »mit allen Schikanen« und einen Citroën, herausgeben. »Jacques« sagte Dallavalle und Tunjic zu, sie zu beteiligen. In der Zwischenzeit habe er einen lukrativen Auftrag für sie.

Die beiden sollten für ihn in Zürich Antiquitäten abholen und nach Stockholm schaffen. Die beiden Domräuber, total abgebrannt, waren begeistert. In einem von Mauss zur Verfügung gestellten Mercedes fuhren sie am 17. Juni 1976 nach Zürich, um dort die Ware zu übernehmen. Wenige Kilometer vor der Stadt gerieten sie in eine Polizeikontrolle und wurden festgenommen, weil der Wagen – angeblich – als gestohlen gemeldet war. Im Wagen entdeckte die Polizei dann auch noch Teile des Kölner Domschatzes.

Dallavalle und Tunjic wurden nach Deutschland ausgeliefert. Völlig überrascht davon, daß die sakrale Diebesbeute aus dem eigenen Einbruch im Wagen lag, packten die beiden aus. Offenbar konnten sie den verwickelten Vorgängen nicht mehr folgen.

Erst später dämmerte ihnen, was geschehen war: »Jacques« hatte die von Ljubomir Ernst gekauften Gegenstände im Auto versteckt und die Schweizer »Verkehrskontrolle« inszeniert.

Weil sie sich auch von dem Kunstmaler hereingelegt fühlten, belasteten sie vor allem diesen als angeblichen Drahtzieher des Domraubes. Ljubomir Ernst wurde schließlich in Mailand festgenommen, wo er sich ebenfalls mit »Jacques« hatte treffen wollen. Die Kripo in Belgrad durchsuchte sein Haus und fand in einem Koffer 23 Metallklumpen »unregelmäßiger Form« mit einem Gewicht zwischen 11 und 196 Gramm, Farbe zumeist gelb, einige grau: Gold und Silber. Dazu die Überreste einiger sakraler Gegenstände sowie lose Edelsteine. Das war der kläglicher Rest des Domschatzes, reduziert auf sein wertvolles Material.

Der Großteil der Beute blieb verschwunden.

Ljubomir Ernst bestritt vehement, am Einbruch im Kölner Dom direkt beteiligt gewesen zu sein. Da die beiden anderen Jugoslawen ihn aber als den Anstifter und Drahtzieher bezeichneten, wurde er als Haupttäter zur höchsten Strafe verurteilt, zu siebeneinhalb Jahren Gefängnis. Es nutzte Ernst auch nichts, daß er später in einem Wiederaufnahmeantrag zwei andere Landsleute als die wirklichen Organisatoren namentlich benannte. Die Ermittlungen wurden nicht wiederaufgenommen. Dabei klingt es gar nicht so unwahrscheinlich, daß Ljubomir Ernst, wie er selbst behauptet hatte, in den Fall nur als Hehler verwickelt gewesen war.

Einer der Männer, die er als Drahtzieher bezeichnete, hatte »Vanja« Dallavalle nämlich einen freundlichen Brief in die Haftanstalt geschrieben. Darin hieß es: »Du solltest Dich nicht einsam fühlen und Dir absolut keine Dinge ›ausdenken‹. Ich weiß, daß es dumm gekommen ist, aber auch das wird vorbeigehen, wir werden alles tun, was wir können, damit es je eher vorbeigeht. Habe Vertrauen in uns und Du sollst uns auch nicht enttäuschen. Jetzt mußt Du stark sein und daß Du das alles durchhältst, ich aber glaube, daß Du vernünftig bist und Du sollst nicht vergessen, daß Du das ganze Leben vor Dir hast ...«

Die Übersetzerin in der Schweizer Haftanstalt empfand das als sanfte Drohung und empfahl, den Brief nicht auszuhändigen. Dennoch wurde er Dallavalle übergeben.

Er und sein Kumpan Tunjic blieben bei ihrer Version, Ljubomir Ernst und niemand anderes habe sie zum Domraub angestiftet. Der Kunstmaler selbst hatte auch seine eigene Theorie, warum einige Stücke aus dem Kirchenschatz nie wieder aufgetaucht waren. Er habe mehr an Mauss verkauft, als später der Kölner Domprälat zurückbekam. Der »Aufkäufer Jacques« habe wohl einen Teil der Beute unterschlagen, was Mauss bestreitet.

Natürlich wurde dieser Sache niemals nachgegangen. Es wäre auch vollkommen aussichtslos gewesen. Einem Mann wie Werner Mauss mußte man vertrauen, bei der Beschaffung von Beweismaterial genauso wie bei der Wiederbeschaffung von Diebesgut. Überprüfbar war beides nicht.

Die – teilweise – Rückführung des Domschatzes wurde mit einer festlichen Rheinfahrt im Beisein von Würdenträgern der katholischen Kirche, der Polizei und der Versicherung gefeiert. Spätere Gerüchte, Werner Mauss sei für seinen Einsatz vom Papst persönlich gesegnet worden, treffen nicht zu.

5. Kapitel
Der Agent

Terroristenjagd

Zur selben Zeit, als Mauss den Domräubern hinterherjagte, reiste ein junger Mann mit dem peruanischen Paß Nr. 15745, ausgestellt auf den Namen Adolfo Lopez Christobald Frendle, mit der Fähre von Italien auf die griechische Insel Mykonos.

Sein richtiger Name war Rolf Pohle. Der Sohn eines bekannten Professors stand ganz oben auf der Fahndungsliste der Polizei. Unter falschen Namen hatte Pohle Anfang der siebziger Jahre unter Vorlage eines Jagdscheins Waffen für die RAF eingekauft. Im Dezember 1971 wurde er verhaftet und im März 1974 zu sechs Jahren und fünf Monaten Haft verurteilt.

Fast genau ein Jahr später entführten Mitglieder der »Bewegung 2. Juni« den Berliner CDU-Vorsitzenden Peter Lorenz. Es gelang ihnen, fünf Gefangene aus dem Umfeld der RAF und des »2. Juni« freizupressen, darunter Rolf Pohle. Am 3. März 1975 wurden die fünf in Begleitung des ehemaligen Berliner Regierenden Bürgermeisters Heinrich Albertz in den Südjemen ausgeflogen.

Pohle hielt es nicht lange in dem Wüstenstaat aus. Am 27. Mai 1976 erreichte er die griechische Urlaubsinsel Mykonos. Für seine Ergreifung war eine Belohnung von 50 000 Mark ausgesetzt worden.

Aus allen Urlaubsgebieten rund ums Mittelmeer gingen ständig Hinweise auf steckbrieflich gesuchte Terroristen ein. Das Ehepaar Mauss erhielt vom BKA den Auftrag, derartigen Urlaubertips nachzugehen.

Mit ihrem Flugzeug konnten sie schnell und ohne großen Aufwand in die Touristenorte gelangen. Sie flogen nach Korfu,

Kreta, Rhodos und auf die Kanarischen Inseln. Doch trotz der hektischen Aktivität fühlte sich das Agentenpaar bei diesem Job nicht so recht ausgelastet. Vor allem wurde die »Institution M.« vom BKA nicht mehr in das Gesamtkonzept von Fahndungsmaßnahmen eingeweiht. Die Super-Agenten kamen sich ziemlich affig vor. Die Hin- und Herschickerei erschien ihnen wie bloße Beschäftigungstherapie. Nun waren nicht sie es, die Polizeieinsätze steuerten, sondern sie wurden gesteuert. Eines Tages kamen sie von einem Auslandsflug zurück und landeten unterwegs in Genf. Von dort aus rief Mauss das BKA in Wiesbaden an.

»Fliegen Sie durch nach Hannover«, wurde er angewiesen, »dort warten zwei junge Beamte auf Sie, mit denen fliegen Sie sofort zurück auf die Kanarischen Inseln.«

Als sie am Abend in Langenhagen landeten, fragten sie die wartenden BKA-Leute nach näheren Einzelheiten.

»Das können wir Ihnen nicht sagen, Sie fliegen doch nur«, lautete die Antwort.

Mauss fühlte sich in seiner Ehre als Geheimagent gekränkt: »Wenn Sie uns nichts sagen, legen wir uns ins Bett und schlafen erst mal.« Erst als er bei der BKA-Spitze in Wiesbaden anrief, setzte man ihn näher ins Bild.

In den meisten Fällen brachten die Flugreisen nicht einmal genug ein, um auch nur den verflogenen Treibstoff zu rechtfertigen. Deutsche Urlauber neigten in der Zeit nun einmal dazu, hinter jeder Sandburg einen gesuchten Terroristen zu vermuten. Die Tips waren fast immer falsch. Einmal ließ das Ehepaar Mauss auf Kreta eine Doppelgängerin der gesuchten Gabriele Kröcher-Tiedemann festnehmen. Die Verwechslung klärte sich auf, und die Frau mußte wieder freigelassen werden. Deutsche Zeitungen aber hatten schon auf ihren Titelblättern fettgedruckt den Erfolg verkündet.

Anfang Juli 1976 fiel einem Münchner Journalistenschüler in seinem Urlaubsort auf Mykonos die Ähnlichkeit zwischen einem Touristen und dem Foto eines gesuchten Terroristen auf. Er sprach den Mann an: »Sie sind doch Rolf Pohle?«

»Nein«, antwortete Pohle.

Der Jungjournalist hakte nach.

Daraufhin schwenkte Pohle um: »Ja, das bin ich. Aber wenn Sie den Mund aufmachen, ist es aus mit Ihnen.«

Der Journalistenschüler hängte sich diskret ans Telefon und rief zu Hause bei der Polizei an. Im bayerischen Landeskriminalamt nahm man den Hinweis sehr ernst. Der damalige LKA-Vize Hubert Mähler nahm die Ermittlungen auf und unterrichtete das Bundeskriminalamt und die »Institution M.«.

Mähler war seit vielen Jahren einer der engsten und wichtigsten Vertrauten des Agentenpaares. Damals noch zweiter Mann beim Landeskriminalamt, wurde Mähler am 30. November 1979 Chef des Polizeipräsidiums Oberfranken/Bayreuth und rückte am 1. August 1987 zum Chef des bayerischen Landesamtes für Verfassungsschutz auf.

Nachdem in Wiesbaden der Hinweis auf Pohle eingegangen war, informierte das BKA Interpol und ließ die griechische Polizei bitten, den Gesuchten sofort festzunehmen. Zwei Beamte des Bundeskriminalamtes setzten sich in die nächste Maschine nach Athen, um die Fahndung an Ort und Stelle zu überwachen. Zu ihrem Leidwesen durften die BKA-Männer aber nicht nach Mykonos weiterreisen, sondern mußten beim deutschen Botschafter in Athen warten.

Inzwischen hatte Rolf Pohle die Urlaubsinsel mit unbekanntem Ziel bereits wieder verlassen. Mähler mobilisierte seinen Freund Mauss, der umgehend die Cessna startklar machte. Auf Mykonos befragte das Ehepaar Mauss zunächst den aufmerksamen Journalistenschüler. Der erzählte ihnen, daß er Pohle dabei beobachtet habe, wie er eine ungewöhnliche Sonnenbrille mit roten Bügeln gekauft habe.

Schon vor dem Abflug hatte »M.« sich ein genaues »Personagramm« von Pohle geben lassen. In dem vom BKA angelegten Dossier stand unter anderem, daß Pohle täglich »Die Welt« und die »Süddeutsche Zeitung« lese und sich wöchentlich den »Spiegel« kaufe.

Über den Lufthansa-Kurierdienst ließ Mauss sich vom bayerischen Landeskriminalamt die letzten Fotos von Pohle schicken. Mauss ließ den Journalistenschüler anhand der Fotos das neue Erscheinungsbild Rolf Pohles schildern. Sofort gab er die Informationen an seinen Freund Mähler weiter, der die Fotos beim Erkennungsdienst so lange verändern ließ, bis sie der aktuellen Erscheinung Pohles möglichst genau entsprachen.

Währenddessen klapperten Mauss und Frau alle Reisebüros auf Mykonos ab, um herauszubekommen, mit welchem Schiff Pohle wohin weitergefahren sein könnte. Tatsächlich erinnerte sich die Angestellte eines Reisebüros an den Mann auf den Fotos. Er habe Tickets für eine bestimmte Schiffsroute gekauft, die zu zahlreichen anderen Inseln, dann aber auch nach Athen führte. Pohle konnte also überall ausgestiegen sein. Mauss steckte in einer Sackgasse. Nach weiteren ergebnislosen Recherchen flogen er und seine Frau weiter nach Athen. Vielleicht wollte Pohle im Großstadtgetümmel untertauchen.

Nach der Landung in Athen unternahm das Paar erst einmal eine Sightseeing-Tour zur Akropolis. Oben angekommen und die Millionenstadt Athen unter sich, breitete Margret Mauss die Arme aus und stöhnte: »Das ist doch idiotisch. Wir haben nur das neue Foto und sonst nichts. Wie sollen wir die Stecknadel Pohle in diesem Heuhaufen finden?«

Aber ihr Mann war guten Mutes. Erstens hatten sie ein gutes Hotel, nämlich das »King George V.« am Syntagma-Platz, zweitens schönes Wetter und drittens sowieso nichts anderes vor – und die Spesen liefen weiter. Zudem hatte Mauss eine Idee.

»Wie wäre es«, schlug er seiner Frau vor, »wenn wir alle Zeitungskioske in Athen auf die Kombination ›Welt – Süddeutsche – Spiegel‹ abklappern?«

Das hörte sich gut an. Die ersten Recherchen ergaben allerdings, daß in der griechischen Metropole gut zweitausend Kioske existierten. Über eine Vertriebsfirma brachte Mauss weiter in Erfahrung, daß immerhin noch zweihundert die von Pohle bevorzugte Zeitungskombination im Angebot hatten. Daraufhin suchte das Agentenpaar den Athener Interpol-Chef Fatinopoulos auf, um ihn dazu zu bringen, diese Kioske von seinen Leuten überwachen zu lassen. Fatinopoulos sträubte sich. Eine solche Aktion würde zu viele seiner Beamten binden. Schließlich erklärte er sich bereit, die Zeitungsstände wenigstens für einen Tag, den Mittwoch, an dem in Athen der »Spiegel« frisch angeboten wird, observieren zu lassen.

Mauss selbst machte sich auf die Suche. Er begann seine Ermittlungen vor der Tür des Hotels, auf dem Syntagma-Platz. Auf Anhieb hatte er Erfolg. Die Kioskbesitzerin erkannte auf dem Foto den Mann, der regelmäßig kurz nach der Anlieferung gegen 18.00 Uhr die »Welt« und die »Süddeutsche« kaufte. Mauss legte sich mit einer Gruppe griechischer Polizisten auf die Lauer.

Wieder hatte er Glück. Pünktlich um 18.05 Uhr tauchte Pohle am Kiosk auf. Er trug noch immer die auf Mykonos gekaufte auffällige Sonnenbrille.

Mit den Zeitungen unter dem Arm ging Pohle weiter zur Snackbar »American Santa Maria«. Dort bestellte er sich ein Backhuhn mit Pommes frites und breitete zunächst die »Süddeutsche« aus. Mauss drängte auf unverzügliche Festnahme, doch der griechische Einsatzleiter Kyriakopoulos lehnte ab. Es könne auf dem übervollen Syntagma-Platz leicht zu einem Blutbad kommen.

Sieben Polizeibeamte pirschten sich langsam und unauffällig an Pohle heran. Gegen 21.15 Uhr hatte der Deutsche seine Zeitungslektüre beendet. Als er die Blätter zusammenfaltete, griffen die Beamten zu.

Pohle bestritt vehement, mit dem Gesuchten identisch zu sein. Erst als das BKA neue Fingerabdrücke nach Athen funkte, war klar, daß Mauss und die griechische Polizei den richtigen Mann gefaßt hatten.

Es folgte ein Streit um die Belohnung. Polizeiführer Kyriakopoulos beanspruchte das Geld für sich persönlich, was in Griechenland möglich ist. Erst nach langen Verhandlungen mit Fatinopoulos und einigen Scheinen, die Mauss aus dem Spesenetat seiner Versicherungen zur Verfügung stellte, verzichtete Kyriakopoulos auf die Prämie. Das Geld teilten sich später die griechische Kioskbesitzerin und der deutsche Journalistenschüler. Mauss wurde ohnehin von den Versicherungen bezahlt.

Der Fall Pohle zahlte sich für Mauss noch auf andere Weise aus. Plötzlich galt er nicht nur als erfolgreicher Agent im Untergrund der gemeinen Kriminalität, sondern auch als begabter Terroristenjäger. Zudem hatte er einen neuen Freund gewonnen, den Athener Interpol-Chef Fatinopoulos, der ihm später noch manche guten Dienste leisten sollte.

Mit zwei höchst spektakulären Erfolgen, der Aufklärung des Kölner Domraubs und der Festnahme Rolf Pohles, konnte Mauss das Jahr 1976 beenden. Zwar war in beiden Fällen der Öffentlichkeit verborgen geblieben, wer hinter den Ruhmestaten steckte, aber in den Behörden selbst machte die Rede von den Glanzleistungen des Super-Agenten die Runde.

Leider war die Versicherungswirtschaft mit der Arbeit ihres Agenten nicht gleichermaßen glücklich. An den Erfolgen gab es nichts zu deuten, aber die Spesenabrechnungen der »Institution M.« ließen arg zu wünschen übrig.

Am Rande des Abgrunds

Das gesamte Jahr 1976 hindurch hatte sich in den Chefetagen der Versicherungen Unwillen über die »Institution M.« aufgestaut. Beim HUK-Verband in Hamburg gab es eine Buchhalterin, die ihren Chefs immer wieder das eigenwillige Abrechnungsgebaren der beiden Privatdetektive unter die Nase rieb. Auch ein Münchner Allianz-Manager, sonst im Umgang mit dem Ehepaar Mauss durchaus freundlich, entwickelte mehr und mehr Skepsis. Über Monate konnte ein Mauss-Vertrauter die schwelende Krise unter Kontrolle halten. Dann trat ein neuer Mann an die Spitze der Versicherungsgruppe Hannover.

Unmittelbar nachdem Dr. Flath turnusmäßig seine Präsidentschaft bei der VGH angetreten hatte, ließ er sich das Rechenwerk des Verbandes geben. Darin fielen ihm Rechnungen der Firma Mauss auf, die zwischen 400 000 und 500 000 Mark in zwölf Monaten lagen. Er forschte nach und stellte, wie er später im Untersuchungsausschuß berichtete, fest, »daß da Rechnungen vorgelegt worden sind, ohne furchtbar große Begründungen. Rechnungen über Privatflugzeuge, für Zweit- und Drittwohnungen, Spesen, Auslagen für Unterorganisationen, wie es damals hieß«. Dr. Flath entschied: »Das kann so nicht weiterlaufen.« Er erkundigte sich, wer bisher die Einsätze gelenkt hätte, und bekam zur Antwort: »Das Bundeskriminalamt.«

Dr. Flath setzte sich mit Wiesbaden in Verbindung und regte eine Grundsatzbesprechung an. Das Gespräch fand im großen Kreis in Hannover statt.

Auch das Ehepaar Mauss war in die niedersächsische Landeshauptstadt beordert worden, wurde allerdings erst hinzugezogen, als Versicherung und BKA sich bereits auf die weitere Vorgehensweise geeinigt hatten.

Auf Vorschlag von Dr. Flath sollte künftig jeder Einsatz ausnahmslos über Wiesbaden erfolgen. Der HUK-Verband würde nur noch Rechnungen der »Institution M.« bezahlen, wenn sich das BKA vorher von der Korrektheit der Angaben überzeugt und die Belege abgezeichnet hätte. Auch die von Mauss immer wieder ins Gespräch gebrachte Altersversorgung für sich und seine Frau wies Dr. Flath zurück. Er stellte klar: »Mauss ist kein Angestellter des HUK-Verbandes, und er hat auch keine Altersversorgung zu beanspruchen.«

Das BKA fügte sich. Wer die Musik bezahlte, hatte schließlich ein Recht zu bestimmen, welches Stück gespielt wurde. Das Bundeskriminalamt durfte hinfort als Buchhalter für die Versicherung dienen. Wiesbaden erhob keine Einwände, schließlich, so bestätigte man dem Versicherungsmanager, sei »der bisherige Einsatz von Mauss außerordentlich effektiv« gewesen. Auf einen solchen Mann wollte man nicht verzichten, zumal er ja nicht aus eigenen Mitteln bezahlt werden mußte.

Als man sich über die Marschrichtung geeinigt hatte, wurde das Agentenpaar in den Raum gerufen. Die versammelte Runde aus Versicherungsmanagern und hochstehenden BKA-Beamten eröffnete ihnen die neue Situation. Entweder die »Institution M.« werde sich damit abfinden – oder man müsse sich trennen.

Mauss wurde kalkweiß. Seiner Frau schossen die Tränen in die Augen. Jahrelang hatte man sich im Dienst der Polizei und der Versicherungen aufgezehrt – und nun das.

Um nicht vor aller Augen Schwäche zu zeigen, griff Margret Mauss ihre Handtasche und stürzte aus dem Konferenzsaal. Sie rannte die Treppen hinunter, einige der hochgestellten Herren liefen hinter ihr her, konnten sie aber nicht einholen.

Ein paar Stunden lang irrte Frau Mauss durch die Innenstadt von Hannover und kehrte erst am Abend in ihr Hotel zurück. Ihr Mann, ebenfalls arg angeschlagen, rief seine bisherigen Vertrauten in der Versicherungsbranche an. Die versprachen, sich für seine Weiterverwendung einzusetzen. So weit aber, die neuen Regelungen Dr. Flaths rückgängig zu machen, reichte ihr Einfluß nicht.

Wieder einmal war die »Institution M.« haarscharf um die Arbeitslosigkeit herumgekommen, aber ihre Freiheit hatte schweren Schaden genommen.

Um die Jahreswende 1976/77 kam der neugewonnene griechische Freund und Interpol-Chef von Athen, Fatinopoulos, zu Besuch nach Altstrimmig. Gemeinsam feierte man in der Mauss'schen Villa Silvester.

Doch die rechte Stimmung wollte nicht aufkommen. Zu tief saß der Schock durch die Geschehnisse in Hannover. Vor allem Margret Mauss war mit den Nerven fast am Ende und geriet oftmals an den Rand eines Weinkrampfes, wenn auch nur der Name des BKA genannt wurde.

Am Neujahrstag klingelte im Hause Borwiese 5 in Altstrimmig das Telefon. Am Apparat war der Münchner Polizeipräsident, Dr. Manfred Schreiber. Er hatte einen neuen Auftrag für das gebeutelte Agentenpaar. Werner und Margret Mauss sollten in Sachen Oetker-Entführung ermitteln.

Die beiden komplimentierten ihren griechischen Polizeifreund auf die Heimreise und kletterten in ihre Cessna. Schon am selben Tag gegen 18.00 Uhr trafen sie in München ein. Dr. Schreiber und der zuständige Staatsanwalt begrüßten sie und wiesen ihnen ein geräumiges Zimmer zu, in dem sie sich erst einmal in die neue Materie einlesen sollten. So brachten sie die ersten Tage des neuen Jahres 1977 damit zu, die Ermittlungsakten über die Entführung des Industrie-Erben Oetker zu studieren. Es schien, als ginge es wieder bergauf.

Die Oetker-Ermittlung

Zehn Tage vor Weihnachten 1976 besuchte der Industriellensohn Richard Oetker an der landwirtschaftlichen Fakultät der Universität in Weihenstephan vor den Toren Münchens ein abendliches Seminar. Gegen 19.30 Uhr ging der 25jährige Millionenerbe zu seinem Wagen auf dem verschneiten Parkplatz.

Plötzlich tauchten aus der Dunkelheit Unbekannte auf und zwangen ihn mit vorgehaltener Pistole, in ein bereitstehendes Fahrzeug zu steigen.

Gegen 22.30 Uhr klingelte bei Richard Oetkers Frau Marion das Telefon: »Wir haben Ihren Mann.« Eine halbe Stunde später meldeten sich die Entführer wieder. Verzweifelt bat Marion Oetker um ein Lebenszeichen. Um 2.30 Uhr erhielt sie einen neuen Anruf. In der Jungfernturmstraße in der Münchner Innenstadt sei das gewünschte Lebenszeichen zu finden.

Marion Oetker fuhr zu dem angegebenen Ort und fand dort ein Tonband mit der Stimme ihres Mannes, dazu einen Brief, in dem die Lösegeldsumme und die Übergabemodalitäten beschrieben waren: Freitag, 11 Uhr, 21 Millionen Mark, zu übergeben von Richards ältestem Bruder Rudolf August. Presse und Polizei dürften nicht eingeschaltet werden. Sonst würde der Entführte durch einen Stromstoß getötet werden. Die Todesapparatur sei bereits aufgebaut.

Am nächsten Abend meldeten sich die Entführer wieder bei Marion Oetker: »Mit dem Strom ist ein Unglücksfall passiert. Ihr Mann ist verletzt, aber es besteht keine Lebensgefahr. Er braucht einen Arzt.« Die Geldübergabe müsse deshalb auf Donnerstag, 11 Uhr, vorverlegt werden. Richard Oetkers Vater, Herr über ein Imperium von Lebensmittelfirmen, Reedereien und Versicherungen, beschloß zu zahlen.

Am Donnerstag nachmittag stand Richards Bruder August mit einem siebzig Pfund schweren Aluminiumkoffer, gefüllt mit 21 000 Tausendmarkscheinen, im vorweihnachtlichen Fußgängergewühl des Münchener Stachus-Untergrunds vor einer grauen Stahltür. Zuvor hatte er auf Anweisung der Entführer drei Hotels und den Hauptbahnhof als Zwischenstationen ansteuern müssen, von wo aus er jeweils neue Marschanweisungen bekommen hatte. Die Tür am Ende des Fluchtganges aus der Tiefgarage, vor der August Oetker wartete, ließ sich nur von einer Seite öffnen: von innen. Sie öffnete sich, eine Hand streckte sich aus und ergriff den Geldkoffer. Dann schnappte die Tür wieder zu. Die getarnt mit zur Geldübergabe erschienenen Polizeibeamten standen vor der verschlossenen Tür. Der Kidnapper verschwand auf Nimmerwiedersehen. Mit ihm das Geld. Es war die höchste Lösegeldsumme, die jemals in der Bundesrepublik gezahlt worden war.

Richard Oetker wurde freigelassen. Er hatte die zwei Tage in einer nur 1,20 Meter langen Kiste zubringen müssen, angeschlossen an einen bestialischen Mechanismus, der bei der kleinsten Bewegung einen Stromstoß auslöste. Der Student war schwer verletzt: Herzstörungen, Lungenschäden, Brüche an beiden Oberschenkeln und an zwei Lendenwirbeln.

Als Werner und Margret Mauss Anfang 1977 in die Ermittlungen eingeschaltet wurden, hatte die Polizei bereits einige Verdächtige festgenommen. Aus Mangel an Beweisen mußten aber alle wieder freigelassen werden.

Mauss ging nach altbewährter Methode vor. Er suchte sich aus den Ermittlungsakten jene Verdächtigen heraus, die möglicherweise doch an der Tat beteiligt gewesen sein konnten. Auf sie konzentrierte er dann seine Anstrengungen. Nicht, daß er direkt nach Beweisen suchte – das konnte die Polizei auch. Mauss hatte seine eigene Art, mit Verdächtigen umzugehen. Er machte sich an sie heran, versuchte, ihr Vertrauen zu gewinnen. Dann lockte er sie in eine Falle. Zuweilen fielen dabei auch Beweise für die eigentliche Tat ab.

Im Falle Oetker war Mauss mit dieser Taktik nicht sonderlich erfolgreich.

So hatte die Münchener Polizei einen damals 37jährigen Mann im Verdacht, den Opel gekauft zu haben, in dem Richard Oetker nach seiner Entführung aufgefunden worden war. Der Mann hatte zwar für die Tatzeit ein hieb- und stichfestes Alibi, das focht Mauss aber nicht weiter an. Gemeinsam mit einem seiner langjährigen Mitarbeiter machte er sich unter Vorspiegelung aller möglichen Geschäftsinteressen an den Mann heran. Seine berühmte Spürnase signalisierte ihm offenbar, daß der Mann schrägen Geschäften nicht ganz teilnahmslos gegenüberstand. Nach allerhand kompliziert eingefädelten Operationen, zu denen auch die Gründung eines Schnelltransportunternehmens gehörte, holte Mauss zum entscheidenden Schlag aus.

Der Verdächtige sollte nach einem kriminellen Vermittlungsgeschäft verhaftet werden. Mauss hatte Interesse bekundet, von dem Mann Gold in größeren Mengen und zu guten Preisen aufzukaufen. Nun hatte seine »Zielperson« zwar selbst kein Gold anzubieten, kannte aber angeblich ein paar Italiener, die das Edelmetall besorgen könnten. Mauss schlug als Übergabeort das Münchener Hotel »Holiday Inn« vor. Dort mietete sein Mitarbeiter eine Suite mit zwei Zimmern. Auch Beamte der Münchener Oetker-Sonderkommission waren mit von der Partie. Sie sollten sich als Interessenten für geschmuggeltes Gold ausgeben. Mauss trat als der Hauptfinanzier auf. Von der Versicherung hatte er zu diesem Zweck rund 350 000 Mark in bar zu treuen Händen erhalten. Der von Mauss als Oetker-Entführer Verdächtigte spielte bei dem gesamten Geschäft nur eine Statistenrolle; er wollte die von Mauss in Aussicht gestellte Provision kassieren. Doch auch dazu kam es nicht.

Der Agent hatte extra einen Goldsachverständigen mitgebracht, der die von den Italienern tatsächlich angeschleppte Ware auf Echtheit überprüfen sollte. In einem Nebenzimmer wurde eine vorher »zufällig« ausgesuchte Probe mit entsprechendem technischen Gerät untersucht. Das Resultat lautete: »Echt.« Daraufhin zahlte Mauss das Versicherungsgeld aus. Die Italiener verschwanden, von den zur Absicherung mitgebrachten Kripo-Beamten unbehelligt, aus dem Hotel.

Die teuer erworbenen Goldbarren blieben bei Mauss und seinen Kripo-Leuten. Zunächst hatte man Schwierigkeiten, die von den Italienern zurückgelassenen Kassetten zu öffnen, denn die Profis hatten den Amateuren falsche Schlüssel zurückgelassen. Als man die Metallkisten endlich gewaltsam geöffnet hatte, kam die Überraschung: Das bar bezahlte Gold war in Wirklichkeit Messing. Mauss war in die Falle gegangen.

Erst später dämmerte ihm: »Einer der Italiener hat die als Probe genommenen falschen Stücke mit Hilfe eines Taschenspielertricks gegen echtes Gold ausgetauscht. Diese ausgetauschten Stücke hat der Spezialist im Nebenzimmer durchaus zutreffend als echt identifiziert.«

Leider war der gesamte Rest Blech. Das Geld wurde nie wieder aufgetrieben. Die Versicherung trug den Schaden.

Nach dem Debakel hatten weder Mauss noch die Oetker-Sonderkommission mehr Interesse an dem Verdächtigen, mit dessen Hilfe Mauss das verlustreiche Geschäft eingefädelt hatte. Ein Prozeß gegen ihn hätte die peinliche Affäre nur in der Öffentlichkeit bekanntgemacht.

Der Mann hatte Glück, weil die Aktion zur Bruchlandung für Superdetektiv Mauss und die beteiligten Polizeibeamten geworden war.

Zwei Jahre später präsentierte die Sonderkommission – ohne Mitwirkung von Mauss – den Münchener Autohändler Dieter Zlof als Oetker-Entführer. Er wurde zu 15 Jahren Freiheitsstrafe verurteilt. Auch in seinem Fall war die Beweiskraft der Indizien umstritten. Im Prozeß hielt die Staatsanwaltschaft die Goldposse aus dem »Holiday Inn« geheim.

Der Verteidiger von Zlof, Martin Amelung, erfuhr erst Jahre später, auf welche Weise die Polizei und ihr legendenumwobener Agent bei den Ermittlungen gearbeitet hatten.

Er zog seine eigenen Schlüsse daraus: »Wenn die Polizei hier im Fall K. so arbeitete beweist es, daß sie auch im Fall Zlof so gearbeitet hat. Es beweist die alte Erfahrung, in spektakulären Fällen bemüht sich die Polizei auch mit allen bedenklichen Mitteln den Fall zur Aufklärung zu bringen. Sie steht unter einem ungeheuren Erfolgszwang. Ich halte diese Geschichte für äußerst bedenklich. Die Waffengleichheit ist nicht mehr gewahrt, wenn der Staatsanwalt bewußt Spurenakten vorenthält, die Verteidigung keine Einsicht hat. Wir haben das alles dem Bundesverfassungsgericht vorgetragen. Das Bundesverfassungsgericht hat zwar die Ansicht vertreten, daß die Verteidigung grundsätzlich Einblick in die Spurenakten haben kann. Aber im Fall Zlof kam diese Entscheidung leider zu spät.«

Unverdrossen werkelte Mauss auch nach der Goldpleite an der Lösung des Entführungsfalles Oetker. Weitere Erfolge blieben aus.

Offenbar hatte Mauss aber recht frühzeitig erkannt, daß er in Sachen Oetker überfordert war. So übernahm er parallel zu seinen Ermittlungen in dem hochkarätigen Entführungsfall noch andere Aufträge. Schließlich mußte die Kontinuität der »Institution M.« gewahrt bleiben. Ein möglicher Mißerfolg durfte nicht die gesamte Arbeit gefährden. Auf mehreren Beinen stand es sich besser.

Eine neue Operation, die Mauss 1977 anging, hatte, wie so oft, eine lange Vorgeschichte.

»Django«

Am 23. September 1973 war in Hamburg ein gewisser Zjelko Susak, genannt »Django«, geboren in Listika, Jugoslawien, festgenommen worden. Beim Einbruch in das Geschäft Leder-Schüler hatte er Leder- und Krokoartikel im Wert von 100 000 Mark eingesackt. Die Polizei konnte die Beute in einem Mietwagen sicherstellen. Die Hamburger Kripo versuchte, Susak zu vernehmen. Der Jugoslawe weigerte sich aber, irgendwelche Aussagen zu machen, weil er, wie er andeutete, Repressalien seiner Auftraggeber befürchten müsse.

Ein Spezialist wurde gebraucht. Die Hamburger Polizei wandte sich an das BKA und bat um den Einsatz des legendären Agenten Werner Mauss.

Das erste Gespräch zwischen den Beamten der Hamburger Kripo-Abteilung K 311 und dem Agentenpaar Mauss fand am 22. Oktober 1973 statt. Mauss wurde engagiert. Durch konspirativen Einsatz sollte er versuchen, die mutmaßliche internationale Bande aus Jugoslawen und Franzosen zu unterwandern. Die Hamburger Polizei erklärte sich bereit, Mauss für den Einsatz mit falschen Papieren zu versorgen.

Susak wurde zunächst nach Frankfurt transportiert, obwohl bei der Hamburger Kripo ein anonymer Anruf eingegangen war, wonach er auf der Fahrt befreit werden sollte. Umfangreiche Sicherungsmaßnahmen wurden durchgeführt, allerdings nichts Verdächtiges festgestellt. Wie nicht anders zu erwarten, brachte Mauss den Jugoslawen zum Reden. Er erfuhr, daß die Bande in der Bundesrepublik, Belgien, Frankreich, Spanien und Jugoslawien arbeitete. Ihre Kontaktstellen seien Bars, die von Bandenmitgliedern geführt würden, sowie Übersetzungsbüros in Frankfurt, Mannheim, Stuttgart und München.

Susak verriet Mauss auch, daß er in den letzten sechs Monaten vor seiner Festnahme als Fahrer und rechte Hand für einen der Bandenbosse in Frankfurt gearbeitet habe, der sich Jean-Pierre oder Dupont nenne. Sofort kam Mauss der Gedanke, es könne sich um Felix L. handeln, der ihm von der Eurogang her bekannt war. Felix L. war ja nach Frankreich abgeschoben worden, wo er lediglich eine frühere Reststrafe hatte absitzen müssen.

Susak nannte Mauss ein halbes Dutzend weiterer Namen seiner vorwiegend jugoslawischen Komplizen und der deutschen Hehler, mit denen sie zusammenarbeiteten.

Wieder sann Mauss über eine schwache Stelle innerhalb der Bande nach. Susak nannte ihm den Namen seiner Freundin Ruzca, genannt »Rozana«, die in Wiesbaden wohnte.

Am 2. November besuchte Mauss die 24jährige Jugoslawin. Über sie machte er sich als angeblicher Hehler an ein weiteres Gruppenmitglied, den Jugoslawen Juro B., in Frankfurt heran. Dieser Mann offenbarte Mauss, die angeblichen Dolmetscherbüros hätten in Wahrheit eine ganz andere Funktion. Jugoslawische Gastarbeiter reichten dort ihre Lohnsteuerkarten ein. Die Büros erklärten sich bereit, für sie den Lohnsteuerjahresausgleich zu machen. Vorab erhielten die Gastarbeiter einen Kleinkredit, den sie allerdings später zurückzahlen mußten. Bei Zahlungsschwierigkeiten erhielten sie »Besuch« von Bandenmitgliedern und würden zur Beteiligung an Straftaten erpreßt. Über Juro erfuhr Mauss auch die Namen weiterer Bandenmitglieder. Während der Gespräche zeigte der Jugoslawe dem Agenten seine Pistole vom Kaliber 7.65 und sagte, daß es sich dabei um ein tschechisches Fabrikat handele. Er selbst habe schon zusammen mit »Django« Einbrüche durchgeführt.

Schon beim nächsten Gespräch mit der Hamburger Kripo am 7. November 1973 konnte Mauss seine bisherigen Ermittlungsergebnisse vortragen. Es war eine große Runde, die sich am Nachmittag dieses Tages zwischen 15.30 Uhr und 16.55 Uhr im Hamburger Polizeipräsidium traf. Der leitende Kriminaldirektor Bertling von der Hamburger Kripo war dabei, dazu seine Kollegen Fischer, Sitte, Schonart, Sarowsky und Ruschke, weiter Staatsanwalt Dr. Heinrich aus Frankfurt, Staatsanwalt Ewe aus Hamburg und die BKA-Beamten Dr. Kollmar und Suffert. Das Protokoll führte Kriminalrat Mommsen von der Kripo Hamburg.

Der leitende Kriminaldirektor Bertling begrüßte die Sitzungsteilnehmer und bat um absolute Vertraulichkeit. Dann übernahm sein Kollege Götz Sitte das Wort und trug den bisherigen Sachstand vor. Susak gehöre einer internationalen Tätergruppe an, die inzwischen auf mindestens fünfzig Personen geschätzt werde. Der Einbruch bei Leder-Schüler am 23. September und ein weiterer vier Monate zuvor seien offenbar nur relativ kleine Fischzüge der Bande gewesen.

Kriminaldirektor Bertling schloß sich dem an und sagte, er lehne deshalb eine Federführung der Hamburger Kripo ab, man sei jedoch zu personeller und materieller Mithilfe bereit. Der Hamburger Staatsanwalt Ewe schlug vor, daß die Hamburger Kripo die Ermittlungen im norddeutschen Raum durchführen sollte, während der Frankfurter Staatsanwalt, »der eiserne Heinrich«, die einzige Möglichkeit in einer Sonderkommission des BKA sah, analog der SoKo 514 im Fall der Eurogang.

Davon wiederum wollte Dr. Kollmar nichts wissen. Es sei für das BKA keine originäre Zuständigkeit gegeben. Alle anderen waren allerdings der Meinung, daß »aus sachlichen und personellen Gründen« ein Antrag auf Beteiligung des Bundeskriminalamts gestellt werden müsse.

Kollmar mauerte weiter. An Ort und Stelle könne er keine verbindliche Erklärung für das BKA abgeben. Zunächst jedenfalls sei eine sorgfältige konspirative Weiterarbeit notwendig, um die Drahtzieher sowie den Kern der Bande herauszuschälen.

Der Hamburger Staatsanwalt Ewe drängte auf rasches Handeln. Im günstigsten Fall könne er die Anklage für drei Monate zurückstellen. Mehr sei nicht drin. Das solle das BKA bei seinen Überlegungen berücksichtigen.

Natürlich übernahm das Bundeskriminalamt dann doch die Federführung.

Immer wieder besuchte Mauss den Jugoslawen »Django« und versuchte, aus ihm weitere Einzelheiten über die Struktur der Gruppe und darüber, welche Taten sie begangen hatte, herauszubekommen. Doch Susak war ein cleveres Bürschchen. Er wußte, auf welcher Seite das Brot gebuttert war. Das Ehepaar Mauss konnte Haftvergünstigungen für ihn durchsetzen, brachte kleine Geschenke mit und baute ein durchaus herzliches Verhältnis zu ihm auf. Wenn zwischendurch die Polizei anmarschierte und ebenfalls Informationen von ihm wollte, blockte er ab. Seine Ansprechpartner waren die Eheleute Mauss.

Über Tage und Wochen schilderte er ihnen die Eigenarten der einzelnen Bandenmitglieder. Manchmal brachte Mauss auch Akten mit und ließ sich von Susak auf Stadtplänen zeigen, an welchen Stellen das Syndikat in vergangener Zeit seiner lukrativen Beschäftigung nachgegangen war.

Susak setzte große Hoffnungen auf das Agentenpaar. Irgendwie glaubte er, daß die beiden hochrangigen Agenten nur mit dem Finger schnippen mußten, um seine Entlassung aus dem Gefängnis durchzusetzen. So bedurfte es erheblicher Seelenmassage, um ihn von allzu weitreichenden Wunschvorstellungen herunterzuholen.

In einer Phase der Enttäuschung gelang es Susak angeblich sogar, einen Tip an frühere Komplizen weiterzugeben, der den Detektiv in arge Bedrängnis brachte. Im Februar 1974 sollte Mauss in Stuttgart in eine Falle gelockt und getötet werden. Aus abgehörten Telefonaten erfuhr das BKA aber rechtzeitig von dem Mordplan. Mauss nahm sich einzelne Gruppenmitglieder getrennt vor und konnte sie von seiner Harmlosigkeit überzeugen.

Wie gefährlich die Bande sei, schilderte er, fast genüßlich, in einem seiner Berichte an die Versicherungen. So seien zum Beispiel in einer Frankfurter Gaststätte einem in Mißkredit geratenen Bandenmitglied zuerst die Augenlider aufgeschlitzt worden. Als er dann fast blind im Restaurant umhergeirrt sei, habe man ihm ein Messer in die Herzgegend gestoßen.

Im Juni 1974 schlug die Polizei zu. Es war eine der größten Festnahmeaktionen in der Geschichte des BKA. Im Morgengrauen des 20. Juni wurden bundesweit 52 Personen gleichzeitig festgenommen und mehr als hundert Wohnungen und Gaststätten durchsucht. Elf Personen, gegen die ebenfalls Haftbefehle vorlagen, konnten nicht angetroffen werden. Aber schon im März waren sieben Personen beim Einbruchsversuch in ein Teppichgeschäft in Essen verhaftet worden. Mauss selbst war dabei anwesend. Er hatte für die Täter auf BKA-Kosten sogar einen grauen Ford-Transit beschafft. Beim Ausladen der Beute in einer Tiefgarage hatte die Polizei dann zugegriffen.

An der Großaktion im Juni waren insgesamt 280 Polizeibeamte beteiligt, darunter 34 Beamte der Sicherungsgruppe Bad Godesberg, Bundesgrenzschutzbeamte in Zivil sowie örtliche Kriminal- und Schutzpolizei.

Jenem Mann, dem der Erfolg letztlich zu verdanken war, »Django« Susak, nutzte das alles nicht viel – zunächst jedenfalls. Er wurde zu einer Haftstrafe von etwas über fünf Jahren verurteilt, und das Ehepaar Mauss ließ sich bei ihm nicht mehr blicken.

Erst ein Jahr später entsann sich Werner Mauss des cleveren Jugoslawen. Ein alter Freund des Agenten war nämlich inzwischen von der Kripo in Burgdorf und Wolfsburg zum niedersächsischen Landesamt für Verfassungsschutz übergewechselt. Der frischgebackene Geheimdienstler, Manfred Borrak mit

Namen, brauchte einen »intelligenten Straftäter«, der als V-Mann in die terroristische Szene eingeschleust werden sollte. So kam es, daß Zjelko Susak der Einbrecher bei Leder-Schüler, zum Geheimagenten wurde.

Erst im Jahre 1986 tauchte der Name von Zjelko Susak in der Öffentlichkeit auf: im Zusammenhang mit dem vom niedersächsischen Verfassungsschutz inszenierten Bombenanschlag auf die Mauer der Justizvollzugsanstalt in Celle, dem sogenannten »Celler Loch«.

Auf der Suche nach Neuland

1974 wurde beim Landesamt für Verfassungsschutz in Hannover innerhalb des Beschaffungsreferates das Sachgebiet »Terrorismus« neu eingerichtet. Es war die Zeit, in der die staatlichen Behörden durch die Offensive der RAF und anderer terroristischer Organisationen in arge Verlegenheit gebracht wurden.

Das Innenministerium Niedersachsen äußerte sich dazu in seinem Bericht zum sogenannten »Celler Loch« erstaunlich offen: »Erhebliche Teile der Bevölkerung hatten das Gefühl, daß der Rechtsstaat Serien von Niederlagen einstecken müßte. Bei vielen Bürgern wuchs der Eindruck, als sei der Staat der terroristischen Gefahr hilflos ausgesetzt. Dies wiederum führte zu einem ungeheuren Handlungsdruck auf Politiker und Sicherheitsbehörden. Fast täglich waren neue Fahndungs- und Abwehrkonzepte zu lesen. Berufene und Unberufene machten Vorschläge.«

Während etwa der BKA-Chef Horst Herold auf seine Geheimwaffe Computer setzte, sannen die Geheimdienstler der verschiedenen Landesämter für Verfassungsschutz darüber nach, wie man die terroristische Szene am besten unterwandern könnte. Das war allerdings leichter gedacht als getan.

Später, im Untersuchungsausschuß des niedersächsischen Landtags zur Unterwanderungsstrategie des hannoverschen Verfassungsschutzes, bekannte der ehemalige VS-Chef Herbert Jüllig freimütig: »Alle Bundes- wie Landesbehörden, Sicherheitsbehörden, bemühten sich nun, an die Brüder heranzukommen. Das erwies sich als nahezu unmöglich. An den harten Kern war meiner Erinnerung nach überhaupt nur der Berliner Verfassungsschutz in Gestalt des Herrn Schmücker an die Bewegung ›2. Juni‹ herangekommen, der dann ja auch prompt im Grunewald umgelegt wurde, als man Verdacht schöpfte. Sie erinnern sich vielleicht an diesen damals sehr spektakulären Fall. Die Hamburger waren ein bißchen dran, und ansonsten sah das alles ein bißchen traurig aus. Also mit V-Leuten an den harten Kern heranzukommen, war völlig unmöglich. Diese Gruppen waren derartig abgeschottet, daß nichts übrigblieb, als den Versuch zu unternehmen, in dieses sogenannte Umfeld, in diese Sympathisantenszene hineinzukommen, aus der ja rekrutiert wurde.«

Beschaffungsleiter Harald Wiehe vom niedersächsischen Verfassungsschutz und seine dienstliche Neuerwerbung Manfred Borrak sollten diese heikle und schwierige Aufgabe übernehmen.

Borrak später im Untersuchungsausschuß: »Wir wurden damals so im Hauruck-Verfahren veranlaßt, eine Gruppe Terrorismus zu bilden. Der Referatsleiter schilderte uns das so, daß die Angst bei den Politikern immer größer wird. Wir bekamen praktisch ein leeres Blatt Papier in die Hand und sollten daraus etwas machen. Das war unsere Aufgabe. Nun haben wir Überlegungen angestellt, was zu machen ist.«

Die Verfassungsschützer sondierten die Lage und kamen zu dem Ergebnis, daß »von den Terroristen, die bereits in den Justizvollzugsanstalten einsaßen, starke Impulse auf die in Freiheit lebenden terroristischen Gewalttäter ausgingen«. Es schien also durchaus logisch, über Gefängnisinsassen zu versuchen, »im Terrorismusbereich durch V-Leute Fuß zu fassen«.

Borrak und seine Kollegen meinten, »daß intelligente Straftäter geeignet sein könnten, Kontakte zu Terroristen herzustellen und langfristig zu unterhalten«.

Innerhalb der Abteilung 4 des niedersächsischen Landesamtes zerbrach man sich die Köpfe darüber, ob und wie »geeignete Straftäter gefunden werden könnten, die bereit und in der Lage sein sollten, aus der Haft heraus Kontakte zum Terrorismus-Umfeld herzustellen. Ein konkretes Ziel gab es zunächst nicht. Es ging lediglich darum, entsprechende Personen ausfindig zu machen.«

Sachgebietsleiter Borrak erhielt den Auftrag, sich um die sogenannte »Tip-Gewinnung« zu kümmern. Er rief beim BKA an, für das Mauss vorwiegend immer noch arbeitete, und bat darum, ihn mit seinem alten Vertrauten in Kontakt zu bringen. Und Mauss wußte Rat. Da gab es doch den Jugoslawen Zjelko Susak, genannt »Django«, der ihm ein Jahr zuvor geholfen hatte, die jugoslawische Einbrecher- und Hehlerbande auffliegen zu lassen.

Er schilderte Borrak die Fähigkeiten des ehemaligen Sportlehrers und späteren Fassadenkletterers »Django«. Der Verfassungsschützer war beeindruckt. Susak schien tatsächlich einer von jenen zu sein, »die aufgrund ihres Persönlichkeitsbildes am ehesten dem Anforderungsprofil für eine V-Mann-Tätigkeit im TE-Bereich entsprachen« – wie es im Behördenjargon hieß.

Nach Abstimmung mit der zuständigen Staatsanwaltschaft und dem BKA reiste Borrak am 20. Dezember 1974 nach Hessen, um in einer dortigen Haftanstalt das erste Gespräch mit dem von Mauss empfohlenen »Django« zu führen. Der Jugoslawe hatte zu diesem Zeitpunkt gerade ein Jahr und zwei Monate seiner knapp fünfjährigen Strafe verbüßt.

Borrak wollte zunächst einen persönlichen Eindruck von

seinem V-Mann in spe gewinnen und ließ den Jugoslawen über die Art der beabsichtigten Arbeit im unklaren. Zur Enttäuschung des Verfassungsschützers beherrschte »Django« die deutsche Sprache nur unzulänglich. Er äußerte aber den Wunsch, in der Zelle Sprachstudien aufzunehmen. Nach Rücksprache mit seiner Behörde besorgte Borrak ihm daraufhin einen Kassettenrecorder und Bänder mit einem Sprachkurs.

Erst ein gutes Jahr später meldete sich der Verfassungsschützer wieder bei Susak. Gut Ding wollte schließlich Weile haben. Susak hatte fleißig Deutsch gebüffelt und sich so das notwendige Rüstzeug für den Kampf gegen den Terrorismus zugelegt. Bei diesem Gespräch im Januar 1976 erklärte Borrak dem Jugoslawen, wofür man ihn einzusetzen gedenke. »Django« meinte, die Aufgabe interessiere ihn. Dazu komme, daß er Geld verdienen müsse, um seine Angehörigen in Jugoslawien zu unterstützen. Mit seinen Ersparnissen würde er sich außerdem gern ein Mineralogiestudium finanzieren.

Von vorzeitiger Entlassung, so behauptete jedenfalls später der niedersächsische Verfassungsschutz, war bei dem Anwerbungsgespräch nicht die Rede.

Borrak erstattete seinem Chef, Beschaffungsleiter Wiehe, Bericht. Der wiederum schrieb am 21. April 1976 in einem Aktenvermerk, eine Zusammenarbeit mit Susak werde nur auf »freiwilliger Basis ohne entsprechende Vorbedingungen als sinnvoll« angesehen. Selbst dann könne aber für ein künftiges Wohlverhalten von Susak keinerlei Garantie übernommen werden. Hier sei vielmehr größte Vorsicht und ein »Höchstmaß an Führung und Aufsicht« geboten.

Inzwischen war die hessische Staatsanwaltschaft – angeblich von sich aus – aktiv geworden und hatte konkrete Schritte zur Begnadigung des Jugoslawen eingeleitet. Offenbar fühlte man sich wegen Susaks Kooperationsbereitschaft im vorausgegangenen Strafverfahren »aus moralischen Gründen verantwortlich«, wie der Verfassungsschutz später mutmaßte. Auf jeden

Fall kam die Milde der Staatsanwaltschaft den Interessen des niedersächsischen Verfassungsschutzes sehr entgegen.

Die Haftentlassung Susaks vor Augen, machte Borrak sich daran, seinem V-Mann erste Kontakte zu vermitteln. Er gab »Django« zwei Adressen aus dem »extremistischen Bereich«, die er anschreiben sollte. Die so geknüpften Kontakte sollte er dann nach seiner Haftentlassung persönlich ausbauen und vertiefen.

Schon im Frühsommer 1976 wurde Susak mehrmals kurzfristig von der Haft beurlaubt. Schließlich wurde die Vollstreckung der Freiheitsstrafe »bis zur Entscheidung über das Gnadengesuch« vollständig ausgesetzt.

»Django« Susak begann den Abstieg in den Untergrund. Über seine Briefkontakte hatte er ein angebliches Mitglied des Stuttgarter »Gefangenenrates« namens Herbert M. (Name und Ort geändert) kennengelernt. Er suchte auch den ehemaligen Studentenführer Daniel Cohn-Bendit auf, was nicht schwer war, denn der betrieb in Frankfurt eine Buchhandlung.

In der Zwischenzeit bemühte sich Verfassungsschützer Borrak um weitere »intelligente Straftäter«. Es dauerte nicht lange, da wurde er fündig; diesmal ohne die Mitwirkung seines Freundes Werner Mauss.

Das V-Mann-Trio

Der gelernte Büchsenmacher Klaus Dieter Loudil hatte eine Freiheitsstrafe von zehn Jahren wegen schweren Raubes und fahrlässiger Tötung abzusitzen. Während seiner Bundeswehrzeit war er gemeinsam mit Bekannten in einem Panzer auf Spritztour gegangen. Dabei waren zwei Menschen überfahren worden.

Anfang 1976 lernte Loudil während eines Gefangenentransports einen Mithäftling kennen, der dem weiteren terroristischen Umfeld zuzurechnen war. Dieser Mann berichtete Loudil von seiner Mitarbeit in einer linken Gefangenenhilfsorganisation und versuchte ihn dafür anzuwerben. Loudil teilte das einem Kripo-Mann mit und signalisierte, daß er sich gern als V-Mann betätigen würde. Der Kripo-Mann informierte den Verfassungsschutz, der wiederum am 3. August 1976 Loudil in der Justizvollzugsanstalt Celle aufsuchte. Der Verfassungsschutzbeamte hielt Loudil für brauchbar: »... auch unter Berücksichtigung der verübten Straftaten.«

In einem Vermerk vom 10. 8. 1976 schrieb Beschaffungsleiter Wiehe: »Die operative Arbeit im Bereich des Terrorismus macht eine Zusammenarbeit mit Typen wie Loudil erforderlich. Bedenken wegen krimineller Vorstrafen müssen in solchen Fällen zurückgestellt werden, wenngleich ganz besondere Wachsamkeit in der Zusammenarbeit dringend geboten ist.«

Loudil wurde als V-Mann verpflichtet und sofort in seinem neuen Job tätig. Er saß in dieser Zeit in der Haftanstalt Celle zusammen mit einem Manfred Berger ein, der 1974 wegen Kraftfahrzeugdiebstahls, Betrugs und versuchten Mordes zu einer Freiheitsstrafe von zehn Jahren verurteilt worden war. Bei einer versuchten Festnahme hatte Berger einem Polizeibeamten in den Rücken geschossen und ihn lebensgefährlich verletzt.

Loudil unterhielt ein vertrauensvolles Verhältnis zu seinem Zellennachbarn, und so berichtete er ihm umgehend von seiner Arbeit für den niedersächsischen Verfassungsschutz. Wenig später beichtete Loudil seinem V-Mann-Führer die Indiskretion. Kurzerhand wurde auch Berger als V-Mann angeworben.

Wie schon zuvor Mauss-Mann Susak nahm Klaus Dieter Loudil Kontakt zu diversen linken Gruppen auf, so zum »Gefangenenrat« in Stuttgart und Leuten in Salzgitter, die sich meist in der Kneipe »Wildes Huhn« trafen. Als »anpolitisierter Krimineller« gehörte er zu genau jener Zielgruppe, um die sich manche linken Kreise verstärkt bemühten. Die Leute aus Salzgitter beantworteten seine Briefe und kamen auch gelegentlich zu Besuch.

Auch Zellenkumpan und Co-V-Mann Berger schrieb auf Anweisung des Verfassungsschutzes Briefe an die »Szene«. Beide legten sich zudem »linke Lektüre« zu, um sich so auf ihr neues Aufgabengebiet vorzubereiten.

Nun war inzwischen Sigurd Debus, Bankräuber mit politischem Hintergrund, aus Hamburg nach Celle verlegt worden. Beschaffungsleiter Wiehe sah da einen Anknüpfungspunkt.

Die beiden Verfassungsschutz-Informanten wurden an Sigurd Debus herangespielt. Dazu wurde dessen Isolation nicht ohne Hintersinn etwas gelockert. Die Sache dauerte ein paar Monate. Am 26. Februar 1977 erläuterte der politisierte Bankräuber dem V-Mann Loudil seine Auffassungen von der Revolution und bot solidarische Hilfe bei Kontakten zu Rechtsanwälten und medizinischen Gutachtern an. Darüber hinaus versuchte er, Loudil »für seine Sache« zu gewinnen.

»Die bestehenden Beziehungen und Gruppen nützen nichts«, teilte Debus dem V-Mann mit, »wenn nicht die Möglichkeit besteht, dieses Haus für immer zu verlassen. Wir müssen gemeinsam sehr viel diskutieren und theoretisch planen, gut planen! Gerade ein Mann, der diesen Knast und die Gegebenheiten sowie Örtlichkeiten kennt, der fehlt den Gruppen und Genossen, es fehlt denen einfach an Praxis.«

Loudil merkte sehr schnell, daß Debus Fluchtgedanken hegte. Draußen wollte er den Kampf fortsetzen. Was er brauchte, waren Kontakte zu Gleichgesinnten.

Sigurd Debus' Ideen waren genauso militant wie vage. Zwar hatte er seine Banküberfälle gemeinsam mit anderen begangen, die später im terroristischen Umfeld wieder auftauchten. Er selbst hatte aber niemals zur RAF, der »Bewegung 2. Juni« oder zu anderen Stadtguerilla-Organisationen gehört. Dort nahm man ihn nicht so richtig ernst.

Erst im Gefängnis hatte sich Debus einem Hungerstreik angeschlossen und war auf diese Weise näher an inhaftierte Untergrundkämpfer herangerückt.

Berger und Loudil wurden von Debus einer intensiven politischen Schulung unterzogen, die diese als »vertrauensbildende Maßnahme« gern über sich ergehen ließen.

Inzwischen durfte Manfred Berger die Haftanstalt gelegentlich verlassen. Er bekam Urlaub, von dem er sich regelmäßig wieder zurückmelden mußte. Debus beauftragte ihn, draußen die Logistik für eine Flucht vorzubereiten, und nannte ihm Kontaktadressen. Er gab Berger zahlreiche Kassiber mit auf seine Ausflüge nach draußen, mit denen er Helfer für die Flucht mobilisieren sollte. Der Verfassungsschutz las jeweils mit und deckte so »die Kontakte des Debus zu in- und ausländischen Unterstützern der TE-Szene auf«.

Die Genossen draußen waren aber eher zurückhaltend, so daß aus den Fluchtplänen so recht nichts wurde.

Der Kreis um die Kneipe »Wildes Huhn« in Salzgitter war im Prinzip für eine Befreiungsaktion von Debus, nur so richtig aktiv werden wollte man nicht. Gemeinsam mit zwei anderen Leuten aus Salzgitter reiste Berger schließlich in die Niederlande zu Henk Wubben, von dem sich Debus ebenfalls Fluchthilfe erhoffte.

Den Behörden galt Wubben als »wichtige Figur des internationalen Terrorismus« – auch wenn es dafür keinerlei Beweise gab. Von 1969 bis 1973 war er erster Sekretär der »Roten Jugend« gewesen, einer Jugendorganisation, die den holländischen Marxisten-Leninisten nahestand. Während seiner Zeit als ML-Funktionär hatte Henk Wubben den ebenfalls bei einer ML-Gruppe aktiven Sigurd Debus kennengelernt. Sie wurden Freunde – auch wenn Debus sich später dem Weg des bewaffneten Kampfes zuwandte. Mitte der siebziger Jahre schloß Wubben sich einem »medizinisch-juristischen Komitee« an, mit dem er sich für die Verbesserung der Haftbedingungen politischer Gefangener in der Bundesrepublik einsetzte. Wubben wurde im nachhinein von den niedersächsischen Behörden als »terroristische Schlüsselfigur« aufgebaut, um die Aktionen der V-Leute Berger, Loudil und Susak zu rechtfertigen.

So wie Henk Wubben ging es auch anderen, die von den niedersächsischen Verfassungsschutzagenten angelaufen wurden.

Zielperson Friederike P.

In Stuttgart lebte damals die ehemalige Auslandsreferentin des Allgemeinen Studentenausschusses der Universität, Friederike P. (Name und Ort geändert), inzwischen Journalistin. Auf sie wurde speziell der von Mauss empfohlene Zjelko Susak angesetzt – auf höchst komplizierte Weise, wie es sich für einen richtigen Agenten gehörte.

Eines Tages im Frühsommer 1977 tauchte bei Friederike P. in Stuttgart ein alter Bekannter aus Berlin auf, Ewald L. Der junge Mann stammte ursprünglich aus der Gegend von Wolfsburg und Salzgitter, wo er auch immer noch Kontakte hatte.

Ewald L. (Name geändert) wußte von Friederike P.s vielfältigen Beziehungen zu linken Gruppierungen im Ausland. Er fragte sie: »Kannst du jemanden in Italien unterbringen?«

Friederike P. überlegte einen Moment und sagte dann: »Das läßt sich vielleicht machen.« Ewald offenbarte ihr, daß die betreffende Person zwar reisewillig, aber noch nicht reisefertig sei. Der Mann sitze nämlich noch im Knast, man müsse ihn also zunächst befreien.

Damit wollte Friederike nichts zu tun haben.

Ewald wechselte das Thema: »Kennst du eigentlich irgendwelche linken Kroaten, die Kontakte zu Palästinensern haben?«

Für Friederike P. waren Kroaten bis dahin immer Rechtsradikale in der Tradition der faschistischen »Ustascha« gewesen. Sie reagierte so überrascht wie neugierig.

Monate später brachte der Postbote ihr einen Brief der »Roten Hilfe« Salzgitter, einer kleinen Gruppe, die sich der Knastarbeit widmete und deren wichtigste Personen in Salzgitter die Szenekneipe »Wildes Huhn« betrieben.

Die Leute aus dem Niedersächsischen wollten von Friederike wissen, ob ein gewisser »Hugo Kaufmann«, der sich bei ihnen gemeldet hatte, tatsächlich, so wie er behauptete, Mitglied einer Stuttgarter Knastgruppe sei. Die Leute dieser Gruppe saßen fast alle gerade selbst in Haft. Friederike P. kannte sich in dieser Szene zwar verhältnismäßig gut aus, beantwortete den Brief aber zunächst nicht und heftete ihn statt dessen in ihrer Wohnung an die Pinwand.

Es kam der »deutsche Herbst«: die Schleyer-Entführung, der Sturm auf die Lufthansa-Maschine »Landshut« in Mogadischu, der Tod der RAF-Gründer Baader, Ensslin und Raspe in Stammheim und schließlich die Ermordung des Arbeitgeberpräsidenten Hanns-Martin Schleyer.

Friederike P. bereitete zusammen mit anderen das »Russell-Tribunal« vor, das die fragwürdigen Ereignisse im September und Oktober 1977 untersuchen sollte.

Während dieser arbeitsreichen Zeit standen plötzlich zwei Frauen aus Salzgitter bei Friederike vor der Tür. Sie erkundigten sich, ob ihr aus der Knastgruppe ein »Hugo« bekannt sei. Friederike erklärte, daß sie zwar nicht alle Leute aus der Gruppe persönlich kenne, von jenem ominösen »Hugo« aber erst durch den Brief der RZ-Salzgitter erfahren habe.

»Die von der Knastgruppe sitzen alle«, sagte sie, »aber von einem gibt es eine Freundin, vielleicht weiß die was. Fragt euren Hugo doch mal, zu wem in der Gruppe er Kontakt hat.«

Kurz darauf kamen die beiden Frauen wieder: »Hugo sagt, er kennt Hubert M. aus der Knastgruppe.«

»Oho«, sagte Friederike, »Hubert M. ist in Stuttgart ein stadtbekannter Spitzel.«

Nicht lange danach kam einer aus der Gruppe frei. Friederike fragte ihn nach Hugo Kaufmann. »Ich kenne ihn nicht«, sagte der Mann, »aber es kann sein, daß Leute sich zur Knastgruppe zählen, ohne daß sie tatsächlich im Büro der Gruppe gearbeitet haben.« Hier schien also ein armer Ausländer auf einen Polizeispitzel hereingefallen zu sein. Der Verdacht schien sich zu verfestigen, als jener Hugo bei seiner Salzgitteraner Bekannten mit einem anonymen Brief erschien, den er kurz vorher erhalten hatte. Die Frau gab ihm den Rat, sich bei Friederike P. in Stuttgart direkt zu erkundigen, von wem der anonyme Brief stammen könnte.

Eines Abends klingelte Hugo an Friederikes Tür. Er zeigte ihr den anonymen Brief und fragte, ob er von ihr komme.

Friederike schüttelte den Kopf und warf einen Blick auf das anonyme Schreiben. Darin stand: »Hubert M., mit dem du arbeitest, gefährdet deine Arbeit und die von anderen.«

»Den Brief habe ich nicht geschrieben«, sagte Friederike, »aber den Inhalt kann ich bestätigen.«

»Ach du lieber Gott«, sagte Hugo, »dem hab ich zuviel erzählt.«

»Woher kommst du?« fragte Friederike ihren Besucher, der Deutsch mit einem fremdländischen Akzent sprach.

»Aus Jugoslawien. Ich bin Kroate.«

Dann berichtete er, daß er Hubert M. erzählt habe, ein »Linker« solle aus dem Gefängnis befreit werden:

»Wenn wir über derartige Dinge reden wollen, gehen wir am besten in eine Kneipe«, schlug Friederike vor. Der Weg zu dem Lokal war nicht weit, nur ein paar hundert Meter. Auf der Kreuzung vor der Kneipe wußte Friederike schon so gut wie alles, so redselig war der Kroate Hugo.

Der zur Befreiung anstehende Häftling war Sigurd Debus. Hugo plauderte weiter. Er sei zwar Kroate, aber kein rechter, sondern ein linker. Seine Gruppe habe Kontakt zu Palästinensern.

Das erinnerte Friederike P. an die Bemerkungen ihres Besuchers aus Berlin, Ewald L., der ebenfalls von linken Kroaten mit Kontakt zu Palästinensern und einer geplanten Gefangenenbefreiung im niedersächsischen Raum berichtet hatte. Doch sie glaubte nicht an die Geschichte von dem angeblichen Befreiungsplan. Solche Pläne waren schon allzuoft in Kneipengesprächen gewälzt worden, ohne jemals realisiert zu werden.

»Kennst du einen Ewald aus Berlin?« fragte sie.

»Ja«, sagte Hugo. Dann erklärte er ihr weitere Einzelheiten des Befreiungsplans. Er habe mit Hubert M. vereinbart, daß er Debus nach der Flucht in die Schweiz bringen werde. Es gebe dort einen Kontakt zur eidgenössischen Filiale der »Revolutionären Zellen«.

»Da hab' ich auch einen Brief«, sagte Hugo.

»Kann ich den sehen?«

Hugo ging zu seinem Auto und kam mit einem Schreibmaschinenbrief wieder. Rechts oben stand »RZ Basel«, darunter die Signatur von Rolf Heissler.

Der Brief lautete: »Lieber Sigurd, lieber Hugo, die Aktion Drachensteigen kann laufen.« Darunter in sieben Punkten die Bedingungen der »RZ Basel« für ihre Mitwirkung bei der Aktion. Nach der Befreiung solle Debus sich erst einmal für drei Monate versteckt halten und erst dann an Aktionen der RZ teilnehmen.

»Was heißt denn ›Drachensteigen‹?« fragte Friederike. Hugo erläuterte ihr, daß Debus mit Hilfe von Seilen über die Mauer der Haftanstalt Celle gehievt werden sollte.

»Wie bist du an den Brief gekommen?«

»Das hat Hubert M. vermittelt.«

»Die Sache sollte dir bestätigen, daß Hubert M. ein Spitzel ist«, erklärte Friederike. »Erstens gibt es, soviel ich weiß, keine ›RZ Basel‹. Zweitens ist Rolf Heissler nicht RZ, sondern RAF.«

»Dann muß ich ja Hubert umlegen«, sagte Hugo.

»Mach dich nicht unglücklich«, erwiderte Friederike. Und sie schilderte ihm das Schicksal jener, die angeklagt waren, den mutmaßlichen V-Mann des Berliner Verfassungsschutzes, Ulrich Schmücker, ermordet zu haben. Es kostete Friederike einige Mühe, Hugo sein mörderisches Vorhaben auszureden.

Verblüfft war sie auch über den angeblichen Plan, Debus in die Schweiz zu bringen. Bis dahin war ja von Italien die Rede gewesen. Die ganze Sache kam ihr nicht ganz koscher vor.

Hugo verabschiedete sich und verschwand in der Dunkelheit.

In der Folgezeit tauchte »Hugo« immer wieder bei Friederike P. in Stuttgart auf. Für sie war der freundliche, clevere und sympathische Kroate einer von vielen politisch aktiven Ausländern, die es in der Bundesrepublik nicht gerade leicht hatten.

Den Plan, Sigurd Debus zu befreien, von dem Hugo immer wieder sprach, nahm sie nicht ganz ernst. Sie lächelte in sich hinein, wenn er betonte, er habe schließlich versprochen, Sigurd aus dem Knast zu holen, und er fühle sich an sein Ehrenwort gebunden. Sie selbst wollte mit der Angelegenheit nichts zu tun haben. Als Hugo sie fragte, ob sie nicht eine Wohnung in Hannover besorgen könnte, in der Debus nach der Befreiung kurzfristig untergebracht werden könnte, winkte sie ab: »Das kann ich nicht.« Friederike wollte auch nicht. Ihr kam der Kroate ohnehin zu gelassen vor. Jemand, der einen solchen Befreiungsplan durchführen wollte, hätte eigentlich unter Streß stehen müssen.

Bei einem seiner häufigen Besuche im Winter 1978 sagte Hugo, er habe inzwischen Funkkontakt zu Sigurd Debus aufgenommen. Man habe ihm ein Funkgerät in die Zelle geschmuggelt, und er habe von einem Feld in der Nähe aus mit ihm gesprochen. Friederike glaubte das zunächst nicht, bis sie wieder Besuch aus Salzgitter erhielt und ihr eine der Frauen bestätigte, bei dem Funkgespräch dabeigewesen zu sein.

Tatsächlich hatten in der Nacht zum 1. Februar 1978 zwei Angehörige der Salzgitteraner Szene von einem Feld in der Nähe der Anstalt aus ein Funkgespräch mit Sigurd Debus geführt. Die V-Männer Susak und Berger hatten ebenfalls daran teilgenommen – auch wenn Berger später im Untersuchungsausschuß bestritt, den Jugoslawen jemals getroffen zu haben.

Das Walkie-talkie war Debus zuvor zugespielt worden, allerdings nur für eine Nacht.

»Damit«, so der Verfassungsschutz später, »hatte Debus ein Erfolgserlebnis. Die V-Leute hatten ihre Tüchtigkeit bewiesen.«

Ein Hilferuf an »M.«

Ansonsten waren Erfolgserlebnisse – vor allem für den Verfassungsschutz – weitgehend ausgeblieben. Vor allem Susak schien sein Geld nicht wert zu sein. Das niedersächsische Innenministerium später: »Nachdem die von Susak geknüpften Verbindungen zu Personen des terroristischen Umfeldes zunächst sehr erfolgversprechend aussahen, wurde im Laufe des Jahres 1976 festgestellt, daß die Entwicklung stagnierte.

Bis zum März 1977 zeigten sich keine wesentlich neuen Entwicklungen. Die weitere Verfolgung der bisherigen operativen Ansätze wurde deshalb als unergiebig angesehen, und es wurde nach neuen Möglichkeiten für einen erfolgversprechenden Einsatz des Susak gesucht.«

Borrak meldete sich bei seinem Freund Mauss und klagte ihm sein Leid. Die Einschleusung von »Django« Susak in den terroristischen Bereich sei zwar erfolgversprechend angelaufen, aber jetzt gehe die Sache nicht mehr so recht voran.

Mauss hatte eine Idee – nicht zuletzt deswegen, weil er jeweils recht gut über die Aktivitäten des Bundeskriminalamtes unterrichtet war. Dort hatte es nämlich bereits Anfang 1977 Hinweise gegeben, daß sich deutsche Terroristen zur militärischen Ausbildung in Camps im arabischen und nordafrikanischen Raum befänden. Der Tip, angeblich »abgesichert von verschiedenen in- und ausländischen Sicherheitsbehörden«, war nicht eben neu. Die Tatsache, daß auch Deutsche zum Beispiel von der El Fatah im Guerillakampf unterrichtet wurden, war schon so lange bekannt, wie es deutsche Terroristen gab. Aber Mauss konnte einen weiteren Tip geben, den er angeblich aus dem BKA hatte.

Er wußte zu berichten, daß Beamte des Bundeskriminalamts im Juni 1977 nach Madrid gereist waren, wo spanische Nachrichtendienstler ihnen eröffnet hatten, daß sich deutsche Terroristen im algerischen Ausbildungslager Cherchell aufhielten.

Möglicherweise hatte Mauss bei seinem Hinweis an Freund Borrak allerdings wieder einmal etwas hochgestapelt. Der Hinweis auf das Lager in Cherchell findet sich nämlich auch in einem kurzen Bericht der »Bild am Sonntag« aus ebendieser Zeit. Es ist durchaus denkbar, daß der Super-Agent seine Information einzig aus dieser Zeitungsmeldung bezogen hatte.

Mauss entwickelte einen Plan, in dem sowohl das ominöse Lager Cherchell als auch der ohne Erfolg im angeblichen Untergrund herumstochernde Susak eine Rolle spielen sollten. Die Sache wurde hochtrabend »Operation Neuland« betitelt, und während »Django« zwischen Salzgitter und Frankfurt pendelte, machten Mauss und Borrak sich auf größere Reisen.

Am 5. Juli 1977 schwebten das Ehepaar Mauss und VS-Mann Borrak in Madrid ein. Die Flugkosten für die zweimotorige Cessna der »Institution M.« trugen wie immer die Versicherungen – vermutlich, ohne vorher gefragt worden zu sein.

»Operation Neuland« sollte eine deutsch-spanische Co-Produktion mit jugoslawischem Hauptdarsteller und Hauptdrehort Algerien werden.

Die Spanier hatten in dieser Zeit erhebliche Schwierigkeiten mit den Kanarischen Inseln. Eine Guerilla-Organisation mit dem Namen »Bewegung für die Unabhängigkeit des Kanarischen Archipels«, abgekürzt MPAIAC, verübte auf den Sonneninseln vor der afrikanischen Küste mehrere Bombenanschläge. MPAIAC-Führer Antonio Cubillo hatte sein Hauptquartier in Algier aufgeschlagen und schickte in täglichen Rundfunksendungen seine Unabhängigkeitsparolen ins spanische Urlauberparadies. Besonders problematisch war für die Spanier, daß bei der anstehenden Konferenz der Organisation Afrikanischer Staaten in Khartum eine Mehrheit von Staaten für eine offizielle politische Anerkennung der MPAIAC eintreten wollte.

Geheimagent Mauss, mit seinen langjährigen Beziehungen zum spanischen Geheimdienst, wollte zwei Fliegen mit einer Klappe schlagen: dem niedersächsischen Verfassungsschutz mit seinem V-Mann Zjelko Susak helfen, in die deutsche Terroristenszene einzudringen, und zugleich den Spaniern einen »Liebesdienst« erweisen.

Susak sollte mit Hilfe spanischer Geheimagenten auf den Kanaren in die MPAIAC eingeschleust und anschließend nach Algerien geschickt werden. »Django« ahnte davon in diesem Sommer 1977 allerdings noch nichts. Er befand sich immer noch als »beurlaubter Strafgefangener« außerhalb der Haftanstalt, was allein schon für ihn Grund genug war, seine V-Mann-Tätigkeit weiterzuführen. Und nicht nur Mauss, die Niedersachsen, das BKA und der spanische Nachrichtendienst hatten große Pläne mit dem Ex-Einbrecher, auch die Heimat rief. Im August 1977 meldete Susak, er sei vom jugoslawischen Nachrichtendienst kontaktiert worden.

Das niedersächsische Innenministerium später: »Diese Meldung wurde registriert, ohne zunächst weiteres zu veranlassen, da der Kontakt nicht als unmittelbar störend angesehen wurde.«

Die Internationale der Geheimdienste – systemübergreifend einig in der Entschlossenheit, »Django« in ihre Dienste zu bringen.

Am 25. Oktober trafen sich Mauss, Wiehe und Borrak in Hannover und legten die Planung für die »Operation Neuland« endgültig fest. Die Aktion sollte federführend von der Abteilung 4 des niedersächsischen Innenministeriums durchgeführt werden, dem BKA wurde unterstützende Funktion zugewiesen. Man beschloß, das Bundesamt für Verfassungsschutz zu informieren und um »zustimmende Kenntnisnahme« zu ersuchen, die auch erteilt wurde. Weiter hieß es im Gesprächsprotokoll: »Das BKA stellt die ›Gruppe M‹ für die Durchführung des Einsatzes zur Verfügung, für das Land Niedersachsen sollen insoweit keine Kosten entstehen.«

Vom Bundeskriminalamt nahm allerdings kein Vertreter an dieser Einsatzbesprechung teil. Die Anwesenheit des Super-Agenten Mauss reichte offenbar für die Beschlußfassung aus.

Am 8. Dezember kam man noch einmal zusammen und legte fest, baldmöglichst mit dem spanischen Nachrichtendienst über die nächsten Schritte zu verhandeln.

Wieder machte Mauss die Kontakte zu den spanischen Geheimdienstkollegen, und gemeinsam flog die gesamte niedersächsische Untergrund-Crew am 3. Januar 1978 nach Madrid. Diesmal waren außer dem Ehepaar Mauss und ihrem Freund Manfred Borrak auch Ministerialdirektor Jüllig, der Präsident des niedersächsischen Verfassungsschutzes, und Ministerialrat Wiehe mit an Bord. Es wurde eine lustige Reise, die drei Tage dauerte und als dienstliches Ergebnis hatte: »Die geplante Operation wird in Zusammenarbeit mit dem spanischen Nachrichtendienst ausgeführt. Der V-Mann Susak soll in die Kanarische Befreiungsorganisation eingeschleust werden. Ziel ist die Ausbildung in einem Terroristenausbildungslager in Algerien.«

Nach ordnungsgemäßer Unterrichtung der Abteilung VII – Terrorismus – des Bundesamtes für Verfassungsschutz machten sich die niedersächsischen Geheimagenten an die Realisierung des Plans. Dazu mußte für den »VM« Susak zunächst eine »Legende« geschaffen werden, die »die Notwendigkeit einer

Flucht aus der Bundesrepublik unausweichlich erscheinen läßt«. Zu deutsch: Der Salzgitteraner Szene, in der Susak gemeinsam mit den V-Leuten Berger und Loudil immer noch herumsprang, mußte plausibel gemacht werden, warum »Django« plötzlich verschwand.

Einfache Dinge kompliziert einzufädeln, war schon immer die Gabe der Nachrichtendienste gewesen. In der Amtssprache: »Geplant wurde die Vortäuschung eines Fluchthilfeversuches für den einsitzenden Straftäter Debus. Durch entsprechende Presseveröffentlichungen sollte VM Susak aufgewertet werden. Diese Presseveröffentlichungen sollten ihm gleichzeitig gegenüber Kontaktpartnern im Ausland als Zugangshilfe dienen.« Wie selbstverständlich wurden auch die Zeitungen mit in die »Operation Neuland« eingeplant.

Auch Hauptdarsteller Zjelko Susak durfte inzwischen erfahren, was man mit ihm vorhatte. Eine Reise in den sonnigen Süden erschien dem Jugoslawen als durchaus angenehm. Bereitwillig spielte er mit.

So kam es, daß Susak gegen Ende des Jahres 1977 bei Friederike P. in Stuttgart auftauchte und ihr erzählte, er habe inzwischen zwei Falschpässe besorgt. Auf dem einen sei sein Bild, auf dem anderen das von Sigurd Debus. Die Befreiungsaktion, von der er so häufig gesprochen habe, nehme Gestalt an.

Friederike P. blieb skeptisch.

Seinen angeblichen Befreiungsplan schilderte Hugo in allen Einzelheiten. Er habe ein spezielles Seil mit Haken und Knoten entwickelt, mit dem man jemanden ohne Schwierigkeiten über die höchsten Mauern befördern könne. Mit diesem Typ von Seil habe er auch in früherer Zeit seine Einbrüche unternommen. Er sei ein erfahrener Bergsteiger, dem keine Mauer zu hoch, keine Wand zu steil sei. Ein solches Seil hatte Hugo auch seinem Berliner Bekannten Ewald L. übergeben, als der einmal vage in die Debatte warf, in Berlin werde darüber nachgedacht, wie man wohl Mitglieder der »Bewegung 2. Juni« aus dem Gefängnis befreien könnte. Später – als tatsächlich einige der Lorenz-Entführer, allerdings auf andere Art, befreit wurden – ließ Hugo bei kroatischen Freunden in Frankfurt durchblicken, er habe daran mitgewirkt. Hugo neigte offenbar dazu, dick aufzutragen – in seinem Gewerbe nichts Besonderes.

Ende Januar 1978 riß der Kontakt Hugos zu Friederike P. plötzlich ab. In der Zeitung las sie dann:

»Der Terrorist Sigurd Debus (35), der in Celle eine zwölfjährige Haftstrafe verbüßt, sollte vermutlich von Gesinnungsgenossen befreit werden. Der niedersächsischen Polizei gelang es jedoch, diesen Befreiungsversuch zu verhindern.

Nach Angaben der Kriminalpolizei in Salzgitter war einem Kriminalbeamten am Montagabend dieser Woche auf der Bundesstraße 490 ein schwarzer Mercedes 350 SL wegen eines defekten Bremslichts aufgefallen. Als der Beamte sich zu erkennen gab und die Papiere des Fahrers überprüfen wollte, gab dieser Gas und flüchtete in eine Sackgasse, in der es keine Wendemöglichkeit gab. Der Fahrer, etwa 22 bis 30 Jahre alt, schlank, dunkle mittellange Haare, 160 bis 165 Zentimeter groß, flüchtete zu Fuß weiter. Wie sich bei der Überprüfung herausstellte, hatte das Auto gefälschte Kennzeichen. Es war Anfang Dezember 1977 in Augsburg gestohlen worden. In dem Fahrzeug wurden falsche Pässe und etwa vierzig Schuß Munition für Pistolen und Revolver gefunden.

Auf der Flucht hatte der Unbekannte ein Bündel mit Kleidern fortgeworfen. Darin steckte ebenfalls ein gefälschter Paß: mit einem Lichtbild von Debus. Dieser Ausweis war schon 1974 in Michelstadt (Odenwald) mit 41 anderen Blankopässen gestohlen worden.«

Friederike P. wunderte sich, daß der Mann auf dem zweiten Paßbild zwar nach Haaransatz und Gesichtsform eindeutig »Hugo« darstellte, aber plötzlich einen Vollbart trug, der so schwarz war, daß er eher wie nachträglich aufgemalt wirkte.

Offenkundig bestand das Konzept der beteiligten Behörden

darin, Susak alias »Hugo Kaufmann« zwar pro forma zur Fahndung auszuschreiben, ihn aber so unkenntlich zu machen, daß ihn niemand mehr identifizieren konnte. Tatsächlich war ja die gesamte Operation »Salzgitter« weniger dazu gedacht, »Hugo« eine glaubwürdige Legende aufzubauen, als ihn aus der gesamten Aktion mit einem guten Abgang zu verabschieden.

Die ganze Geschichte in Salzgitter war von A bis Z getürkt. Nicht Susak hatte den Mercedes gefahren, sondern ein Verfassungsschutzbeamter. Stolz meldete das Innenministerium später: »Die erwarteten Presseveröffentlichungen folgten.«

In diesem Zusammenhang ist eine Einzelheit von Interesse: In den Verlautbarungen der Polizei hieß es, der falsche Paß mit dem Foto von Sigurd Debus sei schon 1974 in Michelstadt mit anderen Blankopässen gestohlen worden. Als Täter hatte man damals die RAF vermutet. Es bestehen also zwei Möglichkeiten: Entweder war auch dieser Einbruch schon getürkt, oder aber die Behörden betrieben mit gestohlenen und wiederaufgefundenen Ausweispapieren eine Art »Recycling«.

Um den 10. Februar 1978 herum reiste Zjelko Susak nach Gran Canaria ab. Zur Steuerung der Operation hielt sich auch Verfassungsschützer Borrak in Spanien auf. Von dort her sollte er den V-Mann kontrollieren.

Auch Geheimagent Werner Mauss war Anfang des Jahres auf die Kanarischen Inseln geflogen. Irgendwie hatte er wohl das Gefühl, daß bei der ganzen Sache etwas für ihn selbst abfallen müßte. V-Leute konnte man nie genug haben, je mehr, desto besser, vielleicht konnte man durch Quantität die mangelnde Qualität ausgleichen. Diesmal gaben die spanischen Behörden ihm einen Tip – eine Hand wäscht schließlich die andere.

In der Ortschaft Maspalomas auf Gran Canaria lebte eine Holländerin, die zwar nicht mit dem Terrorismus selbst, dafür aber mit der Terrorismusfahndung in Berührung gekommen war.

V-Frau Veronika

Veronika B., geboren in Den Haag, hatte als oberstes Lebensziel, so wenig wie möglich zu arbeiten und dabei möglichst viel von der Welt kennenzulernen. Schon als sie knapp zwanzig war, hatte sie die elterliche Gaststätte in den Niederlanden verlassen und war auf Reisen gegangen. Sie jobbte sich in Hotels und Restaurantbetrieben in Norwegen, der Schweiz und anderswo durch. Mitte 1975 war sie auf die Kanarischen Inseln gekommen und hatte dort in einer Sprachenschule des Touristenortes Maspalomas gearbeitet. Zusammen mit anderen Leuten wohnte sie in einem doppelstöckigen Neubaukomplex, genannt Duplex III.

An einem Tage Ende November 1977, gerade hatte sie ihren Unterricht beendet, stand ein halbes Dutzend spanischer Polizeibeamter vor ihrer Schule, die in einem der oberen Stockwerke des Postgebäudes von Maspalomas untergebracht war. Ohne viele Worte legten die Beamten ihr Handschellen an. Veronika lachte, denn sie nahm an, es handele sich dabei um so etwas wie »Vorsicht, Kamera«. Doch die Polizisten fanden das alles gar nicht so komisch. Schweigend richteten sie ihre Maschinenpistolen auf die Holländerin.

»Bin ich eine Terroristin?« erkundigte sich Veronika. Statt einer Antwort wurde ihre Handtasche ausgeleert. Im Polizeiwagen, immer noch in Handschellen und mit vorgehaltenen Maschinenpistolen, ging es in ihre Wohnung. Ihr Zimmer wurde durchsucht, und anschließend brachte man sie in einem zivilen Luxusauto zur Polizei nach Las Palmas. In einem kleinen Bistro bekam sie einen Schluck Wasser zu trinken, dann wurde sie »erkennungsdienstlicher Behandlung« unterzogen. Fotos wurden gemacht, Fingerabdrücke genommen.

Veronika ließ das alles nicht freiwillig mit sich geschehen. Sie wehrte sich, benahm sich tatsächlich wie eine Terroristin.

Schließlich offenbarte man ihr, warum man sie festgenommen hatte. Sie sah der gesuchten deutschen Terroristin Elisabeth van Dyck ähnlich.

Veronika verlangte den holländischen Konsul zu sprechen. Bevor er kam, hatte die spanische Polizei schon herausgefunden, daß Veronika B. tatsächlich Veronika B. war. Ihr Paß war echt, und auch die Abklärung ihrer Personalien in den Niederlanden hatte nichts Verdächtiges ergeben. Ihre Eltern, von der holländischen Polizei befragt, identifizierten Veronikas Polizeifotos als Bilder ihrer Tochter.

Veronika B. verbrachte eine Nacht in der Zelle. Als am nächsten Tag der niederländische Konsul auftauchte, wurde sie aus der Haft entlassen. Die Polizei gab ihr noch den guten Rat mit auf den Weg, sich bitte umgehend in Maspalomas anzumelden, denn das hatte sie bisher versäumt.

Die Affäre hatte ein Nachspiel.

Vom 3. bis zum 7. Januar 1978 war das Ehepaar Mauss zusammen mit Jüllig, Wiehe und Borrak in Madrid. Dort sollten mit Beamten des spanischen Geheimdienstes Einzelheiten der geplanten »Operation Neuland« ausgehandelt werden.

Von Madrid aus flog Mauss zusammen mit seiner Frau weiter auf die Kanarischen Inseln. Dort erfuhr er von der Festnahme der falschen Elisabeth van Dyck. Das brachte ihn auf eine Idee. Gemeinsam mit spanischen Polizisten fuhr er nach Maspalomas und besuchte Veronika in der Sprachenschule.

Werner Mauss stellte sich unter dem Namen Scholz vor. »Ich glaube nicht, daß Sie Veronika B. sind«, offenbarte er der erschreckten Holländerin. »Für mich sind Sie immer noch Elisabeth van Dyck.«

»Bin ich nicht«, sagte Veronika, »hat man alles überprüft.«

Scholz meinte, darüber solle man sich doch einmal etwas intensiver unterhalten, und bat sie, ihn mit in ihre Wohnung zu nehmen. Dort kam Mauss gleich zur Sache. Natürlich wisse er, daß sie nicht Elisabeth van Dyck sei. Vielleicht könne man aber dennoch ins Geschäft kommen. Ob sie nicht Lust habe, mitzuhelfen, Terroristen zu fangen. Die Aktion werde allerhöchstens vier Wochen dauern.

Nun sprach Veronika zwar fließend holländisch, deutsch, englisch, französisch, italienisch und spanisch, aber vom Bombenbasteln, von anarchistischer Theorie oder dem Kampf gegen den weltweiten Imperialismus verstand sie nichts. Das, so meinte Mauss, ließe sich ändern.

Die Frau war Abenteuern nicht abhold und steckte außerdem in chronischer Geldnot. Schon das letztere prädestinierte sie zur Agentin. Mauss warb sie mit seiner unnachahmlichen Überzeugungsgabe als Informantin an. Veronika war es auf den Kanarischen Inseln ohnehin etwas langweilig geworden. Sie wollte gern wieder zurück auf das Festland, und so sagte sie ohne große Bedenken »ja«.

Am nächsten Tag fuhr Veronika nach Las Palmas, wo sie im Hotel »Reina Isabel« nochmals mit Mauss zusammentraf. Der Agent befragte sie über ihr bisheriges Leben und erfuhr, daß sie schon in Wohngemeinschaften gelebt hatte. Auch das machte sie in den Augen des Super-Agenten Mauss zur idealen Agentin im terroristischen Bereich.

»Ist Scholz Ihr richtiger Name?« fragte Veronika.

»Nein«, sagte Mauss, »das ist ein Deckname.«

Veronika durfte zurück nach Maspalomas fahren. Einige Wochen später rief »Scholz« in der Schule an und bat sie, umgehend ihre Koffer zu packen. Sie sollte das nächste Flugzeug nach Frankfurt nehmen. »Ich hole Sie am Flugzeug ab.«

Veronika kaufte von ihren eigenen Ersparnissen ein Flugticket nach Frankfurt. Mauss stand vor der Paßkontrolle und nahm sie mit ins »Sheraton« am Flughafen. Er drückte ihr ein paar hundert Mark in die Hand und gab ihr die ersten Anweisungen für die zukünftige Tätigkeit im Kampf gegen den internationalen Terrorismus. Sie sollte sich in Frankfurt am Main umsehen. Werner Mauss lud sie in seinen Mercedes und fuhr sie zu einem alternativen Buchladen.

»Hören Sie sich da um, wo Sie schlafen können«, forderte der Agent seine Unteragentin auf. Dann verschwand er.

Veronika stöberte zunächst in den ausgestellten Büchern und beschloß, sich in ihr neues Arbeitsgebiet einzulesen. Sie kaufte sich ein Buch von Iring Fetscher über Terrorismus. Dann fragte sie die Leute im Buchladen, ob sie ihr einen Rat im Hinblick auf eine Übernachtungsmöglichkeit geben könnten.

»Wie wäre es mit der Jugendherberge«, sagte man ihr und beschrieb den Weg dorthin. Veronika nahm ein Taxi und quartierte sich in einem Gemeinschaftsraum im oberen Teil eines doppelstöckigen Bettes ein.

Mauss hatte ihr geraten, in alternativen Kneipen nach Kontakten zu suchen. Dabei kam sie allerdings über unverbindliche Kneipengespräche nicht hinaus.

Fast 14 Tage hörte Veronika nichts von ihrem neuen Auftraggeber. Mauss war nämlich schon wieder auf Reisen. Schließlich hatte er noch andere Agenten zu betreuen. Schon einen Tag, nachdem er Veronika in Frankfurt vom Flugzeug abgeholt hatte, war er zusammen mit den Verfassungsschützern Wiehe und Borrak nach Las Palmas geflogen, um mit »Django« Susak Einzelheiten seiner geplanten Einschleusung in das Hauptquartier der MPAIAC zu erörtern.

Reisen im Auftrag von Herrn »M.«

Nach seiner Rückkehr gegen Ende März nahm Mauss wieder Kontakt zu Veronika auf. Er wies sie an, eine Freundin in der Schweiz zu besuchen, von der er annahm, daß sie »alternativ« sei, und die schon deshalb im Verdacht stand, Kontakte zu terroristischen Kreisen zu haben.

»Über die Freundin sind wir auf Sie gekommen«, erklärte ihr Mauss, was natürlich Unsinn war.

Mit der Bahn fuhr Veronika in die Schweiz und besuchte ihre »Zielperson«, um auf Mauss' Wunsch herauszufinden, was sie so machte. Veronika fühlte sich unwohl, ihre alte Freundin zu bespitzeln, und befürchtete, man sehe es ihr an der Nasenspitze an, daß sie sich verstellte. Doch die Freundin merkte nichts. Zu berichten gab es ohnehin nichts Geheimnisvolles.

Nach einer knappen Woche rief Mauss sie in ihrem Hotel in Bern an und forderte sie auf, unverzüglich nach Heidelberg zu kommen. Er gab ihr die Adresse eines Restaurants, wo sie sich treffen könnten. Bei bescheidenem Essen und Mineralwasser gab Mauss ihr neue Anweisungen. Sie sollte versuchen, sich in die linke Szene Heidelbergs zu integrieren. Am besten gehe sie in die Universität und suche dort nach einer Unterkunft in einer Wohngemeinschaft, am besten in einer linken.

Mit ihrer schnellen Auffassungsgabe hatte Veronika inzwischen ein paar alternative Vokabeln aufgeschnappt. Sie hängte einen Zettel aus: »Suche undogmatische WG.«

Tatsächlich meldete sich ein Interessent für die neue Mieterin. So kam es, daß Veronika Anfang Mai in eine Wohngemeinschaft von Mitgliedern des Kommunistischen Bundes Westdeutschland einziehen konnte. Ihren sechs Mitbewohnern, sämtlich im KBW, erzählte sie, an der Universität Spanisch zu studieren. Es dauerte nicht lange, da war sie halbwegs in die Gruppe integriert. Mehr schlecht als recht bemühte sie sich, das kommunistische Gedankengut mitzubekommen.

Abends sang sie gemeinsam mit den KBW-Leuten alte Arbeiterlieder zur Trommel, stehend mit hocherhobener Faust, versteht sich. »Das ist das einfachste, was ich mitmachen kann«, dachte Veronika.

Sie mochte die Leute in ihrer WG nicht besonders und fand sie schon deshalb »ziemlich doof«, weil sie im KBW waren. Sie wollten die Revolution, aber das kam ihr irgendwie unrealistisch vor. Veronika nahm auch an kleinen KBW-Konferenzen in der Wohngemeinschaft teil, las die ausliegende China-Zeitung und versuchte, die Motive der Leute zu verstehen, was ihr nicht gelang. Manchmal mischte sie sich sogar in die Besprechungen ein. Als bei einer Zusammenkunft Kinder mitgebracht wurden und diese Unruhe verbreiteten, ließ sie vehemente Kritik an dem schreienden Nachwuchs laut werden.

Mauss hatte ihr eine Legende mit auf den Weg gegeben, die mit ihrem Aufenthalt auf den Kanarischen Inseln zusammenpaßte. Sie sollte in der Szene erzählen, daß sie auf Gran Canaria für die MPAIAC gearbeitet hätte. Ein gewisser Cubillo sei der Chef dieser Gruppe, die versuche, die Unabhängigkeit des Kanarischen Archipels von Spanien mittels Bombenanschlägen durchzusetzen. Viel mehr hatte Mauss ihr über die MPAIAC nicht gesagt. Sie selbst wußte allerdings, daß die Gruppe auch kleinere Anschläge aus Sympathie für die deutsche RAF durchgeführt hatte. Das hatte in jeder Zeitung gestanden. Eine solche Legende kam bei den KBW-Leuten gut an, und man fragte nicht weiter nach.

Mauss hatte Veronika eine Telefonnummer in Hanau gegeben, über die er ständig erreichbar war. Die Frau eines Polizisten hielt gegen ein kleines Entgelt die Verbindung zu ihm aufrecht. Eines Tages bestellte Mauss Veronika dringend nach Köln. Schon am nächsten Tag sollte sie mit der Bahn nach Montpellier reisen. Dort gebe eine bestimmte Frau Klavierstunden, bei der sie sich zum Unterricht einschreiben lassen solle.

Eigentlich interessiert war Mauss am Bruder der Klavierlehrerin, der Kontakt zur terroristischen Szene haben sollte.

Nachmittags um vier Uhr klingelte Veronika bei der Pianistin in Montpellier. »Kann ich hier Klavierunterricht haben?«

Leider war die Frau aber gerade auf dem Sprung in die Ferien und konnte die neue Schülerin deshalb nicht annehmen. Dennoch erledigte Veronika ihren Auftrag wenigstens teilweise: Der Bruder der Frau wohnte im selben Haus. Sie tat so, als habe sie vor seiner Tür eine ihrer Kontaktlinsen verloren, klingelte bei ihm und erzählte, was vorgefallen war: »Wenn Sie eine Kontaktlinse finden, dann ist das meine.«

Nun wußte sie zumindest schon einmal, wie der Mann aussah. Sie quartierte sich in einem Hotel in der Nähe ein und beobachtete das Haus. Als er in sein Auto, eine graue Ente, einstieg, schrieb sie sich das Kennzeichen auf.

Auch das Ehepaar Mauss war nach Montpellier gereist und hielt Kontakt zu Veronika. Gemeinsam fuhren sie der Ente hinterher und stellten fest, daß der Bruder der Klavierlehrerin zu einem Haus auf dem Lande fuhr. Dort, so mutmaßte der Agent, könnten Terroristen wohnen. Veronika solle versuchen, sich in dem Haus einzumieten. Doch die Operation erschien ihr zu schwierig, und anstatt sich dort einzuquartieren, beobachtete sie das Anwesen lediglich. Heraus kam wieder einmal nichts.

Nach kurzer Zeit durfte Veronika abreisen. Sie besuchte ihre Eltern in Den Haag und fuhr eine Woche später zurück nach Heidelberg.

Noch in Montpellier hatte Mauss ihr die Adresse des MPAIAC-Hauptquartiers in Algerien gegeben und gemeinsam mit ihr einen Brief entworfen, in dem sie um Informationsmaterial der Cubillo-Truppe bat. Die MPAIAC schickte postwendend einen Packen politischer Schriften an ihre Adresse beim KBW in Heidelberg. Ihre Mitbewohner waren beeindruckt vom Propagandamaterial ihrer angeblichen Gruppe.

Wieder meldete sich Mauss und beorderte sie schnurstracks zurück nach Montpellier. Die Pianistin gab nämlich ein Konzert. Veronika hörte es sich an und berichtete ihrem Agentenführer über die Geschehnisse: Doch außer Musik war nichts gewesen.

Veronika hatte während dieser Zeit ihre Wohnung auf den Kanarischen Inseln behalten und auch weiter bezahlt, denn sie ging davon aus, daß die Arbeit für »Herrn Scholz« nach wenigen Wochen zu Ende sein würde. Doch aus vier Wochen wurden fünf, dann sechs. Mauss hatte immer neue Aufträge für sie. Ein Ende war nicht abzusehen.

Veronika reiste gern, und Mauss gab ihr für Bahnfahrkarten und Lebensunterhalt rund 1500 Mark im Monat, gerade genug, um ihr neues konspiratives Leben zu finanzieren. Zurücklegen konnte sie davon nichts. Aber Veronika hatte gelernt, mit wenig Geld auszukommen, schließlich war ihr oberstes Lebensziel, möglichst wenig zu arbeiten, und das ging natürlich nur bei höchster persönlicher Bescheidenheit. Das war eine Einstellung, die sich vortrefflich mit der Mauss'schen Sparsamkeit bei der Entlohnung seiner Unteragenten deckte.

»Wenn Sie mal einen wichtigen Terroristen finden, dann bekommen Sie eine so große Belohnung, daß Sie damit einen ganz großen Laden aufmachen können«, ermunterte Mauss sie. Aber das wollte Veronika gar nicht. Ihren Eltern hatte sie gesagt, sie arbeite für den Staat und suche für ihn Terroristen. Die Eltern akzeptierten das, ermahnten sie aber, vorsichtig zu sein.

Anfang Juli zog die KBW-Gruppe aus der Wohngemeinschaft aus. Veronika suchte sich eine neue WG im Zentrum von Heidelberg. Ihre neuen Mitbewohner waren normale Studenten, die mit Politik wenig am Hut hatten. Schon im August zog Veronika wieder aus.

Mauss schickte sie in seinen eigenen alten Wohnort: nach Essen. Dort sollte sie Kontakt zu einer Frau aufnehmen, die einen alternativen Buchladen betrieb und möglicherweise RAF-Kontakte hatte. Veronika schaffte es zwar, bei der Frau zu übernachten, doch von terroristischen Beziehungen konnte sie auch dort nichts feststellen. Sie bekam eine neue Adresse, die einer alternativen Wohngemeinschaft in der Nähe der Reitschule am Stadtwald, wo Mauss seine kurze Reiterlaufbahn hinter sich gebracht hatte. Veronika sah sich die Pferde an. Terroristen oder ähnliches konnte sie allerdings nirgendwo entdecken. Statt dessen lernte sie einen jungen Mann namens Jochen (Name geändert) kennen, der hervorragend Schach spielte, aber sonst ziemlich ausgeflippt war. Mit ihm zusammen reiste sie nach wenigen Wochen zurück nach Heidelberg.

Bei ihren Recherchen im Untergrund machte Veronika sich sporadisch Notizen, die sie jeweils in der Nacht vor einem Treffen mit Agentenführer Mauss zu einem provisorischen Bericht zusammenfaßte.

Mauss war immer unzufriedener mit ihren Ermittlungen. Sie selbst hatte Gewissensbisse, nicht mehr liefern zu können, und kam sich ziemlich blöd vor, so wenig von der terroristischen Szene zu verstehen. Bei einem Besuch in Frankfurt ging sie deshalb in die Karl-Marx-Buchhandlung und fragte dort den ehemaligen Studentenführer Daniel Cohn-Bendit, ob er ihr nicht Literatur zum Thema empfehlen könne. Der »rote Dany« drückte ihr das Buch »Holger, der Kampf geht weiter« in die Hand.

Zusammen mit ihrem Freund Jochen quartierte sich Veronika in Heidelberg kurzfristig in einer neuen Wohngemeinschaft ein. Dort spielte man auf sehr hohem Niveau Schach. Wahrheitsgemäß berichtete Veronika dem Agenten darüber. Erst später lernte sie zu übertreiben, eine Sache »anzudicken«, wie sie es selbst nannte.

Das war eine Methode, die Mauss bis zur Vollkommenheit entwickelt hatte. So hieß es in seinen Berichten, die er aus Veronikas Recherchen für seine eigenen Auftraggeber zusammenstellte, protzig über ihre Kontakte zum KBW: »Nach entsprechender Überprüfungs-/Vorbereitungszeit Heranführen der Informantin an KBW-Gruppen in Frankfurt, Essen und Heidelberg.«

Ein Komitee wird unterwandert

Veronikas Leben in Heidelberg war alles andere als aufregend. Sie stöberte durch verschiedene linke Buchhandlungen, saß abends in Szenekneipen herum, und das war es auch so ziemlich. Zu berichten hatte sie tatsächlich nicht viel. Sie lernte lediglich einen Studenten namens Udo T. kennen, der mit einem gewissen Komitee »Sibylle und Hermann« zu tun hatte.

Kurz zuvor, am 23. Juni 1978, hatte der 27jährige Hermann F. bei der Explosion einer selbstgebastelten Bombe sein Augenlicht und beide Beine verloren. Gerade außer Lebensgefahr, war er in die Krankenabteilung einer Polizeikaserne verlegt und verhört worden. Er offenbarte den BKA-Beamten die Struktur bombenlegender revolutionärer Zellen.

Das BKA hatte F., so gut es ging, von seinen früheren Freunden abgeschottet. Es bildete sich ein Solidaritätskomitee, zu dem etwa 25 bis 30 Personen stießen. Auch seine frühere Freundin, Sibylle, nach der Explosion festgenommen, wurde nach ihrer Freilassung Mitglied des Komitees »Sibylle und Hermann«.

Noch während ihres Gefängnisaufenthalts versuchte Sibylle über eine Freundin namens Renate, ihre Wohnung in Heidelberg weiterzuvermieten. Renate machte einen Aushang im Heidelberger Frauenbuchladen.

Bei einer ihrer Expeditionen in den vermeintlichen Untergrund entdeckte Veronika den Zettel. Sie rief die darauf angegebene Telefonnummer an, traf sich mit Renate und übernahm für 230 Mark im Monat die Einzimmerwohnung im Mühltal. Die Wohnung war voll alternativ eingerichtet, mit einer Matratze auf dem Fußboden, einer engen Kochnische, aber einem, wie Veronika fand, »guten Bad«. Auch Sibylles Kleidung war noch da, und Veronika suchte sich aus, was ihr gefiel.

Am 1. Oktober 1978 war die Unteragentin in die Wohnung

eingezogen. Mauss war begeistert, denn nun hatte seine Agentin endlich Kontakt zur »richtigen Szene«. Veronika freundete sich mit Renate an, besuchte sie häufig in ihrer Wohnung und kam langsam an das Komitee »Sibylle und Hermann« heran.

Dort gab sie wieder ihre angebliche politische Tätigkeit für die Kanarische Guerilla-Organisation MPAIAC zum besten und galt schon allein deswegen als politisch zuverlässig. Bei den Treffen des Komitees wurde gelegentlich nach »Staatsschutzwanzen« gesucht – Abhörgeräten und Spitzeln.

Das Komitee bestand aus zwei Gruppen, eine nannte Veronika die »intellektuelle Gruppe«, die andere die »populäre Gruppe«. Die erste war die eher »legalistisch orientierte«, die andere die »konspirative«, die überall Spitzel vermutete. Als ein junger Mann in den Verdacht geriet, Agent des Verfassungsschutzes zu sein, trennte sich die »konspirative Gruppe« vom Komitee.

Der Rest machte weiter, darunter Veronika, Sibylle, Renate sowie eine gewisse Leni, die unter dem Decknamen »Emden 802« seit Jahren für den Verfassungsschutz Baden-Württemberg arbeitete. Davon wußte allerdings niemand in der Gruppe etwas, auch nicht Agentin Veronika, die jedoch einen leisen Verdacht hegte. Deshalb mied sie Leni, so gut es ging.

Mauss hatte es besonders auf Renate abgesehen. So gab er Veronika die Anweisung, gemeinsam mit ihr auf eine Reise nach Italien zu gehen. In Triest sollten sich die beiden Frauen mit irgendwelchen Spaniern treffen, die den linksradikalen Guerillaorganisationen GRAPO oder FRAP angehören sollten. Mauss gab Veronika ein halbes Dutzend Blankopässe und -ausweise mit auf die Reise. Sie sollte Renate die Pässe zeigen und ihr erzählen, diese seien für die geheimnisvollen Spanier bestimmt.

Abends spät kamen die beiden Frauen in Triest an. Mit dem Taxi fuhren sie zu einem Hotel, in dem Mauss Zimmer reserviert hatte. Am nächsten Morgen um acht Uhr meldete sich der Agent bei Veronika und sagte: »Erzähle Renate, daß das Treffen mit den Spaniern nicht klappt. Irgendwo gibt es eine Polizeirazzia. Fahre sofort nach München.«

Vor der Rückreise wollte Renate allerdings noch die berühmte progressive psychiatrische Klinik in Triest besichtigen. Dort arbeitete das ehemalige deutsche RAF-Mitglied Carmen R., die allerdings gerade nicht anwesend war.

Mit der Bahn fuhren die beiden Frauen am 14. Dezember 1978 nach München zurück. Renate wollte dort ihre Eltern besuchen. Veronika war einverstanden. »Gut, ich muß sowieso nach Österreich und dort die Pässe an die Spanier weitergeben.«

Tatsächlich fuhr sie dann allerdings nur nach Garmisch-Partenkirchen und machte sich einen netten Tag in den Bergen. Am Abend traf sie in München wieder mit Renate zusammen und deutete geheimnisvoll an: »Alles gut gelaufen.«

Abends gingen die beiden Frauen gemeinsam zu einer Filmveranstaltung ins Milbertshofener Zentrum. Dort wurde ein von Christoph Wackernagel gedrehter Videostreifen mit dem Titel »Bei uns ist der Vietnamkrieg noch nicht zu Ende« vorgeführt. Sorgsam teilte Veronika später ihrem Agentenführer den Inhalt mit: »Vietnam, Anschläge auf amerikanische Einrichtungen, Bilder des toten Holger Meins, Ulrike Meinhof und andere.«

Veronika übernachtete in einem Hotel, während Renate wieder bei ihren Eltern schlief. Am nächsten Tag besuchten die beiden gemeinsam ein nobles Café in der Münchner Innenstadt.

»Dies ist ein richtiger Agententreffpunkt«, scherzte Renate. Veronika lachte.

Über Weihnachten fuhr die Holländerin wieder zu ihren Eltern nach Den Haag. Anfang Januar war sie zurück in Heidelberg und nahm ihre konspirative Arbeit wieder auf. Inzwischen hatte sie sogar einiges über die MPAIAC erfahren, für die sie laut Legende ja gearbeitet haben sollte. Deutsche Zeitschriften hatten nämlich über die Unabhängigkeitsbewegung auf den Kanaren berichtet.

Im März kam Sibylle aus der Haft frei, mußte sich allerdings regelmäßig bei der Polizei am Wohnort ihrer Eltern melden. Veronika durfte die Wohnung behalten.

Inzwischen war ihr Freund Jochen mehr oder weniger zu ihr gezogen. Er bestritt seinen Lebensunterhalt vor allem durch Blutspenden. Als er eines Tages vom Spenden zurückkam und dabei sparsamerweise schwarz fuhr, mußte er die verdienten vierzig Mark gleich wieder abgeben. Veronika griff ihm mit ihren spärlichen Agentenhonoraren unter die Arme.

Gelegentlich wunderte Jochen sich darüber, daß seine Freundin trotz offenkundiger Arbeitsunlust immer Geld in der Tasche hatte. Als er sie danach fragte, offenbarte sie sich ihm schließlich. Eine solche Geldquelle, so bescheiden sie auch war, faszinierte Jochen. Ob Veronika die Scholzschen Quellen nicht auch für ihn anzapfen könnte? Die Holländerin war es inzwischen ohnehin leid, ihren Sold ständig zu teilen, und so gestand sie Mauss, ihren Freund eingeweiht zu haben. Ohne erkennbare Gemütsregung nahm Mauss ihre Beichte entgegen und machte aus der Not erwartungsgemäß sofort eine Tugend. Er heuerte auch Jochen als V-Mann an.

Gemeinsam lieferte das Unteragentenpärchen nun seine Berichte ab. Der doppelte Aufwand ließ das Informationsaufkommen allerdings nicht anwachsen. Dafür wurden auch Belanglosigkeiten bis ins letzte Detail ausgemalt.

Mauss konnte seinen Auftraggebern, damals vor allem noch dem Bundeskriminalamt, berichten: »Neben dem Haus XX-Straße, 6900 Heidelberg (Wohnung von Renate XX), befindet sich, bis zum angrenzenden Haus reichend, eine graublaufarbene Holzwand, in die eine Türe eingelassen ist. Rechts daneben sind drei Schellen angebracht. Auf der oberen Schelle erscheinen die Namen ›XX‹ und ›XY‹. Nach Passieren dieser Türe erreicht man, rechtsseitig gelegen, den Hauseingang. Über eine Holztreppe gelangt man in die erste Etage. Die rechte Eingangstüre führt zur Wohnung der Zielperson, die linke zu der von XY. Von innen sind beide Wohnungen (bestehend aus je einem Raum und einer gemeinschaftlich zu benutzenden Küche) durchgehend begehbar. Ein Fenster in der Wohnung dürfte zur XX-Straße gelegen sein. Nach Betreten der Wohnung der Zielperson gelangt man sofort in die Küche.«

Als besonderen Leckerbissen konnte Mauss noch berichten: »XX besitzt ein Fahrrad, Pkw steht nicht zur Verfügung.«

Veronika war alles andere als eine Musteragentin. Wenn in ihrer Wohnung das Telefon klingelte und sie vermuten mußte, daß »Herr Scholz« am Apparat war, nahm sie den Hörer oft gar nicht erst ab. Sie hatte keine Lust, ihn zu treffen, weil sie nichts zu berichten hatte oder einfach ihre Ruhe haben wollte. Veronikas Phlegma reizte vor allem Frau Mauss bis zur Weißglut.

Besonders störte es Veronika, daß Mauss sie vor allem an Wochenenden zu sehen wünschte. An Feiertagen hatte er seine besten Ideen, mit denen er seine V-Frau über Stunden langweilte.

Am 4. Mai 1979 wurde Elisabeth van Dyck, für die man die Holländerin anfangs gehalten hatte, beim Versuch, sie festzunehmen, von der Polizei erschossen.

Inzwischen war Veronika schon so in der Szene verwurzelt, daß sie zusammen mit der Ehefrau eines wegen terroristischer Aktivitäten einsitzenden ehemaligen Rechtsanwalts zur Beerdigung nach Enkenbach fuhr. Nach der Trauerfeier luden die Eltern Elisabeth van Dycks zum Kaffee. Neben Veronika waren die Ehefrau des Anwalts dabei, eine Frau aus der Frankfurter Feministinnenszene sowie Eltern und Geschwister gesuchter RAF-Mitglieder. Agentenführer Mauss protokollierte nach einem Treffen mit Veronika das »Gesprächsergebnis«: »Eltern sind als Sympathisanten bereit, Taten ihrer Kinder zu decken. Familien XXX ... gehören der ›Mennoniten-Sekte‹ an. Mitglieder der Sekte sollen als Unterstützer gesuchter Terroristen arbeiten und Kontakte zu diesen herstellen können. Anschrift der Sekte, wie später festgestellt: XXXX ...«

In Ermangelung brauchbarer Informationen begann Mauss inzwischen offenbar selbst, seine Berichte etwas »anzudicken«. Über das Komitee »Sibylle und Hermann« schrieb er: »... unterhält Kontakte nach Italien, Frankreich, zur ETA (Spanischbaskische Separatistenorganisation) in Vorbereitung, geplant ist Anmietung konspirativer Wohnung im Baskenland.«

Das hörte sich alles geheimnisvoller an, als es in Wirklichkeit war. Es gab zwar Beziehungen zu Leuten im Ausland, doch beschränkten sich diese vor allem auf Kontakte, die zur Öffentlichkeitsarbeit des Komitees unterhalten wurden. So zum Beispiel zu Petra K. in Neapel.

Die mit einem Italiener verheiratete Deutsche hatte nach Auffassung der Polizei Beziehungen zur Schweizer Anarchistengruppe »Bändlistraße« unterhalten, die bei Einbrüchen Waffen und Munition entwendet und ins Ausland verschoben hatte. Das war allerdings schon zwischen 1972 und 1975 gewesen. Zwei Gruppenmitglieder hatten 1977 vor Gericht erklärt, Petra K. sei eine der Drahtzieherinnen des Waffenexports gewesen.

Als Mauss den Namen Petra K. hörte, war er sofort wie elektrisiert und beauftragte Veronika, nach Neapel zu reisen.

In seinem Bericht hieß es: »10. 7. 1979 Auftragserteilung an Informantin, deutsch abgefaßte Berichte der Gruppe, die von ihr zuvor in die italienische Sprache übersetzt wurden, als Kurier nach Neapel zu verbringen, bestimmt zur persönlichen Übergabe an die in der FRG [M. benutzte als Kürzel für die Bundesrepublik die englische Bezeichnung] und in der Schweiz gesuchte Terroristin K., Petra, verheiratet mit einem italienischen Staatsangehörigen ...«

Das alles, so dürftig es erschien, war bereits reichlich »angedickt«. Tatsächlich hatte Veronika vor allem ihre Schwester besuchen wollen, die gerade in der Nähe von Rimini selbstgemachte Töpfereien verkaufte. Als sie den Leuten aus dem Komitee von ihren Reiseplänen berichtete, baten die sie, doch Informationsmaterial über »Sybille und Hermann« mitzunehmen und an Petra K. in Italien auszuhändigen. Diese hatte nämlich gute Beziehungen zur Zeitschrift »Lotta Continua«, in der das Informationsmaterial veröffentlicht werden sollte. Die Papiere waren also alles andere als konspirativ und zudem in deutscher Sprache abgefaßt.

So gut waren Veronikas Italienischkenntnisse denn doch nicht, als daß sie die Texte selbst hätte übersetzen können.

Nach etwa zehn Tagen Sonne in Rimini reiste Veronika weiter nach Neapel. Sie quartierte sich in einem Hotel ein und klingelte zwei Tage später bei Petra K.

Um ihre Schwellenangst zu überwinden, trank sie vorher einen Whisky: »Ich bin die Veronika, ich komme mit den Sachen vom Komitee.«

Petra bat sie herein. Zufällig war gerade weiterer Besuch aus Deutschland da, Friederike P. Man setzte sich zu einer netten gemeinsamen Plauderrunde zusammen. Petra redete über ihre diversen Krankheiten. Friederike sprach über Politik. Veronika schwieg zumeist.

Als Friederike sie fragte, was sie denn in Neapel mache, sagte sie: »Ich gucke hier so rum.«

Und das war es denn auch. Veronika besichtigte die Stadt, sah sich nachts die Transvestiten auf den Straßen an und besuchte die Ruinen von Pompeji. Sie schaute noch ein paarmal bei Petra K. vorbei und reiste dann wieder ab.

In Deutschland berichtete sie Mauss von der Reise und ließ zwischendurch fallen, daß sie auch ihre Schwester besucht hatte. Agent Mauss zeigte sich interessiert, besonders schien ihm zu gefallen, daß Veronikas Schwester gut italienisch sprach. Das brachte ihn auf die Idee, auch die Schwester als Unteragentin anzuheuern. Offenbar versuchte er wieder einmal, Qualität durch Quantität zu ersetzen.

Veronikas Schwester war einer geheimdienstlichen Tätigkeit nicht abgeneigt und reiste postwendend im Mercedes ihres Freundes an. Mauss schlug ihr vor, nach Wien zu gehen, um die dortige Terroristenszene auszuloten. Veronika, ursprünglich von der schwesterlichen Hilfe begeistert, legte sich allerdings quer.

»Es ist besser für mich und besser für meine Schwester«, erklärte sie Mauss, »wenn sie nicht mitarbeitet. Ich habe jetzt schon Probleme genug. Das halte ich psychisch nicht aus.«

Mauss äußerte Verständnis. Schließlich hatte er noch Veronikas Freund Jochen als zusätzlichen V-Mann.

Es sollte sich aber herausstellen, daß Jochen noch schlechter funktionierte als seine Freundin. Eines Tages schickte Mauss ihn zu einer Soloreise nach Neapel. Jochen kam aber nur bis Mailand. Dort verspielte er die Geheimdienstspesen in einem Schachcafé. Hinfort ließ Mauss ihn nur noch gemeinsam mit Veronika reisen, die sich zum Ziel gesetzt hatte, Jochen vor dem weiteren sozialen Abstieg zu retten.

V-Mann Susak im Einsatz

Während V-Frau Veronika und ihr unglücklicher Freund Jochen im Auftrag des Superagenten ihrer abenteuerlich belanglosen Spitzeltätigkeit nachgingen, mußte der vielbeschäftigte Mauss auch noch »Django« Susak betreuen.

Der Jugoslawe hatte nämlich eine besondere Vorliebe für das Agentenpaar Werner und Margret Mauss entwickelt. Er legte Wert darauf, seine neuerworbenen Informationen nur im Beisein seiner beiden Förderer abzuliefern.

So kam es, daß die »Institution M.« immer wieder in die »Operation Neuland« eingeschaltet werden mußte, was für die niedersächsischen Verfassungsschützer den unbestreitbaren Vorteil hatte, daß sie mit dem Mauss'schen Lufttaxi auf die Kanarischen Inseln reisen durften. Werner und Margret Mauss saßen dann gute zwölf Stunden am Steuerknüppel, während ihre Passagiere sich hinten mit Karten- oder Brettspielen die Zeit vertrieben.

Mitte Februar 1978 hatte Susak sich in Las Palmas etabliert und streckte seine Fühler zur MPAIAC aus. Spanische Geheimagenten, von denen die Guerilla-Organisation schon weitgehend unterwandert war, halfen ihm dabei.

Während Firma Mauss gemeinsam mit den niedersächsischen Verfassungsschutzbeamten Borrak und Wiehe mit den Kollegen beim BKA in Wiesbaden den Fortgang der »Operation Neuland« besprachen, erfuhr Susak auf der Sonneninsel Gran Canaria seine ersten Neuigkeiten. Der ihm von den Spaniern zugeteilte Geheimagent Paco berichtete, er habe den Auftrag, den in Algier residierenden MPAIAC-Führer Cubillo zu ermorden. Hinter dem Komplott stecke der amerikanische Geheimdienst CIA.

Susak meldete den Plan umgehend seinen deutschen Auftraggebern, die davon offenbar völlig unbeeindruckt blieben.

Erst am 11. März schwebten Mauss und Borrak in Las Palmas ein und ließen sich genauer Bericht erstatten. Dann händigten sie Susak neue Personalpapiere aus, offenbar einen gefälschten jugoslawischen Paß. Den Geheimdienstlern hatte nämlich gedämmert, daß ein »Kroate mit deutschen Papieren zu auffällig« war.

Kern der »Operation Neuland« war immer noch, Susak in das algerische Terroristencamp Cherchell zu schicken, und den algerischen Behörden traute man denn doch soviel Gewitztheit zu, erkennen zu können, daß an einem nur gebrochen deutsch sprechenden Kroaten mit deutschen Papieren etwas faul sein müßte.

Inzwischen war den norddeutschen Dunkelmännern aber offenbar aufgefallen, daß an der Information über das angebliche Guerillalager Cherchell etwas nicht stimmte. Allem Anschein nach existierte es überhaupt nicht. Konsequenterweise taucht in den geheimen Akten über die »Operation Neuland« der Name Cherchell ab Anfang 1978 nicht mehr auf. Von nun an ging es nur noch um das Hauptquartier des MPAIAC-Chefs Antonio Cubillo in Algier. Das war zwar nicht mehr ganz so schön, lohnte den Einsatz des jugoslawischen V-Mannes aber dennoch.

Sofort nach ihrer Rückkehr unterrichteten Mauss und Borrak Abteilungsleiter Wiehe in Hannover über den Stand der Dinge und beratschlagten gemeinsam, wie nun das neue eigentliche Operationsziel, die Einschleusung in das MPAIAC-Hauptquartier in Algier, erreicht werden sollte.

Diesmal wollte sich Beschaffungsleiter Wiehe den Flug auf die Sonneninsel nicht entgehen lassen. Bei der nächsten Reise mit der Mauss-Maschine nach Las Palmas war Wiehe dabei. Die Geheimdienstler trafen Susak und beorderten ihn zunächst nach Madrid. Dort stattete Mauss ihn mit den notwendigen Reiseunterlagen aus. Schon am nächsten Tag, dem 17. März 1978, machte sich »Django« auf die Reise. Von Madrid aus flog er nach Mallorca, von dort nach Rom.

Die italienische Hauptstadt war gerade in ziemlichem Aufruhr. Die »Roten Brigaden« hatten wenige Tage zuvor den Vorsitzenden der Christdemokratischen Partei, Aldo Moro, entführt.

Susak hängte sich ans nächste Telefon und rief seine alte Bekannte und »Zielperson« Friederike P. in Stuttgart an. Er tat sehr geheimnisvoll, gab ihr eine römische Telefonnummer durch und bat um Rückruf von einer Telefonzelle aus. Man könne ja nie wissen, wer in ihrer Leitung stecke. Friederike rief zurück. »Hugo« bat sie um ein Treffen. Wegen der Salzgitter-Geschichte könne er selbst nicht nach Deutschland kommen. Ob sie ihn nicht in Italien treffen könne?

Friederike wollte nicht, denn der Kroate kam ihr inzwischen ziemlich spanisch vor. »Hugo« versprach, sich wieder zu melden, und bestieg zusammen mit dem spanischen Geheimdienstmann Paco eine Maschine nach Algier. Am 24. März 1978 nahm er dort seine konspirative Arbeit auf.

Paco brachte ihn zum MPAIAC-Hauptquartier und machte ihn mit Antonio Cubillo bekannt. Der Guerillaführer bekundete Interesse an Kontakten mit europäischen Terrororganisationen. So jedenfalls berichtete Susak später.

Nachdem der Jugoslawe sein künftiges Aufgabengebiet notdürftig kennengelernt hatte, reiste er eine knappe Woche später wieder ab. In Rom traf er sich am 4. April mit Mauss und erstattete Bericht. Einen Tag später erschien »M.« mit den heißen Nachrichten in Hannover. Dort war eine Sitzung auf höchster Ebene angesetzt. Neben den niedersächsischen Verfassungsschutzbeamten Wiehe, Borrak und Vogt waren dazu auch zwei Herren vom BKA erschienen, sowie der Chef der Terrorismusabteilung, Gerhard Boeden persönlich.

Die Sitzung, vor allem die Besetzung, war so wichtig, daß auch Margret Mauss nicht fehlen durfte. Zwar hatte sie sich erst wenige Tage zuvor, am 31. März 1978, einer Operation unterziehen müssen und lag noch im Krankenhaus, ihr Mann wollte aber auf ihre Anwesenheit nicht verzichten. So holte er sie im Auto aus dem Hospital ab und verfrachtete sie in die Privatmaschine. Frau Mauss versuchte, ihn dazu zu bewegen, den Termin zu verschieben, aber der wollte nicht. Wenn die Spitzen der Behörden riefen, hatten Krankheit und Schwäche keine Bedeutung mehr.

Margret Mauss konnte sich kaum auf den Beinen halten und wankte während der Sitzung immer wieder auf die Toilette, um sich etwas aufzufrischen.

Sie hatte ohnehin das Gefühl, die »Institution M.« werde bei dieser ominösen »Operation Neuland« nur für Handlangerdienste und als billiges Flugreiseunternehmen benutzt. Ihr Mann sah das anders. Er wollte einen wichtigeren Part bei der Aktion spielen und biederte sich bei den Chefs von Verfassungsschutz und BKA regelrecht an.

Ein Mordversuch in Algier

Mauss hatte neben Informationen direkt aus Algerien noch mehr zu berichten. Geheimnisvoll deutete er an, daß V-Mann Susak möglicherweise auch mit Kontakten zur italienischen Terrorszene dienen könnte. Die Sache wurde als so bedeutungsvoll angesehen, daß die Runde beschloß, den italienischen Nachrichtendienst zu beteiligen.

Am selben Tag, dem 5. April 1978, wurde Antonio Cubillo beim Verlassen seines Hauses in Algier von zwei Männern angegriffen und mit Messerstichen schwer verletzt. Er kam nur knapp mit dem Leben davon. Es war genau das geschehen, was der V-Mann Paco seinem Kollegen Susak schon am 28. Februar 1978 angekündigt hatte, und was dieser Mauss weitermeldete.

Der algerische Außenminister Bouteflika machte später, nachdem der noch am Tatort gefaßte Hauptattentäter ausgepackt hatte, ebenfalls spanische Stellen für den Mordanschlag verantwortlich. Danach war der Messerstecher ein ehemaliger Doppelagent Cubillos und des franco-spanischen Geheimdienstes, ein Mann, den die politische Polizei Spaniens in die durch Polizistenmorde bekanntgewordenen linksradikalen Organisationen FRAP und GRAPO eingeschleust hatte. Es war ein gewisser Alfredo Gonzáles Perez, der als Verbindungsmann zwischen GRAPO und Cubillo auftrat, bis ihn die Terroristen-Organisation GRAPO wegen seiner angeblichen Verbindungen zur politischen Polizei Spaniens ausschloß.

Im Mai 1978 verhängte der algerische Gerichtshof für Staatssicherheit die Todesstrafe gegen Gonzáles. In Abwesenheit wurde im gleichen Schnellverfahren der Spanier Espinosa Pardo zum Tode verurteilt. Angeblich hatte er Gonzáles den Auftrag zum Mord an Cubillo gegeben. Der zwanzig Jahre alte, politisch völlig ahnungslose Spanier Cortes Rodriguez, der Alfredo Gonzáles Perez beim Attentat auf Cubillo begleitet haben sollte, wurde zu zwanzig Jahren Gefängnis verurteilt. Hauptattentäter Gonzáles selbst wurde von der Hinrichtung verschont, weil er die Hintergründe für das Attentat offenbart hatte.

Alfredo selbst erklärte in dem Verfahren, er sei »Soldat der [linksradikalen] spanischen Organisation FRAP« und habe den Auftrag gehabt, den »Agenten des CIA, Cubillo, zu eliminieren«. Mit einem Wort: Die Situation war einigermaßen unübersichtlich.

Nur Geheimagent Mauss hatte wieder das Gras wachsen gehört. Schon am 7. April 1978, also zwei Tage nach dem Attentat auf Cubillo, rief er beim niedersächsischen Landesamt für Verfassungsschutz an und berichtete von dem Mordanschlag.

Just einen Tag später war Mauss in Rom. Er traf sich dort mit Susak und suchte anschließend gemeinsam mit einem BKA-Kollegen und dem VS-Mann Borrak führende Herren des italienischen Innenministeriums auf, darunter den designierten Chef der neu gebildeten Anti-Terror-Gruppe, Digos. Borrak notierte, er habe gefragt, »ob wir unsere Waffen tragen dürfen«. Die Italiener gestatteten das formlos.

Fünf Tage später, am 17. April 1978, gab es wieder eine Besprechung in Hannover. Neben Mauss, den niedersächsischen Verfassungsschutzbeamten und einem Abgesandten des BKA nahm daran diesmal auch ein Vertreter des spanischen Geheimdienstes teil.

Am Tag nach der Einsatzbesprechung flog Mauss gemeinsam mit seiner Ehefrau nach Rom, um dort mit Susak den nächsten Einsatz in Algerien vorzubereiten. Am 22. April machte sich Susak auf die Reise, kehrte aber bereits eine Woche später wieder zurück. Zu Gesprächen mit Cubillo war es naturgemäß diesmal nicht gekommen, weil der nach dem Attentat abgeschirmt in einem Krankenhaus lag.

Die Italien-Connection

Susaks Algier-Connection schien fürs erste unergiebig geworden zu sein, aber der V-Mann mußte beschäftigt werden. Susak wurde beauftragt, wieder einmal Friederike P. in Stuttgart anzurufen und sie um ein Treffen zu bitten. Diesmal war sie dazu bereit. Sie war neugierig, wie es »Django« ergangen war. Zudem hatten die Frauen aus Salzgitter gebeten, bei »Hugo« zu ergründen, was am 8. Februar 1978 in Salzgitter tatsächlich passiert sei, als der Kroate angeblich nur mit Mühe der Polizei entkommen war. »Hugo« schlug ein Treffen in der Nähe des Bodensees vor. Dorthin könne er – angeblich über die grüne Grenze – kommen.

Friederike P. willigte ein und ging am Treffpunkt mit Hugo in einer Schrebergartenkolonie spazieren. Er erzählte ihr, daß er damals in eine Polizeikontrolle geraten sei. Beim Versuch, den Bullen zu entwischen, sei er mit dem schwarzen Mercedes auf einen Sandhaufen gefahren, daraufhin aus dem Wagen gesprungen und weggelaufen. Beim Klettern über einen Zaun sei seine Jacke hängengeblieben. So sei die Polizei an die gefälschten Pässe gekommen. Nach der Flucht habe er sich die Haare gefärbt und an Landsleute gewandt, die ihm einen neuen Paß besorgt hätten. Damit habe er sich ins Ausland abgesetzt. Während »Hugo« den Fall schilderte, kam den beiden plötzlich ein Mann entgegen, der sie kurz anblickte und dann weiter seines Weges ging. Als er außer Hörweite war, stieß Friederike ihren Begleiter an: »Ich wette, das war ein Bulle.«

Erst Jahre später, als Fotos des geheimnisvollen Herrn Mauss durch die Presse gingen, wurde ihr klar, wer der Mann wirklich gewesen war: Super-Agent Werner Mauss.

Nach dem Gespräch in der Kleingartenkolonie gingen die beiden gut essen und besuchten anschließend einen Freund Hugos, den Kroaten Slavko (Name geändert). Er war angeblich Hugos

»Beschützer« und im übrigen ein Jugendfreund, der bei kroatischen Exilorganisationen in der Bundesrepublik aktiv war.

Friederike wurde nicht so richtig klar, was der Kroate eigentlich von ihr wollte.

Inzwischen deutete vieles darauf hin, daß sie – in Ermangelung anderer lohnender Aufgaben – als »Zielperson« für Susak ausgesucht worden war. Mauss und seine Auftraggeber wußten von Friederikes Kontakten vor allem zu linken Kreisen nach Italien; daß diese auch völlig legal und gänzlich un-terroristisch sein konnten, paßte offenbar nicht in Mauss' Weltbild.

Nach dem Treffen zwischen Friederike und Susak am Bodensee kam Mauss noch einmal in Zürich mit »Django« zusammen. Der Kroate bat ihn, falsche Pässe zu besorgen.

Der Super-Agent versprach, zu tun, was er konnte.

Später versuchte das niedersächsische Innenministerium, sich von der Paßangelegenheit zu distanzieren. In einem Bericht hieß es dazu: »Er [Susak] versuchte u. a. offenbar eigene Interessen (Beschaffung von Papieren für kroatische Emigranten) durchzusetzen. Das stand im Widerspruch zu seiner bisherigen Verhaltensweise.«

Und in schöner Offenheit geht es weiter: »Möglicherweise hatte zu dieser Zeit der jugoslawische Nachrichtendienst begonnen, auf den V-Mann einzuwirken. Es konnte festgestellt werden, daß ein Schwager des V-Mannes Mitarbeiter des jugoslawischen Nachrichtendienstes in Sarajevo war.«

In der Tat begann V-Mann »Django« Mauss und den Niedersachsen langsam aus dem Ruder zu laufen. Zu einem weiteren Kontaktgespräch, für das Mauss und Borrak eigens nach Zürich geflogen waren, erschien »Django« nicht. Mauss ermittelte drauflos und stellte fest, daß Susak sich inzwischen an seinen ihm offenbar liebgewordenen Einsatzort Las Palmas abgesetzt hatte. Statt Terroristen zu jagen, beschäftigte er sich dort vornehmlich mit Touristinnen.

Diesmal war sein Freund Slavko mitgefahren. Gemeinsam belegten sie einen Tauchkurs. Die beiden Kroaten hatten nämlich die Idee, auf einer jugoslawischen Gefängnisinsel inhaftierte Landsleute auf dem Unterwasserweg zu befreien. Doch trotz allen Übens mit Sauerstoffgerät und Flossen mußte der Plan aufgegeben werden. »Django«, durchtrainiert wie er war, verbrauchte unter Wasser soviel Atemluft, daß er die angepeilte Tauchstrecke niemals hätte zurücklegen können.

Immerhin gelang es Mauss, den Jugoslawen zu bewegen, Friederike P. noch einmal anzurufen. Man wollte sie unter allen Umständen nach Italien locken, um ihren dortigen Verbindungen auf die Spur zu kommen.

Diese Verbindungen waren allerdings weniger geheimnisvoll, als die Agenten vermuteten. Sie kannte dort zwar linke Gruppen, hatte aber keinerlei Kontakte zu den »Roten Brigaden«. Von früher kannte sie allerdings einen Mann, der in Deutschland steckbrieflich gesucht wurde. Er hielt sich in der Nähe von Mailand unter falschem Namen auf. Was Friederike P. nicht wußte: Dieser Mann war ebenfalls ein V-Mann. Er arbeitete für das Berliner Landesamt für Verfassungsschutz.

Susak alias »Hugo« alias »Django« bat Friederike P. telefonisch um ein neues Treffen. Diesmal konnte sie ihm direkt einen Termin durchgeben. Am 29. Mai 1978 würde sie zu einer politischen Veranstaltung in Mailand fahren. Danach könne man zusammenkommen.

Im Saal, in dem die Veranstaltung stattfand, konnte Friederike zwei alte Bekannte ausmachen, Volker von Weingraber und dessen Freundin. Beide hatten sich schon vor geraumer Zeit nach Italien abgesetzt. Seither hatte sie Weingraber nicht mehr gesehen. Volker von Weingraber wurde im Zusammenhang mit der Ermordung des Studenten Ulrich Schmücker 1974 in Berlin gesucht. Auf seiner Schreibmaschine war der Bekennerbrief der mutmaßlichen Täter, Angehöriger der terroristischen »Bewegung 2. Juni«, getippt worden. Er hatte sein

Auto zur Verfügung gestellt, als der spätere Tatort ausgekundschaftet worden war, und unmittelbar nach dem Mord die Tatwaffe entgegengenommen, um sie beiseite zu schaffen.

Merkwürdigerweise war gegen Weingraber nach der Tat zwar ein Haftbefehl ausgestellt, aber nicht vollstreckt worden, obwohl er sich verhältnismäßig offen in Berlin bewegte. Erst mehr als zehn Jahre später stellte sich heraus, daß auch Volker von Weingraber für das Berliner Landesamt für Verfassungsschutz gearbeitet und die mutmaßliche Mordwaffe an VS-Beamte weitergegeben hatte. Das allerdings konnte Friederike P. nicht wissen, als sie sich am Tage nach der Veranstaltung in Mailand mit Weingraber traf. Dennoch bekam sie ziemlich schnell Krach mit dem exilierten Agenten. Der wollte nämlich über sie in Kontakt mit der gesuchten Inge Viett kommen, die damals ganz oben auf der Fahndungsliste stand. Inge Viett hatte ursprünglich der »Bewegung 2. Juni« angehört, war zwischenzeitlich verhaftet worden und – schon zweimal – aus Berliner Gefängnissen geflohen. Mittlerweile war sie zur »Roten Armee Fraktion« übergewechselt.

Weingraber erklärte, er finde Inge Viett ganz toll und wolle über sie Zugang zur RAF bekommen. Da war er allerdings bei Friederike P. an der falschen Adresse. Weder hatte sie jemals Kontakt zu Inge Viett gehabt, noch hatte sie mit der RAF irgend etwas am Hut. Es kam zum Streit, man wollte sich aber am nächsten Tag noch einmal treffen.

Friederike hatte den Mauss-Agenten »Django« Susak zu einer linken Buchhandlung in Mailand bestellt. Dort wartete sie auf ihn, aber »Hugo« tauchte nicht auf. Er war in der falschen Buchhandlung gelandet, die demselben Kollektiv gehörte. Man schickte ihn von dort aus zum richtigen Treffpunkt und stattete ihn zur Tarnung mit einem Stapel Pappkartons aus, so daß er wie ein Bücherbote aussah – für den Fall, daß er überwacht werden sollte.

Er berichtete Friederike von seinem Aufenthalt auf den Kanarischen Inseln. Dort habe er beste Kontakte zur Befreiungsorganisation MPAIAC gewonnen, deren Hauptquartier sich in Algier befinde. Die MPAIAC sei interessiert an Beziehungen zur RAF, auch zu Sympathisantenkreisen.

»Daß ich etwas mit der RAF zu tun habe, behauptet nur das BKA«, wehrte Friederike ab.

Susak ließ sich jedoch nicht beirren. »In Algier ist alles machbar«, sagte er. Dort könnten Leute Asyl bekommen, die sich dringend absetzen müßten. Auch könne er falsche Pässe fast aller Staaten dieser Welt anbieten, dazu Waffen und Geld.

Friederike P. hörte sich das alles schweigend an und ließ sich dann aber doch von »Hugo« Kostproben seiner heißen Ware vorlegen. Hugo breitete auf einem Tisch Dutzende von Blankopässen aus. Bundesdeutsche Reisepässe waren dabei, dazu Pässe aus der DDR, Argentinien und so weiter. Die Pässe, so sagte er, hätten ihm seine kroatischen Freunde besorgt.

In Wahrheit kamen sie aus einer ganz anderen Quelle. Die bundesdeutschen Reisepässe stammten frisch aus der Bundesdruckerei in Berlin, die ausländischen Papiere waren vom Bundesnachrichtendienst angefertigt worden.

Angeblich sollten die Pässe, deren Nummern sorgfältig registriert worden waren, von Susak in die terroristische Szene geschleust werden, damit man die neuen Inhaber auch über die Grenzen der Bundesrepublik hinaus verfolgen konnte. Eine im Sinne der Behörden sinnvolle Nebenfunktion konnten die Pässe ebenfalls haben. Man konnte ohne Schwierigkeiten einen solchen Paß an eine Person vergeben, die sich bisher noch nichts hatte zuschulden kommen lassen. Haussuchung oder Leibesvisitation konnten dann ein solches Falschpapier zutage fördern und den – möglicherweise nichtsahnenden – Besitzer ins Gefängnis bringen.

Bei ihrem nächsten Gespräch mit Volker von Weingraber erzählte Friederike P. von dem Pässevorrat des Kroaten. Weingraber war ganz heiß auf frische Papiere. Immerhin lief er schon seit seiner Flucht aus Berlin immer noch mit demselben Paß auf den Namen Karl-Heinz G. herum. Dann zögerte er plötzlich: »Vorsicht. Jemand, der mit einem Bauchladen falscher Pappen rumläuft, könnte faul sein.« Der Agent Weingraber warnte Friederike P. eindringlich vor dem Agenten Susak alias »Hugo«.

Später trafen sich die beiden Verfassungsschutzagenten doch noch persönlich. Was sie gemeinsam aushecken und ob der eine überhaupt wußte, daß der andere ebenfalls Agent war, ist unklar. Auch Mauss und Borrak waren an diesem 30. Mai 1978 in Mailand und erfuhren von Susak umgehend alle Einzelheiten über seine Gespräche mit Friederike P. und Volker von Weingraber. In den Akten des niedersächsischen Verfassungsschutzes heißt es dazu kryptisch: »Bei diesem Kontakt berichtete Susak im wesentlichen über seine Verbindung zu Angehörigen der Roten Brigaden.«

Vieles deutet darauf hin, daß dieser konspirative Kontakt aus nichts anderem bestand als dem Gespräch mit dem zweiten Verfassungsschutz-Agenten Volker von Weingraber, der allerorten den Eindruck hervorzurufen verstand, er habe Kontakt zu wichtigsten terroristischen Zirkeln.

»Django« zog es trotz allen Zuredens von seiten seiner Agentenführer wieder auf die Kanarischen Inseln. Das niedersächsische Innenministerium in seinem Bericht: »Obwohl die erwähnten Verbindungen als interessanter Ansatz bewertet wurden, ließ Susak sich nicht davon abhalten, zunächst in Las Palmas Urlaub zu machen, weil er dort einen offenbar begonnenen Tauchkurs beenden wollte.«

Kaum war er in Las Palmas angekommen, rief er seinen deutschen V-Mann-Führer an. Sein Vater sei gestorben, deshalb müsse er umgehend nach Jugoslawien. Die Verfassungsschützer bekennen in ihrem Bericht resigniert: »Eine Möglichkeit, ihn davon abzuhalten, wurde nicht gesehen.«

Am 14. Mai 1978 landete Susak in Frankfurt und fuhr von dort aus mit dem Auto nach Jugoslawien weiter. Drei Wochen später, am 7. Juli, meldete er sich aus Österreich; wahrscheinlich brauchte er Geld.

Zehn Tage später holte ihn sein V-Mann-Führer in Salzburg ab und nahm ihn mit nach Frankfurt. Drei Tage darauf forderte man ihn auf, endlich seine nächste Reise nach Algerien anzutreten. Susak stellte sich bockbeinig. Ihm schwante nichts Gutes. Erst nach einer knappen Woche hatte man ihn soweit, daß er zunächst nach Rom flog. Dort traf er am 27. Juli im »Holiday Inn« mit Mauss und Borrak zusammen. Nach weiterer intensiver Bearbeitung bestieg »Django« am 28. Juli das Flugzeug nach Algier.

Kurz nach seiner Ankuft wurde Zjelko Susak verhaftet.

Wenige Tage zuvor, in der Nacht vom 25. auf den 26. Juli 1978, war in der niedersächsischen Stadt Celle eine Bombe explodiert. Sie riß ein Loch in die Mauer der dortigen Vollzugsanstalt. Die Täter waren Beamte des Verfassungsschutzes und der Anti-Terror-Einheit des Bundesgrenzschutzes, der GSG 9. Die später berühmt gewordene »Celler Staatsbombe« sollte dazu dienen, Susaks ehemaligen Co-Agenten Klaus Dieter Loudil und Manfred Berger ein zünftiges Entree in die Terrorszene zu bereiten. Diesmal hatte Mauss seine Finger nicht im Spiel, jedenfalls nicht direkt.

Dennoch soll die Celler Sprengstoffposse hier erzählt werden, weil sie deutlich macht, wie sich jener kriminelle Unfug, der sich als geheimdienstliche Operation tarnt, im Umfeld des Werner Mauss ausbreitete.

Das Celler Loch

Nachdem »Django« Susak alias »Hugo Kaufmann« aus der Aktion zur Befreiung von Debus herausgezogen worden war, um vermeintlich wichtigere Aufgaben zu übernehmen, werkelten seine V-Genossen alleine weiter. Wieder reiste Berger in die Niederlande zu Wubben. Doch diesem gingen die ständigen Besuche zunehmend auf die Nerven: »Er hatte so eine Story von: Ich habe einen Polizisten erschossen. Und immer wieder hat er das erzählt, offensichtlich, um mich zu beeindrucken, das war echt widerlich, das wirkte recht unsympathisch.«

Berger wandte sich anderen Personen zu, um sie in seine kriminellen Pläne einzubeziehen. In Hamburg war Helmut L. am 8. Mai 1978 auf Bewährung aus der Haft entlassen worden. Kurz darauf tauchte Berger bei ihm auf und sagte, er wolle Sigurd Debus gewaltsam aus dem Knast in Celle befreien. Er habe schon zwei Leute, die mitmachen würden, brauche allerdings noch mehr. Schon im Februar 1978 habe es einen Befreiungsversuch gegeben. Als Beweis führte er die Presseartikel über den aufgefundenen 350er Mercedes in Salzgitter an.

Berger zeigte dem frisch Entlassenen auch eine Maschinenpistole und einen Revolver. L. wies ihn jedoch ab: »Ich hatte von Anfang an das Gefühl, daß es sich um einen Provokateur oder so was handelte, daß es ein Trick war, um mich wieder dorthin zurückzubringen, wo ich gerade herkam. Von daher habe ich natürlich abgelehnt.«

Inzwischen hatte auch Loudil Hafturlaub bekommen. Debus gab ihm angeblich den Rat mit auf den Weg, nicht von seinem Urlaub zurückzukehren, um den Ausbruch von außen mitzuplanen. Der Verfassungsschutz mußte sich etwas einfallen lassen. Im Bericht der Landesregierung hieß es später dazu: »Da die Glaubwürdigkeit von Loudil gegenüber Debus auf dem

Spiel stand, mußte eine Möglichkeit gefunden werden, Loudil einen Aufenthalt in der Freiheit zu ermöglichen und ihn von der weiteren Haftvollstreckung freizustellen.«

Zu diesem Zweck setzte der Verfassungsschutz niemand geringeren als den Ministerpräsidenten persönlich ein.

Dr. Albrecht traf seinen hessischen Kollegen, Ministerpräsident Börner, am Rande einer Bundesratssitzung und nahm ihn, wie er später im Untersuchungsausschuß schilderte, beiseite: »Kollege Börner, haben Sie mal einen Augenblick Zeit? Wir haben hier einen delikaten Fall. Wir haben einen Mann, den wir eventuell einschleusen könnten in die Szene. Aber das ist ein Häftling. Und noch dazu ein Häftling, der seine Straftat in Hessen begangen hat. Wir brauchen da Ihre Mithilfe. Wären Sie einverstanden, daß mal Staatssekretär Moorhoff und Herr Jüllig zu Ihnen kommen und Ihnen das vortragen können?«

Börner war einverstanden, und nach einigem weiteren bürokratischen Hin und Her wurde Loudil Ende Mai 1978 auf freien Fuß gesetzt.

Gemeinsam mit Berger machte er sich daran, die »Befreiung« von Debus in die Wege zu leiten, ohne diesen tatsächlich zu befreien. Das Ganze glich, wie das niedersächsische Innenministerium später bekannte, der »Quadratur des Kreises«. Es ging darum, »den V-Leuten das erforderliche Eintrittsbillett durch eine scheinbar schwerwiegende Straftat zu beschaffen, ohne in Wirklichkeit eine strafbare Handlung begehen zu müssen«.

Klaus-Dieter Loudil war zwar vom hessischen Ministerpräsidenten begnadigt worden, doch hatte man ihm keine Entlassungspapiere ausgehändigt. Es sollte den Anschein haben, als sei Loudil von einem Hafturlaub nicht zurückgekehrt, also getürmt. Zusammen mit seinem ehemaligen Zellengenossen Berger sollte er sich nun an die »Fluchtvorbereitungen« für Debus machen.

Mit Sigurd Debus war ein Weg vereinbart worden, über den verschlüsselte Briefkontakte aufrechterhalten werden konnten. Mitte Juni 1978 besuchte eine Bekannte aus dem Umfeld der Szenekneipe »Wildes Huhn« Manfred Berger in dessen konspirativer Wohnung in Salzgitter. Gemeinsam schrieben sie einen Brief an Debus und deuteten an, man werde ihm ein »Engelshaar« zukommen lassen, eine dünne Bandsäge zum Durchschneiden der Gefängnisgitter. Im übrigen möge sich Debus auf »Blitz und Donner« einrichten.

Debus stellte sich auf alles ein und gab selbst konspirative Ratschläge: »E-h wohl einzige lösung, sonst sprengen, hundert kilo und mehr ... meine lösung jetzt sekundär. sagt dies hans. er soll spaghin übernehmen ...« Mit Hans war der Niederländer Henk Wubben gemeint, mit Spaghin Klaus Dieter Loudil.

Am 9. Juli 1978 schrieb Sigurd Debus in einem Kassiber: »... lösung hier verbaut ... notlösung SPRENGEN an zwei stellen. bitte genau planen und vorbereiten.«

In der konspirativen Wohnung der beiden V-Männer wurden nun konkrete Vorbereitungen für eine vorgetäuschte Befreiung getroffen. Loudil knüpfte eine Strickleiter, besorgte ein Schlauchboot und präparierte eine Sprengsatz-Attrappe. Besuchern aus dem »TE-Umfeld« sollte demonstriert werden, daß die Sache jetzt ernst wurde.

Um auch Debus ein Signal seiner bevorstehenden Befreiung zukommen zu lassen, wurde ihm am 22. Juni das Engelshaar in die Anstalt geschmuggelt und darauf »zufällig« bei einer Zellenrazzia entdeckt.

Auch auf Behördenseite war man nicht untätig geblieben. Am 16. Juni hatte Beschaffungsleiter Wiehe sich von Ministerpräsident Ernst Albrecht die grundsätzliche Genehmigung dafür geholt, ein Loch in die Außenmauer der Vollzugsanstalt Celle sprengen zu lassen. Das Unterfangen sollte das Kennwort »Aktion Feuerzauber« erhalten.

Drei Tage später sprach Wiehe mit Staatssekretär Fröhlich

und Ministerialdirigent Smoydzin vom Bundesinnenministerium in Bonn und bat sie um Amtshilfe. Die beiden waren bereit, dem niedersächsischen Verfassungsschutz Sprengexperten der Grenzschutz-Elitetruppe GSG 9 zur Verfügung zu stellen.

Am 10. Juni 1978 wurde der niedersächsische Innenminister Möcklinghoff unmittelbar nach seiner Amtsübernahme über das Vorhaben unterrichtet. Die Planungen für die »Aktion Feuerzauber« waren in eine Zeit gefallen, in der das niedersächsische Innenministerium quasi führungslos war. In Niedersachsen war nämlich gewählt worden. In der CDU-FDP-Koalition hatte zuvor der liberale Rötger Gross als Innenminister amtiert. Alle Vorentscheidungen für die »Aktion Feuerzauber« waren an ihm vorbeigegangen.

Auch nach der Wahl, als die CDU die absolute Mehrheit errungen hatte, war Gross, obwohl bis zur Bildung der neuen Regierung noch im Amt, aus dem Entscheidungsprozeß ausgespart worden. Er war lediglich Monate zuvor allgemein darüber unterrichtet worden, daß es Pläne gebe, V-Männer in das Umfeld der terroristischen Szene einzuschleusen. Über den Plan, eine Sprengung durchzuführen, hatte man ihn aber nie ins Bild gesetzt. Gross erfuhr erst Jahre später aus der Zeitung davon, was sich während seiner Amtszeit in einer Abteilung seines Ministeriums zugetragen hatte.

Der neue Innenminister Dr. Egbert Möcklinghoff wurde nur in groben Zügen über die »Aktion Feuerzauber« informiert. Man sagte ihm, Bundesinnenminister Maihofer, der stellvertretende Leiter des Bundeskriminalamtes, Boeden, Staatssekretär Fröhlich und eine Reihe weiterer höchst wichtiger Leute hätten die Sache abgesegnet. Da blieb Möcklinghoff kaum etwas anderes übrig, als die laufende Aktion zu genehmigen.

Eine Woche später erhielten dann Justizminister Schwind und Abteilungsleiter Nitzschmann vom Landeskriminalamt offiziell Nachricht vom Sprengplan. Der Justizminister sollte den

Leiter der Vollzugsanstalt Celle, Kühling, darüber unterrichten, was sich in einigen Tagen an der Außenmauer seiner Anstalt ereignen werde.

Dr. Kühling wurde nach Isernhagen in die Privatwohnung des Ministers Schwind geladen. Auch Beschaffungsleiter Wiehe und Verfassungsschutz-Chef Jüllig waren dort. Die Versammelten erklärten ihm, es solle ein »spektakulärer Befreiungsversuch zugunsten des inhaftierten Gefangenen Debus« vorgetäuscht werden. Dazu wolle man einen Sprengstoffanschlag inszenieren. Debus und seinen Sympathisanten solle auf diese Weise klargemacht werden, daß Leute hinter ihm stünden, die ihn aus der Anstalt herausholen wollten.

Dr. Kühling äußerte Bedenken, daß die Sache für seine Bediensteten gefährlich werden könnte, vor allem für jene auf den Wachtürmen. Außerdem sorgte er sich, ob man dieses Theater wohl auch der Presse gegenüber so verkaufen könne.

Die Geheimdienstprofis beruhigten ihn. Nach dem gelungenen Schauspiel werde man eine Pressekonferenz veranstalten, zu der auch Justizminister Schwind und alle möglichen anderen Herren kommen würden und bei der er lediglich den Ahnungslosen spielen müsse.

Dr. Kühling kam das alles etwas seltsam vor, aber Justizminister Schwind beruhigte ihn: »Da brauchen Sie keine Angst zu haben.« Es werde nur ein ganz kleiner Kreis in die Sache eingeweiht, so daß nach außen hin alles absolut dicht sei.

Kühling fragte: »Werden die Bediensteten nicht von oben aufmerksam werden, wenn da so etwas inszeniert wird?«

Die Verfassungsschützer gaben sich ganz selbstsicher. Die Sprengstoffleute von der GSG 9 seien alles Experten: »Die machen das so, da kann keiner etwas merken.«

»Wie groß wird dieses Loch etwa sein? Kann das vielleicht tatsächlich eine Gefährdung auch der Sicherheit bedeuten?«

»Nein, das ist ja nur ein Schauspiel«, meinten die Verfassungsschützer, »es soll nur laut knallen und spektakulär sein.«

Man sagte dem Anstaltsleiter, die Sache werde in den nächsten Tagen über die Bühne gehen, das Ganze hänge vom Wetter ab. Ein genaues Datum nannte man nicht.

Nach erstem Erstaunen beruhigte sich Dr. Kühling, vor allem deswegen, weil Justizminister Schwind persönlich hinter der Aktion stand.

Der Anstaltsleiter später im Ausschuß: »Ich sagte mir: Die zuständigen Herren werden das ja gut durchdacht haben. Im übrigen, es wäre ja witzlos gewesen, irgendwie zu widersprechen; denn die Sache war perfekt. Wenn ich da nicht eingeweiht worden wäre, dann hätte man jemand anders eingeweiht. Irgendwie ein Widerspruch wäre ja sowieso sinnlos gewesen.«

Auch der Leiter der Staatsschutzabteilung im Landeskriminalamt Hannover, Manfred Nitzschmann, hatte nach guter deutscher Beamtenart keine Bedenken, als er vom Verfassungsschutz in seine Rolle bei der »Aktion Feuerzauber« eingewiesen wurde: »Sie können alle Ermittlungen nach allen Regeln der Kriminalistik führen. Sie werden unsere Kreise, sprich: die Kreise des Verfassungsschutzes, dabei nicht stören; denn selbst, wenn Sie ermitteln, wer für den Anschlag denkbar als Täter in Betracht kommt, so werden Sie dieser Person nicht habhaft werden.«

Im übrigen sei das gesamte Unternehmen politisch abgesichert durch die Landesregierung und gleichermaßen auch durch die Bundesregierung.

Nach der Sprengung sollte Nitzschmann eine Sonderkommission bilden und diese nach allen Regeln der kriminalistischen Kunst ermitteln lassen. Der Staatsschutzleiter solle nicht einmal seinen Chef, den Leiter des Landeskriminalamtes Hannover, über das Geheimnis informieren. Nitzschmann führte die fragwürdigen Anweisungen gehorsam aus.

Am 16. Juli 1978 nahmen Ministerialrat Wiehe und ein Kollege vom Verfassungsschutz eine Ortsbesichtigung in Celle vor.

Für den Einsatz ausgewählt wurden neben den Experten der GSG 9 drei Beamte des Verfassungsschutzes Niedersachsen. Auch Wiehe und sein Vertreter sollten sich in der Nähe des Tatorts aufhalten.

In der Nacht vom 22. auf den 23. Juli wurde die Aktion zunächst geübt. Als Termin für die Sprengung legte Wiehe die folgende Nacht fest. Nach eingehender Observation konnte allerdings nicht, wie geplant, um zwei Uhr gesprengt werden, weil sich Besucher eines gleichzeitig in der Nachbarschaft stattfindenden Schützenfestes in der Nähe des Operationsgebietes aufhielten. Die Aktion wurde um 24 Stunden verschoben.

In der Nacht vom 25. auf den 26. Juli 1978 war es dann soweit. Eine geringfügige Verzögerung stellte sich nur noch dadurch ein, daß das »Feuer«-Signal der Einsatzleitung aufgrund einer »Funkabschattung« nicht vom Sprengmeister empfangen werden konnte. Den Vorgesetzten des Einsatzleiters hatte das Signal jedoch erreicht, und der hatte es sofort an den Sprengmeister weitergegeben. Um 2.54 Uhr erfolgte die Detonation. Wie vorausberechnet wurde ein Loch mit einem Durchmesser von vierzig Zentimetern in die Außenmauer gerissen.

Hals über Kopf verschwanden die beamteten Attentäter und ließen ein Schlauchboot, das den Eindruck erwecken sollte, sie seien über die Aller gepaddelt, sowie ein mehrere hundert Meter langes Sprengkabel zurück. Schließlich mußte man der Öffentlichkeit ja wohl ein paar Spuren präsentieren. In Wahrheit war der Sprengmeister mit einer Taucherausrüstung durch die Aller geschwommen.

Gegen drei Uhr nachts wurde Anstaltsleiter Kühling von seinen Untergebenen angerufen. Es habe eine Explosion gegeben, man wisse aber nichts Näheres.

Dr. Kühling fuhr sofort zum Schauplatz des Anschlags. Später sagte er: »Ich habe dann natürlich entsetzt getan und habe, nehme ich an, für alle Beteiligten meine Rolle gut gespielt.«

Er übernachtete in seinem Büro und informierte telefonisch die zuständigen Behörden von dem Terroranschlag. Am nächsten Morgen ging es weiter.

Dr. Kühling später: »Dann ging das Schauspiel für die Presse los. Pressekonferenz. Dann kamen Herren der Staatsanwaltschaft, die ja alle ahnungslos waren, und Vertreter des Generalstaatsanwalts. Dann wurde an Ort und Stelle die Sache erörtert ... Dann habe ich noch am selben Tage einen Bericht an meine Aufsichtsbehörde gemacht und die Sache so dargestellt, als ob ich von dem wahren Hintergrund nichts wußte, so, wie mir das aufgetragen worden war.«

Noch am Vormittag erhielt der Leiter der Staatsschutzabteilung im Landeskriminalamt Niedersachsen die Anweisung seines völlig ahnungslosen Vorgesetzten: »Fahren Sie da mal hin und gucken Sie sich das an. Da werden wir wohl mit einer SoKo rangehen müssen.«

Nitzschmann stimmte ihm zu und bildete eine Sonderkommission aus besonders qualifizierten Leuten: »So ungefähr das Beste, was ich bisher hatte.« Die Beamten gingen davon aus, es handele sich um einen normalen Terroristenanschlag, und begannen mit ihren Ermittlungen.

Frage eines Abgeordneten später im Untersuchungsausschuß: »Hatten Sie denn keine Bedenken, die Beamten, die nun zur Sonderkommission gehörten, zu täuschen?«

Nitzschmann: »Ich hatte keine Bedenken.«

Frage: »Ist das üblich bei Ihnen, daß Beamte getäuscht werden mit einem falschen Auftrag?«

Nitzschmann: »Es ist keineswegs üblich. Wenn man aber eine Legende bilden will zu dem Zweck, zu dem das Gesamtunternehmen gestartet wurde, dann muß man bei dieser Legende bleiben.« Was auch Nitzschmann nicht wußte, war, daß Kollegen aus einer anderen Abteilung des Landeskriminalamtes die Ermittlungen ebenfalls aufgenommen hatten.

Nachdem das LKA mit den Untersuchungen begonnen

hatte, wurden alle übrigen Landeskriminalämter, das Bundeskriminalamt, das Fernsehen und die Presseagenturen mit den angeblich ersten Ermittlungsergebnissen versorgt: Der Sprengstoffanschlag sei die Tat unbekannter Terroristen, man habe aber Anhaltspunkte. Der Strafgefangene Klaus Dieter Loudil sei nach einem Urlaub am 1. Juni 1978 nicht in seine Zelle zurückgekehrt, es sei »nicht auszuschließen, daß Loudil u. a. als Täter des Sprenstoffanschlages in Betracht kommt«. Ferner wurde um Angaben über den Aufenthaltsort von Loudil und Berger gebeten.

Die beiden angeblichen Täter waren bei der Sprengung nicht am Tatort gewesen, sondern hatten in ihrer konspirativen Wohnung ausgeharrt. Am 25. Juli rief Berger den angeblichen Debus-Freund Henk Wubben in Amsterdam an.

»Wir haben die Aktion gemacht«, sagte er nach Erinnerung Wubbens. »Wir haben eine Sprengung gemacht.«

»Eine Sprengung?« fragte Wubben nach. Er war überrascht, denn davon war zuvor nicht die Rede gewesen.

»Ja«, sagte Berger, »das erkläre ich später. Aber alles ist schiefgegangen. Wir sind kaum entkommen. Und wir stehen in der Zeitung mit Namen und Fotos. Wir haben keine Wohnung, wir haben kein Geld mehr, wir haben keine Papiere mehr. Es ist unbedingt notwendig, daß wir in die Niederlande kommen. Du mußt uns helfen, sonst kriegen wir 15 Jahre Knast.«

Aber Henk Wubben wollte nicht helfen.

»Feuerzauber« zündet nicht

Die so großangelegte »Aktion Feuerzauber« scheiterte kläglich. Die Kontakte der V-Leute Berger und Loudil nach Salzgitter waren ziemlich unbedeutend gewesen. So hatten die beiden und ihre Hintermänner beim Verfassungsschutz alle

Hoffnung auf den angeblichen Drahtzieher im internationalen Terrorismus Henk Wubben gesetzt. Offenkundig war dieser aber in Wahrheit nicht der Mittelsmann weltweiter terroristischer Kreise. Zudem war das gesamte Trio Berger, Loudil und Susak dem Holländer schon immer höchst merkwürdig vorgekommen. Er hatte sie deshalb ziemlich auf Abstand gehalten.

In der Tat fehlt es an jeglichem Beweismaterial dafür, daß Henk Wubben etwa den niedersächsischen V-Männern tatsächlich Waffen übergeben hatte, wie es die niedersächsische Landesregierung später immer wieder behauptete.

Wubben dazu: »Wenn es so gelaufen ist, wie die Landesregierung es darstellt, dann wäre es doch sehr leicht gewesen, Beweismaterial zu sammeln: Zeugenerklärungen, Film, Foto und auch Fingerabdrücke auf den Waffen. Davon gibt es nichts.«

Selbst die Angaben des niedersächsischen Innenministeriums über Henk Wubbens persönliche Geschichte sind höchst fragwürdig. Im späteren offiziellen Bericht hieß es: »1980 hatte Wubben beim Hantieren mit Sprengstoff im eigenen Haus eine Explosion ausgelöst.«

Dazu Wubben: »Das ist natürlich auch eine etwas merkwürdige Geschichte. Wenn ich eine Explosion herbeiführte, dann würde ich etwas anders aussehen, als ich jetzt aussehe.«

In der Tat hatte es wegen einer Sprengstoffexplosion in Henk Wubbens Haus ein Ermittlungsverfahren gegeben. Die Tatsache, daß Wubben keinerlei Verletzungen davongetragen hatte, war den Richtern allerdings auch aufgefallen. Sie hatten ihn freigesprochen.

Offenbar beherrschten die Beamten und V-Leute des niedersächsischen Landesamtes für Verfassungsschutz eine altbewährte Geheimdienstmethode: das »Andicken« spärlicher Informationen. Auch eine andere Technik beherrschten sie, nämlich das Ausdünnen der Informationen, wenn diese ihnen nicht ins Konzept paßten. So spielte etwa der niedersächsische Verfassungsschutzpräsident Dr. Frisch die kriminelle Vergangenheit seiner V-Leute gern herunter. Als er beispielsweise viel später, im Jahre 1986, im Innenausschuß des Deutschen Bundestages gefragt wurde, warum Manfred Berger und Klaus Dieter Loudil vor ihrer Anwerbung für den Verfassungsschutz überhaupt im Gefängnis gesessen hätten, sagte Dr. Frisch: »Sie saßen wegen schwerer Delikte ein und waren ziemlich hoch verurteilt.«

Der SPD-Abgeordnete Dr. Emmerlich fragte weiter nach: »Sagen Sie es einmal konkret.«

Verfassungsschutzpräsident Dr. Frisch antwortete: »Raubüberfall, Diebstahl, Einbruchdiebstahl.«

Der niedersächsische Geheimdienstchef verschwieg dabei, daß sein V-Mann Berger 1969 einen Polizisten in den Rücken geschossen und dabei lebensgefährlich verletzt hatte.

Diesen Mordversuch hielt Dr. Frisch offenbar für nicht der Rede wert.

Die »Aktion Feuerzauber« hingegen wurde von allen Verantwortlichen zum großen Erfolg hochstilisiert – bis sie mehr oder weniger kleinlaut zugeben mußten, daß die Ergebnisse doch verhältnismäßig dünn gewesen waren.

Ein parlamentarisches Nachspiel

In der 18. Sitzung des Parlamentarischen Untersuchungsausschusses des niedersächsischen Landtags wurde Ministerpräsident Dr. Albrecht mit der Realität konfrontiert.

Der stellvertretende Ausschußvorsitzende Waike sprach ihn auf seine Regierungserklärung zum Celler Loch an: »Sie haben gesagt: Der Ausbruch von Debus wurde verhindert. Wir haben bisher, nach dem, was wir im Ausschuß gehört haben, absolut keinen Anhaltspunkt dafür, daß es ernsthafte Versuche von Debus gegeben hat, auszubrechen.«

»Das erstaunt mich«, sagte Ernst Albrecht, »aber ist auch eine Frage der Bewertung der Fakten.«

Das sah der SPD-Abgeordnete ganz anders, und er sprach Albrecht auf eine weitere Aussage in seiner Regierungserklärung an, in der er stolz verkündet hatte, durch den Anschlag von Celle sei eine geplante Mordtat verhindert worden.

Waike: »Wir haben Herrn Dr. Kühling und andere gehört. Alle haben uns bestätigt, daß sie davon absolut nichts wissen. Sie haben hinzugefügt, dies hätten wir eigentlich wissen müssen, wenn es so etwas gegeben hätte, denn sie hätten ja entsprechende Vorkehrungen treffen müssen.«

»Diese Aussage bezieht sich ja auf zwei Vorgänge«, antwortete der Ministerpräsident. »Das eine ist die Anweisung von Debus in seinen Kassibern, im Zuge dieser Befreiungsaktion einen mißliebigen Beamten zu töten. Und das zweite ist die Bombe in Hamburg, die ja – soweit ich weiß, auch nach jetzigem Erkenntnisstand – gefunden werden konnte und unschädlich gemacht werden konnte, weil der V-Mann diese Information gegeben hatte.«

Der Abgeordnete Waike ließ nicht locker und sprach den Ministerpräsidenten auf weitere angebliche Erfolge der Celler Aktion an: »Brandanschläge und Raubüberfälle konnten aufgeklärt werden! Wir haben dafür bisher auch keine Anhaltspunkte finden können.«

Daraufhin schob der Ministerpräsident die Verantwortung für seine Äußerungen in der Regierungserklärung auf andere ab: »Herr Waike, all diese Aussagen sind Wiedergaben von Aussagen, die der Verfassungsschutz mir gegenüber gemacht hat. Ich würde Ihnen vorschlagen, klären Sie das mit dem Verfassungsschutz.«

»Ich bitte um Nachsicht«, erwiderte Waike, ohne nachzugeben, »aber das ist eine Regierungserklärung, die Sie abgegeben haben. Sie haben auch gesagt, Sie seien informiert gewesen. Sie übernehmen die volle Verantwortung dafür, haben Sie gesagt. Dann, denke ich, können Sie heute nicht sagen, wir sollten den Verfassungsschutz fragen. Wir haben Leute aus dem Verfassungsschutz gehört, und deshalb gerade meine Frage. Es hat keine Anhaltspunkte dafür gegeben.«

Der Abgeordnete Waike konnte noch mit anderen Beispielen aufwarten, mit denen sich der Ministerpräsident in seiner Regierungserklärung gebrüstet hatte: »Geraubtes Geld wurde sichergestellt. Waffen konnten beschlagnahmt werden. – Das ist auch etwas, womit wir bisher nichts anfangen konnten.«

Wieder reichte Dr. Albrecht die Verantwortung weiter: »Gut, ich kann nur meinen Vorschlag wiederholen: Sprechen Sie mit dem Verfassungsschutz. Sehen Sie, das können Sie eigentlich selbst wissen, daß das die Situation von Regierenden jeden Tag ist, daß sie die Informationen verwenden, die ihnen gegeben werden. Denn wir können ja nicht aus unmittelbarer Erkenntnis nun sämtliche Informationen, die in der Landespolitik notwendig sind, uns einholen. Wir verlassen uns da auf das, was uns gesagt wird.«

Der Ausschußvorsitzende Herbst versuchte, seinem bedrängten Parteifreund zur Seite zu springen: »Ich bitte zu vermeiden, daß wir hier schon in eine Bewertungsdiskussion hineinkommen.«

Waike war anderer Meinung: »Hier ist eine Regierungserklärung abgegeben worden. In dieser Regierungserklärung ist behauptet worden, welche großartigen Erfolge es gegeben habe. Wir haben bei dem, was ich bisher daraus zitiert habe, keinen einzigen Punkt anhand der Zeugenbefragung bisher ermitteln können.«

Dann schnitt er ein anderes Thema an. Wieder wandte er sich an den Ministerpräsidenten: »Ich möchte Ihnen gern vorhalten, was Sie im Innenausschuß am 3. Juni 1986 gesagt haben: ›Die Frage des Vortäuschens einer Straftat ist diskutiert worden zwischen dem Ministerpräsidenten und den beiden Innenministern Gross und Möcklinghoff.‹«

Auch bei der Antwort auf diese Frage mußte Albrecht zurückstecken: »Ich sage nur, heute bin ich da weniger sicher, als ich es damals war. Ich halte es zwar für möglich, daß Herr Gross sich auch einmal irrt, aber ich halte es nicht für möglich, daß er nicht die Wahrheit sagt.«

Die SPD-Abgeordnete Alm-Merk hakte noch einmal nach: »Sie haben in Ihrer Regierungserklärung ja deutlich gemacht und gesagt: ›Der Bundeskanzler wurde unterrichtet.‹« Die Abgeordnete wollte von Albrecht wissen, wie er denn zu einer solchen Äußerung käme, da der damalige Bundeskanzler Helmut Schmidt in der Zwischenzeit doch öffentlich gesagt habe, daß er niemals in den Celler Sprengplan eingeweiht worden sei.

Dr. Albrecht versuchte, sich herauszuwinden: »Wenn eine Behörde, also etwa die Kanzlerlage, unterrichtet ist, dann heißt das in der Amtssprache, daß der Bundeskanzler unterrichtet worden ist ... Das entspricht immer dem Verkehr unter Behörden, das kann auch gar nicht anders sein. Zweitens: Herr Maihofer hatte zugesagt, den Bundeskanzler zu unterrichten ... Und Herr Maihofer hat auch erklärt, daß er sich nicht vorstellen könne, daß er den Bundeskanzler nicht unterrichtet habe. So, das ist der Erkenntnisstand, den wir darüber haben. Aber wir sind nicht dabeigewesen.«

Aus solchen Erkenntnissen schöpfte also Ministerpräsident Dr. Ernst Albrecht, als er seine Regierungserklärung zum Celler Loch formulierte. Offenbar war auch der Ministerpräsident des Landes Niedersachsen ein Meister im »Andicken«.

Nur für einen der Beteiligten war die gesamte »Aktion Feuerzauber« mit ihrem konspirativen Zauber vor- und hinterher in gewisser Hinsicht ein Erfolg.

Manfred Berger konnte unter dem Schutz seines geheimdienstlichen Covers einer alten Beschäftigung um so ungestörter weiter nachgehen. Er betätigte sich im Nebenberuf als Autoknacker. Seine Beute: Dezember 77: ein Golf; April 78: ein Golf, ein Golf GL und ein Golf GTL; Mai 78: ein Golf GLS; Juli: ein VW-Scirocco; Dezember: ein Passat-Variant, ein Audi 80 und ein weiterer Passat; Januar 79: ein Golf GTI; Februar 79: ein Passat; März: ein Golf GTI, April: ein Passat GLS; Mai: ein Golf GLS und ein Golf GL; Juni: ein VW-Derby; Juli: ein Polo und ein Audi 100; September: ein Audi 100 L und ein VW-Passat; November: ein BMW 328; Dezember: ein VW-Derby.

Das Gericht später: »Der Angeklagte Berger hat angegeben, er habe die Straftaten begangen, um zusätzliches Geld zu haben. Er habe zwar monatlich für seine Tätigkeit im Untergrund Geldbeträge erhalten, diese seien aber bescheiden gewesen.« Strafmildernd wertete das Gericht, daß die Tätigkeit für eine »niedersächsische öffentliche Institution dem Angeklagten es unmöglich gemacht hat, sich in die Gesellschaft normal einzugliedern und ein bürgerliches Leben zu führen«.

»Django« hinter Gittern

»Django« Susak war es schlechter ergangen als seinen ehemaligen niedersächsischen Geheimdienstkumpanen Loudil und Berger. Während sie wegen ihres angeblichen Befreiungsversuches für Debus von der Polizei gesucht wurden, aber nicht gefunden werden durften, saß »Django« in Algier hinter Gittern. Er wurde geprügelt, gefoltert und nur unzulänglich ernährt. Es dauerte nicht lange, da packte »Django« aus. Der algerische Vernehmungsbeamte wollte von ihm wissen, ob er nun für München, den BND, oder für Wiesbaden, das BKA, gearbeitet habe.

»Nein, für Hannover«, antwortete Susak zur Verblüffung des algerischen Geheimdienstmannes. Er gab Namen, Adressen und Telefonnummern seiner niedersächsischen Auftraggeber vom Landesamt für Verfassungsschutz an. Zur Belohnung für seine Aussagebereitschaft wurde Susak nach drei Monaten aus der algerischen Haft entlassen.

Er ging zunächst ins heimische Jugoslawien, kehrte dann in

die Bundesrepublik zurück und meldete sich wieder bei seinen Kontaktleuten vom niedersächsischen Verfassungsschutz.

Dort gab er seine algerischen Erlebnisse zu Protokoll und berichtete unter anderem auch, daß er »gesungen« hatte. Besorgt notierte Beschaffungsleiter Wiehe am Rande des Protokolls: »Hat S. Paco verraten?«

Jener Paco war wahrscheinlich identisch mit dem angeblichen Auftraggeber für das Attentat auf Cubillo, Espinoza Pardo, der bis kurz vor der Tat mit dem Opfer und dessen Familie befreundet gewesen war. Im Hause Cubillo war er aus und ein gegangen und hatte dem Führer der kanarischen Unabhängigkeitsbewegung, der ihm offenbar völlig vertraute, auch Waffen angeboten.

Der V-Mann Zjelko Susak war nach seiner Verhaftung in Algerien »verbrannt«, wie es in der geheimdienstlichen Fachsprache heißt. Die »Operation Neuland« war vorüber. Sie hatte außer Wind und Spesen und der Verhaftung und Folterung des V-Mannes Susak nichts eingebracht.

Im Bericht der niedersächsischen Landesregierung heißt es dazu lakonisch:

»Nach Beendigung dieses Einsatzes wurde im Oktober 1978 überlegt, den VM ›aus dem Verkehr zu ziehen‹ und für längere Zeit als Sportlehrer o. ä. auf Gran Canaria unterzubringen.

Sein einziger noch relevanter Zugang zum TE-Bereich war die Verbindung zu Friederike P.

S. wandte sich nun vermehrt der kroatischen Emigration zu und wurde noch einige Zeit geführt. Die ›Operation Neuland‹ war mit diesem letzten Algerieneinsatz beendet.

Die Beteiligung des Ehepaares M. an dieser Operation endete damit gleichzeitig.«

Der angebliche V-Mann a. D. Susak wandte sich »hilfesuchend« an seine vorherige »Zielperson«.

»Django« als Fallensteller

Ende 1978 stand »Hugo« wieder vor Friederike P.s Tür. Er war bleich und ausgemergelt.
»Was ist mit dir los? Wo warst du?« fragte Friederike ihn.
»In Algerien. Im Knast.« Hugo heulte beinahe.
»Warum?«
»Die haben mir vorgeworfen, ich sei ein Spion.«
Der Kroate erzählte eine wirre Geschichte von der Festnahme am Flughafen, Schlägen, Folterungen und Hunger im Gefängnis. Das alles habe er einigermaßen überstanden, schließlich sei er körperlich gut durchtrainiert. Daß man ihm aber bei der Verhaftung sein gesamtes Geld abgenommen und nicht wiedergegeben habe, das könne er den Algeriern nicht verzeihen.

Zwischen Weihnachten und Neujahr lud der Kroate Friederike zum Kaffee in eine Frankfurter Wohnung ein, in der er mit seiner Freundin Edda (Name geändert) lebte. Als sie das Namensschild an der Tür las, fragte Friederike ihn, wie er denn nun wirklich heiße.
»Susic«, sagte Hugo.
»Wie schreibt man das?« fragte Friederike.
Hugo schrieb es ihr auf. Jetzt lautete der Name »Susak«. Friederike P. redete ihn weiter mit »Hugo« an.
»Ich muß dir mal was zeigen«, sagte Hugo und führte sie auf den Dachboden. Dort zeigte er ihr stolz ein umfangreiches Waffenarsenal. Er versuchte Friederike dazu zu bewegen, einige der Waffen in die Hand zu nehmen. Friederike nahm allerdings davon Abstand, auf den Schießeisen Fingerabdrücke zu hinterlassen.

Beim Kaffee waren dann auch Hugos »Beschützer« vom Bodensee, Slavko und dessen Ehefrau, dabei. Friederike interessierte sich auch weiterhin für die linken Kroaten.

»Wir machen dich mit ein paar Leuten bekannt«, sagten die beiden Männer.

Ein paar Tage später fuhren sie gemeinsam nach Saarbrücken. In einer eher chaotischen Kneipe lernte Friederike einige dieser »linken Kroaten« kennen. Narürlich waren die meisten alles andere als »links«, was Friederike bereits nach recht kurzer Zeit bemerkte. Bald schon hatte sie auch einen Verdacht, warum »Hugo« sie so bereitwillig in die Kroatenszene einführte. Er wollte sich in diesen Kreisen offenbar als Kontaktmann zu deutschen Terroristen profilieren.

Nun gehörte Friederike zwar nicht zur bundesdeutschen Terrorszene, aber von den Ermittlungsbehörden war sie immer wieder als angebliche Sympathisantin verdächtigt worden. Hinzu kam, daß sie selbst zu jener Zeit ein Strafverfahren laufen hatte. Aufgrund höchst dubioser Zeugenaussagen wurde sie beschuldigt, an einem Waffentransport über die schweizerisch-deutsche Grenze beteiligt gewesen zu sein. In Wahrheit hatte sie mit der Aktion nichts zu tun gehabt. In ihrem späteren Gerichtsverfahren wurde ein Ausländer als Belastungszeuge vorgeladen. Dem jungen Mann wurde von der deutschen Justiz »freies Geleit« zugesichert. Als er aber in seiner Aussage die Angeklagte ganz unplanmäßig entlastete, wurde er im Gerichtssaal festgenommen und für mehrere Monate eingesperrt.

Nicht erst während des Prozesses ließen sich die bundesdeutschen Behörden offenbar einiges einfallen, um Friederike P. verurteilen zu können. Im Sommer 1979 hatte sie Besuch aus Hamburg und Salzgitter bekommen. Ein paar alte Bekannte, die noch Haftstrafen wegen mehr oder weniger terroristischer Delikte abzusitzen hatten, wollten sie dazu überreden, gemeinsam mit ihnen wegzutauchen oder sich ins Ausland abzusetzen. Friederike P. wollte das aber nicht und schaffte es, auch die anderen davon zu überzeugen, sich ihrer Strafe zu stellen und auf »Zwei-Drittel« zu hoffen, anstatt für den Rest des Lebens »Dr. Kimble« spielen zu müssen.

»Hugo«, der bei dem Gespräch nicht dabeigewesen war, mußte irgendwie davon erfahren haben. Eines Tages luchste er Friederike heimlich ein Foto ab und kehrte kurz darauf mit einem gefälschten Paß zurück. Merkwürdigerweise trug die »Pappe« zwei Fotos, wovon eines Friederike P. zeigte. Auf dem anderen Foto war ein Mann, der verdächtige Ähnlichkeit mit Klaus Dieter Loudil hatte, einem der beiden angeblichen Mauersprenger von Celle. Das »Ehepaar« hieß nun laut Paß »Depner«.

Mit spitzen Fingern nahm Friederike P. das falsche Dokument und sah es sich an. Sie wunderte sich über die beiden Fotos in einem Paß.

»Das macht man jetzt so«, erklärte ihr Hugo.

Friederike gab den Paß zurück. Später überlegte sie, daß es nicht gut für sie sei, wenn Hugo mit einem gefälschten Paß mit ihrem Foto herumlief. Sie wollte den Paß aus dem Verkehr ziehen und sagte Hugo: »Rück den Paß raus. Ich will abhauen.«

War Hugo, was sie vermutete, nicht ganz »sauber«, so schien dies der einzige Weg, an das falsche Dokument zu kommen. Tatsächlich brachte Susak ihr kurz danach das merkwürdige Papier wieder mit. In Friederikes Wohnung hielt sich an dem Tag gerade eine Bekannte auf.

Friederike P. nahm den falschen Paß an sich, steckte ihn in einen Umschlag, schrieb ihren Namen darauf und drückte ihn der Besucherin in die Hand. Die Frau solle ihn sofort einem bestimmten Nachbarn in den Briefkasten stecken. Friederike befürchtete, daß unmittelbar nach der Übergabe die Polizei auftauchen und sie wegen Besitzes eines falschen Passes festnehmen könnte.

Es geschah nichts. Am nächsten Tag lochte sie den Paß und entwertete ihn so. Dann deponierte sie ihn bei einem Notar, zusammen mit einem Schriftstück, in dem sie seine Herkunft beschrieb: »Erklärung. Das in der Anlage beigefügte Dokument Nr. C 2242941, Reg.-Nr. 2118/73 ist in den Abendstunden des

18. Mai 1979 in meine Hände gelangt. Da ich nie die Absicht gehabt habe, es zu benutzen, habe ich das Dokument umgehend unbrauchbar gemacht (Seiten herausgenommen und gelocht). Für den Fall, daß das genannte Dokument für Verteidigungszwecke benötigt werden könnte, hinterlege ich es bei einem Notar. 20. Mai 1979.«

Der falsche Paß war am 17. Mai 1979 vom Polizeipräsidium Koblenz abgestempelt worden. Offenkundig wurde Susak also immer noch von einer deutschen Behörde geführt.

Nach Koblenz, das nur am Rande, hatte Mauss schon vor Jahren erstklassige Beziehungen unterhalten.

Hugo hatte außer falschen Pässen noch mehr anzubieten. Er versuchte, Friederike P. ganze 15 Kilo Sprengstoff aufzudrängen, den er angeblich von Kroaten aus Schweden erhalten hatte. Friederike P. hatte keine Verwendung für Explosives und lehnte ab. Daraufhin übergab Hugo einem kroatischen Freund namens Mirko einen Koffer mit einem Teil des Sprengstoffs und beauftragte ihn, das Gemisch an eine bestimmte Kroatengruppe weiterzugeben.

Kaum war Mirko in der Nähe des Frankfurter Fußballstadions in den Besitz des brisanten Koffers geraten, griff die Polizei auch schon zu. Allerdings informierte Mirko sofort seinen Anwalt darüber, von wem er den Sprengstoff erhalten hatte. Der machte dem ermittelnden Staatsanwalt klar, daß sein Mandant den Koffer offenkundig von einem V-Mann erhalten habe. »Wenn Sie meinen Mandanten in Haft behalten und anklagen, dann fliegt Ihr V-Mann unter Garantie auf«, warnte der Anwalt.

Der Staatsanwalt machte sich kurz sachkundig und entließ Mirko aus dem Gefängnis. Der Sprengstoff sei angeblich nur ein ungefährliches Surrogat gewesen.

Natürlich sprach sich die Sache schnell in kroatischen Kreisen herum. Hugo wurde aufgefordert, zu einer klärenden Aussprache nach Saarbrücken zu kommen. Er hatte Angst, umgelegt zu werden, und bat deshalb Friederike, mit ihm zu fahren. Abenteuern nicht ganz abgeneigt, tat sie das.

In der kroatischen Kneipe flüsterte ihr der Wirt, mit dem sie sich bei ihrem ersten Besuch lange unterhalten hatte, zu: »Ich weiß, daß die Kroaten ihn umlegen wollen.«

Wieder erinnerte Friederike P. sich an das Schicksal jener, die angeklagt waren, Ulrich Schmücker ermordet zu haben: »Hör zu. Wenn Hugo kein Bulle ist, legt ihr den Falschen um. Wenn er aber Bulle ist, hängen alle drin.«

Die eigentliche Auseinandersetzung zwischen Susak und den anderen Exilkroaten wurde nicht mehr auf deutsch geführt.

Erschöpft legte sich »Hugo« auf der Heimreise auf die Rückbank und schlief. Am Steuer saß sein Freund Slavko.

»Warum besorgst du ihm nicht einen Paß, damit er abhauen kann?« fragte er Friederike. Verwirrt sah sie ihn an: »Wieso ich? Ich denke, er hat stapelweise Pässe von euch bekommen?«

Der Kroate blickte starr geradeaus. Dann sagte er leise: »Uns hat er gesagt, die Pässe stammen von dir.« Nach einer Weile fügte er hinzu: »Hugo liest nur ein Buch. Und das heißt ›Der Doppelagent‹.«

Im Spätsommer 1979 setzte sich Zjelko Susak alias »Hugo« nach Jugoslawien ab. Zwei Wochen später rief er Friederike in Stuttgart an: »Die haben mir gesagt, ich kann nach einer Weile zurückkommen.«

»Wer sind die?« fragte sie.

Hugo gab keine Antwort.

Kurz darauf wurde Susak von jugoslawischen Behörden verhaftet und nach Berichten eines Freundes angeblich in einem Geheimprozeß zu zwölf Jahren Gefängnis verurteilt. Der Vorwurf lautete auf Spionage für den Bundesnachrichtendienst. Kroatische Freunde aber vermuteten, daß Susak, als er zusammen mit Super-V-Mann Mauss 1973/74 den jugoslawischen Einbrecher- und Hehlerring sprengte, unter anderem auch Agenten des jugoslawischen Geheimdienstes verraten hatte. Solche kriminellen Organisationen seien nämlich die Basis vieler jugoslawischer Agenten. Die hohe Strafe sei die Vergeltung dafür.

Acht Jahre saß Zjelko Susak von seiner Strafe ab, davon vier Jahre unter den mörderischen Bedingungen der Zwangsarbeit in einem der berüchtigtsten jugoslawischen Gefängnisse. Dann kam er frei – ein gesundheitlich zerstörter, gebrochener Mann.

Während der gesamten Haftzeit hatte sich allem Anschein nach weder Werner Mauss noch ein Vertreter jener Dienste um ihn gekümmert, für die er fast fünf Jahre gearbeitet hatte.

Eine Spendensammlung für die »Institution M.«

Bis zum Spätsommer 1978 war Mauss vom Bundeskriminalamt geführt worden. Bezahlt hatten nach wie vor die Versicherungen. Aber irgendwie waren wohl alle Beteiligten nicht mehr so richtig vom Sinn der Sache überzeugt. Erfolge wie bei der Bekämpfung krimineller Banden konnte die »Institution M.« im terroristischen Bereich kaum noch aufweisen.

Die Festnahme von Rolf Pohle 1976 in Griechenland war im Grunde der einzige wirkliche Erfolg gewesen. In den Behörden und Versicherungen und auch im Haus in Altstrimmig begann man darüber nachzusinnen, wie man die »Institution M.« auf eine neue Basis stellen könnte. Vor allem Wolfgang Schieren, Vorstandsvorsitzender der Allianz-Versicherung und einer der Gönner des Ehepaares Mauss, sah offenbar nicht mehr so ganz richtig ein, daß lediglich die Assekuranz ständig zahlen sollte, wo doch auch andere Wirtschaftszweige ebenso vom Terrorismus betroffen waren. Nach der Entführung und Ermordung Hanns-Martin Schleyers, der Ermordung des Generalbundesanwalts Siegfried Buback und des Vorstandsvorsitzenden der Dresdner Bank, Jürgen Ponto, saß den Großindustriellen die »Angst im Nacken«, wie es später ein Mitglied der Bundesregierung formulierte. Was lag da näher, als die Geheimwaffe Mauss ins Rennen zu schicken.

Schieren bekniete seine Kollegen aus den Chefetagen anderer Firmen und bat um milde Spenden zwecks Finanzierung privater Terroristenjagd.

Der HUK-Verband in Hamburg stellte im Dezember 1979 zunächst 66 667 Mark und im Februar 1980 noch einmal 133 333 Mark zur Verfügung.

Der Veba-Konzern in Düsseldorf spendete im März 1980 50 000 Mark.

Die Friedrich-Flick-Verwaltungsgesellschaft Düsseldorf gab im Juni 1980 100 000 Mark.

Die Dresdner Bank schließlich ließ einem »Peter Joachimsthal« im September 1980 50 000 Mark anweisen, wobei sie sich bei ihrer Zuwendung für die »Institution M.« besonders schlau anstellte. Schließlich wollte man den Betrag nicht auch noch versteuern. So wurden zunächst 60 000 Mark an die bekannte Spendenwaschanlage »Staatsbürgerliche Vereinigung 1954 e. V. Köln/Koblenz« überwiesen. Dafür erhielt die Dresdner Bank eine Quittung, auf der ihr bescheinigt wurde, das Geld für gemeinnützige Zwecke, also steuerbegünstigt, gestiftet zu haben. Ein Mitarbeiter der Staatsbürgerlichen Vereinigung, eben jener »Peter Joachimsthal«, löste den Scheck ein und durfte für seinen eigenen Verein 10 000 Mark behalten. Der Rest wurde wg. Mauss weiterüberwiesen.

Insgesamt waren so 400 000 Mark angehäuft worden. Weitere 250 000 Mark schoß die Bundeskasse zu. Das waren zusammen 650 000 Mark. 180 000 Mark galten als Honorar, der Rest als Spendenfonds.

Als das Geld endlich beisammen war, befand sich Privatagent Mauss bereits im Einsatz. Am 21. August 1979 hatte die »Institution M.« einen Vertrag mit ihrem neuen Arbeitgeber geschlossen, dem Bundesnachrichtendienst in Pullach bei München. Der BND war es auch, der die Industriespenden entgegennahm. Dafür war eigens ein Konto bei der Dresdner Bank in München auf den Decknamen »Peter Hansen« eingerichtet worden.

Der Dreh mit dem BND hatte eine Vorgeschichte. Dazu der ehemalige Präsident des Bundeskriminalamts, Dr. Horst Herold: »Ich beendete 1978 die Zusammenarbeit mit Mauss, weil die Unzuträglichkeiten sich gehäuft hatten. Da M. jedoch sich einige Verdienste erworben hatte, beauftragte ich meinen Vizepräsidenten, zu erkunden, ob M. eine Abfindung zum Übergang in die Arbeitslosigkeit erhalten könnte. VP [Vizepräsident] Heinl sprach mit Ermisch, der sich für eine Abfindungssumme stark machen wollte, sich dann aber zurückzog. Heinl meldete mir schließlich das Scheitern seiner Bemühungen.

Ich wandte mich daraufhin an den damaligen Ministerialdirektor Smoydzin, M. beim Verfassungsschutz oder dem BND für deren Zwecke unterzubringen. Alles weitere unternahm Smoydzin, der mit M. persönlich verhandelte. Erst in einer Ministerbesprechung kam die Frage dann wieder zur Sprache. Dort unterstützte ich die Verwendung von M. bei BfV oder BND, weil M.s Arbeitsweise ausgesprochen nachrichtendienstlich war.

Niemals hätte ich zugestimmt, daß M. beim BND für Zwecke der Terroristenbekämpfung eingesetzt wird, also bei einer anderen unzuständigen Behörde für ausschließliche Aufgaben des BKA.«

Verfassungsschutzchef Richard Meier winkte ab. Er hatte seine Zweifel, ob Privatdetektiv Mauss für die Terroristenjagd der richtige Mann war. Im übrigen fühlte er sich für Auslandsaufklärung ohnehin nicht zuständig.

Später, als die Geschichte mit der Mischfinanzierung für Mauss aufflog, sagte Meier: »Ich war sehr sauer, weil mir diese Geschichte nicht paßte.« Mauss sei »als Persönlichkeit völlig undurchschaubar«. Im übrigen: »Der Staat ermittelt nicht auf diese Weise, habe ich gesagt. Der Staat macht den Nachrichtendienst und niemand anderes. Wo sind wir denn? Bei höchster Gefahr des Terrorismus, die wir in der Geschichte jemals hatten, da ist doch der Staat zuständig, für alle Quellen, für alle Finanzierungen, für alle Maßnahmen, das ist wohl klar.«

Meier empfand den BKA-Vorschlag, Mauss zu übernehmen, fast als unsittliches Angebot. »Ich suche die Quellen aus«, sagte er rigoros zu seinem Gesprächspartner. »Daraufhin«, so Meier später, »war die Diskussion zu Ende, relativ unerfreulich.«

Also hatte Herold seinen Top-Agenten anderweitig angeboten. Wieder wandte er sich an Gerhart Baum und schlug vor, so dessen Erinnerung, der BND solle den fabelhaften Mann übernehmen. Baum sagte später, ihm sei schon klar gewesen, »das war problematisch, das sehe ich auch«. Aber Mauss habe, als jahrelanger Vertragspartner staatlicher Stellen und der Wirtschaft, unbestritten Erfolge erzielt. Und ihm sei nicht bekannt, »daß der etwa mordet oder ständig gegen den Rechtsstaat verstößt«.

So nahm Baum denn Herolds Anregung auf: »Ich habe Kinkel geraten, Mauss unter Vertrag zu nehmen. Das war besser, als wenn die Wirtschaft da allein mit dem herumfuhrwerkt.«

Doch auch BND-Chef Kinkel, gerade seit dem 1. Januar 1979 im Amt, war zunächst zögerlich. Er beriet sich mit seinem Vorgesetzten, dem Kanzleramtschef Manfred Schüler. Dann ließ er den Super-Agenten zu sich bitten. Mauss erschien zusammen mit seinem Förderer, dem Initiator der Spendenaktion, Allianz-Vorstand Schieren.

Fürsprecher hatte es allerdings noch mehr gegeben. Schon kurz nach seiner Amtsübernahme hatte Kinkel einen Anruf aus dem bayerischen Landeskriminalamt bekommen, in dem ihm die »Institution M.« angepriesen wurde. Kurz darauf erhielt er den Vorschlag noch einmal schriftlich. Schon einen Tag später flatterte ihm ein weiterer Brief auf den Tisch. Werner Smoydzin, vormals im Bundesministerium für den Verfassungsschutz zuständig, gratulierte ihm zur Amtsübernahme. Er freue sich, daß Kinkel den Dienst übernehme und, wie er hoffe, auf Vordermann bringen werde. Besonders bei der Terroristenbekämpfung gebe es viele Defizite. Er wußte auch, wie diesem Übel abgeholfen werden könne: »Setzen Sie Herolds Geheimwaffe Mauss ein.« Er selbst habe einschlägige Erfahrungen, da er sich bereits konspirativ mit Mauss getroffen habe, um sich selbst »ein Bild von dem Mann zu machen, dessen Taten er schon aus den Unterlagen kannte«.

Sein Resümee: »Ich habe einen positiven Eindruck bekommen und bin entsprechend verfahren.«

Der ehemalige BKA-Präsident Horst Herold schilderte seine eigene Beteiligung bei der Jobsuche für den Super-Agenten Werner Mauss in einem Brief an den Vorsitzenden der Parlamentarischen Kontrollkommission für die Geheimdienste, Hans-Jochen Vogel, im November 1985 so:

»Sehr geehrter Herr Dr. Vogel, nach der Erklärung der Parlamentarischen Kontrollkommission vom 14. 11. 1985 hat der Bundesnachrichtendienst das Detektivbüro Mauss eingesetzt, ›um den Aufenthalt mutmaßlicher Terroristen im Ausland aufzuklären‹. Pressemeldungen und wiedergegebenen Äußerungen des früheren Bundesinnenministers Baum zufolge soll ich als Präsident des Bundeskriminalamtes diese Art des Einsatzes empfohlen haben. Hierzu darf ich richtigstellen:

Im Frühjahr 1978 riet ich in einer ministeriellen Lagebesprechung dazu, den in der Kriminalitätsbekämpfung erfolgreichen V-Mann Mauss für die Zwecke des Verfassungsschutzes oder des BND einzusetzen, da er von der Polizei nicht mehr beschäftigt werden konnte. Daß der damalige Bundesinnenminister dem BND diesen V-Mann nicht für nachrichtendienstliche Zwecke, sondern für die allein dem BKA obliegende Terroristenfahndung anbot, war mir nicht bekannt. Einer solchen Einschränkung der Zuständigkeit des BKA hätte ich entschieden widersprochen ... Im übrigen fehlten Mauss die zur Terroristenbekämpfung erforderlichen besonderen Voraussetzungen.«

In einem weiteren Brief an Vogel schrieb Herold: »Das BKA war auf die Mitwirkung ausländischer Polizeibehörden angewiesen; es hätte niemals zugestimmt, daß deren Zuständigkeit durch eine geheime Fahndung einer anderen deutschen Behörde unterlaufen wird. Deshalb vermag ich auch nicht anzunehmen, daß Mauss vom BND wirklich zur Terroristenfahndung verwendet worden ist.«

Herold wollte Mauss also nur ganz allgemein für »Zwecke des Verfassungsschutzes oder des BND« empfohlen haben, nicht aber zur Terrorismusfahndung speziell.

Wie es auch immer gewesen sein mag, die Mauss-Lobby hatte Erfolg: BND-Chef Kinkel übernahm die »Institution M.« in seine Dienste.

6. Kapitel
Der Geheimdienstler

Mauss beim BND

Eines Tages im Spätsommer 1979 landete das Ehepaar Mauss mit seiner Privatmaschine auf dem Münchener Flughafen, wurde von einem Fahrer des BND abgeholt und nach Pullach chauffiert. Die Schranke ging hoch, und zwei Minuten später standen Werner und Margret Mauss im Büro des BND-Chefs Kinkel. Die Privatdetektive waren begeistert. Endlich waren sie wieder ganz oben. Das Büro strahlte eine gemütliche, fast private Atmosphäre aus. Kinkel wirkte unbürokratisch und irgendwie jungenhaft. Vor allem aber waren die beiden allein mit ihm, dem neuen dynamischen Chef des wichtigen BND. Auf dem Tisch lag der fertige Vertrag, getippt auf neutralem weißem Briefpapier, drei Seiten stark. Alles natürlich top-geheim – das Ehepaar Mauss bekam nicht einmal eine Kopie der Abmachung.

So locker Kinkel wirkte, so nüchtern und unerbittlich war er bei seiner Skizzierung der zukünftigen Zusammenarbeit. Das Ehepaar Mauss sollte unter strenger Kontrolle einer eigens für sie beim BND geschaffenen Planstelle arbeiten. Extrawürste und Eskapaden, das machte Kinkel freundlich, aber bestimmt klar, werde es nicht geben.

Offenbar hatte der BND-Chef von anderer Seite einiges über die Mauss'sche Arbeitsweise gehört. Ein BND-Beamter mit Decknamen Martini sowie seine Mitarbeiterin Fräulein Spiegel sollten die »Institution M.« führen. Eigenmächtige Kontakte wurden strikt untersagt.

So ganz behagte Werner und Margret Mauss die straffe Führung nicht. Aber es gab keine Alternative. Irgendwie war die gesamte BND-Aktion ja auch eine Arbeitsbeschaffungsmaßnahme, wie beschrieben eingefädelt von guten Freunden und Gönnern wie Dr. Schieren, Werner Smoydzin und Mähler, dem Beamten vom bayerischen Landeskriminalamt.

Also schluckten die Detektive die Kröte ständiger dienstlicher Aufsicht und unterschrieben beide gemeinsam den Vertrag. Immerhin war das Honorar ja nicht schlecht: 650 000 Mark im Jahr, zahlbar monatlich in Raten von 50 000 Mark plus dreizehntes Monatsgehalt. Allerdings waren damit auch die Spesen abgegolten; von Sonderaufwendungen einmal abgesehen.

Nach gut eineinhalb Stunden, in denen Werner Mauss vornehmlich vergangene Heldentaten schilderte, verabschiedete man sich. Auf der Treppe lief ihnen BND-Vize Blötz über den Weg. Das Agentenpaar wußte, daß Blötz gegen die Zusammenarbeit votiert hatte. Brav reichte man einander die Hand.

Für Arbeit und Lebensunterhalt war gesorgt, aber irgendwie schwante den beiden Agenten, daß sie auf einem Pulverfaß saßen. Einerseits war klar, daß es außer Blötz im BND eine ganze Gruppe gab, die gegen die Zusammenarbeit mit dem windigen V-Mann war. Andererseits war eher unklar, was Werner und Margret Mauss nun eigentlich machen sollten. Nur die grobe Marschrichtung war vorgegeben: Terroristen fangen, am besten Top-Terroristen wie Christian Klar oder Brigitte Mohnhaupt, am allerbesten den legendenumwobenen Carlos.

Eine zusätzliche Schwierigkeit stellte sich ebenfalls schnell heraus. Bislang war es Firma Mauss gewohnt gewesen, von Behörden detaillierte Ermittlungsakten zur Verfügung gestellt zu bekommen. Anhand dieser Akten konnte »M.« dann den Schwachpunkt in einer kriminellen Gruppe herausfinden und auf diese Weise ein Einstiegsloch ausmachen. Auch bei den früheren Fällen im Terrorismusbereich hatte Mauss auf die Vorarbeiten von Behörden zurückgreifen können. Beim BND war das anders. Entweder man hatte keine Informationen, oder man hielt sich Mauss gegenüber bedeckt. Die »Institution M.«, vom gewohnten Nachrichtenfluß abgeschnitten, kam ins Schwimmen.

Neues Amt und alte Quellen

Krampfhaft suchte das Ehepaar Mauss nach Ansatzpunkten für eine halbwegs erfolgversprechende Ermittlungsarbeit. Die beiden hatten sich viel vom Informationspotential des BND versprochen, aber Fehlanzeige. Enttäuscht und einigermaßen ratlos verfolgte Mauss seine schon im Auftrag des BKA und des niedersächsischen Verfassungsschutzes aufgenommenen Spuren. Quellen und Zielpersonen blieben die gleichen, nur Auftraggeber und Finanziers hatten sich geändert.

Mauss wechselte also, etwa im Fall Veronika, lediglich den Adressaten seiner Berichte. Statt ans BKA gingen sie nun an Herrn Martini vom BND. Mauss informierte ihn knapp über die Vorgeschichte seiner Quelle und schrieb, sie habe sich zwischenzeitlich in der Szene der Bundesrepublik, Österreich und Italien »anerkannt profilieren« können. Sie stünde in vertraulichem Kontakt mit den circa 25 Mitgliedern des Komitees »Sibylle und Hermann«, verschiedenen sogenannten Antifa-Gruppen (dem legalen Umfeld der RAF) in Heidelberg und Mannheim, der Frau eines inhaftierten RAF-Anwalts, dem Terroristenverteidiger Hans-Heinz Heldmann in Darmstadt, Friederike P. in Stuttgart dem ehemaligen RAF-Mitglied Margret S. in Frankfurt, Petra K. in Neapel, der RAF-Sympathisantin Susanne M. sowie dem ehemaligen RAF-Mitglied Carmen R. in Triest. Außerdem sei die Quelle »Sprecherin der Frankfurter Frauenbewegung«, was reichlich übertrieben war.

Weihnachten 1979 reiste Veronika zusammen mit ihrem Freund und Co-Agenten Jochen wieder nach Italien. Petra quartierte sie freundlicherweise bei einem Bekannten ein, der in einem Vorort von Neapel wohnte. Der Mann, italienischer Kommunist, hatte mit dem Terrorismus nichts zu tun, sondern kümmerte sich im wesentlichen um soziale Probleme seiner Heimatstadt. Er führte die beiden Mauss-Agenten durch die Elendsviertel Neapels und hielt ihnen Vorträge über die dort vorherrschenden Krankheiten und die Schwierigkeiten bei der Müllbeseitigung.

Gemeinsam besichtigten sie auch ein Neubaugebiet, das die zukünftigen Bewohner vor der Fertigstellung besetzt und nach eigenen Vorstellungen zu Ende gebaut hatten.

Veronika und ihr Freund waren beeindruckt. Es gefiel ihnen auch gut, daß sie ausgezeichnet wohnten und zum Essen in die besten Lokale ausgeführt wurden.

Über Petra K., ihre »Zielperson«, erfuhren sie lediglich, daß sie gerade eine kleine Fachbroschüre zum Thema Hundehaltung übersetzte. Die Abenteuer Petra K.s im Randbereich des Terrorismus waren längst vorüber. Das einzige, was Veronika und Jochen von ihr auf diesem Sektor mitbekamen, war, daß sie gelegentlich in alten Erinnerungen schwelgte.

Heiligabend standen die beiden wieder vor Petras Tür. Doch ihre Zielperson war ausgeflogen. So bestiegen sie eine Fähre und reisten nach Capri. Das gefiel ihnen allemal besser als die unergiebige Spitzeldienste im Auftrage des »Herrn Scholz« und seiner Hintermänner – von denen sie nie etwas Genaues erfuhren. Silvester verbrachten sie schließlich in Rom. Auch dort war das Essen gut. Das Feuerwerk allerdings ließ zu wünschen übrig.

Am 2. Januar 1980 ging es mit der Bahn 2. Klasse zurück nach Deutschland. Billig reisen war für Veronika so eine Art Sport. Sie war ihrer Devise treu geblieben, daß nur, wer wenig Geld ausgibt, auch mit wenig Arbeit über die Runden kommt.

Veronikas Freund Jochen hatte auf der Reise einen ersten Schritt getan, sein so unordentliches Leben in den Griff zu bekommen. Er schrieb penibel alle Ausgaben in sein kleines Notizbuch, vom Schokoladenriegel bis zur Straßenbahnfahrkarte.

Als Mauss beim nächsten Treffen, diesmal in München, Berichterstattung verlangte, zog Jochen seine Aufzeichnungen hervor. Der Super-Agent warf einen Blick auf die Notizen und erkannte mit geübtem Blick, daß seine Leute sich ein paar Tage auf Capri gegönnt hatten. Es gab Krach.

Jetzt wurde auch Veronika laut. Sie warf »Scholz« vor, sie ohne irgendeinen wirklichen Anlaß auf die Reise nach Neapel geschickt zu haben. Viel lieber wäre sie über Weihnachten nach Hause zu ihren Eltern gefahren und hätte Plätzchen gebacken. Die einzige Institution, die von ihrer umfangreichen Reisetätigkeit profitierte, sei ohnehin die Bundesbahn.

Mauss ließ sich nicht beirren und schickte Veronika gleich auf die nächste Tour. Diesmal sollte es nach Wien gehen. Dort lebe eine gewisse Inge Z., die in Frankfurt an einem Frauentreffen teilgenommen habe. Auf dieser Zusammenkunft waren auch Frauen gewesen, die in Zusammenhang mit der RAF in Haft gesessen hatten. Für Mauss Grund genug, zu vermuten, daß auch Inge Z. Kontakte in den Untergrund hielt.

Im übrigen, so signalisierte Mauss, werde Veronikas Arbeitsfeld ohnehin ausgeweitet. Im Anschluß an die Österreich-Fahrt solle sie nach Italien, nach Triest. In der Basaglia-Klinik könnten sich gesuchte Terroristen verbergen. Er habe da einen Plan.

Zunächst sollte Veronika aber einen Brief an das ehemalige RAF-Mitglied Carmen R. schreiben, die in der Triester Klinik arbeitete. Um ganz sicherzugehen, daß die unwillige V-Frau den Brief auch tatsächlich verfaßte, überwachte Mauss sie, bis das Schreiben fertiggestellt war. Dann begleitete er Veronika bis zum Briefkasten.

Der Triest-Plan des BND-Agenten drehte sich um einen jungen Mann namens Rudolf R. Die Sache hatte eine Vorgeschichte.

Die Irland-Connection

Ende 1979, kurz nach seiner Dienstaufnahme für den BND, hatte Mauss über Konzepte für neue Einsatzmöglichkeiten Veronikas nachgedacht. Es fehlte ihm allerdings an Einblick und Verständnis für die tatsächliche Situation. Die komplizierten Verästelungen der deutschen Terroristenszene und der sie umgebenden Sympathisantenkreise waren für ihn böhmische Dörfer.

Seine Berichte, die er aus bruchstückhaften Informationen seiner ebenfalls nicht gerade analytisch begabten Informantin zusammenstückelte, lesen sich wie ein Konglomerat detailliert beschriebener Nebensächlichkeiten. Relativ präzise war lediglich die Zusammenstellung von Namen irgendwelcher Leute, die an irgendwelchen unwichtigen Begegnungen teilgenommen hatten.

So fand etwa am 6. November 1979 in Heidelberg eine der wöchentlichen Zusammenkünfte des Komitees »Sibylle und Hermann« statt. Teilnehmer waren laut Veronika: Sibylle, Renate, Mia L., Andreas H. und »Quelle« Veronika selbst. Während des Treffens wurde ein »Info« über einen nach Nordirland getürmten angeblichen Terroristen namens Rudolf R. vorgelegt und verlesen.

So dürftig die Informationen waren, so grandios waren die Operationspläne, die Mauss daraus entwickelte. Rudolf R., der sich nach Nordirland abgesetzt hatte, sollte durch eine »konspirative Aktion in einen von uns unterwanderten Personenkreis nach Italien« gesteuert werden. Absicht sei, so Mauss gleichermaßen kompliziert wie nebulös, »aus den sich dadurch psychologisch ergebenden Möglichkeiten, Kontakte zu Mitgliedern der RZ, RAF und ›2. Juni‹ zu enttarnen, um aus diesen Erkenntnissen subversive Verbindungen aufzunehmen«.

Nun gab es allerdings Bestrebungen, Rudolf R., dem so recht

gar nichts vorzuwerfen war, ganz normal nach Deutschland zurückzuholen. Doch auch für diesen unangenehmen Fall hatte Mauss vorgesorgt. Er schrieb an den BND: »Sollte eine Rückkehr des R. R. in die Bundesrepublik legalisiert bzw. notwendig werden, so würden wir die Zielrichtung unserer Aktion umstrukturieren.«

Nach Absprache mit Herrn Martini vom BND wurde Veronika beauftragt, sich in das »Westdeutsche Irland-Solidaritätskomitee« aufnehmen zu lassen. Stolz berichtete Mauss danach, sie habe sogar eine Presseerklärung des Komitees mit ausgearbeitet.

Am 16. November 1979 beteiligte sich Veronika an einer Sitzung der Initiativgruppe Rudolf R. im Büro der linken Tageszeitung »taz« in Hamburg. Mauss wußte zu berichten: »Das besagte Treffen fand in einem ca. 20 Quadratmeter großen Raum, der früher als Küche Verwendung gefunden haben dürfte (mit Einbauschränken, Nischen, Kaffeeautomat), statt, in dem diverse Stühle kreisförmig aufgestellt waren; Teilnehmer: ca. 15 Personen.« Wichtigstes Ergebnis des geheimnisvollen Treffens war: »Es wurde beschlossen, künftig jeden Freitag in der taz in Frankfurt eine derartige Zusammenkunft abzuhalten. Die Sitzungen, in denen zwischendurch Kaffee gereicht wird, laufen meist wie folgt ab ...«

In Mauss' Bericht schloß sich eine Aufzählung von Nichtigkeiten an: Es werde ein Referat gehalten, man sei sich darüber einig, daß die Öffentlichkeitsarbeit von allen Seiten intensiver betrieben werden müsse, Verbindungen zu Schriftstellern und Zeitschriften sollten aufgenommen werden, Protestbriefe an die Bundesanwaltschaft, ans Bundesinnenministerium sowie an das Justizministerium gerichtet werden.

Veronika konnte sogar einen wesentlichen Gesprächsanteil wörtlich wiedergeben. Ein Mitglied des Solidaritätskomitees habe gesagt, daß es »von der ›Reblaus‹ und ›dem Baum‹ eine riesengroße Schweinerei sei, wie mit Rudolf R. verfahren würde; man wolle unbedingt einen ›Top-Terroristen‹ fangen, um so von anderen Dingen abzulenken und in der Öffentlichkeit wieder einmal einen Erfolg vorweisen zu können.«

Mauss fuhr in seinem Bericht für den BND fort: »Im Anschluß an die Sitzungen findet meistens in der Gaststätte ›Dionisious‹ in Frankfurt-Bockenheim im Schönhof ein geselliges Beisammensein statt.« Einer der Teilnehmer, »der gern schnell und viel trinkt«, wußte Mauss, »äußerte hier unter anderem, daß man vorsichtig sein müsse und nicht alles sagen könne, da man (wörtlich) ›nie wisse, wer unter uns ist‹.«

Leider schlug bereits der erste Ansatz zur Verwirklichung des »Rudolf-R.-Planes«, Mauss-Kürzel »Operation Domino«, fehl. Carmen R., bei der Rudolf R. laut Plan einquartiert werden sollte, antwortete nicht auf Veronikas oben genannten Brief.

So beauftragte Mauss seine Unteragentin, ohne die erhoffte Antwort nach Triest zu reisen. Dort angekommen, traf Veronika im Klinikbüro tatsächlich auf Carmen R. Doch statt sich in konspirative Gespräche verwickeln zu lassen, erlaubte diese ihr lediglich, in der Klinik zu nächtigen. Veronika bezog ein Bett im Block E der inzwischen von Patienten weitgehend geräumten psychiatrischen Klinik. Ein buntes Völkchen verschiedener Nationalitäten hatte dort Unterkunft gefunden – von gesuchten deutschen Terroristen fand Veronika allerdings keine Spur. Sie blieb ganze sechs Wochen. Über ein mögliches Versteck für Rudolf R. – der von seinem Glück ohnehin nichts ahnte – wurde nicht einmal geredet.

Eine Agentin im Streik

Schließlich hatte Veronika die Nase voll, nicht nur vom unbequemen Aufenthalt in der Klinik, sondern von ihrer Arbeit für Mauss überhaupt. Sie wollte nach Hause. In einem Telefongespräch beklagte sie sich bei »Herrn Scholz«, nicht einmal mehr genügend Wäsche zum Wechseln zu haben.

Mauss genehmigte einen sinnlosen Abstecher nach Wien und brachte seiner Agentin sogar neue Kleidung an die Bahn. Die Sachen stammten von seiner Frau.

Dennoch wurde Veronika immer unwilliger. Trotz aller Sparsamkeit hatte sie von ihrem Honorar gerade die täglichen Ausgaben bestreiten können. Das meiste ging ohnehin für Bahnfahrkarten drauf. Inzwischen hatte sie sogar ihre bescheidenen Ersparnisse aus früheren Jahren für die Agententätigkeit ausgegeben.

Bei einer weiteren Zusammenkunft – jetzt wieder in Triest – ließ sie ihrer Frustration freien Lauf. Sie war mit Geld und Nerven gleichermaßen am Ende, schrie und weinte. Mauss blieb äußerlich ganz ruhig. Dann bot er ihr eine Gehaltsaufbesserung an. In Zukunft sollte sie jeden Monat 500 Mark extra bekommen, die ihr nach Abschluß der Agententätigkeit ausgehändigt würden. Mauss setzte sogar einen kurzen Vertrag auf, den allerdings nur seine Frau unterschrieb. Veronika durfte das Papier nicht mitnehmen. Das, so meinte Mauss, sei zu gefährlich für sie. Äußerste Sicherheit sei unverzichtbar. Er steckte den »Vertrag« selbst ein. Veronika bekam ihn nie wieder zu Gesicht.

Als die Holländerin in ihre Heidelberger Wohnung zurückkehrte, war dort ein Fenster eingeschlagen. Ihr Freund Jochen, von dem sie sich in der Zwischenzeit getrennt hatte, war offenbar bei ihr eingestiegen, um ein Nachtquartier zu finden. Veronika hatte nicht einmal Geld, das Fenster zu reparieren. Fürsorglich kümmerte sich Mauss um die Glaserarbeiten. Doch nun hatte Veronika die Nase voll. Sie war inzwischen auf fünfzig Kilogramm abgemagert und hatte einfach keine Lust mehr, für Mauss weiterhin sinnlose Spitzeldienste zu verrichten.

Berichte konnte sie ohnehin nicht mehr schreiben, denn Jochen hatte die von Mauss zur Verfügung gestellte alte Polizei-Schreibmaschine ins Leihhaus gebracht. Veronika setzte sich zu ihren Eltern nach Den Haag ab. Mauss bombardierte sie mit Anrufen und bat sie inständig, nach Heidelberg zurückzukehren.

Nach vierzehn Tagen hatte er sie soweit.

Ihren Freunden aus dem Komitee »Sibylle und Hermann« erzählte Veronika von Reisen, die sie angeblich im Auftrag der MPAIAC unternommen hatte, wobei sie, wie gewohnt, alles ein wenig »andickte«. Sie ging auch wieder auf linke Veranstaltungen und berichtete »Herrn Scholz« widerwillig darüber.

Von einer dieser Veranstaltungen mit mehreren hundert Zuhörern in Frankfurt am Main konnte Mauss so dem BND übermitteln, daß die Vorträge des Arztes Karl-Heinz Roth und noch mehr die Rede Daniel Cohn-Bendits »wegen ihrer zu starken Liberalisierung überhaupt nicht akzeptiert und sogar ausgepfiffen wurden«. Auch die öffentliche Abkehr ehemaliger Terroristen wie Horst Mahler, Hans-Joachim Klein, Peter-Paul Zahl, Ilse Jandt, Astrid Proll und anderen werde von der Szene »nicht anerkannt und mit entsprechenden Publikationen unterlaufen«.

Die Erkenntnis des Super-Agenten: »Dadurch tritt allerdings in der Szene eine immer stärker werdende Verunsicherung und Spaltung ein, nicht zuletzt auch aufgrund der sich verschiebenden außenpolitischen Angriffsflächen, wie z. B. Wegfall des Schwerpunktthemas Vietnam und die neu hinzugekommenen Probleme Iran bzw. das schlecht in das Schema passende Afghanistan.«

Mauss hörte eben das Gras wachsen, auch wenn es sich um Kunststoffrasen handelte.

»M.« will MPs an Terroristen liefern

Am 18. Juni 1980 hatte Mauss seinem Kontaktmann beim BND endlich einmal Sensationelles mitzuteilen: Unter der Überschrift »Bitte nach Möglichkeit sofort weiterleiten!« teilte er mit, Renate XX hätte am 31. März 1980 versucht, »über Quelle vier Maschinenpistolen zu erwerben, mit dem Ziel, diese eigenen Angaben zufolge an gesuchte deutsche Personen weiterzuleiten, zwecks Ausübung einer Straftat mit politischem Hintergrund«.

Gegen Mittag habe sich »Quelle« mit Renate XX in deren Heidelberger Wohnung getroffen. Die »Zielperson« sei nervös und unruhig gewesen und hätte angegeben, »im Auftrag von Dritten vier Maschinenpistolen, möglichst kleine handliche Ausführung, egal zu welchem Preis, beschaffen zu müssen. Die Sache könne in Ruhe betrieben werden, Eile sei nicht geboten. Bei den Erwerbern handele es sich um Deutsche, die mit den Waffen eine Aktion beabsichtigen. Zielperson erklärte, die Personen gut zu kennen. Sie selbst habe mit der späteren Aktion nichts zu tun und sich lediglich bereit gefunden, Unterstützung zu leisten.«

Das war endlich eine Aktion nach dem Geschmack von Werner Mauss. Er riet Veronika, auf die Frage der Waffenbeschaffung einzugehen. Sie sollte ihrer »eingespielten Legende zu Folge« so tun, als sei sie bemüht, die MPs aus Spanien zu besorgen.

Dem BND schlug Mauss folgendes vor: »Da Renate XX durch die lange Zeit der Kontakte zu Quelle von dieser als ernstzunehmende Sympathisantin des anarchistischen Untergrundes eingestuft wird, die Gewalttaten befürwortet, kann angenommen werden, daß die Zielperson in diesem Fall mit gesuchten Personen in Verbindung steht. Um den Hintergrund aufzuhellen und als Käufer der bestellten Maschinenpistolen in

Frage kommende Personen festzustellen, schlagen wir vor, die Gespräche zwischen Quelle und Zielpersonen mit einer parallellaufenden Observation der Renate XX sowie Telefonüberwachung gezielt und unter Ausbau der Legende fortzusetzen.«

Dann, so meinte Mauss, solle man die Maschinenpistolen liefern: »Nach Feststellung des sich daraus ergebenden Wichtigkeitsgrades wäre dann eine Genehmigung beim Generalbundesanwalt einzuholen, um die – angeblich aus Spanien – erhaltenen Einzelteile eines schwer beschaffbaren Maschinenpistolenfabrikates (außerdem nicht schußbereit) an Zielperson oder nach Möglichkeit an eine Drittperson zu übergeben, damit der Abtransport und die weiteren Aktivitäten durch Observation entsprechend verfolgt werden können.«

Mauss bat um eine möglichst baldige Entscheidung, »da sonst zu vermuten ist, daß sich der Personenkreis über einen anderen Lieferanten die benötigten Waffen beschafft«.

BND und Generalbundesanwalt stimmten dem abenteuerlichen Plan, Maschinenpistolen an Terroristen zu liefern, nicht zu.

Veronika war enttäuscht. Endlich hatte sie etwas wirklich Brisantes an Land gezogen, und nun schien daraus nichts zu werden. Irgendwie hatte sie immer ein schlechtes Gewissen gegenüber Renate gehabt. Nun, da diese offenbar im Begriff stand, etwas Kriminelles zu tun, konnte Veronika ihr Gewissen beruhigen. Wenn Renate bei Straftaten helfen wollte, war sie zu Recht bespitzelt worden. Zudem hatte Mauss seinen allzu schönen komplizierten Plan Veronika in glühendsten Farben geschildert. Ganz trickreich sollte alles ablaufen: Ein Jugoslawe als angeblicher Abgesandter spanischer Terroristen sollte die Waffen liefern. In Brüssel sollte Veronika sich mit ihm treffen. In die Maschinenpistolen wollte Mauss irgendwelche Infrarotgeräte einbauen, die eine Ortung auch in Erdverstecken ermöglicht hätten.

Der Plan war zu schön, als daß man ihn ohne weiteres aufgeben konnte. Im Auftrag von Mauss hielt Veronika ihre Freundin zunächst hin. Sie suchte Renate auf und sagte ihr: »Ein Typ war in Frankfurt. Ich habe ihm das mit den MPs gesagt. Er ist auf der Durchreise nach Jugoslawien und will sehen, ob er die Dinger besorgen kann.« Zehn Tage sollte das dauern. »Dann kann ich dir sagen, ob die Sache stattfinden kann oder nicht«, kündigte Veronika an.

Renate hatte angeblich auch nach einem falschen Paß gefragt. Veronika versprach, sich darum ebenfalls zu kümmern. Aber schon nach wenigen Tagen sagte Renate ihr, sie brauche die »Pappe« nicht mehr. An den Maschinenpistolen, so berichtete Veronika ihrem Agentenführer, sei sie aber noch interessiert.

Obwohl Mauss von seiner auftraggebenden Behörde gestoppt worden war, gab er auch jetzt das Projekt noch nicht auf. Er nannte Veronika einen Termin und einen Ort, an dem die Übergabe der Maschinenpistolen stattfinden sollte. Veronika informierte Renate: »Morgen um 12.00 Uhr in München«. Sie beschrieb ihr den Treffpunkt an einer Telefonzelle beim Münchener Hauptbahnhof. Sie möge ihre Leute dorthin bestellen.

Am Morgen um 8.00 Uhr rief Mauss bei Veronika an. Sie möge Renate ausrichten, die Lieferung könne an diesem Tage doch nicht mehr über die Bühne gehen. Die Waffenbeschaffer seien an der Grenze aufgehalten worden. Offenbar hatte Mauss kalkuliert, daß es für Renate zu spät sein würde, ihre Leute vor dem Mittagstermin noch zu erreichen. Er wollte offenbar weisungsgemäß die Waffen nicht liefern, die Abholer aber dennoch am Treffpunkt observieren.

Mauss hatte richtig kalkuliert. Beim nächsten Treffen mit Veronika konnte er ihr Fotos der angeblich düpierten Waffenkunden vorlegen.

Renate flog derweil nach Berlin und hinterließ Veronika eine Telefonnummer, über die sie einen neuen Termin mit dem MP-Lieferanten mitteilen sollte.

Am 25. Juli 1980, unmittelbar nach dem Münchener Übergabetermin, verunglückten zwei RAF-Mitglieder, Juliane Plambeck und Wolfgang Beer, tödlich mit dem Auto. In einer so angespannten Situation, ließ der Agent daraufhin Veronika an Renate ausrichten, sei die Waffenübergabe zu gefährlich.

»Lassen wir die Sache ruhen, bis bessere Zeiten sind«, schlug Veronika vor. Renate war einverstanden.

Eine knappe Woche später bestellte Mauss seine Agentin zum Treffen nach Mainz. Veronika war stolz, endlich etwas geleistet zu haben. Sie betrachtete die Waffengeschichte als den krönenden Abschluß ihrer Untergrundtätigkeit, für den Mauss ihr zudem eine Erfolgsprämie von 20 000 Mark zugesagt hatte. Es war ohnehin gerade Zahltag.

Veronika erklärte Mauss, daß sie nun aufhören wolle, und verlangte neben ihrem Monatshonorar die Erfolgsprämie sowie die Auszahlung der vertraglich vereinbarten monatlichen Zusatzzahlungen, inzwischen mehrere tausend Mark.

Auf dem Ohr hörte Mauss schlecht. Statt zu zahlen, wollte er ihr neue Aufträge geben. Aber nun wollte Veronika endgültig nicht mehr. »Ich gehe nicht mehr weiter«, schrie sie Mauss an. »Ich bin so arm wie Jupp. Ich kann nicht einmal mehr meinen Kartoffelsalat an der Imbißbude zahlen.«

Mauss blieb stur. Gezahlt werde nur, wenn sie weitermache. Veronika wurde immer lauter, ohne Rücksicht darauf, daß sie neben der Rezeption eines gut besuchten Hotels standen. Dann drehte sie sich um und ging.

Vierzehn Tage später, als ihre Schwester mit Mercedes und Wohnwagen Heidelberg passierte, packte sie ihre Koffer und fuhr mit nach Hause.

»Wenn ich Scholz zu fassen kriege, erschieße ich ihn«, erklärte sie ihren Eltern. Ihr Vater, empört über die Behandlung seiner Tochter, stimmte ihr zu, war allerdings der Meinung, das sei eine Aufgabe, die ihm als Vater zustünde.

Es dauerte nicht lange, da meldete sich »Herr Scholz« telefonisch in Den Haag. »Die Maschinenpistolen sind jetzt lieferbar«, erklärte er der immer noch stocksauren Veronika. Ob sie nicht doch noch einmal mit Renate sprechen könne? Dann würde Veronika auch die Erfolgsprämie bekommen: »Beim BKA sind 20 000 Mark für sie vorhanden.«

Das Geld in greifbarer Nähe, ließ Veronika sich noch einmal breitschlagen. Nervös rief sie Renate an: »Wollen die Leute die MPs noch?«

»Zur Zeit wollen sie die Waffen nicht haben«, antwortete Renate. Beim nächsten Telefonat mit Mauss übermittelte Veronika ihm die betrübliche Nachricht. Dann fragte sie nach dem Geld. Mauss versuchte abzulenken. Erst solle sie nach Heidelberg zurückkommen.

»Arschloch!« sagte Veronika nur und knallte den Hörer auf die Gabel.

Mauss meldete sich nie wieder.

Ein paar Monate ging Veronika mit dem Problem schwanger, wie sie »Herrn Scholz« am besten erschießen könnte. Dann entschloß sie sich zu etwas anderem. Sie schrieb einen Brief an Bundesinnenminister Gerhart Baum. Jahrelang habe sie für einen gewissen Herrn Scholz als Spitzel in der terroristischen Szene gearbeitet und »keinesfalls unwichtiges Material« geliefert. Den richtigen Namen ihres Agentenführers kenne sie nicht. Er sei aber mittelgroß, habe schütteres Haar und als unverwechselbares Kennzeichen ein fehlendes Glied am Mittelfinger der linken Hand. Sie beschrieb auch seine Mitarbeiterin, von der sie nie erfahren hatte, daß sie seine Frau war. Die beiden seien immer im Mercedes bei ihr aufgetaucht. Herr Scholz habe sie um den vereinbarten Lohn gebracht. Sie habe noch 20 000 Mark zu bekommen, außerdem die aufgelaufenen Extrazahlungen von monatlich 500 Mark. Ob der Herr Innenminister sich nicht einmal um die Sache kümmern könnte?

Vier Wochen später, Anfang Januar 1981, klingelte bei Veronikas Eltern das Telefon. Ein Herr Haag aus Stuttgart wollte nach Den Haag kommen. Er bringe ihr Geld mit. Sie solle an einem bestimmten Tag auf dem Hauptbahnhof in Den Haag sein.

Tatsächlich tauchten zwei Männer auf, die sich bei Veronika als »Herr Haag« vom Landesamt für Verfassungsschutz Stuttgart und »Herr Kaiser« vom Landeskriminalamt Baden-Württemberg vorstellten.

Sie nahmen Veronika mit aufs Polizeipräsidium in Den Haag und ließen sich von ihr alles über die Arbeit mit »Herrn Scholz« erzählen. Die Sache artete zu einem regelrechten Verhör aus, das auf Tonband mitgeschnitten wurde. Die Vernehmung dauerte anderthalb Tage.

Schon bei der ersten Begegnung hatte Veronika die beiden Sicherheitsbeamten gefragt, ob sie ihr das Geld mitgebracht hätten. Sie zeigten ihr 12000 Mark. Mehr sei leider nicht drin. Empört wies Veronika die Summe zurück. Sie wollte mindestens die ihr von Mauss versprochenen 20000. Die Beamten ließen durchblicken, daß sie sich die restlichen 8000 Mark erst verdienen müsse – durch eine Untergrundtätigkeit für die Stuttgarter Behörden zum Beispiel.

Veronika aber hatte genug vom Untergrund und von geheimen Diensten. Sie wollte nicht mehr nach Heidelberg zurück, obwohl die Beamten ihr zusätzlich ein wöchentliches Honorar von 700 Mark anboten.

Schließlich steckte die Holländerin die 12000 Mark ein, das war immerhin besser als gar nichts.

Eine Woche später rief »Herr Kaiser« wieder an: »Sie werden innerhalb einer Woche einen Brief aus Marseille bekommen. Sie sollten der darin enthaltenen Aufforderung nachkommen.«

Der Brief mit Poststempel Marseille kam tatsächlich. Auf Briefpapier einer ihr unbekannten Firma teilte ihr jemand, den sie ebensowenig kannte, mit, er würde sie gern einmal zwecks Zusammenarbeit treffen und gab ihr mehrere Termine durch, zu denen er auf dem Flughafen Amsterdam-Schiphol sein könnte. Er werde telefonisch rückfragen, welcher Tag ihr genehm sei.

Veronika, neugierig geworden, erklärte sich zu dem Treffen bereit. Es tauchten wieder zwei Männer auf, beide sympathisch und gut gekleidet. Sie gaben sich als Mitarbeiter des BND aus und baten Veronika, ihre bewährte Mitarbeit wieder aufzunehmen, diesmal direkt und ohne den Umweg über Herrn Scholz.

Die Holländerin dachte einen Moment lang nach und sagte dann: »Für 8000 Mark im Monat bin ich dabei.« Das war den BND-Leuten aber zuviel, und sie handelten den Preis herunter.

Nicht lange danach trat Veronika B. ihren neuen Dienst an – in Paris. Auch dort sollte sie sich um terroristische Verbindungen kümmern. Inzwischen hatte sie ihr Handwerk gelernt. Vor allem im »Andicken« spärlicher Informationen brachte sie es zu einer gewissen Meisterschaft. Sie war dabei in guter Gesellschaft, denn auch ihre Pariser BND-Führer beherrschten diese Kunst vortrefflich. Gemeinsam machte man sich ein flottes Leben auf Kosten des Bundesnachrichtendienstes und lieferte reichlich Märchen aus 1001 Pariser Nacht. So ging das mehrere Jahre lang – bis Veronika einen Agenten des italienischen Geheimdienstes kennen- und liebenlernte und hinfort Hand in Hand mit ihm die italienischen Dienste belieferte.

Aber das ist eine andere Geschichte.

Bleibt nachzutragen, daß jene Renate, die von Veronika angeblich Maschinenpistolen anforderte, den Vorgang energisch bestreitet. Und, wer weiß, vielleicht ist in dieser hohen Schule der Hochstapelei, die sich Geheimdienst nennt, die gesamte MP-Geschichte ein einziges großes Windei gewesen.

Man kann Soßen ja so weit »andicken«, daß außer Mehlbrei nichts mehr vorhanden ist.

Agent Werner Mauss sieht das naturgemäß völlig anders. In

einer eidesstattlichen Versicherung bekundete er am 22. November 1987, der Fall Veronika sei ursprünglich ein Fall des BND gewesen, der später an das Landesamt für Verfassungsschutz in Stuttgart abgegeben worden sei.

Mauss wörtlich: »Ich mußte zum Schein auf das Angebot, Maschinenpistolen zu liefern, eingehen. Es sollten aber unbrauchbare MPs geliefert werden. In der Nähe des vorgesehenen Übergabeortes sind Videokameras aufgestellt worden. Auf diese Weise sollte festgestellt werden, wer die Maschinenpistolen abholt. Die Terroristen scheinen bemerkt zu haben, daß sie observiert werden. Jedenfalls sind sie mit einem Auto überstürzt davongefahren. Dabei sind sie in einen Lkw hineingerast. Sie sind an den Unfallfolgen gestorben.«

Kein Zweifel, die beiden angeblichen Maschinenpistolen-Empfänger müssen Juliane Plambeck und Wolfgang Beer gewesen sein. Ihr Tod auf einer Landstraße in der Nähe von Stuttgart war bisher offiziell immer als normaler Verkehrsunfall ausgegeben worden.

Mauss in einer weiteren eidesstattlichen Erklärung: »Die Angelegenheit war keine Pleite, sondern ein voller Erfolg.«

In den Trümmern des roten Golf, mit dem Juliane Plambeck und Wolfgang Beer verunglückten, fand die Polizei Waffen, darunter auch Maschinenpistolen. Aus einer dieser Waffen waren bei der Entführung des Arbeitgeberpräsidenten Hanns-Martin Schleyer 1977 etwa fünfzig Schüsse abgegeben worden.

Der Fall wirft Fragen auf: Hatten Plambeck und Beer Maschinenpistolen kaufen wollen, obwohl sie bereits welche in ihrem Besitz hatten?

Oder hatte Mauss doch geliefert? Seine eidesstattliche Erklärung schließt das nicht eindeutig aus.

Und wenn es so war: Wie konnte unter den von »Mauss« gelieferten Waffen eine sein, die bereits drei Jahre zuvor bei der Schleyer-Entführung benutzt worden war?

Vorstoß ins rechte Lager

Langsam schien es dem Super-Agenten Mauss zu dämmern, daß er über seine bisherigen Kontakte wohl kaum an Top-Terroristen herankommen konnte. Natürlich war sein Lieblingsprojekt, den geheimnisvollen Oberterroristen Carlos zu fassen. Dann wäre er, wie es seine Frau gegenüber einem Vertrauten einmal formulierte, nicht nur »top, top, top, sondern obertop gewesen«.

Carlos und auch die Spitzen des deutschen Terrorismus, das hatte Mauss mit seiner unübertroffenen Kombinationsgabe gespürt, mußten sich irgendwo im Nahen Osten bei den Palästinensern aufhalten.

Doch nicht nur »linke Terroristen« trieben sich dort herum, sondern auch »rechte«.

Da gab es z. B. einen gewissen Udo Albrecht. In jungen Jahren war er aus Thüringen in den Westen geflohen. Er galt als Gesinnungstäter und fanatischer Antikommunist. Mit der bundesdeutschen »Peter-Stuyvesant-Republik«, wie er es gelegentlich selbst formulierte, hatte er ebenfalls nicht viel im Sinn. Zusammen mit dem drei Jahre jüngeren Willi Pohl und anderen Gleichgesinnten, bemühte sich Albrecht schon Ende der sechziger Jahre, eine »Volksbefreiungsfront Deutschland« aufzubauen. Ziel war es, ein durch Guerillakampf von Besatzungstruppen und kapitalistischem System befreites Land mit einer »von unten delegierten Volksherrschaft« zu schaffen. Vorbild waren damals auch für Rechte die arabischen Befreiungsbewegungen.

Udo Albrecht kam sogar zu literarischen Ehren. Sein Mitkämpfer Willi Pohl schrieb später eine romanhafte Autobiographie unter dem Pseudonym E. W. Pless. Das Buch trug den Titel: »Geblendet – Aus den authentischen Papieren eines Terroristen«. Udo Albrecht trug darin den Decknamen »Schickel«.

Die beiden rechten Verschwörer hatten sich eine Kampfgruppe zusammengestellt, die teilweise aus Angehörigen der Bundeswehr bestand. Pohl alias Pless dazu: »Es war ein Haufen, der sich daran ergötzte, Versammlungen in Uniform abzuhalten, während denen markige Reden gehalten, Drohungen ausgestoßen und Visionen beschworen wurden. Selbstverständlich befand sich unter ihnen ein V-Mann des Verfassungsschutzes, der die Blase hochgehen ließ, als die ersten halbverrotteten Maschinenwaffen angeschafft wurden.«

Nach kurzem Gefängnisaufenthalt im Züricher Polizeigefängnis setzten sich Albrecht und Pohl in den Nahen Osten ab, wo sie bei den damals noch in Amman residierenden PLO-Chefs vorsprachen. Albrecht vereinbarte eine Zusammenarbeit auf Gegenseitigkeit. Pohl in seinem Buch: »Wir erhielten die Erlaubnis, auf von der Fatah kontrolliertem jordanischem Gebiet einen Stützpunkt zu errichten, als Gegenleistung boten wir Unterstützung im Kampf gegen Israel an.«

Als im September 1970 die Palästinenser von jordanischen Truppen aus dem Land vertrieben wurden, kämpften Albrecht und seine Freunde auf seiten der Fedajin. Palästinenser rühmten Albrecht später als »tapferen Mann« und »guten Freund«.

In diesem »schwarzen September 1970« geriet Udo Albrecht in jordanische Gefangenschaft. Die königlichen Truppen lieferten ihn und einen Kumpan an die Deutsche Botschaft aus. Albrecht stellte sich dort unter dem Namen »Kaiser« vor.

Zur gleichen Zeit war der SPD-Politiker Hans-Jürgen Wischnewski von Kanzler Willy Brandt nach Amman geschickt worden. Angehörige der »Volksfront zur Befreiung Palästinas« hatten drei Passagierflugzeuge auf einen jordanischen Wüstenflugplatz entführt. Auch Deutsche waren an Bord. Wischnewski, mit seinen guten Kontakten zur arabischen Welt, sollte die Deutschen aus der Hand der Palästinenser befreien.

In der Botschaft traf er auch auf Albrecht alias Kaiser, der immer wieder neue Versionen seiner Identität ausbreitete. Zunächst gab er sich als Firmenvertreter aus, der Lkw-Ersatzteile verkaufe. Als die Botschaft anbot, seine Firma zu benachrichtigen, behauptete Albrecht, »Neonazi im Kampfauftrag der PLO« zu sein, dann gab er vor, aus der DDR zu kommen und als Volkspolizist örtliche Kämpfer im Gebrauch der Kalaschnikow unterwiesen zu haben.

Wischnewski später: »Das erste Mal, als der das Maul aufmachte, wußte ich, daß kein Wort stimmte, was er sagte.«

Dennoch schleuste Wischnewski nach Abflauen der Kämpfe den merkwürdigen Unbekannten aus dem Krisengebiet. Gemeinsam mit Albrecht fuhr der SPD-Politiker im Auto ins saudiarabische Tabuk. Von dort aus nahmen sie ein Flugzeug nach Dschidda. Kaum angekommen, verschwand Udo Albrecht.

Wischnewski später: »Einmal habe ich mich umgedreht, schon war er weg.«

Udo Albrecht tauchte später wieder in der Bundesrepublik auf. Dort tummelte er sich in den nächsten Jahren in allen möglichen rechtsextremen Organisationen. Er traf sich mit dem durch seinen Mordversuch an einem sowjetischen Wachposten am Westberliner Sowjet-Ehrenmal bekanntgewordenen Rechtsextremisten Ekkehard Weil. Gemeinsam mit ihm lief er Freunde des aus DDR-Haft freigekauften Michael Gartenschläger an. Dieser wurde dadurch bekannt, daß er Anfang 1976 zusammen mit anderen Rechtsradikalen am DDR-Grenzzaun einen Todesschußautomaten vom Typ SM 70 abmontierte und öffentlich präsentierte. Bei einem zweiten Versuch wurde Gartenschläger von DDR-Grenzposten erschossen.

Kurz nach Gartenschlägers Tod boten Ekkehard Weil und Udo Albrecht, der sich Dr. Schreck nannte, den übrigen Anti-DDR-Streitern Waffen an: »Ein ganzes Arsenal von Waffen, Geld – bündelweise 1000-Mark-Scheine –, eine komplette Fälschergarnitur bis hin zu Blankodokumenten.«

Die Mitglieder der führungslos gewordenen »Kampfgruppe Gartenschläger« wurden allerdings mißtrauisch, denn Albrecht hatte auch eindeutiges »Killergerät« bei sich, Pistolen-Schalldämpfer und eine kleine Maschinenpistole vom Typ »Ingram«, die besonders leise schießt. Verdächtig war auch, daß er sich diskret für Pläne und Lebensgewohnheiten wichtiger Gruppenmitglieder interessierte. Darüber hinaus bot er Waffenausbildung im Libanon an, wo er sich angeblich gut auskannte.

Ende 1976 war Udo Albrecht nach einem Tip aus der rechtsradikalen Szene in Hamburg verhaftet worden. Es war nicht das erste Mal und sollte auch nicht das letzte Mal bleiben, daß Udo Albrecht hinter Gitter wanderte. Das aber focht ihn nicht besonders an, denn Albrecht hatte sich inzwischen eine gewisse Routine beim Ausbruch aus Gefängnissen zugelegt. Sein Strafregister war bereits ziemlich lang. Vorwurf war damals ein Verstoß gegen das Kriegswaffenkontrollgesetz sowie Ermittlungen im Zusammenhang mit Banküberfällen.

Merkwürdigerweise war das Verfahren 1977 eingestellt und Albrecht auf freien Fuß gesetzt worden.

Anfang 1979 sprach er an einem Informationsstand der NPD in Dortmund den 25jährigen Joachim G., Funktionär der »Jungen Nationaldemokraten«, an. Gemeinsam hatten sie die »Abneigung gegen Juden und gegen die Verräter in Bonn«. Man beschloß, sich in Zukunft häufiger zu treffen. Albrecht erzählte G., daß er Verbindungen zur PLO und auf seiten der Fedajin gekämpft habe. Sein Plan sei es, auch in Zukunft wieder »mit einer Gruppe tatkräftiger Männer« auf seiten der PLO gegen Israel zu kämpfen, um sich anschließend im Nahen Osten eine berufliche Existenz aufzubauen.

Die beiden beschlossen, zunächst eine Kampfgruppe in der Bundesrepublik aufzubauen. Ein ehemaliger Fallschirmspringer der Bundeswehr und ein Exilkroate namens Selic kamen dazu. Die Gruppe schmuggelte Waffen über die Grenze nach Belgien und absolvierte in den Ardennen ein militärisches Ausbildungsprogramm mit Waffen- und Kartenkunde, Schießübungen sowie Nacht- und Orientierungsmärschen mit schwerem Gepäck durch die verschneite Landschaft.

Nach wenigen Wochen ging ihnen das Geld aus. Albrecht reiste zurück in die Bundesrepublik, um die Kriegskasse aufzubessern. Er kam unverrichteter Dinge zurück und erklärte seinen Kampfkumpanen, sie müßten selber aktiv werden, um ihren Lebensunterhalt zu bestreiten. Das sei auch besser, als im Libanon von der PLO finanziell abhängig zu sein. Der einfache Weg, an Geld zu kommen, sei ein Banküberfall. Umgehend begann man mit der Planung.

Anfang bis Mitte März 1979 fuhren Albrecht und einer seiner Soldaten in die Niederlande, um dort eine günstig gelegene Bank ausfindig zu machen. Die beiden übrigen Mitstreiter reisten ihm mit Waffen hinterher.

An einem der folgenden Abende versuchten die vier, in die Rabo-Bank in Alphen einzudringen. Sie waren mit Nato-Kampfanzügen bekleidet und hatten Skimützen mit Sehschlitzen über die Köpfe gezogen. Albrecht trug eine Maschinenpistole und eine Handgranate, während die anderen mit Pistolen bewaffnet waren. Doch der Einstieg in die Bank war schwerer als erwartet, und so wurde das Unterfangen nach vier Stunden abgebrochen.

Ein paar Tage später versuchte man es erneut. Auch diesmal scheiterte der Einbruchsversuch. Die vier vergruben die Waffen und stahlen zunächst einmal ein neues Auto. In Breda wurden sie von der Polizei gestoppt. Albrecht konnte entkommen, seine Mitstreiter wurden verhaftet, aber schon nach kurzer Zeit entlassen und in die Bundesrepublik abgeschoben.

In Dortmund traf das Quartett schließlich wieder zusammen und dachte über neue Projekte nach. Es wurde beschlossen, die

Bank des Bochumer Schlachthofs zu überfallen. In der Nacht zum 3. April 1979 drangen sie durch den Keller in das Gebäude ein und warteten, bis die Bankangestellten am nächsten Morgen zum Dienst erschienen. Als der Filialleiter um 7.30 Uhr auftauchte, stürzten sie sich auf ihn, hielten ihn mit ihren Waffen in Schach und nahmen ihm den Tresorschlüssel ab. Im Safe waren 54 000 Mark, darunter 2 800 Mark registriertes Geld.

Noch am selben Tag wurde einer der Täter festgenommen. Der Jugoslawe verschwand spurlos.

Kurz nach dem Verschwinden des geheimnisvollen Kroaten ging Udo Albrecht der Polizei in die Falle. Wegen seiner mutmaßlichen Beteiligung an dem Banküberfall wurde er inhaftiert. Angeblich ließ sich der Verdacht gegen ihn aber nicht erhärten, so daß er schon im November 1979 aus der Untersuchungshaft entlassen wurde.

Auch während seiner Zeit im Gefängnis blieb Albrecht nicht untätig. Er hatte einen gewissen K. kennengelernt und entwickelte ihm gegenüber den Plan, ausgemusterte Bundeswehrfahrzeuge, vor allem Unimogs, zu kaufen, sie in den Libanon zu überführen und dort gewinnbringend zu verkaufen. K. sollte ein Gehalt von 3000 Mark monatlich dafür bekommen. Man verabredete, nach der Entlassung aus der Untersuchungshaft wieder miteinander in Verbindung zu treten.

Kaum aus dem Gefängnis frei, suchte Albrecht im November 1979 zunächst seinen alten Kumpanen G. auf und machte auch ihm das Angebot, bei dem Transportunternehmen mitzumachen. Um die Jahreswende 1979/80 nahm Albrecht dann Kontakt zu seinem ehemaligen Mithäftling K. auf. Das Geschäft wurde angekurbelt. Der Bruder von K. gab einen Startkredit von 30 000 Mark zum Kauf ausgedienter Bundeswehrfahrzeuge.

Etwa zur selben Zeit trat an Albrecht ein gewisser »Herr Jung« heran, von dem er den Eindruck gewann, daß er einem bundesdeutschen Nachrichtendienst angehörte.

»Jung« bot ihm an, seine Transporte in den Libanon beziehungsweise nach Syrien zu unterstützen, wenn Albrecht ihm »politische und wirtschaftliche Informationen« aus diesen Ländern liefern würde. Andernfalls könne er dafür sorgen, daß die Lieferungen in den Nahen Osten wegen behördlicher Schwierigkeiten scheitern oder zumindest sehr erschwert würden.

Albrecht stimmte dem Geschäft zu. Er gab an, einen Mann in einflußreicher Position zu kennen, von dem er die gewünschten Informationen erhalten könne. Der Mann habe eine Leidenschaft für Autos vom Typ BMW. Jung war begeistert und schlug vor, seinem Gewährsmann einen bestimmten BMW aus der 6er-Reihe zukommen zu lassen. Albrecht erklärte sich bereit, den Wagen zu beschaffen. Jung sagte ihm zu, die Kosten dafür zu tragen. Albrecht nahm Kontakt zu seinem Informanten auf, offenbar ein hochgestellter Palästinenser, und stellte ihm den BMW in Aussicht.

Bei einem neuen Treffen hatte Jung allerdings Betrübliches mitzuteilen. Er könne den BMW nicht finanzieren, der Wagen sei zu teuer. Albrecht fühlte sich aber an sein Versprechen gebunden und ließ seine Kumpane den entsprechenden Wagen stehlen.

Der geheimnisvolle Herr Jung war der für den BND tätige Super-Agent Werner Mauss. Im Gegensatz zu seiner sonstigen Arbeitsweise hatte er dem Rechtsradikalen gegenüber aus seiner Tätigkeit für einen Nachrichtendienst keinen Hehl gemacht. Zwar hatte er seine wirklichen Auftraggeber in Pullach nicht verraten. Er ließ aber durchblicken, daß er für eine »über den Diensten aufgehängte« Sicherheitskommission im EG-Rahmen mit Hauptsitz in Brüssel arbeite. Seine Organisation sei mit allen Machtmitteln ausgerüstet und brauche sich »in höherem Interesse an keine Gesetze oder Rechtsnormen zu halten«.

Nachdem Mauss sich zunächst unter der Vorspiegelung von Nahost-Exportgeschäften mit Albrecht getroffen hatte, kam er dann relativ schnell zur Sache. Er legte Albrecht alle Polizei- und Justizdaten aus dessen krimineller Karriere lückenlos vor, erinnerte ihn an schwebende Verfahren und seine beliebige Verhaftbarkeit. Vor allem erinnerte er ihn an den Verdacht seiner Beteiligung am Bankraub in Bochum, der unter Mitwirkung eines geheimnisvollen Kroaten durchgeführt worden war. So jedenfalls Albrecht später.

Als Udo Albrecht sich immer wieder mit »Herrn Jung« traf, wurde seine Freundin Vasiliki neugierig. Ihr kam die Sache nicht geheuer vor, und sie drängte Albrecht, ihr den Mann vorzustellen. Im Restaurant des Düsseldorfer »Hilton« trafen die drei am 26. Juli 1980 zusammen.

Gleich zu Anfang des Gesprächs kontrollierte Jung die Handtasche der Frau und stellte sie neben den Tisch auf den Boden. Eigentlich hatte Vasiliki wissen wollen, in welchem Verhältnis ihr Freund Udo Albrecht zu Jung stand. Aber schon nach kurzer Zeit stellte Jung die Fragen.

Im Verlauf des Gesprächs erfuhr sie dann allerdings doch, daß die beiden eine Geschäftsverbindung auf der Basis des Kraftfahrzeughandels hatten. Schließlich sagte Jung, Albrecht arbeite für ihn und eine Organisation, der er angehöre. Er sei Mitarbeiter des Sicherheitsdienstes eines anderen Landes.

Sie fragte, ob Udo Albrecht für seine Arbeit von Herrn Jung Geld bekäme. Daraufhin zog Mauss einen Zeitungsausschnitt aus der Tasche. Darin war von einem Raubüberfall die Rede. Ein Phantombild des Täters hatte verdächtige Ähnlichkeit mit Udo Albrecht. Mauss machte eine geheimnisvolle Andeutung: »Ich halte Herrn Albrecht aus der Sache heraus und verhindere einen Haftbefehl.« Er habe die notwendigen Machtbefugnisse dafür. Dieses, so Mauss, sei wohl Gegenleistung genug, so daß er nicht auch noch Geld bezahlen müsse.

Vasiliki hatte das Gefühl, daß Albrecht von Jung erpreßt würde und ihm gar nichts anderes übrigblieb, als für den Agenten zu arbeiten. Später erklärte sie gegenüber der Polizei: »Ich merkte auch im Verhalten von Herrn Albrecht und an beiläufigen Bemerkungen, daß ihm diese ewige Melderei bei Herrn Jung äußerst lästig und unangenehm war. Trotzdem hat Herr Albrecht aber den Forderungen von Herrn Jung immer Folge geleistet und die verlangten Termine eingehalten.«

1981, nachdem Udo Albrecht wieder einmal festgenommen worden war und den ominösen Herrn Jung in seinen Aussagen erwähnte, wurde dieser tatsächlich von Beamten des Landeskriminalamtes Baden-Württemberg vernommen. Nicht auf einer Polizeiwache oder im Justizgebäude, wie es üblich ist, sondern in einem Raum des Flughafenhotels Stuttgart-Echterdingen.

Indirekt bestätigte Mauss seine Erpressungsmanöver gegenüber Albrecht. Im Protokoll über die Vernehmung heißt es: »Damit Albrecht zu kooperativer Zusammenarbeit motiviert werden konnte, mußte Jung ein sehr enges Vertrauensverhältnis schaffen. Dabei nützte er die Situation des Albrecht in der Form aus, daß er beispielsweise Reisen ermöglichte in Länder, in denen Albrecht mit Haftbefehl gesucht wurde.«

Natürlich stand in dem Vernehmungsprotokoll nicht der richtige Name von Werner Mauss, sondern lediglich »Rolf Jung (nähere Person bekannt)«. Anlaß für die Vernehmung war vor allem der Verdacht, Jung habe sich einer Strafvereitelung schuldig gemacht. Als Udo Albrecht nämlich zu einer seiner Geschäftsreisen in den Libanon gefahren war und in der Bundesrepublik seine Verhaftung bevorstand, hatte Mauss Albrechts Freundin Vasiliki telefonisch beauftragt, ihm ein Telex zu schicken: »Deine beiden Brüder sind für längere Zeit in Schweden. Verlängere auch Du Deinen Urlaub.«

Geheimagent Rolf Jung erklärte den ermittelnden Kriminalbeamten, er habe mit diesem Text die Vertrauensbasis noch mehr festigen wollen, indem er Albrecht dokumentierte, er stünde voll und ganz hinter ihm. Dieses von ihm auf den Weg geschickte Telex könne daher nur als »taktische Maßnahme im Interesse seiner Aufgabe« gesehen werden.

In der Tat war Werner Mauss mit seinem V-Mann Udo Albrecht in höchst interessante internationale Verbindungen eingedrungen. Für seinen Transport gebrauchter Militärfahrzeuge in den Libanon hatte Albrecht ständig zuverlässige Leute gesucht. So reiste er nach Nürnberg und besuchte dort den Chef der Wehrsportgruppe Hoffmann. Der Neonazi bot Albrecht junge Leute an, die für ihn ab Anfang 1980 die ersten Transporte in den Nahen Osten durchführten.

Udo Albrecht saß derweil in Beirut und kümmerte sich um den Vertrieb der ausgedienten Bundeswehrfahrzeuge. Das Gerät ging vermutlich an die Beteiligten des dortigen Bürgerkriegs, vor allem an Organisationen, die der PLO nahestanden. Udo Albrecht hatte seine alten Beziehungen, vor allem zum Sicherheitschef der PLO, Abu Ijad, wieder aufgenommen. In einer späteren Vernehmung vor der Polizei sagte er,»von diesem guten Freund« die Ermächtigung erhalten zu haben, die Bordlisten aller in Beirut landenden Verkehrsmaschinen zu überprüfen.

Er habe auch häufig die Reisepässe der einreisenden Deutschen abgelichtet, soweit sie ihm interessant erschienen seien. Bei seiner Verhaftung wurden bei ihm tatsächlich Fotokopien der Reisepässe von Karl-Heinz Hoffmann und dessen Wehrsportgruppenanhänger Uwe M. gefunden. Weitere Ablichtungen hatte er in Beirut in seinem dortigen »Kommandowagen« abgelegt.

Es erscheint nicht unwahrscheinlich, daß Albrecht die Fotokopien auch an seinen Agentenführer Werner Mauss alias Jung weitergab, so daß dieser verhältnismäßig gut über die Reisetätigkeit bundesdeutscher Neofaschisten in den Nahen Osten informiert war.

Die Albrechtsche Flughafenkontrolle hatte auch noch einen privaten Grund. Er wollte auf diesem Wege »alte Bekannte«, die ihm früher einmal »unangenehm aufgefallen waren«, aufspüren. Sein Ziel, so erzählte er den Ermittlungsbeamten, sei es gewesen, diese »Freunde« dann einmal seine Macht spüren zu lassen.

Zwischendurch besuchte Albrecht häufig Wehrsportgruppen-Hoffmann in seinem alten Schloß in Ermreuth. Dort nahm er auch gefälschte Dollarnoten entgegen, die in den Orient geschafft werden sollten. Albrecht deponierte die Blüten allerdings in einem Erddepot. Er hielt die Qualität für zu schlecht, als daß sie ohne Gefahr hätten ausgegeben werden können.

Hoffmann übergab das Falschgeld seinen eigenen Männern, die es mit in den Libanon nahmen. In einem dortigen Ausbildungslager traf Albrecht später tatsächlich Leute der Wehrsportgruppe Hoffmann und stellte fest, daß diese mit dem Falschgeld ausgestattet waren.

In jenem Lager tat sich ohnehin einiges Abenteuerliche. Mittlerweile war fast die gesamte Wehrsportgruppe Hoffmann im Libanon eingeschwebt. Ein Gruppenmitglied, Walter Ulrich B., machte darüber später umfangreiche Aussagen. Im September 1980 war er von Hoffmann angesprochen worden, ob er nicht Interesse daran hätte, in den Libanon zu gehen. Hoffmann wollte dort die Wehrsportgruppe neu aufbauen.

»Aufgabe der Gruppe sollte es sein«, so B., »die Machtergreifung in Deutschland durchzusetzen.« In die Kämpfe im Libanon sollte nicht eingegriffen werden.

Während des militärischen Trainings führte sich Hoffmann wie ein kleiner Despot auf. So mußte B. etwa wegen eines Wachvergehens mit einem Rucksack voller Steine einen Hürdenlauf machen. Weil er einmal in Damaskus betrunken war, wurde er für einen Tag mit einer Kette an ein Heizungsrohr geschlossen. Als er beim Rauchen ertappt wurde, ließ Hoffmann einen Tee aus Zigaretten zubereiten und zwang ihn, dieses Nikotingebräu zu trinken. Anschließend mußte er noch zwei Zigaretten aus Hundehaaren rauchen.

Ende September 1980 hatte Hoffmann einen Fahrzeugkonvoi aus drei Unimogs mit drei aufgeladenen VW-Kübelwagen zusammengestellt. Die Fahrzeuge waren für die PLO bestimmt. An der Grenze zu Österreich wurde der Autotransport allerdings gestoppt. Kurz zuvor, am 26. September, war die Neonazi-Bombe auf dem Münchener Oktoberfest explodiert. 13 Menschen waren dabei zu Tode gekommen. Der mutmaßliche Attentäter, Gundolf Köhler, der sich selbst mit in die Luft gesprengt hatte, war Mitglied der Wehrsportgruppe Hoffmann gewesen. Der Fall wurde nie vollständig aufgeklärt. Gundolf Köhler galt für die Behörden stets als Einzeltäter. Wehrsportgruppenmitglied B. gegenüber der Staatsanwaltschaft: »Es ist möglich, daß ich in betrunkenem Zustand in einer Bar einmal gesagt habe, daß wir an dem Anschlag in München beteiligt waren. Das entspricht aber nicht der Wahrheit.«

Nachdem sich die Lage wieder etwas beruhigt hatte, flog Karl-Heinz Hoffmann gemeinsam mit B. über Zürich nach Damaskus. Hoffmann fuhr im Taxi nach Beirut weiter, während B. einige Zeit später von einem engen Mitarbeiter des PLO-Geheimdienstchefs Abu Ijad abgeholt wurde.

In einem PLO-Lager in Beirut kamen die Wehrsportgruppenleute Leroy Franklin P., Klaus H., Arndt Heinz M., Peter H., Kai-Uwe B., Alfred K., Willi K. und Uwe M. zusammen. Im gleichen Lager saßen noch zwei Neonazis, allerdings im Gefängnis. Angeblich hatten sie einen Fluchtversuch unternommen. Nach Angaben von B. hatten sie in der Haft die »Bastonade« bekommen.

Um die Disziplin aufrechtzuerhalten, ordneten Hoffmann und – in dessen Abwesenheit – Leroy Franklin P. immer schärfere Disziplinarmaßnahmen an. Neben dem Laufen mit Steinen im Rucksack wurden die Wehrsportgruppen-Mitglieder wegen »kleiner Dienstvergehen« auch mit einem Lederriemen an einem Baum hochgezogen, wo sie dann unterschiedlich lange hängengelassen wurden. Manchmal mußten sie auch zehn Dosen salziger Fischkonserven essen. Für den Durst bekamen sie dann ein Glas Speiseöl zu trinken. Besondere Strafmaßnahmen bestanden im Ausdrücken brennender Zigaretten auf dem Körper, dem Abbrennen eines Kaminanzünders auf der nackten Haut oder Stockschlägen auf Kopf und Ohren.

Das Gruppenmitglied Kai-Uwe B. hatte sich bei einer gegen ihn wegen unbefugten Rauchens verhängten Wasserkur den Arm ausgekugelt und war deshalb ins Krankenhaus geschafft worden. Von dort flüchtete er zur UNO-Truppe, wurde aber wieder an die PLO ausgeliefert.

Später wurde Kai-Uwe B. nach Auskunft von Walter Ulrich B. gefoltert und anschließend von Mitgliedern der Wehrsportgruppe totgeschlagen.

Beim gemeinsamen Essen, so Walter Ulrich B., habe Hoffmann über seine Pläne berichtet. So sollte etwa ein UNO-Konvoi überfallen werden, anschließend wollte er ein israelisches Schiff in die Luft sprengen. Eine Ölfirma sollte dadurch erpreßt werden, daß man zunächst eine Raffinerie oder ein Tankschiff in die Luft sprengen wollte, um dann mit der Androhung weiterer Anschläge fünf Millionen US-Dollar zu erpressen. Die eine Hälfte des Geldes sollte Abu Ijad bekommen, die andere Hälfte die Wehrsportgruppe Hoffmann.

Auch den Mauss-Informanten Udo Albrecht hatte Walter Ulrich B. in diesem Umfeld kennengelernt. Gegenüber der Staatsanwaltschaft sagte er zwar nichts davon, daß Albrecht persönlich am wilden Treiben der Wehrsportgruppe Hoffmann im Libanon beteiligt gewesen sei. Sicher aber scheint, daß Albrecht zumindest so dicht dran war, daß er über die Einzelheiten sehr wohl im Bilde war.

Kein Zweifel, Mauss hatte endlich einen hochkarätigen V-

Mann, der sowohl über die neofaschistische Szene in der Bundesrepublik als auch über deren Verbindung in den Nahen Osten sehr gut Bescheid wußte.

Im Herbst 1980 kam Udo Albrecht trotz der Telex-Warnung durch Mauss wieder in die Bundesrepublik zurück. Unter dem Verdacht, an weiteren Banküberfällen nach dem Strickmuster des Überfalls auf die Bank des Schlachthofes in Bochum beteiligt gewesen zu sein, wurde er später festgenommen.

Nicht lange danach plauderte er gegenüber der Staatsanwaltschaft über seine Kontakte zum Agenten Rolf Jung. Natürlich kannte Albrecht den wirklichen Namen des Super-Agenten nicht. Das einzige, was er wußte, war die Telefonnummer, über die er Jung immer erreicht hatte. Es war ein Anschluß in Burgdorf bei Hannover. Das Telefon stand in der Wohnung des Mauss-Vertrauten, des Beamten des niedersächsischen Landesamtes für Verfassungsschutz Manfred Borrak, der auch den Jugoslawen Zjelko Susak geführt hatte.

Borraks Ehefrau hatte gegen ein monatliches Salär von 300 Mark für Mauss bestimmte Anrufe angenommen und ihn dann jeweils benachrichtigt.

Albrecht weint sich aus und verschwindet

Weil er trotz seiner Kooperation mit Mauss festgenommen worden war, fühlte sich Udo Albrecht hereingelegt. Am 29. März 1981 schrieb er aus der Untersuchungshaftanstalt Mannheim an Bundesinnenminister Gerhart Baum und an den Bonner Justizminister:

»Werter Herr Minister!

Es gibt hier in Ihrem Rechtsstaat eine ›über den Diensten aufgehängte‹ Sicherheitskommission im EG-Rahmen, Hauptsitz Brüssel, die, mit allen Machtmitteln ausgerüstet, sich ›in höherem Interesse‹ an keine Gesetze und Rechtsnormen zu halten braucht. Brauchbare Leute – Erpressungsopfer wie mich – rastern die sich mit dem BKA-Computer aus.

So hat sich 1979/80 ein ›Jung‹ erst unter Vorspiegelung von Nahost-Exportgeschäften mit mir getroffen. Dann alle Polizei- und Justizdaten lückenlos vorgelegt – schwebende Verfahren und meine beliebige Verhaftbarkeit. Für jede noch so durchsichtige Häftlingsbeschuldigung bin ich erst mal in Haft. Ja, das hatte ich erfahren, und das erzeugt hilflose Angst!

Aber bei Wohlverhalten würde ich mir ein normales Existierendürfen verdienen.

Ich habe auch bereitwillig über mein Handeln, Geschäftsbemühungen, Geld, Fahrten usw. Auskunft gegeben – besser so, als erst mal wieder sechs Monate U-Haft!

Aber ich hatte verschwiegen, daß ich den BKA-Kommissar Kohlmann, SG Bonn, der mich früher in Haft vernommen hatte, mal aufgesucht hatte. Das wurde mir von Jung böse vorgehalten und mir verboten, mich noch mal an irgendeine Dienststelle – außer seine – zu wenden. Ich habe das auch später, wo es dringend notwendig war, einfach nicht gewagt! Wie auch!?

Bei einer Fahrt mit Jung sind mir Dortmunder Kripoleute gefolgt, Jung hat die von seinen Leuten festnehmen und ihnen die Observationsfilme abnehmen lassen!! Aber offenbar nicht alle, denn Fotos von diesem Zwischenfall habe ich hier in den Ermittlungsakten gesehen – 200 Js 3355/80 OStA Klass, Mannheim!!

Herr Minister, was hätte ich denn tun sollen? Wohin hätte ich mich denn wenden sollen?! Die haben doch ihre Opfer völlig in der Hand! Ich hatte mich bereit erklärt, das, was man anständigerweise tun kann, auch zu tun. Ich habe die gewünschte Verbindung mit bestimmten PLO-Führern auch hergestellt.

Ich habe vier Deutsche mit falschen Pässen, teils mit eigenem Fahrtgeld und unter erheblichem Druck mit Hilfe der PLO-Leute aus dem Libanon gebracht.

Gerade die PLO hat kein Interesse daran, daß dort Möchtegernterroristen etc. unterschlüpfen – ganz im Gegenteil! Ich bedaure, daß ich viel in dieser Hinsicht bereinigt, getan habe – und das ist nun der Dank! Unterlagen dazu hat der Jung und z.T. vom LKA BW (Baden-Württemberg) bei meiner Verhaftung beschlagnahmt!!

Wo sind diese Unterlagen jetzt?!

Natürlich konnte ich fast unmögliche Forderungen nicht erfüllen und wollte mich nicht zum charakterlichen Schwein machen lassen. Ich kann eben Leute, die mich gastfreundlich aufnehmen, nicht dafür bespitzeln, selbst wenn ich es wollte. Wer mich kennt, würde das erst gar nicht versuchen.

Aber von Jung und Co. wurde ich deswegen unter immer stärkeren Druck gesetzt.

Die haben mich acht Monate lang bis zur Verhaftung per Telefonanruf – sogar bei meiner Vermieterin und anderen Hausbewohnern – Tag und Nacht springen lassen.

Mußte ständig alle Termine umwerfen, hatte kaum einen Tag Ruhe.

Immer wieder wurde mir drohend geraten, mit niemandem darüber zu sprechen, insbesondere Anwalt pp.

Allerdings konnte ich diese Abhängigkeit vor Vasiliki, mit der ich zusammenlebte, verbergen. Daraufhin hat sie der Jung selbst sich vorgenommen. Jung hat sie bei den letzten Gesprächen teilweise dazugenommen.

Sie hat auch gebeten, diesen unerträglichen Druck auf mich zu mindern, wenigstens soweit, daß wir hier gemeinsam leben und geschäftlich existieren können.

Sie war ja dabei, als mir immer unverhohlener gedroht wurde, daß ich nur so lange draußen bleibe, solange ich der ›Kommission‹ nützlich sei! ...

Ich hatte inzwischen erkannt, daß es auf ganz brutale Erpressung rauslief, in Straftaten verwickeln und in Schulden, um mich eben zu allem erpressen zu können ...

Herr Minister – das sind Verbrechen, wie sie nur in ganz perversen Staatssystemen vorkommen!

Das habe ich doch nicht für möglich gehalten! ...«

Udo Albrecht war gegenüber der Staatsanwaltschaft so auskunftsbereit, daß er sogar die Verstecke von Waffen offenbarte. Das in Dortmund und München versteckte Schießzeug wurde genau an dem von ihm beschriebenen Ort gefunden.

Nur das dritte Versteck, hart am Rand zur Grenze der DDR, fand sich nicht. In einem Gebüsch unmittelbar neben der Demarkationslinie und den Gleisen der Interzonenstrecke sollte eine Panzerfaust vergraben sein.

Beim Lokaltermin am 29. Juli 1981 half der Häftling selbst beim Buddeln. Um ihm beim Gebrauch des Spatens Erleichterung zu verschaffen, ließ der zuständige Staatsanwalt die Handschellen öffnen. Einen Moment später ratterte die Eisenbahn heran und lenkte die Bewacher kurzfristig ab. Mit ein paar schnellen Sprüngen überquerte Udo Albrecht die Grenze zur DDR. Grenzschutzbeamte Ost hielten den nachsetzenden Staatsanwalt mit gezückter Maschinenpistole auf. Dann geleiteten sie den rechtsradikalen Flüchtling durch ein Loch im Zaun.

Auslieferungsanträge wurden von der DDR gar nicht erst beantwortet.

Udo Albrecht blieb verschwunden. Vermutlich half die PLO ihm, die DDR als freier Mann wieder in Richtung Naher Osten zu verlassen.

Wieder war Geheimagent Mauss eines Informanten verlustig gegangen. Ob er von Udo Albrecht außerordentlich viele Informationen aus der rechtsradikalen Szene und über deren nahöstliche Verbindungen erhalten hat, ist ohnehin eher fraglich. Mauss hatte nämlich während seiner Zusammenarbeit mit dem potentiellen Top-Informanten seine Geheimdienstgeschäfte etwas schleifen lassen.

Das Jahr 1980 hindurch hatte er sich vorwiegend um eine Informantin gekümmert, für die er weniger dienstliches als privates Interesse aufbrachte.

Die Sache hatte eine Vorgeschichte.

Mauss ganz nah an der Quelle

Der Haussegen bei Familie Mauss hing immer noch schief – mit zunehmender Tendenz. Nicht nur einmal und nicht nur im Scherz hatte Margret Mauss ihrem Ehemann geraten, sich doch eine Freundin zuzulegen.

Eines Tages, Anfang 1980, war es soweit. Mauss lernte in einer Bar eine attraktive Stewardeß der Air India kennen. Sie war Mitte Zwanzig und hieß Kurshid Mogul. Mauss ließ sich ihre Telefonnummer geben und stellte ihr nach, so wie er es sonst nur bei wichtigen Figuren der internationalen Verbrecherwelt tat. Die Inderin zeigte sich beeindruckt vom geheimnisvollen und scheinbar schwerreichen Herrn »M.«, der sich bei ihr unter seinem Decknamen »Herbert Rick« eingeführt hatte.

Mauss reiste der Stewardeß nach London nach, lud sie auf eine Reise nach Venedig ein, zog mit ihr durch Pariser Cabarets. So richtig landen konnte er bei Kurshid allerdings nicht.

Darüber weinte er sich bei seiner Ehefrau aus, ließ sie sogar die Briefe an Kurshid schreiben. Leicht verstört kam Margret Mauss den seltsamen Schreibaufträgen nach, einerseits froh, daß ihr Mann sie selbst hinfort in Frieden ließ, andererseits doch irgendwie gekränkt. Vor allem aber ging ihr gegen den Strich, daß der sonst so überaus pflichtbewußte Superdetektiv nun plötzlich dienstliche und private Dinge vermengte.

Aber Mauss wäre nicht Mauss, wäre ihm nicht eine Lösung eingefallen. Bei einem ihrer Rendezvous hatte ihm die schöne Stewardeß angedeutet, er sei nicht der einzige Bewerber um ihre Gunst. Zu Hause in Indien gebe es da einen gewissen

Herrn Singh, der sie ebenfalls bedränge. Der Mann sei sehr vermögend, lade sie des öfteren zu eleganten Reisen ein und sei auch sonst nicht ganz ohne. Er habe Kontakte zu wichtigen Kreisen der indischen Regierung und sei sogar mit Indira Gandhi persönlich bekannt. Da klingelte es bei Werner Mauss, und er beschloß, das Angenehme mit dem Nützlichen zu verbinden.

Von Stund an war Kurshid Mogul nicht nur seine Angebetete, sondern auch seine Agentin.

Er berichtete BND-Kontaktmann Martini von einer geheimnisvollen Quelle im Zentrum des indischen Machtapparates. Martini zeigte sich interessiert, wollte aber erst nach einer Rücksprache im Amt grünes Licht für die Operation geben, die ja strenggenommen nichts mit dem eigentlichen Aufgabenbereich von Mauss, der Jagd nach deutschen Terroristen, zu tun hatte.

Wie zu erwarten, war man beim Bundesnachrichtendienst ganz heiß auf Erste-Hand-Informationen aus dem Zentrum des indischen Machtapparates. Natürlich wollte BND-Mann Martini auch wissen, wer nun die geheime Quelle der »Institution M.« war.

Mauss gelang es aber, über lange Zeit die wahre Identität der indischen Stewardeß vor seinen Auftraggebern beim Bundesnachrichtendienst geheimzuhalten. In seinen Berichten an den BND benannte er sie nur als »Quelle«. Dafür lieferte er genauso detaillierte wie unbedeutende Informationen über den geheimnisvollen »Herrn Singh«: »Zunächst zur Person: M. K. Singh, circa 40 Jahre alt, etwa 1,65 m groß, volles schwarzes, etwas lockiges Haar, schlank, sehr gut gekleidet, trägt nur Maßanzüge, englische Stoffe, bevorzugt Nadelstreifen, benutzt größtenteils Sonnenbrille, unten stärker getönt, ist kurzsichtig, emotionales und egozentrisches Verhalten, spricht gut englisch, hatte, eigenen Angaben zufolge, an der Universität in Delhi Lehrstuhl für Ökonomie, danach Sekretär im Handelsministerium in Delhi, hält zwischendurch an der Uni in Delhi noch Vorträge über Ökologie und Politologie.«

Super-Agent Werner Mauss konnte auch gleich mit strengen Geheimnissen aufwarten. Singhs nächster Vortrag sei für die Woche vor dem 23. Juni 1980 geplant. Er arbeite jeden Tag 15 bis 18 Stunden, eine Schwester habe im indischen Finanzministerium eine starke Position. Singhs Lieblingsschriftsteller sei Jean-Paul Sartre. Er habe außerdem gute Kenntnisse der Botanik und halte sich oft im Auftrag der indischen Regierung in Genf, Paris und London auf.

Singh benutze einen braunen Lederaktenkoffer mit zwei Zahlenschlössern. Am 30. Mai und am 1. Juni 1980 habe er die Code-Nummer, »links 101, rechts entweder 741, 704 oder 740«, eingestellt. Im Aktenkoffer verwahre er einen zusätzlichen Spezialbehälter, den er niemals im Hotelsafe hinterlege, sondern immer im Zimmer verstecke.

Am 31. Mai 1980 habe Mauss »durch Kooperation mit Quelle« den Koffer eingesehen. Was er dort entdeckt hatte, schilderte Mauss nicht, wahrscheinlich war es nichts. Dafür konnte er detailliert die letzten Reisepläne des Herrn Singh weitergeben. Zwischen dem 27. und dem 30. Mai habe er sich im Pariser »Hilton-Hotel« in Zimmer 112 aufgehalten.

Dann schilderte er, was seine Quelle an wichtigen Geheimnissen aus Singh herausgefragt hatte: »Nach Angaben von Singh wurde er, wenige Wochen nach der Wiederwahl der Indira Gandhi (nachfolgend kurz IG), zu einem Gespräch bei der Premierministerin hinzugezogen, an dem auch ihr Sohn Sanjay teilnahm. Im Gesprächsverlauf gab IG Direktiven für ein geheimes Finanzierungsprogramm zur Erstellung der Atombombe und der nuklearen Aufrüstung Indiens. Singhs Darlegungen zufolge kann erst der Besitz der Atombombe Indien innen- und außenpolitisch eine sichere Zukunft ermöglichen und IG die notwendige Grundlage geben, um Gesetze zu straffen sowie Reformen des Religions- und Kastenproblems und Änderung der ungerechten Vermögensverteilung durchzuführen.«

Eine nach außen politisch erkennbare enge Anlehnung an die Sowjetunion werde, so konnte Werner Mauss seine Auftraggeber beim Bundesnachrichtendienst beruhigen, tatsächlich jedoch nicht betrieben: »Vielmehr wird in Zukunft aufgrund der mit großer Flexibilität geführten Gespräche mit Frankreich und der Möglichkeit, die Unterstützung für den Bau der Atombombe zu erhalten, eine Anlehnung an Frankreich, besonders in wirtschaftlicher Hinsicht erfolgen.«

Verhandlungen mit der Sowjetunion zur Unterstützung auf dem Gebiet der Nuklearforschung würden deshalb »und nicht zuletzt wegen der ablehnenden Haltung der Sowjetunion eingestellt«.

Über seine geheimnisvolle Quelle hatte Agent Mauss noch mehr höchst brisante Informationen aus Singh herausbekommen. Er teilte dem Bundesnachrichtendienst mit: »Bis Anfang 1980 war es verboten, Farbfernsehgeräte und Videoanlagen nach Indien einzuführen. Der Sohn der Indira Gandhi beauftragte deshalb eine Person, eines dieser Geräte, für ihn selbst bestimmt, nach Indien zu verbringen. Die Person wurde bei der versuchten Einfuhr festgenommen und das Gerät vom Zoll beschlagnahmt. Deshalb wandte sich der Sohn an Singh mit der Bitte, mit einem entsprechend aufgesetzten Schreiben den Zoll zu beauftragen, das Gerät freizugeben und die festgenommene Person wieder auf freien Fuß zu setzen.«

Schließlich sei das Einfuhrverbot für Fernseh- und Videogeräte aufgehoben worden. Allerdings müsse nach wie vor 120 Prozent an Einfuhrzoll entrichtet werden.

Natürlich wußte Mauss' geheimnisvolle Quelle, die Air-India-Stewardeß, nichts davon, daß sie plötzlich als Informantin des BND benutzt wurde. Mauss berichtete Herrn Martini vom BND detailliert, was Singh der Stewardeß sonst noch an Wichtigem verraten habe: »Zur Armut und Hungersnot in Indien: Hierzu bemerkte Singh, daß man im augenblicklichen Stadium nicht daran denken könne, diesen Zustand zu ändern. Das Geld, das von den reichen Ländern der Welt nach Indien fließt, sei ausschließlich für Technologie und Ökonomie vorgesehen. Man müsse die Hungersnot und die damit verbundenen Zusammenhänge in Kauf nehmen, die Technologie habe Vorrang. Erst danach könne man die anstehenden Probleme ändern.«

Einschränkend habe Singh seiner Angebeteten auch verraten, daß er vielleicht zu vermögend sei, um diese Probleme richtig zu verstehen. Daraufhin habe die Unteragentin ihm entgegengehalten, ob es ihm nicht vielleicht auch möglich sei, einen Teil seines Geldes an die Armen weiterzugeben, um damit etwas die Not zu lindern. Singh habe aber erwidert: »Das ist nur ein Tropfen auf den heißen Stein, unnütz vergeudet. Natürlich ist es leicht, darüber zu sprechen. Hingegen ist es viel schwerer, dagegen tatsächlich etwas zu unternehmen. Zu viele Kinder verhungern und schlafen auf der Straße.«

Alles klang wie ein Staatgeheimnis, auch wenn der tatsächliche Informationsgehalt gegen Null tendierte. Mauss in seinem Bericht an den BND weiter: »Das Problem, so Singh, sei in erster Linie nicht durch Geld zu lindern, sondern vielmehr durch entsprechende Zwangsmaßnahmen, damit nicht so viele Kinder geboren würden. Nur hier könnte man den Hebel gezielt ansetzen. Angesprochen auf die Mentalität der Personen, das heißt, daß sie denken, daß ein Kind ein Geschenk Gottes ist und die Kultur Indiens bereichert, konterte Singh nochmals mit den gleichen Worten, und zwar, daß nicht Geld sondern Verhütungsmittel oder Sterilisation Abhilfe schaffen kann.«

Den Leuten beim Bundesnachrichtendienst müssen die Augen übergegangen sein, mit welchen wichtigen Informationen ihr hochbezahlter Agent Mauss aufwarten konnte. Kaum einer seiner Quellen hatte sich Mauss mit vergleichbarer Inbrunst gewidmet, wie der Stewardeß Kurshid Mogul. Die streng erzogene Inderin weigerte sich aber über fast ein Jahr, den wahren Absichten des Super-V-Mannes Mauss nachzugeben. Bei ihren zahlreichen Treffen in fast allen europäischen Hauptstädten nächtigten die beiden höchstens gelegentlich in einem gemeinsamen Hotelzimmer.

Allerdings war auch die Konkurrenz, jener Herr Singh, nicht weitergekommen. Zufrieden meldete Agent Mauss, seine eigenen persönlichen Interessen geschickt verbergend, dem Bundesnachrichtendienst: »In der Nacht vom 31. 5. zum 1. 6. 1980 unternahm Singh Annäherungsversuche, die von Quelle zurückgewiesen wurden. In dieser Situation legte ›ZP‹ [Zielperson] gegenüber Quelle auch seinen besonderen Einfluß in Delhi und seine finanzielle Stärke offen. Um seinen Darlegungen noch mehr Nachdruck zu verleihen, öffnete er sogar seinen Aktenkoffer und versuchte, Quelle anhand von Unterlagen zu dokumentieren, daß er wieder einmal in sehr wichtiger Mission in Frankreich aufhältig war. Da Quelle sich davon jedoch nicht umstimmen ließ, steigerte sich Singh später so sehr, daß er hemmungslos weinte. Jedoch glaubt Quelle, aufgrund der am nächsten Tag, 1. 6. 1980, mit ZP geführten Gespräche, erkennen zu können, daß sie von Singh trotz ihrer Zurückweisung verstärkt hofiert wird und sich die Grundlage für weitere gezielte Gespräche noch verbessert hat.«

Die Neugier des BND-Kontaktmanns Martini auf die Mata Hari von Air India steigerte sich naturgemäß sehr. Am liebsten hätte man von Pullach aus die Quelle direkt selbst geführt. Aber Mauss verstand es geschickt, die Stewardeß für sich zu behalten. Seine Finanziers vom BND bekamen Kurshid Mogul nie zu Gesicht.

Seinen Freunden gegenüber war Mauss allerdings nicht so zurückhaltend. Der Bonner Kripo-Chef Steffen, den Mauss seit Jahren kannte, durfte die schöne Inderin kennenlernen. Mauss führte sie liebend gerne vor. Angetan mit einem indischen Sari, begleitete sie den Super-Agenten zu kleinen Parties und privaten Essen.

Während dieser Zeit saß Margret Mauss zu Hause in Altstrimmig. Wenn ihr Mann sich dann wieder einmal an ihrer Schulter ausweinte, weil er bei Kurshid nicht so recht weiterkam, sagte sie: »Was habe ich denn damit zu tun, mit dieser dummen Tante.« Sie beklagte sich auch bei Freund Steffen, und der versuchte ihr klarzumachen, daß sie jetzt für ihren Ehemann eine Art Mutter- und Vertrautenstelle einnehmen müsse.

Mauss begab sich aus dienstlichen und privaten Gründen gern mit seiner »Quelle« auf Reisen. Bei jenem Treffen, das die Stewardeß mit dem geheimnisvollen Herrn Singh Ende Mai 1980 in Nizza hatte, observierte er die beiden persönlich. Er verfolgte sie zu einem Abendessen nach Monte Carlo und anschließend ins dortige Spielcasino. Selbst die Rückkehr der beiden ins Hotel gegen Mitternacht wurde von ihm in Augenschein genommen. Nur ins Hotelzimmer folgte er ihnen nicht.

Beruhigt konnte der Super-Agent dem Bundesnachrichtendienst mitteilen: »Absprachegemäß hatte Quelle darauf bestanden, ein eigenes Hotelzimmer zu belegen, das von uns, im Sinne des Einsatzes, bezahlt wurde.«

Auch am nächsten Tag, dem 31. Mai, legte sich Mauss auf die Lauer, diesmal, um die »Zielperson« Singh zu fotografieren. An diesem Tag hatte Singh einen weißen Cadillac mit Chauffeur gemietet, um über die Autobahn nach St. Tropez zu fahren. Auf dem Weg dorthin geriet das Fahrzeug in eine Polizeikontrolle.

Aus sicherem Abstand beobachtete Mauss alles, was die beiden unternahmen: Kaffeetrinken, Einkaufsbummel in Cannes, Ankunft im Hotel in Nizza. Abendessen im nahegelegenen Hotel »Negresco«, alle Einzelheiten, so unbedeutend sie sein mochten, lieferte Mauss an den Bundesnachrichtendienst.

Für die Reise nach Nizza hatte Zielperson Singh seiner Angebeteten in London ein Flugticket 1. Klasse hinterlegt. Mauss war nicht weniger vorausschauend gewesen. Nachdem er von der indischen Stewardeß früher erfahren hatte, daß Singhs Lieblingsschriftsteller Jean-Paul Sartre sei, hatte er für Kurshid in London einen kleinen Fortbildungskurs organisiert. Dem BND teilte er mit: »Zuvor arrangierten wir noch eine verdeckte Zusammenkunft mit Quelle und einem uns bekannten deutschen Professor in London, um Quelle das für den Einsatz in Nizza notwendige politische Wissen und eine Einführung bezüglich des Lieblingsautors des Singh, Jean-Paul Sartre, zu vermitteln.«

Auf diese Weise von Mauss politisch und literarisch präpariert, konnte die indische Stewardeß die gewünschten Geheimnisse aus ihrem Landsmann herausbekommen. Etwa über sein Verhältnis zur Bundesrepublik: »Singhs Einstellung zur Bundesrepublik Deutschland ist nicht sehr positiv. Zwar sagte er den Deutschen Fleiß nach, lehnte aber ihre Überdiszipliniertheit und das Sichtbarmachen, bei Verhandlungen besser zu sein als der Verhandlungspartner, ab. Dieses kam besonders deutlich, so auch die Meinung der indischen Regierung, bei Verhandlungen mit deutschen Regierungsbeamten in bezug auf Waffenkäufe durch Indien in der FRG zum Ausdruck. Man sei auch der Auffassung, daß die FRG sich zu sehr an die USA anlehne, bzw. anlehnen müsse und deshalb von einer eigenständigen Außenpolitik weit entfernt ist.«

Ähnlich wie Mauss, sorgte sich auch Singh um die politische Bildung der Stewardeß. So schilderte er ihr, daß der von Willy Brandt verfaßte Nord-Süd-Report von Indira Gandhi und deren Regierungsmitgliedern mit großem Interesse gelesen worden sei. Mauss in seinem Bericht: »Singh ergänzte gegenüber Quelle, daß er diesen Report für sie beschaffen will, da er der Auffassung ist, daß man ihn unbedingt gelesen haben muß.«

Natürlich war Herr Singh nicht der einzige Informant der geheimnisvollen Mauss'schen Quelle. So hatte Kurshid Mogul einen Verwandten namens Pushkar Juneja, der ebenfalls Kontakte zur indischen Regierung besaß. Auch er wußte höchst Wichtiges mitzuteilen, was die Stewardeß an Mauss weiterberichtete und dieser seinerseits an den Bundesnachrichtendienst weitergab: »Der Sohn der Indira Gandhi, Sanjay, entwickelt eine starke politische Aktivität, die von Indira Gandhi akzeptiert und stark gefördert wird. Man kann aus den Aktivitäten und dem Zusammenspiel zwischen Mutter und Sohn entnehmen, daß er wahrscheinlich zukünftig nach Meinung von Juneja schon in einigen Jahren als ihr Nachfolger anzusehen ist.«

Auch außenpolitisch wußte Juneja gut Bescheid: »Zwischen Indira Gandhi und der russischen Regierung besteht aufgrund der seitens der Sowjetunion zur Verfügung gestellten finanziellen Mittel, die zur Wahlpropaganda notwendig waren, ein sehr starker Kontakt. Aus Geheimgesprächen ist zu entnehmen, daß Indira Gandhi gegen die Politik der Sowjetunion in bezug auf Afghanistan nicht viel unternehmen kann und möchte, da sie in der russischen Schuld steht. Aber sie akzeptiert die Situation und die Besetzung von Afghanistan auf keinen Fall.«

Auch Singh wußte über das Verhältnis Indiens zur Sowjetunion Geheimnisse mitzuteilen, die seine schöne Gesprächspartnerin umgehend an Mauss übermittelte: »Des weiteren erwähnte Singh: Die Welt denkt, daß wir ganz an die Sowjetunion angelehnt sind. Das stimmt aber nicht.«

Wegen derartiger Informationen reiste Agent Werner Mauss vom Frühjahr bis zum Ende 1980 in ganz Europa umher. Das mußte sein, denn er war inzwischen bei seiner Quelle auch privat gelandet.

Das Angenehme und das Nützliche kamen mehr und mehr zur Deckung.

Der Bundesnachrichtendienst war so interessiert an den Geheimnissen der indischen Stewardeß, daß Kontaktmann Martini dem Super-Agenten ganze Fragenkataloge, erarbeitet von einer Spezialabteilung des BND, vorlegte. Mauss durfte sich diese Fragen nur in sein Gedächtnis einprägen. Aus Geheimhaltungsgründen durfte er keine schriftlichen Unterlagen besitzen, wenn er der schönen Inderin weiter nachstieg.

Nun war Kurshid, wie es für eine Stewardeß nicht untypisch

ist, viel unterwegs. So ergab es sich, daß Mauss immer wieder nach London, Paris, Rom oder in irgendeine andere Stadt mußte. Manchmal schickte er ihr auch Tickets und ließ sie auf einen Sprung nach Deutschland kommen. Diese, wie sie meinte, übertriebene Geldausgabe rief allerdings Margret Mauss auf den Plan. Hatte sie noch akzeptiert und geradezu erleichtert zur Kenntnis genommen, daß ihr Mann sich eine Freundin zugelegt hatte, so wurde ihr mulmig bei dem Gedanken, was passieren könnte, wenn in Pullach die wahren Gründe für die vielen Dienstreisen bekannt würden.

Beim BND aber schöpfte man offenkundig keinen Verdacht.

Es ist nicht auszuschließen, daß auch die Berichte anderer Quellen von ähnlicher Qualität sind wie die von Herrn Mauss und seiner schönen Inderin.

Vor allem das Thema »indische Atombombe« elektrisierte die Pullacher Geheimdienstler geradezu. Leider hatte Mauss nicht sonderlich viel Fachwissen in puncto Nukleartechnik. Das störte die Leute vom BND, und so bedrängten sie ihren Agenten, seine Quelle Pullach direkt zu unterstellen. Nur unter Einsatz all seiner rhetorischen Fähigkeiten gelang es Mauss, die Stewardeß auch weiterhin abzuschirmen.

Allerdings mußte er in der Folgezeit vermehrt Informationen zur indischen Atomindustrie liefern. Angeblich aus seinen geheimnisvollen Quellen meldete er dem Bundesnachrichtendienst: »Die indische Regierung wird mit stillschweigender Unterstützung französischer Politiker (die von indischer Seite bezahlt werden), sehr schnell bestrebt sein, die notwendigen Hilfen für den Bau einer eigenen Atombombe zu erhalten. Indira Gandhi beabsichtigt, bereits Anfang 1981 den ersten Atombombenversuch durchzuführen.«

Tatsächlich war die erste indische Atombombe bereits am 18. Mai 1974, also sieben Jahre vor dem von Mauss angekündigten Termin, gezündet worden.

Möglicherweise wäre es einfacher und ergiebiger gewesen,

die Informationen schlichtweg aus Zeitungen und Zeitschriften zusammenzutragen – sicher aber nur halb so interessant für Super-Agent Mauss.

Allerdings muß Werner Mauss vom nachrichtendienstlichen Wert seiner Informationen aus dem indischen Machtapparat selbst überzeugt gewesen sein, so überzeugt, daß er die »Kurshid-Geschichte« auch noch an einen anderen geheimen Dienst weiterreichte. Empfänger der Dossiers war der Bonner Resident der »Central Intelligence Agency«, kurz CIA.

Am Lügendetektor

Mauss merkte offenbar, daß sein Stern in Pullach im Sinken war. Deshalb wollte er sich wohl beizeiten nach neuen Auftraggebern umsehen.

Ein gutes Jahr später bewarb er sich direkt beim amerikanischen Geheimdienst. So kam es, daß am Dienstag, dem 2. März 1982, zwei Männer einen großen schwarzen Lederkoffer in das teuerste und beste Hotel Kölns schleppten. Ein dritter Mann, dezent gekleidet, mit betont kurzem Haarschnitt, erwartete die beiden schon in einer Suite des »Excelsior Hotel Ernst« am Domplatz. Die Männer öffneten den Koffer, nahmen einen schwarzen Kasten heraus, schlossen ihn an das Stromnetz an und verbanden ihn mit mehreren herabhängenden Drähten. Der Apparat brummte leise. Die Männer beobachteten Skalen am Gerät, checkten es durch und warteten.

Sie warteten auf einen Mann und eine Frau. Das Pärchen hatte ihnen seit Monaten Material geliefert und wollte jetzt weiter für die »Firma« arbeiten. Die »Firma«, für die auch die drei Männer in der Suite des »Excelsior« arbeiteten, war die »Central Intelligence Agency«, der mächtige Geheimdienst der USA. Und das Pärchen waren Margret und Werner Mauss.

Am 10. Dezember 1981 hatten die beiden Kontakt zur CIA-Residentur in der Bonner US-Botschaft gesucht und gefunden. Am 17. Februar 1982 füllten sie einen fünfseitigen Fragebogen in englischer Sprache aus, der ihnen vorher übersetzt worden war: Werner Mauss schrieb: »Ich bin 1,76 Meter groß, 68 Kilo schwer und habe blaue Augen.« Er vermerkte, bisher zwei Tarnnamen verwendet zu haben, nämlich »Rick« und »Nelson«, – was leicht untertrieben war. Unter der Rubrik »Reason«, also Grund für die Bewerbung bei der CIA, stand mit Schreibmaschinenschrift auf dem Fragebogen: »Professional«.

Es sollte über die Beschäftigung des Ehepaares Mauss als Agenten bei der CIA entschieden werden. Dazu hatten die Amerikaner den Kasten mit den vielen Drähten mitgebracht. Es war ein Lügendetektor. Ohne zu zögern, hatte Mauss erklärt, daß er selbstverständlich zu diesem Test bereit sei, er habe nichts zu verbergen. Er vertraute wohl darauf, daß seine inzwischen 20jährige Erfahrung im Tarnen und Täuschen perfekt sei und ihm eine Maschine nichts anhaben könnte. Was den Spitzen der deutschen Kriminalämter, was Geheimdiensten und Verbrecherbanden nicht gelungen war, dürfte wohl kaum so einem brummenden Kasten gelingen.

Pünktlich um 10 Uhr betraten Margret und Werner Mauss die Suite im »Excelsior«. 45 Minuten lang erklärte der Mann mit der Stoppelfrisur dem Ehepaar das Gerät, ließ sich von ihnen unterschreiben, daß beide freiwillig den Test mit dem Lügendetektor machen wollten. Dann wurde zunächst Margret an die Elektroden des Apparates angeschlossen. Ehemann Werner wurde in den Nebenraum geschickt.

Der CIA-Spezialist überprüfte noch einmal das Gerät, plauderte mit Margret Mauss ein wenig, dann stellte er seine Fragen. Wann sie geboren sei, wie sie heiße, ob sie verheiratet sei, ob sie Geldschwierigkeiten hätte und warum sie für die CIA arbeiten wolle. Dreimal wiederholte der CIA-Mann die Fragen, dann bedankte er sich.

Nun wurde Werner Mauss auf den Hotelstuhl gesetzt und an die Drähte angeschlossen. Der CIA-Spezialist stellte ihm dieselben zwanzig Fragen wie seiner Frau. Etwa: »Waren Sie schon einmal in der Sowjetunion?« – »Sind Sie eine nachlässige oder unvorsichtige Person?« – »Haben Sie mit Dritten über dieses Treffen gesprochen?«

Darüber hinaus wurden Werner Mauss noch zusätzliche Fragen gestellt: »Haben Sie schon einmal für einen anderen Nachrichtendienst gearbeitet?« – »Kennen Sie außer den bekannten Leuten noch andere aus unserem Dienst?«

Werner Mauss, der coole Super-Agent, geriet nun wohl doch ins Schwitzen.

Monoton wiederholte der CIA-Mann seine Fragen. Dreimal, viermal. Leise summte der Apparat und zeichnete Herztätigkeit, Hautveränderungen und Atemfrequenz auf. Auf einem Papierstreifen spuckte das Gerät die Ergebnisse in graphischen Kurven aus. Nach mehr als zwei Stunden war die Sitzung beendet. Das Ehepaar Mauss durfte nach Hause gehen.

Nach dem Test am Lügendetektor wurde aus einer CIA-Karriere des Ehepaares Mauss nichts.

Werner Mauss ließ die Vorgänge um Bewerbung und Nichteinstellung bei der CIA durch seinen Anwalt so darstellen:

»Herr Mauss hat sich bei der CIA keineswegs beworben. Vielmehr haben deutsche Dienststellen ihn Ende 1981 in einer Rauschgiftangelegenheit an die Botschaft der USA vermittelt und dort zu seiner Einführung Vorgespräche geführt. Das ist wie auch alles sonst in diesem Zusammenhang Unternommene mit Wissen und Billigung des BND geschehen.

Eine Sicherheitsüberprüfung mit dem Lügendetektor ist in den USA in einem Falle dieser Art und sogar bei Privatfirmen ein ganz normaler Vorgang. Herr Mauss ist bei dieser Überprüfung nicht durchgefallen. Auch die übrigen in diesem Zusammenhang aufgestellten Behauptungen, wie z. B. Abrechnungen seien nicht mehr korrekt gewesen, treffen nicht zu.

Vielmehr hat Herr Mauss die Informationen zur Ausforschung der Rauschgiftorganisation in Asien, Europa und den USA absprachegemäß soweit wie möglich geliefert. Es trifft auch nicht zu, die CIA habe Herrn Mauss mitgeteilt, ›Sie werden bei uns nicht eingestellt‹. Statt dessen ist die vorerwähnte Aktion eingestellt worden.«

Kein Wunder, daß Mauss soviel Wert auf die Richtigkeit seiner eigenen Version legt. Für einen Super-Agenten wäre es in der Tat peinlich, beim Lügendetektortest durchzufallen und deshalb von der feinen Firma CIA nicht genommen zu werden. Zudem würde die parallele Belieferung von BND und CIA mit den Kurshid-Berichten strenggenommen den Tatbestand einer Doppelagenten-Tätigkeit erfüllt haben. Das aber soll Mauss auf keinen Fall unterstellt werden.

7. Kapitel
Rückkehr ins kriminelle Milieu

Schluß mit »Wind und Spesen«

Zurück zum Jahr 1980. Langsam dämmerte es den Verantwortlichen beim Bundesnachrichtendienst offenbar, daß die mit soviel Aufwand begonnene Zusammenarbeit mit dem Super-Agenten Mauss außer reichlich Wind und noch mehr Spesen nichts Rechtes eingebracht hatte.

Der am 21. August 1979 mit dem Ehepaar Mauss zunächst auf ein Jahr befristete »Werkvertrag« mit dem Gesamtetat von 650 000 Mark war abgelaufen. Mit Mühe und Not und der Fürsprache ihrer Gönner schaffte es die »Institution M.«, den Vertrag bis Ende des Jahres 1980 zu verlängern. Diesmal mußte die Bundeskasse in Ermangelung privater Spenden noch einmal 192 000 Mark zuschießen.

Am 31. Dezember 1980 war die fruchtlose Zusammenarbeit des Bundesnachrichtendienstes mit Mauss zunächst vorbei.

Das umtriebige Ehepaar Mauss mußte sich wieder seinem ursprünglichen Aufgabenbereich, der Ermittlung im kriminellen statt im politischen Untergrund, zuwenden. Die Versicherungsbranche stellte sich erneut als Auffangnetz der darbenden Detektive zur Verfügung.

Rückwirkend zum 1. Januar 1981 schloß der Geschäftsführer des Verbandes der Haftpflichtversicherer, Unfallversicherer, Autoversicherer und Rechtsschutzversicherer e. V., des HUK-Verbandes, Hansheinrich Brumm, auch im Namen des Verbandes der Sachversicherer e. V. eine neue Vereinbarung mit den »Eheleuten M.«. Darin hieß es: »Die Eheleute M. haben ab 1. 1. 1981 übernommen, Ermittlungsaufträge auf erstes Verlangen der Verbände oder deren Mitgliedsunternehmen ohne schuldhaftes Zögern auszuführen. Sie werden auch dafür sorgen, daß in Zusammenarbeit mit den zuständigen Behörden einschlägige Straftäter oder Täterringe, die die von den Versicherern geschützten Güter bedrohen, dingfest gemacht werden.«

Brumm pochte darauf, daß die »Eheleute M.« »noch zu bestellenden Vertretern der Verbände eine Anschrift und Telefonnummer mitteilen, über die sie jederzeit, also Tag und Nacht, erreichbar sind, um Ermittlungsaufträge entgegenzunehmen oder deren Ausführung einzustellen.« Offenbar wollte die Versicherungswirtschaft das Ehepaar Mauss an die Kandare nehmen. Dafür stellte die Assekuranz ein monatliches Pauschalhonorar von 15 000 Mark zuzüglich gesetzlicher Mehrwertsteuer zur Verfügung. Weitere Spesen sollten nicht vergütet werden, lediglich die erforderlichen Telefon-, Fernschreib- und sonstigen Gebühren sowie Fahr-, Verpflegungs- und Übernachtungskosten. Darüber allerdings mußte das »Ehepaar M.« Nachweise erbringen. Erfolgshonorare waren zusätzlich möglich.

HUK-Chef Brumm setzte durch, daß die erforderlichen Operationskosten vor der Auftragsübernahme vereinbart würden. Rigoros verpflichtete er die »Eheleute M.«, »jederzeit die Verwendung der baren Auslagen dem jeweiligen Auftraggeber auf dessen erstes Verlangen in nachprüfbarer Weise zu belegen«.

Offenbar kannte man in der Spitze der Versicherung inzwischen seine Pappenheimer: »Die Eheleute M. werden dem jeweiligen Auftraggeber über den Stand der Auftragsausführung regelmäßig berichten, wobei der jeweilige Auftraggeber den zeitlichen Abstand und die Form der Berichterstattung (mündlich, telefonisch, fernschriftlich, telegraphisch, brieflich) bestimmen kann.«

Vermutlich nicht ohne Grund wurde in der Vereinbarung zusätzlich festgelegt: »Die Eheleute M. werden Sachen oder Gegenstände nur mit besonderer, vorher erteilter Zustimmung des jeweiligen Auftraggebers erwerben.«

Zurück ins organisierte Verbrechen

Endlich war Mauss wieder in seinem eigentlichen Element. Im Februar 1981 hatte das Landeskriminalamt Niedersachsen die Sonderkommission »Zitrone« gebildet. Den seltsamen Namen hatte sich SoKo-Leiter Rainer Hoffmann ausgedacht: »Wir nannten unsere Sonderkommission ›Zitrone‹, weil die Gefahr drohte, daß wir nicht weiterkommen würden und dann mit Zitronen gehandelt hätten.«

Es ging um organisiertes Verbrechen. Eine Bande von Italienern, offenbar mit Beziehungen zur Mafia, hatte mit einer Reihe von Brandanschlägen Besitzer und Besucher von Lokalen in Norddeutschland terrorisiert. An die achtzig Gaststätten waren in Flammen aufgegangen. Nur wer Schutzgelder zahlte, wurde verschont. Nach den Höhenflügen des Agenten Mauss im politischen Untergrund war das endlich wieder ein Fall, bei dem er nicht überfordert war. Die Welt der Kriminellen lag ihm einfach mehr. Außerdem war die Sache von direktem Interesse für seine Auftraggeber, die Versicherungen.

Am 28. Mai 1981 kam Mauss mit dem Leiter der SoKo »Zitrone«, Kriminalhauptkommissar Hoffmann, zu einer ersten Besprechung zusammen. Durch das Abhören von Telefonen hatte die Polizei bereits einen Überblick, welche Personen möglicherweise zu der kriminellen Bande gehörten. Die Aufgabe von Mauss bestand darin, in den Täterkreis vorzustoßen.

Nach altbewährtem Muster ließ sich Mauss zunächst die Akten der Sonderkommission zeigen. Er stellte fest, daß ein Deutscher mit dem Italienerkreis Kontakt gehabt und sich später gegenüber der Polizei in Bremen im Zuge von Ermittlungen wegen ihm zu Last gelegter Straftaten negativ über die Brandstifterbande geäußert hatte. Dieser Mann, so vermutete Mauss, könnte jene Schwachstelle sein, über die es möglich wäre, in die kriminelle Gruppierung einzusteigen.

Mauss führte sich bei seiner Zielperson als Vertreter einer angeblichen Organisation mit Sitz im Vorderen Orient ein, deren Geschäftsinteressen sich mit den Delikten der Italienerbande deckten. Er entwickelte »als psychologische Maßnahme« eine umfangreiche Reisetätigkeit nach Italien und in die Schweiz. Die Sache war finanziell höchst aufwendig. Über den Bremer Kontaktmann schaffte Mauss es dann, sich an einen mutmaßlichen Drahtzieher der Italienerbande heranzumachen, einen gewissen P. Schon bei seinem ersten Gespräch mit Mauss bezeichnete P. sich als führendes Mitglied einer sardischen Organisation. Er und seine Freunde seien in der Lage, Heroin über Mittelsmänner aus Groningen in Holland zu beschaffen. Zur Durchführung von Einbrüchen würde die Gruppe eigens Leute aus Italien in die Bundesrepublik einfliegen, die nach getaner Arbeit über die Niederlande wieder nach Italien ausreisten. Das Spezialgebiet der Gruppe liege jedoch auf dem Sektor der Brandstiftung. Dazu meinte P.: »Ihre Organisation hat doch sicher auch Geschäftspartner, die daran interessiert sind, Fabrikanlagen oder Privathäuser durch Brandstiftung zu beseitigen, um so leicht hohe Versicherungssummen zu kassieren.«

Der zweite Gesprächsteilnehmer, ebenfalls Italiener, so sagte P., habe früher im Auftrag der Gruppe zwei Personen umgelegt, eine davon in der Bundesrepublik Deutschland.

Kurz vor der Verabschiedung riet P., zukünftige Gespräche mit seinem Partner L. zu führen. Er habe innerhalb der Gruppe die Aufgabe, alle illegalen Geschäfte zu organisieren. Für den 16. Juni 1981 wurde ein neues Treffen in Brüssel vereinbart.

Tatsächlich traf Mauss an diesem Tag auf L. Bei weiteren Treffen in Köln und Hamburg erfuhr Mauss erstmals Einzelheiten über die von der Gruppe durchgeführten Brandstiftungen. Mit tränenerstickter Stimme erzählte L. dem Agenten, daß 1975 P.s Bruder Carlo bei einem Brandanschlag zu Tode gekommen sei. Carlo sei L.s bester Freund gewesen. Bis dahin war die SoKo fälschlicherweise von Mord ausgegangen.

Im Zusammenspiel seiner Untergrundarbeit mit den Fahndungsmaßnahmen der SoKo und laufenden Telefonüberwachungen schälten sich langsam vier Personengruppen heraus, die Brände in der Bundesrepublik und Italien gelegt haben sollten.

Beim Zündeln hatten die Gruppen ein Verfahren gewählt, das in den fünfziger Jahren von sardischen Fischern zum Fischfang angewandt worden war. Ein Gemisch aus Öl, Benzin, Schwarzpulver, weiteren Chemikalien und Plastikteilchen wird in Glasbehälter abgefüllt und luftdicht verschlossen. Nach der Zündung entwickelt die Glasbombe einen Feuerball mit erheblicher Wirkung. Die übrigen Zündelverfahren, hauptsächlich angewandt in Diskotheken und Gaststätten, waren vergleichsweise profan: »Aussprühen oder Ausschütten von Benzin oder Ausstreuen von Dynamitpulver.«

L. verriet Mauss: »In keinem Land Europas ist es so einfach wie in der Bundesrepublik Deutschland, von den Versicherern nach einer Brandstiftung schnell große Summen zu kassieren. Selbst dann muß gezahlt werden, wenn Polizei und Versicherung Brandstiftung vermuten, bzw. nachweisen und auch der Auszahlungsberechtigte in hohem Maß in Verdacht steht.«

Gelegentlich würde man auch Brandstiftung zum Zwecke der Ausschaltung von Konkurrenz vornehmen.

Die Organisation sei für Raubüberfälle auf Banken, Postämter und Geldboten in ganz Europa verantwortlich. Mauss, der wieder unter anderem als Hehler auftrat, wurde gestohlener Brillantschmuck im Wert von 100 000 Mark zum Hehlerpreis von 35 000 Mark vorgelegt. Der Agent konnte den Preis auf 24 000 Mark herunterhandeln und kaufte den Schmuck nach Absprache mit der Staatsanwaltschaft, dem BKA und der SoKo auf.

Auch im Kraftfahrzeughandel war die Bande aktiv. Zum Täterkreis gehörte sogar ein BMW-Generalvertreter, über den Nachschlüssel von ausgelieferten Neufahrzeugen beschafft wurden. Wochen oder Monate später erfolgte dann der Diebstahl. Mauss selbst kaufte im Juni 1981 über seine Mittelsmänner ein Privatauto des BMW-Vertreters zum Hehlerpreis von 10 000 Mark. Der 2,5-Liter-BMW wurde nach Abgabe an die Italienerbande als gestohlen gemeldet. Durch den Einsatz des Agenten Mauss wurde der BMW-Vertreter überführt.

Die Sonderkommission, die mit einem Stamm von sieben Kriminalisten besetzt war, unterstand Kriminaldirektor Karl-Heinz Müller. Seine Zusammenarbeit mit dem Agenten Mauss brachte ihn im Falle »Zitrone« dienstlichen und publizistischen Ruhm. In einem anderen Fall, von dem noch die Rede sein wird, brachte sie ihn um sein Amt.

Im Laufe des Jahres 1981 wurde die Liste der tatverdächtigen Italiener immer länger. Zum Schluß umfaßte sie 26 Personen. Mauss schaffte in Zusammenarbeit mit der SoKo bergeweise Beweismaterial heran.

Was den Fahndern aber Probleme bereitete, war nicht nur die Schweigsamkeit der Tatverdächtigen, sondern auch die der Geschädigten und Zeugen. SoKo-Leiter Hoffmann später: »Die haben Angst. Nach einer Brandstiftung in der Pizzeria ›Waldschenke‹ in Verden mit einem Schaden von 300 000 Mark haben wir die Besitzerin zwei Tage lang vernommen. Zuerst hat sie gar nichts gesagt, dann hat sie geweint, und dann ist sie plötzlich damit rausgerückt, daß 48 Stunden vorher einer bei ihr war und Schutzgelder verlangt hat. Die Frau war total verängstigt.«

Insgesamt nahm die SoKo »Zitrone« 26 Verdächtige fest. L. bekam eine Strafe von neun Jahren, die übrigen lagen nicht weit darunter.

Der freie Mitarbeiter des BKA

Im Juli 1981 übernahm Werner Mauss einen neuen Fall. Diesmal war sein direkter Auftraggeber der Landwirtschaftliche Versicherungsverein Münster, kurz LVM. Es ging um die Aufklärung eines vermeintlichen Versicherungsbetruges.

Anfang 1980 hatte die Firma Hastra-Tapeten in Siegburg eine kurzfristige Einbruch-Diebstahl-Versicherung über 950000 Mark für angeblich hochwertige Textilien abgeschlossen. Diese Bekleidungsstücke wurden von der Firma T. in Sandborstel geliefert. Im April 1980 wurde die Ware in Nordrhein-Westfalen vollständig gestohlen. Hastra-Tapeten machte Ansprüche aus dem Versicherungsvertrag geltend. Bei der LVM entstand der Verdacht eines fingierten Einbruchs, nachdem sie Informationen erhalten hatte, daß die von der Firma T. gelieferten Waren nur einen Wert von 10000 bis 20000 Mark gehabt hätten. Die Versicherung weigerte sich zu zahlen, es kam zu einem Zivilprozeß.

Um Beweise zu erhalten, beauftragte die Versicherung Werner Mauss. Es wurden eine Spesenpauschale von 45000 Mark und ein Erfolgshonorar von 50000 Mark vereinbart. Mauss legte los.

Er trat unter den neuen Decknamen »Lange« und »Dr. Lampe« auf und ließ den Kontakt zur Versicherung über Postfächer der Scheinfirmen »Export-Import-Eurotex« bzw. »Import-Export-Eurotex« in Mainz und Wiesbaden laufen. Zudem benutzte er den Telefonanschluß in Burgdorf bei Hannover, der immer noch von der Frau seines niedersächsischen Vertrauten Manfred Borrak betreut wurde.

Textillieferant T. wurde nach kurzem Auslandsaufenthalt am 7. Mai 1981 festgenommen und dann in die Justizvollzugsanstalt Celle II, Salinenmoor, eingeliefert.

Mauss besuchte den Häftling gemeinsam mit Kripo-Beamten im Gefängnis. Er wurde als freier Mitarbeiter des Bundeskriminalamts vorgestellt. T. behauptete später, der Agent habe ihm für eine Aussage, daß es sich bei den Textilien um minderwertige Ware gehandelt habe, Hafterleichterung, 1000 Mark, ein Eßpaket und die Einstellung eines Ermittlungsverfahrens gegen seine Frau in Aussicht gestellt.

In einem Brief hielt T. seine Erinnerungen an die Mauss-Tiraden noch am selben Tage fest: »Können wir irgend etwas für Sie tun? Brauchen Sie Geld? Sollen wir Ihnen vielleicht 1000 Mark geben ...? Wenn Sie das Geld nicht annehmen wollen, sollen wir es auf Ihr Konto einzahlen? Brauchen Sie etwas zu essen?... Wollen Sie Ausgang oder Urlaub haben oder eventuell Haftunterbrechung? Wir haben wirklich die Möglichkeit, Ihnen zu helfen, wenn Sie uns auch helfen ... Deshalb nehmen Sie doch wenigstens die 1000 Mark. Wir haben die Absicht, morgen mit dem Staatsanwalt über Ihre Sache zu sprechen ... Was sollen wir für Sie tun? Wenn wir einem Staatsanwalt oder einem Richter dieses oder jenes sagen, dann hat er sich danach zu richten. Sie möchten, daß das Strafverfahren gegen Ihre Frau eingestellt wird? Wir kommen morgen oder übermorgen wieder und geben Ihnen die Nachricht über die Einstellung dieses Verfahrens gegen Ihre Frau... Denken Sie mal an sich und an Ihre Familie. Sie haben ja ein großes Glück, daß Ihre Frau nicht verhaftet ist, denn dann kommen die Kinder ins Heim.«

Mauss war offenbar zu Hochform aufgelaufen. Dennoch ließ T. sich nicht weichkochen. In seinem Brief schrieb er: »Mir wurde von soviel Schleimerei wirklich kotzübel, ich bat deshalb darum, das Gespräch zu beenden. Irgendwelche Sachen und auch Geld habe ich nicht angenommen ... Bin nicht bereit, irgendwelche Aussagen gegen ... zu machen, weil ich das nicht bestätigen kann, was man von mir wissen möchte.«

Vor dem parlamentarischen Untersuchungsausschuß in Hannover, der die Angelegenheit beleuchten sollte, erklärte T.

später: »Das wäre eine klare falsche eidesstattliche Versicherung gewesen.«

Mauss habe ihn für einen Tausender kaufen wollen: »Man wollte mir das Geld konkret über den Tisch reichen.« Der angebliche freie Mitarbeiter des BKA habe gesagt: »Dafür haben wir ja einen Sonderfonds.«

Nach dem Besuch in der Haftanstalt nahm einer der beteiligten Kripo-Beamten Mauss alias »Lange« mit zum ermittelnden Staatsanwalt.

»Wissen Sie«, erklärte Mauss dem Beamten, »ich bin im konspirativen Bereich tätig für das BKA.«

Als der Staatsanwalt Werner Mauss darum bat, ihm einen Ausweis zu zeigen, erklärte der: »Welchen wollen Sie sehen? Ich habe drei.«

»Wenn es so ist ...«, sagte der Staatsanwalt und verzichtete daraufhin auf eine Identifikation. Er lehnte es allerdings ab, wie von Mauss vorgeschlagen, den Haftbefehl gegen T. aufzuheben und das Ermittlungsverfahren gegen dessen Frau einzustellen, um auf diese Weise eine Aussage von T. zu erhalten.

Am nächsten Tag tauchte Mauss wieder in der Haftanstalt Celle II auf. Wie versprochen, brachte er das Eßpaket mit, darin Katenschinken, Räucheraal und Marzipanbrot. Im Besucherbuch der Anstalt wurde Werner Mauss nicht vermerkt. Dieses, so sagte später Gefängnisleiter Dr. Kühling, sei »ungewöhnlich und unstatthaft«. Grundsätzlich müsse sich jeder Besucher ausweisen, auch Kriminalbeamte, wenn sie von ihrer Person her nicht gut bekannt seien. Für Geheimagent Mauss galten aber offenbar andere Regeln.

Auch sein Auftreten als Mitarbeiter des BKA war in diesem Falle höchst fragwürdig. Selbst der Präsident des Bundeskriminalamts, Dr. Boge, der Mauss in Bedrängnis immer wieder zur Seite gesprungen war, rückte später im niedersächsischen Untersuchungsausschuß von seinem Schützling ab.

Er sagte, Mauss sei in diesem Fall nicht vom BKA vermittelt

worden. Das BKA habe Mauss seit 1979 nicht mehr eingesetzt; was nur bei außerordentlicher Großzügigkeit in der Auslegung der Wahrheit entsprach. Mauss, so Boge weiter, werde aber vom BKA noch mit einer »Grundabdeckung« versorgt und das Bundeskriminalamt erhalte auch Berichte über seine Einsätze. Vermutlich sei daraus das Recht abgeleitet worden, ihn als »freien Mitarbeiter des BKA« zu bezeichnen. Boge selbst sei diese Bezeichnung fremd und ungewohnt. Für ihn sei Werner Mauss ein V-Mann. Im vorliegenden Fall sei es unzulässig gewesen, wenn Mauss selbst sich oder andere ihn als »Mitarbeiter« oder als »V-Mann« des BKA bezeichnet hätten.

Während seiner weiteren Ermittlungen im Fall T./Hastra bewegte Mauss eine ganze Reihe von Zeugen zur Abgabe eidesstattlicher Erklärungen, deren Zustandekommen als durchaus dubios zu bezeichnen ist. Bei einem Zeugen hat sich Mauss angeblich als Beamter des Landeskriminalamts Hannover ausgegeben. Aufgrund der späteren Aussage dieses Zeugen eröffnete die Staatsanwaltschaft Bonn ein Verfahren wegen Amtsanmaßung gegen Mauss alias Lange.

Das Ermittlungsverfahren in Sachen T./Hastra wurde später ergebnislos eingestellt. Der Agent war gescheitert.

Seine Arbeitsweise in diesem Fall wurde Thema des angesprochenen parlamentarischen Untersuchungsausschusses in Hannover, der sich mit Werner Mauss beschäftigte.

Doch dazu später.

Während der Ermittlungen im Fall Hastra-Tapeten mußte das Ehepaar Mauss eines Tages nach Mallorca fliegen. Wie üblich waren sie in Zeitnot. Mauss raste mit seinem Wagen die kurvige Landstraße an der Mosel entlang. Ein Stück vor ihnen versuchten zwei junge Frauen, eine Gruppe Kinder über die Straße zu lotsen. Die eine stand auf der einen, die andere auf der anderen Seite der Fahrbahn. Mit ausgestreckter Hand wollten sie die ankommenden Autos stoppen.

Mauss nahm den Fuß nicht vom Gaspedal.

»Du, bitte, du siehst doch da, daß du halten mußt«, beschwor Margret Mauss ihren Ehemann.

Doch der hupte nur und schrie seine Frau an: »Wir haben es eilig, mecker doch nicht immer!« Kinder und Erzieherinnen sprangen an die Seite, und Mauss fuhr mit unverminderter Geschwindigkeit weiter.

Am Flughafen in Frankfurt angekommen, ließ der Agent bei den Bodenstewardessen seinen ganzen Charme walten, um im letzten Moment abgefertigt zu werden. Er warf das Reisegepäck auf einen Kofferkuli, und im Eiltempo ging es die Gänge entlang. Mauss blickte kaum zur Seite und stieß vor einem Abfertigungsschalter mit seinem Gepäckwagen auf einen anderen. Die dahinter stehende Dame bekam den Wagen in die Hacken gerammt und fiel mitsamt dem Baby, das sie auf dem Arm hielt, auf den Kofferkuli. Ein daneben stehendes, etwa 14jähriges Mädchen verlor ebenfalls das Gleichgewicht und stürzte auf Mutter und Kind. Margret Mauss versuchte, den Gefallenen wieder auf die Beine zu helfen, und stammelte Entschuldigungen.

Ihr Mann war derweil mit dem Gepäckwagen schon wieder davongeeilt. Sie lief hinterher. Mauss schrie sie an: »Nun komm doch endlich.«

Leise sagte sie: »Hast du gesehen, was da passiert ist?«

»Du hast immer was zu meckern«, fuhr Mauss sie an, »wenn du bloß deinen dämlichen Mund halten würdest. Komm endlich, das Flugzeug wartet extra auf uns.«

Als sie in der Maschine saßen, stand der Entschluß für Margret Mauss fest.

So ging es nicht weiter, damit konnte sie sich nicht mehr identifizieren. Das kann nicht dein Mann sein, dachte sie, das ist nicht dein Partner, du mußt weg.

Das Team »M. & M.« zerbricht

Mauss hatte im Sommer 1981 auf Sardinien eine Frau namens Alida kennengelernt.

Die Reise hatte im Zusammenhang mit der Operation »Zitrone« gestanden. Alida war Italienerin, Anfang Zwanzig, und sah recht hübsch, wenn auch etwas pummelig aus. Sie arbeitete in der Rezeption eines Hotels auf der Ferieninsel. Alida sprach etwas Deutsch, und Mauss verwickelte sie umgehend in seine typischen Intensivgespräche.

Der Agent trug ziemlich dick auf. Er berichtete von seiner umfangreichen, geheimnisvollen Reisetätigkeit über alle Grenzen hinweg, gab mit seinem eigenen Flugzeug an und lud sie nach Frankfurt ein. Kaum zurück in Deutschland, schickte er ihr ein Flugticket.

Da Alida ohnehin eine Freundin in Brüssel besuchen wollte, nahm sie die Einladung an. Werner Mauss führte sie aus, versuchte ihr mit Luxusherbergen in verschiedenen Städten zu imponieren. Alida zeigte sich vom gastgeberischen Aufwand beeindruckt. Nach einigen Tagen flog sie zwar wieder nach Sardinien, kehrte aber Weihnachten 1981 zurück in die Bundesrepublik. Mauss warb weiter um die schöne Italienerin, diesmal mit Hilfe von zwei Tickets nach Jamaika.

Die Reise in die Karibik über die Jahreswende 1981/82 dauerte etwa drei Wochen.

Die Investition war nicht umsonst. Alida blieb in Deutschland.

Die ohnehin schon angeschlagene Beziehung zwischen den Eheleuten Werner und Margret Mauss ging nun vollends in die Brüche. Margret residierte fortan allein in der Villa in Altstrimmig. Werner Mauss bezog mit seiner neuen Freundin eine schon lange zuvor von ihm für konspirative Zwecke benutzte

Wohnung im Rhein-Main-Gebiet und tauchte nur noch sporadisch in Altstrimmig auf. Bei diesen Gelegenheiten diktierte er seiner Frau weiterhin die Einsatzberichte.

Margret Mauss ging nur mehr selten mit ihrem Geschäftspartner und Ehemann auf Dienstreise in den internationalen Untergrund der Kriminalität.

»Operation Ulrich«

Ende 1981 wurde Agent Mauss noch einmal im politischen Bereich eingesetzt und in die Fahndung nach seinem alten Kontaktmann, dem rechtsradikalen Udo Albrecht, eingeschaltet. Von der Staatsschutzabteilung der Kölner Polizei erfuhr er, daß Albrechts Freundin Vasiliki sich inzwischen nach Griechenland abgemeldet hatte. Über seinen alten Bekannten aus dem Fall Pohle, den griechischen Interpol-Mann Fatinopoulos, ließ Mauss Vasilikis griechische Mutter herausfinden.

Obwohl er lediglich einige Telefonate mit Fatinopoulos geführt hatte, trug Mauss in seinem Bericht an das Landesamt für Verfassungsschutz in Niedersachsen, das die Suche nach Udo Albrecht hochtrabend mit »Operation Ulrich« bezeichnete, wieder einmal ziemlich dick auf: »Über unseren Ansprechpartner in Griechenland konnte bis Anfang 1982 ein konspirativer Kontakt zur Mutter der Vasiliki aufgebaut werden, durch den festgestellt wurde, daß die Tochter in der Zeit von September bis Dezember 1981 des öfteren ihre Mutter in Griechenland aufsuchte.«

Zeitweise sei sie in Begleitung eines Deutschen aufgetreten, der sich als Ölkaufmann aus Saudiarabien ausgegeben habe und über größere Finanzmittel verfügte. Mauss kombinierte: »Aufgrund der Beschreibung kann mit an Sicherheit grenzender Wahrscheinlichkeit damit gerechnet werden, daß es sich bei der männlichen Begleitung der Vasiliki um Udo Albrecht handelte.«

Auf Wunsch von Mauss ließ Fatinopoulos alle in Athen und Saloniki während der letzten Zeit ein- und ausgereisten Personen karteimäßig überprüfen. So konnte festgestellt werden, daß Vasiliki am 20. Oktober 1981 von Athen aus nach Damaskus abgeflogen war.

Mauss vereinbarte mit Fatinopoulos, daß Albrecht, falls er jemals wieder nach Athen zurückkehren würde, nicht sofort festgenommen, sondern Mauss die Möglichkeit einer Kontaktaufnahme eingeräumt werden sollte.

Zum Leidwesen von Mauss blieb Udo Albrecht jedoch verschwunden. Die »Operation Ulrich« verlief im Sande. Erneut war Werner Mauss im politischen Bereich erfolglos geblieben.

Unverdrossen übernahm Agent Mauss seinen nächsten Fall, diesmal wieder im vertrauten Milieu.

Mauss und der Juwelier

Am 31. Oktober 1981, einem Samstag, wollte ein Postbeamter um 9.35 Uhr zwei Wertbriefe für je 500 Mark im Juweliergeschäft Düe in Hannover abgeben. Er klingelte an der Tür, doch niemand öffnete ihm. Als er durch die Scheibe der Eingangstür blickte, sah er einen Mann auf dem Fußboden liegen. Vom Nachbargeschäft aus ließ er die Polizei rufen.

Juwelier René Düe lag parallel zur Schaufensterscheibe mit dem Kopf in Richtung des Tresors, vor dem Mund einen bräunlichen Brei aus Erbrochenem. Er schien bewußtlos. Auf dem Kopf hatte er eine fünf Zentimeter breite, blau verfärbte Schwellung mit einer kleinen Blutspur.

Auf der Empore des doppelstöckigen Ladens lag die Mutter des Juweliers, Lydia Düe. Sie war mit Paketklebeband umwickelt.

Die Kripo machte 150 Fotos vom Tatort. Um 9.47 Uhr traf der Notarzt ein. Der Juwelier reagierte weder auf Ansprechen noch auf Schmerzreize. Er wurde in den Notarztwagen verladen. Auch jetzt kam er noch nicht zu Bewußtsein, was dem Arzt merkwürdig vorkam. Die Verletzungen erschienen, jedenfalls auf den ersten Blick, nicht so schwerwiegend, als daß der Niedergeschlagene immer noch bewußtlos sein mußte.

Erst im Laufe des Vormittags wachte der Juwelier aus seiner Ohnmacht auf. Kriminalhauptkommissar Mäuser konnte ihn vernehmen. René Düe berichtete, er habe eine Schmuckausstellung geplant. Etwa 150 Personen seien eingeladen worden. Gegen 9.10 Uhr habe er vor seinem Tresor gestanden, um die Auslagen dekorativ aufzubauen. Plötzlich habe es geklingelt. In der Annahme, es sei ein Geschäftsfreund aus Italien, habe er den automatischen Türöffner am Schreibtisch betätigt. Zwei Männer seien auf ihn zugekommen, einer habe ihm die Hand gereicht, so, als ob er guten Tag habe sagen wollen. Statt dessen habe er ihm aber in den Magen geschlagen. Anschließend habe man ihm noch mit einem Gegenstand auf den Kopf geschlagen. Das letzte, woran er sich erinnern könne, sei sein Sturz.

Düe war kaum in der Lage, zusammenhängende Sätze zu bilden. Stammelnd und unter Schluchzen und Weinen schilderte er dem Beamten seine Erlebnisse. Dennoch kamen Mäuser die Schilderungen wie »vorformuliert« vor. Schließlich brach Düe die Befragung mit den Worten ab: »Das reicht ja wohl für Sie.«

Noch am selben Abend, kurz nach 18.00 Uhr, erfuhr der Direktionsbeauftragte der Mannheimer Versicherung, Bläsig, aus dem Fernsehen von dem Überfall auf das Geschäft Düe. Die Sache betraf seine Versicherung, und so rief er sofort im Juweliergeschäft an. Es meldete sich ein Mann namens Busse, der den Hörer an seine Lebensgefährtin Marion Düe weiterreichte, die Schwester des überfallenen Juweliers.

»Wieviel ist weggekommen?« erkundigte sich der Mann von der Versicherung.

»Alles weg«, klärte ihn Marion Düe auf. Es seien nur noch zwei Hände voll Wertsachen da.

Bläsig informierte seine Versicherung und vereinbarte mit Marion Düe einen Termin für den 2. November, um den Fehlbestand an Schmuckstücken genau festzustellen.

Der Schaden war beträchtlich. Es war der größte Juwelenraub seit Jahren: insgesamt 3400 Einzelstücke wie Ringe, Broschen, Ohrclips, Ketten, Medaillons, Armbänder, Armreifen, Feuerzeuge, Colliers, Anhänger, Nadeln, ungefaßte Diamanten und kostbare Uhren. Das Gewicht des geraubten Schmuckes ohne Verpackungsmaterial betrug sechzig bis siebzig Kilogramm. Gesamtwert: 13 665 962 Mark. Etwa die Hälfte davon war Kommissionsware, die Düe für seine Ausstellung von Lieferanten zur Verfügung gestellt worden war.

Wie man sich vorstellen kann, war die Mannheimer Versicherung nicht gerade begeistert von dem, was da auf sie zukam. Dem Kriminalbeamten Mäuser erschien die Geschichte auch etwas seltsam. In seinem Zwischenbericht vom 13. Januar 1982 kam er zu dem Ergebnis: »In Verbindung mit den unterschiedlichen Aussagen/Widersprüchen über die Täter, Tatablauf, Geschäftspraktiken ... pp., kann ein Raubüberfall auf ›Bestellung‹ nicht ausgeschlossen werden.«

Besonders aufgefallen war dem Kripo-Mann, daß der Abtransport von eineinhalb Zentnern Pretiosen, schon vom Volumen und vom Gewicht her, in zwei Aktentaschen, wie von Düe geschildert, nur schwer möglich war. Außerdem bezweifelte er, daß es jemand schaffen könnte, in so kurzer Zeit 3400 Einzelstücke zusammenzuraffen. Merkwürdig war ihm auch vorgekommen, daß Düe in Höhe des Verkaufstisches niedergeschlagen worden war, daraufhin bewußtlos zu Boden gestürzt sein wollte, später aber runde zehn Meter weiter entfernt aufgefunden worden war, ohne daß es entsprechende Schleppspuren gegeben hatte. Zudem schienen den Ermittlern die Verletzungen Dües in krassem Mißverhältnis zu seiner langen Ohnmacht zu stehen.

Kein Zweifel, der 13-Millionen-Mark-Schaden, »zum Nachteil der Mannheimer Versicherungs AG, Mannheim, und der Münchener Rückversicherungsgesellschaft, München«, war ein Fall, der geradezu nach Werner Mauss verlangte.

Schon Ende 1981 wurde das Ehepaar Mauss von der Versicherung nach Hannover beordert. Nach einem kurzen Gespräch mit den Kripo-Beamten Mäuser, Albert und Weiß kam Mauss zu dem Ergebnis, »daß der Raubüberfall, nach langfristiger Planung, mit an Sicherheit grenzender Wahrscheinlichkeit vom Versicherungsnehmer Düe vorgetäuscht ist«.

Die Sonderkommission der Stadtpolizei Hannover hatte bis Anfang Januar 1982 genug Verdachtsmomente zusammengetragen, um gegen Düe ein Ermittlungsverfahren einleiten zu können. Das hatte für die Versicherung die angenehme Nebenerscheinung, daß sie zunächst nicht zahlen mußte.

Jetzt hatte Mauss Zeit für seine Arbeit. Er wollte durch »taktisch/psychologisch aufgebaute, konspirative Aktion zuerst an das Umfeld des Versicherungsnehmers und dann an die Hauptzielperson René Düe gelangen, um dann den Verdacht aus dem vorgetäuschten Schaden beweisbar zu machen«.

Bei 13 Millionen Mark Schadenssumme stand reichlich Geld für die Operation zur Verfügung. Die »Institution M.« setzte denn auch gleich auf ziemlich hohem Niveau an, wobei der Polizei nach Mauss'scher Manier wieder eine wichtige Handlangerrolle zugedacht war.

Zunächst ließ Mauss das »Umfeld des Versicherungsnehmers« abklären. Unverblümt schrieb der Agent an seine Versicherung: »Den Lebensgefährten der Marion Düe ließen wir ab Dezember 1981 durch die Polizeidirektion Hannover observieren, mit gleichzeitiger Überprüfung seines Vorlebens.«

Wieder einmal gab Mauss die Anweisungen. Die Polizei sprang nach seinem Befehl.

Bei den Recherchen stießen Mauss & Co. auf den Leiter des Verkehrsbüros in Hannover, Oskar Weber, der vor mehr als zehn Jahren zusammen mit Achim Busse, dem Freund der Düe-Schwester, bei British Airways auf dem Flughafen in Hannover gearbeitet hatte. Unter einem Vorwand warb der Agent Weber als Informanten an und spielte ihn am 9. Februar 1982 an Busse heran. Dieser glaubte, einen alten Bekannten zufällig wiedergetroffen zu haben.

Mittlerweile hatte Mauss über einen Verbindungsmann einen sogenannten Firmenmantel in der australischen Stadt Perth angemietet. Er durfte das Büro, Telefon, Telex, Sekretariat und so weiter mitbenutzen und druckte eigens Briefpapier und Visitenkarten für seine Scheinfirma: »Tonsons Industrial Equipment, 101 Piccadilly Suites Cn. Short A Nash Str., Perth 6000 W.A., Phone (09) 3 25 26 73, Telex AA 93 880.«

Mauss wollte angeblich eine finanzstarke Gruppe simulieren, die auf dem Gebiet der Devisen- und Immobilienspekulation mit kriminellem Hintergrund arbeitete.

V-Mann Weber sollte Busse für Kurierdienste der windigen australischen Firma engagieren. Weber gab den Reiseauftrag an Busse weiter, weil er selbst angeblich verhindert sei.

Am 16. Februar 1982 schrieb der Gewährsmann von Mauss in Australien ein Telex an Weber, das dieser an Busse weiterreichen sollte. Auf englisch hieß es darin: »Lieber Herr Weber, es tut uns sehr leid, daß Sie uns aus beruflichen Gründen bei unserem europäisch-australischen Geschäft nicht helfen können. Ich danke Ihnen aber für die Empfehlung eines Vertreters. Wir akzeptieren ihn, vor allem, weil Sie uns ihn empfohlen haben und Sie mehr als zehn Jahre lang Erfahrungen mit ihm gemacht haben. Ich werde umgehend ein vorbezahltes Ticket an Herrn Busse schicken. Bitte teilen Sie mit, ob Herr Busse in der letzten Februarwoche 1982 ankommen kann. Spätestes Ankunftsdatum in Perth sollte der 25. Februar 1982 sein.«

Anfang 1982 teilte Kriminaldirektor Müller, mit dem Mauss

bereits im Fall »Zitrone« zusammengearbeitet hatte, dem Agenten mit, daß das LKA Niedersachsen in der Sache Düe eine Sonderkommission einrichten werde. Alle konspirativen Aktionen der »Institution M.« würden mit den erforderlichen Abdeckpapieren und sonstigen Maßnahmen unterstützt.

Am 11. März 1982 erhielten Mauss und seine Mitarbeiter, Ehefrau Margret und Freundin Alida, Tarnpapiere. Am 17. März sagte »Zielperson« Busse dem Mauss-Informanten Weber, daß er am Tag zuvor zwei anonyme Anrufe erhalten habe: »Ich möchte Sie warnen, am Zielort [gemeint war Australien] erwarten Sie böse Männer.«

Busse war durch die Anrufe sehr verunsichert und überlegte sich, ob er unter diesen Umständen die Reise nach Australien überhaupt antreten sollte. Mauss später an die Versicherung: »Wir, als auch das Landeskriminalamt Niedersachsen, gehen davon aus, daß es sich bei dem anonymen Anrufer nur um einen Polizeibeamten handeln kann, der die konspirative Arbeit verraten wollte.« Offenbar tanzte beim LKA Niedersachsen noch nicht jeder Beamte nach der Mauss'schen Pfeife.

Der Agent griff in das Arsenal seiner psychologischen Bearbeitungstaktiken und ließ »ausländische Mitarbeiter«, in Wahrheit wohl Stewardeß Kurshid Mogul, von Bangkok und Tokio aus anrufen und Busse über Ticketbereitstellung und -abholung, Abflugzeiten und so weiter informieren.

Die weltweite Windmaschine verfehlte ihre Wirkung nicht. Busse erklärte sich bereit, am 27. März abzufliegen, jedoch nur, wenn er auch seine Freundin Marion Düe mitnehmen dürfe. Ein zusätzliches Flugticket nach Australien war für die »Institution M.« das geringste Problem.

Am 24. März war auch Margret Mauss nach Australien abgeflogen. Am anderen Ende der Welt sollte sie Busse und Marion Düe treffen. Geplant war, Marion Düe und Achim Busse »in ein sorgfältig vorbereitetes psychologisch-taktisches Spiel« zu verwickeln und beide nach möglichst kurzem Aufenthalt in Australien zurück nach Italien und in die Schweiz reisen zu lassen.

Am 29. März, um fünf Uhr morgens, landeten Busse und Marion Düe in Perth. Um die beiden zu beeindrucken, ließ Mauss sie in einem weißen Rolls-Royce vom Flughafen abholen. Ohne Erholungspausen wurden sie von einem Scheingespräch in das nächste gedrängt. Dann bekamen sie ein völlig unwichtiges, nichtssagendes Schriftstück im verschlossenen Umschlag überreicht und mußten sich damit auf die Rückreise machen.

Am 1. April saßen sie wieder im Flugzeug und kamen nach fast dreißigstündigem Flug am 2. April 1982 um 8.45 Uhr in Rom an. Dort wurden sie von einer attraktiven Abgesandten des Super-Agenten aufgesucht, die ihnen einen mit Tarnzeichen versehenen BMW aushändigte. Sie sollten den Wagen nach Zürich überführen.

Den BMW hatte Werner Mauss bei der Bearbeitung eines anderen Falles im Auftrag der Provinzial-Versicherung Hannover von einer kriminellen Bande erworben. Jetzt war ihm das Fahrzeug vom Vorstand der Versicherung zur Verfügung gestellt worden.

In Zürich übernahm Mauss alias »Claude« am 3. April den Fall persönlich. Er zahlte Busse und Marion Düe für den Scheinauftrag und die Autoüberführung aus. Die Bezahlung erfolgte höchst geheimnisvoll in arabischer Währung.

Busse und Marion Düe waren erwartungsgemäß stark übermüdet. Mauss konnte zur eigentlichen Sache übergehen.

Der Agent in einem Vermerk: »Busse und Marion Düe, die schon in Australien über den Raubüberfall gesprochen hatten, ohne Verdachtsmomente für eine Vortäuschung erkennen zu lassen, erklärten, daß gegen René Düe seitens der Polizei intensivste Ermittlungen laufen. Sie hätten deshalb einen Plan entwickelt, Ware, die mit dem geraubten Gut identisch sei, in Höhe von über einer Million Mark, zu einem sehr günstigen

Preis an uns zu verkaufen, mit der Bitte, einen Teil davon (besonders markante Stücke) bei unliebsamen Konkurrenten, über uns, im Ausland, der Polizei in die Hände zu spielen, um dadurch die Ermittlungsbehörden in Hannover auf eine falsche Spur zu setzen, wodurch die Ermittlungen gegen René Düe eingestellt werden müßten.«

Soweit die Version von Mauss. Busse, Marion und René Düe stellten den Sachverhalt später naturgemäß umgekehrt dar. Sie behaupteten, die Initiative sei von Mauss ausgegangen.

Marion Düe: »Natürlich wurde über den Raubüberfall gesprochen. ›Claude‹ fragte mich, da ich ja Goldschmiedin bin, ob ich nicht ein paar Schmuckstücke nacharbeiten könne, die man dann z. B. in den USA auffliegen lassen könnte. Ich sagte ihm, daß ich das gar nicht könne, es überhaupt unmöglich sei, und lehnte ab. Das war seine Idee! Unliebsame Konkurrenten wurden mit keinem Wort erwähnt.«

Der Agent und die Wanzen

Achim Busse und Marion Düe hatten geplant, Anfang April auf die Kanarischen Inseln zu reisen. Mauss wußte davon schon, denn bei der Abreise des Paares nach Australien hatte er sie observieren und Gesprächsfetzen notieren lassen. Die Sache paßte gut in sein Konzept, und so regte er ein Treffen auf den ihm wohlvertrauten sonnigen Atlantikinseln an.

Am 18. und 22. April traf der Agent seine Zielpersonen auf Teneriffa und Gran Canaria. Mauss war nicht allein auf die Kanaren geflogen. Begleitet wurde er von den hannoverschen Kriminalbeamten Wunder und Jüttner. Sie hatten die Anweisung, Marion Düe und Achim Busse in ihrem Hotel zu beobachten.

Offizielle Absicht war, Agent Mauss alias »Claude« vor möglichen tätlichen Angriffen zu schützen. Ausgerüstet waren die

Kripo-Beamten mit einer Bohrmaschine, einem Tonbandgerät und einem Mikrophon. Sie mieteten sich direkt neben Achim Busse und Marion Düe ein und bohrten ein Loch in die Wand. Dann installierten sie Mikrophon und Tonbandgerät so, daß sie die Gespräche im Nachbarzimmer abhören konnten. In einem anderen Hotel war Bohren nicht nötig. Eine dünne Zwischentür ermöglichte den Lauschangriff auch ohne Perforation.

Natürlich war eine solche Abhöraktion illegal. Später, als der Fall Düe vor dem Untersuchungsausschuß des niedersächsischen Landtags verhandelt wurde, erklärte einer der beteiligten LKA-Beamten, er habe zwar rechtliche Bedenken gegen derartige Abhörmaßnahmen im Ausland gehabt, diese seien ihm jedoch in einem Gespräch mit seinem Vorgesetzten ausgeredet worden. Dezernatsleiter Kaiser habe darauf hingewiesen, daß die Abstimmung über das BKA und Interpol stattgefunden hätte. Auf seine Frage, ob ein solcher Lauschangriff dem spanischen Recht entspreche, habe Kaiser ihm erklärt, daß derartige Maßnahmen zulässig und auch nicht strafbar seien.

Mauss drang darauf, endlich René Düe persönlich zu treffen. Busse versprach, seinen Schwager zum 30. April nach Gran Canaria zu bitten. Doch daraus wurde zunächst nichts, denn über einen Kontaktmann bei der hannoverschen Justiz hatte Busse laut Mauss-Bericht erfahren, daß Dües Telefon abgehört werden sollte. Daran stimmte lediglich, daß eine Abhöraktion geplant war, nicht aber, daß Busse davon erfahren hatte. Tatsächlich gelauscht wurde allerdings zunächst noch nicht, denn das zuständige Gericht in Lüneburg lehnte die Genehmigung zur Telefonüberwachung ab. Es gebe keinen Tatbestand nach § 129 Strafgesetzbuch – kriminelle Vereinigung –, der in diesem Falle allerhöchstens hätte herangezogen werden können.

Mauss reiste zurück nach Hannover, um zusammen mit seinen Vertrauten vom Landeskriminalamt, Kriminaldirektor Müller und Kriminalhauptkommissar Hoffmann, den leitenden Oberstaatsanwalt Hinkelmann in seinem Urlaubsort Bad

Pyrmont aufzusuchen. Der Einsatz hatte Erfolg. Hinkelmann setzte doch noch eine richterlich angeordnete Telefonüberwachung durch.

Zuvor war das Ermittlungsverfahren gegen Düe eingestellt worden. Die Telefonüberwachung wurde dennoch durchgeführt. Und tatsächlich konnten die amtlichen Lauscher höchst Wichtiges registrieren. Familie Düe habe nach Einstellung des Verfahrens mit den Vorbereitungen zu einer großen Feier begonnen, da man nun mit einer schnellen Auszahlung der Versicherungssumme habe rechnen können. In den später vorgelegten Abhörprotokollen war davon allerdings nichts zu lesen.

Mauss äußerte sich in seinem Aktionsbericht beleidigt:»Die Einstellung des Verfahrens erschwerte unsere weitere Konzeption und Ermittlungsarbeit ganz erheblich.«

Die Mauss-Falle

Der Agent ließ sich nicht bremsen. Er verabredete mit Busse ein Treffen in der Schweiz, bei dem René Düe ihn, den millionenschweren Dunkelmann »Claude«, endlich persönlich kennenlernen sollte.

Mauss hatte signalisiert, seine Organisation wolle in Deutschland ein großes Juweliergeschäft aufmachen. Vielleicht sei der bekannte Fachmann René Düe der richtige Kandidat für den Geschäftsführerposten.

Busse und Düe flogen am 15. Mai 1982 nach Zürich. Am Flughafen wurden sie von Mauss-Freundin Alida im weinroten Cadillac mit Chauffeur abgeholt. Sie fuhren in die City zu einem großen Hotel am See. Dort wurden sie abgesetzt und sollten in zwei Stunden mit »Claude« zusammentreffen. Doch zur festgesetzten Zeit kam der Chauffeur allein und erklärte Busse, er solle die beiden zu »Claude« bringen.

In einem Restaurant mit Blick über den Zürichsee stellte

Alida »Claude« vor. Düe fand ihn sehr sympathisch und war besonders erfreut, als Mauss ihm das »Du« anbot. Bei einem guten Mittagessen besprachen sie die Lage. Düe zog ein Exemplar der Zeitschrift »Chic« aus der Tasche, in der ein großer Artikel mit Fotos über ihn und sein Juweliergeschäft stand.

»Kann ich die Zeitung haben?« fragte Claude.

Düe nickte. Dann erklärte er Mauss, daß die Versicherung trotz Einstellung des Verfahrens noch keinen Pfennig der Schadenssumme an ihn bezahlt habe.

»So etwas ist ja eine Schweinerei«, sagte der Versicherungsagent. »Was willst du denn jetzt machen?«

»Dagegen kann man fast nichts machen. Meine Anwälte haben die Sache in der Hand. Solange ein Ermittlungsverfahren liefe, brauche die Versicherung auch nicht zu zahlen.«

Claude erkundigte sich, ob Düe Interesse hätte, ein neues Juweliergeschäft in einer größeren Stadt aufzubauen.

»Lust und Interesse hätte ich schon, nur kein Geld und keine Ware mehr«, antwortete der Juwelier.

»Ich arbeite für Leute, die alles finanzieren und denen es auf Geld nicht so sehr ankommt wie auf jemanden, auf den man sich verlassen kann und der etwas vom Geschäft versteht.« Daß Düe Geschmack habe, umschmeichelte ihn der Agent, habe er ja schon bewiesen. Er und seine Organisation hätten sich auch schon über ihn erkundigt. In der Branche habe Düe einen sehr guten Namen und Ruf sowie zwei Topgeschäfte.

»Warum machst du mir so ein Angebot?« wollte Düe wissen, »was habt ihr für ein Interesse an der Sache, schließlich bin ich von der Presse in ein schiefes Licht gerückt worden.«

»So was ist ja nichts Außergewöhnliches«, beruhigte ihn Mauss. »Worauf es mir ankommt, und auch meinen Bossen, ist, was für ein Mensch du bist.« Von Dües Schwester habe er gehört, mit wieviel Fleiß und Ausdauer er seine Geschäfte aufgebaut habe. »Jetzt, in so einer Situation, bist du der Partner für uns.«

»Ich habe auf jeden Fall Interesse, aber ich muß noch mehr Einzelheiten über deine Chefs haben«, meinte Düe.

»Das ist selbstverständlich, aber ich muß erst mal meinen persönlichen Eindruck meinen Chefs mitteilen. Bevor ich mehr sagen kann, muß ich erst Bericht erstatten. Von mir aus wäre die Sache klar.«

Mauss ließ durchblicken, daß einer seiner Chefs der Vater von Alida sei. Er werde umgehend mit ihm telefonieren und wolle Düe vor dessen Rückflug dann noch einmal sehen.

Am späten Nachmittag trafen der Juwelier und der Versicherungsagent wieder zusammen. Mauss berichtete, er habe mit Alidas Vater gesprochen, und auch Alida selbst sei von Düe sehr begeistert. Hocherfreut schlug Düe vor, sich doch das nächste Mal in Hannover zu treffen, dort könne man alles weitere besprechen. Mauss wehrte ab: »Ich kann nicht nach Deutschland kommen wegen Steuersachen.« Am liebsten würde er einen neuen Termin über Achim Busse vereinbaren. »Man weiß ja nicht, ob das Telefon abgehört wird. Wir wollen nicht, daß man einen falschen Eindruck bekommt oder falsche Schlüsse zieht, zumal meine Geschäftspartner sehr große Geldgeschäfte im Ausland tätigen.«

Soweit die Erinnerung des überfallenen Juweliers René Düe an seine ersten Gespräche mit Mauss alias »Claude«. Der Detektiv selbst schilderte den Inhalt seiner Versicherung gegenüber ein wenig anders. So sei, wie schon zuvor im Gespräch mit Düe-Schwager Busse, über eine gezielte »Spurenlegung« gesprochen worden. Allerdings habe Düe erwartungsgemäß angegeben, er sei zur Zeit nicht bereit, Schmuck aus der angeblichen Straftat zu verkaufen; insbesondere deswegen, weil das Verfahren inzwischen gegen ihn eingestellt worden sei. Die Gefahr sei zu groß, daß die Polizei nach einem Auftauchen von Schmuckstücken aus dem Raub die Ermittlungen gegen ihn wiederaufnehmen könnte. Deswegen zöge er ein Abwarten vor.

Mauss in seinem Bericht an die Versicherung: »Um den Eindruck zu verwischen, daß unsererseits zu großes Interesse an der Übernahme des angeblich geraubten Schmuckes besteht, wurde René Düe ein Scheingeschäft vorgeschlagen, durch das letztlich trotzdem der Einstieg zur Beweisbarmachung des vorgetäuschten Schadens erlangt werden sollte.«

Dieses Scheingeschäft war die Einrichtung des neuen Luxusladens unter der Führung Dües.

Verfolgungsjagd durch Frankreich

Am 28. Mai 1982 reiste Mauss zu einer fünfstündigen Einsatzbesprechung mit den Kriminalbeamten der Sonderkommission nach Hannover. Wieder entwarf Mauss ein großartiges Szenario. Achim Busse und René Düe sollten nach Marseille bestellt werden. Die hannoversche Polizei leistete erneut umfangreiche Amtshilfe. Kriminaldirektor Müller beauftragte den Kriminalhauptkommissar Linkogel, die Aktion mit deutschen und französischen Observationskräften zu koordinieren. Linkogel rief den französischen Kollegen Jean-Claude Vincent an und vereinbarte das Nötigste. Schon zuvor war die Aktion mit Interpol Paris und Abteilungspräsident Jeschke vom Bundeskriminalamt in Wiesbaden abgesprochen worden.

Düe und Busse waren bereit, sich auf eine neue Reise ins Unbekannte zu begeben. Sie flogen nach Paris und erhielten dort von einem für die Aktion eingesetzten Franzosen einen mit Tarnkennzeichen versehenen grünen Mercedes. Den Wagen hatte Mauss vorher mit Mikrophonen ausstaffieren lassen. Diese wiederum waren mit Funkgeräten verbunden. Ein nachfolgendes Auto der eingesetzten Observationsgruppe, besetzt mit Kripo-Beamten aus Niedersachsen und Frankreich, sollte die Gespräche zwischen Düe und Busse mithören und auf Tonband aufzeichnen.

Der erneute Lauschangriff, nicht minder illegal als der erste, schlug allerdings fehl. Die Transistoren der Funkgeräte versagten nach einstündiger Fahrt.

Unter ständiger Observation erreichten Düe und Busse Marseille und quartierten sich im Hotel »Sofitel« ein, wo Mauss Zimmer für sie reserviert hatte. Am Mittag holten der Agent und seine Freundin Alida die beiden zum Essen in ein Fischrestaurant am Hafen ab.

Nach späteren Angaben von Düe habe Claude ihn dort gefragt, wie seine Sache stehe.

Er selbst habe geantwortet: »Das Ermittlungsverfahren gegen mich ist eingestellt worden, aber die Versicherung will nicht zahlen, weil ich immer noch im Verdacht stehen würde. Wir müssen die Versicherung wohl verklagen.«

Darauf Mauss: »So etwas habe ich auch schon mal gehabt. Es gibt aber Möglichkeiten.«

Düe später: »Claude sagte, daß er die Möglichkeit hat, Schmuck im Ausland auffliegen zu lassen, und somit der Verdacht von mir genommen wird. Ich sagte, daß so etwas für mich nicht in Frage kommt und sich die Sache schon aufklären würde, denn die Versicherung könne mich ja nicht so lange ohne eine Akontozahlung stehen lassen, und auch meine Anwälte machen alles, was möglich ist.«

Am nächsten Tag sollte Düe den »Chef« von Claude kennenlernen. Abends besuchte der Agent den Juwelier noch in seinem Hotel. An der Bar unterhielt man sich über das neue Geschäft, das gemeinsam eingerichtet werden sollte. Düe wurde in Aussicht gestellt, die gesamte Gestaltung selbst zu übernehmen. Der Laden sollte in der besten Gegend von Hamburg eröffnet werden.

Wieder wollte Düe von Claude weitere Einzelheiten erfahren: »Ich muß ja auch wissen, wie das Geschäft geführt werden soll, denn ich will natürlich nur sehr gute und hochwertige Schmucksachen führen, wie ich es gewohnt bin, und was auch mein Publikum von mir erwartet. Wie ist es überhaupt mit Ware?«

Mauss wehrte ab. Das alles werde sein Chef im einzelnen mit Düe besprechen: »Ich weiß aber, daß es ein Supergeschäft werden muß, es wird auch für meine Leute ein Prestigegeschäft sein, und da kommt nur die allerbeste Lage in Frage.«

Düe solle sich auf jeden Fall schon bemühen, ein geeignetes Geschäft zu finden.

Der Juwelier sprang voll auf die Phantasien des Agenten an: »Was für eine Größe soll das Geschäft denn haben? Wieviel Ware soll im Geschäft sein? Das ist der Punkt, auf den man besonders achten muß, ob man einen Tresor wegen der Decken aufstellen kann. Und je nachdem, wieviel Ware lagern soll, ob uns von der Versicherung ein Schrank vorgeschrieben wird.«

Mauss stellte dem Juwelier einen Warenbestand von vierzig bis fünfzig Millionen Mark in Aussicht. Seine Organisation habe vor, noch einen Großhandel zu integrieren. Sie hätten allein für etwa sechs Millionen Mark Perlenketten. Dafür müßten die entsprechenden Räumlichkeiten zur Verfügung stehen.

»Dann ist es das beste, einen Tresorraum bauen zu lassen«, erklärte Fachmann Düe.

Das Luftschloß nahm Gestalt an.

Am Nachmittag des folgenden Tages eröffnete Agent Claude dem Juwelier, seinem Chef sei etwas sehr Wichtiges dazwischengekommen und er sei leider verhindert. Er habe aber mit ihm gesprochen und ihm geschildert, was für gute Einfälle Düe für die Einrichtung des exklusiven Juweliergeschäfts entwickelt habe. Sein Chef sei begeistert. Dann übergab er Düe acht lose Brillanten und bat ihn, sie sich in Ruhe anzusehen. Er könne die Edelsteine preisgünstig erwerben und brauche den Rat des Fachmanns. Die Brillanten stammten aus dem Asservatenraum des niedersächsischen LKA.

Düe besorgte sich eine Lupe und untersuchte die Steine. Er stellte fest, daß sie höchstens 10 000 Mark wert waren.

Mauss hatte den grünen Mercedes, mit dem Düe und Busse von Paris aus nach Marseille gefahren waren, nach deren Ankunft selbst übernommen. Jetzt bat er Busse und Düe, den Wagen für ihn in die Bundesrepublik zu überführen.

Über den Inhalt des Fahrzeugs gibt es wieder zwei unterschiedliche Versionen. In seinem Bericht an die Versicherung schrieb Werner Mauss, er habe Düe offenbart, daß in der Zwischenzeit Stehlgut, nämlich gestohlene Brillanten und Rauschgift, eingeschweißt worden war. Mauss wörtlich an seine Auftraggeber: »Durch diese scheinbare Offenlegung des Transportgutes wollte ich die Einsatzbereitschaft und den kriminellen Willen der Zielperson testen.«

Düe bestreitet das: Er habe von der eingeschweißten heißen Ware nichts erfahren. Bestätigen konnte er allerdings, daß im Kofferraum des Wagens verpackt acht bis zehn Gemälde im Wert von je 20 000 Mark lagen. Werner Mauss hatte ihm und Busse auch die notwendigen Zollpapiere, ausgestellt auf seine Scheinfirma in Australien, übergeben.

Die Bilder im Gesamtwert von 200 000 Mark waren echt. Das Landeskriminalamt in Niedersachsen hatte sie im Auftrag von Mauss eigens aus dem Landesmuseum Hannover ausgeliehen und zusätzlich bei der Colonia in Köln versichert. Eigentlich war Düe ohnehin nur zufällig im Auto. Er hatte nach der ersten Etappe von Paris aus nach Hannover fliegen wollen.

Kriminaldirektor Müller hatte in der Zwischenzeit ein Fahrzeug mit Technikern und neuen Funkgeräten nach Frankreich geschickt, um die defekten Sendeanlagen in dem grünen Mercedes auszutauschen.

Sosehr Düe bereit war, sich mit seinem Schwager auf die Transportfahrt einzulassen, so zögerlich stellte er sich immer noch dabei an, sich von Mauss den Fangschuß verpassen zu lassen. Der Agent in seinem Bericht: »René Düe sagte in gezielten Gesprächen nochmals ausdrücklich, daß er vorerst nicht beabsichtige, Schmuck zu ›günstigen Preisen‹ zu verkaufen. Vielmehr sei er nunmehr entschlossen, die Versicherung zu verklagen, falls diese auch weiterhin die Zahlung verweigere.«

Mauss mußte sich etwas einfallen lassen. Verfolgt von einem Observationsteam der französischen Polizei und Beamten des Landeskriminalamts Niedersachsen fuhren Düe und Busse am Sonntag, dem 6. Juni 1982, mit dem grünen Mercedes in Richtung Paris. Bereits auf der Autobahn zwischen Marseille und Lyon versagte die aufwendig herbeigeschaffte neue Abhöranlage angeblich wiederum. Allerdings glaubte Mauss, aus den bis dahin belauschten Gesprächen erkennen zu können, daß beide »Zielpersonen« keinerlei Mißtrauen hegten.

Ein Autodiebstahl

Düe und Busse gerieten auf dem Weg nach Paris in ein schweres Unwetter. Düe verpaßte seinen Flug und entschloß sich, weiter mitzufahren. Völlig übermüdet erreichten die beiden am Montag morgen die Raststätte Wattenheim in der Nähe von Kaiserslautern. Als sie beim Frühstück saßen, merkten sie, daß sich jemand am Wagen zu schaffen machte. Düe sprang auf und versuchte, sich vor den Mercedes zu stellen. Erst als der mutmaßliche Autodieb energisch anfuhr, brachte sich der Juwelier in Sicherheit. Der Autoknacker, ebenfalls erregt, kollidierte mit einem Lastwagen, setzte zurück und raste davon.

Kaum war Düe nach draußen gelaufen, um den mutmaßlichen Autodiebstahl zu verhindern, klingelte in der Raststätte das Telefon. Ein gewisser Herr Claude ließ einen gewissen Herrn Busse an den Apparat bitten. Das Gespräch war vorher mit ihm vereinbart worden. Mauss erklärte, der in jenem Moment »ablaufende Autodiebstahl« sei von ihm fingiert worden. Alles weitere werde er demnächst berichten.

Düe und Busse waren höchst verunsichert, was auch der Zweck der ganzen Übung war.

Der angebliche Autoknacker war ein Polizeibeamter gewesen, der den Wagen auf Anweisung von Mauss mit einem Nachschlüssel geöffnet hatte.

Zufällig rollte ein Taxi vor die Raststätte. Erfreut stiegen Busse und Düe in das Fahrzeug, um ihre Reise fortzusetzen. Sie wußten nicht, daß auch das angebliche Taxi ein Observationsfahrzeug des niedersächsischen Landeskriminalamtes war und der Fahrer ein Polizist. Die beiden ließen sich zum »Sheraton« am Flughafen Frankfurt bringen, wohin Mauss sie bestellt hatte. Dort war ein weiterer Telefonkontakt vereinbart worden.

Der Agent erklärte ihnen den Zweck des getürkten Autodiebstahls. Mauss gab den angeblichen Gesprächsverlauf in seinem Bericht so wieder: Seine Organisation habe mit einer pünktlichen Übergabe des Fahrzeugs zum vereinbarten Zeitpunkt gerechnet. Da »Düe und Busse« auf ihrer Reise zu langsam vorangekommen seien, hätte damit gerechnet werden müssen, daß sie entweder gegenüber der Polizei einen Verrat begangen oder aber die eingeschweißten Gegenstände unterwegs ausgebaut hätten. »Deshalb haben wir uns entschlossen, aus Sicherheitsgründen nicht auf die normale Übergabe des Wagens zu warten. Im Interesse der Organisation haben wir das Auto vorher abgeholt.«

Sein Gesprächspartner Busse, an den Grenzen seiner Einsatzfähigkeit angelangt, entschuldigte sich für die Verspätung und redete sich mit dem Unwetter heraus. Er beklagte, daß mit dem Mercedes auch das gesamte Reisegepäck, Brieftasche und so weiter abhanden gekommen seien.

Mauss versprach, die Sachen wieder herbeizuschaffen. Er werde sie am Reisegepäckaufbewahrungsschalter der Halle B am Flughafen in Frankfurt hinterlegen lassen. Der Gepäckschein werde in einem Briefumschlag mit der Aufschrift Busse an der Rezeption des »Sheraton« abgegeben.

Alles geschah, wie von Mauss zugesagt. Doch die Trickkiste des Agenten war noch nicht leer. Er ließ Düe vom Flughafen Frankfurt nach Hannover zurückfliegen und wies Busse an, noch am selben Tag nach Zürich zu kommen. Im Hotel »Mövenpick« sollte ihm der Lohn der Angst übergeben werden. Busse erhielt laut Mauss 15 000 Mark in bar. Busse bestreitet das. Er habe lediglich ein paar hundert Mark Aufwendungsersatz erhalten.

Die Jacht an der Côte d'Azur

Drei Tage später heckten Mauss, Kriminaldirektor Müller und dessen Kollegen vom Landeskriminalamt Niedersachsen eine weitere Aktion gegen Düe und Busse aus. Dieses Mal sollten die beiden auf ein Schiff in Südfrankreich gelotst werden. Abgesichert durch ein deutsches an Frankreich gestelltes Rechtshilfeersuchen, wurde die Aktion »Südfrankreich« vorbereitet. Dazu gehörte die verdeckte Anmietung von zwei Motorjachten, die mit Mikrophonen, Sendern und einem Funktelefon ausgerüstet werden sollten. Als alles vorbereitet war, meldete sich Mauss bei Düe und Busse in Hannover. Er entschuldigte sich für die Sache in der Raststätte: »Ich finde das selbst nicht gut, das alles war auch nicht in meinem Interesse.«

Düe war ungehalten. Er hatte einen Fotoapparat und seine Sonnenbrille, die mit dem gestohlenen Wagen verschwunden waren, nicht zurückbekommen. Düe später: »Ich sagte zu Claude, daß ich nichts mache, was nicht hundertprozentig in Ordnung ist, und die Angelegenheit mir sehr zu denken gebe.«

»Es ist alles in Ordnung, du brauchst dir wirklich keine Sorgen zu machen«, beruhigte ihn Mauss.

»Ich will jetzt aber Nägel mit Köpfen machen und nicht mehr

in der Weltgeschichte herumreisen. Das bringt nichts. Und wenn wir uns noch einmal treffen, muß auch der Chef da sein. Ich muß jetzt wissen, was alles zu machen ist. Ein Geschäft, so wie wir es besprochen haben, ist nicht von heute auf morgen aufzubauen.«

Mauss schlug ein erneutes Treffen in Nizza vor. Düe war zögerlich, denn im Sommer mußte sein Juweliergeschäft in Westerland auf Sylt betreut werden. Schließlich ließ er sich jedoch überreden.

Am Sonntag, dem 4. Juli 1982, sollten Düe und Busse an die Côte d'Azur fliegen. Der Juwelier war direkt von Westerland nach Hannover gefahren, um Busse dort abzuholen. Er traf ihn aber zu Hause nicht an. Busse war auf dem hannoverschen Schützenfest total versackt. Auf der Suche nach seinem Schwager ließ auch Düe sich vollaufen. Während der Autofahrt zum Frankfurter Flughafen lag der Juwelier sterbenskrank auf dem Rücksitz. Busse lenkte den Wagen – offenbar wieder halbwegs beieinander.

In Nizza wurden sie von Claude und Alida vom Flughafen abgeholt. Mauss später: »Bereits während ihres Eintreffens am Flughafen in Nizza fiel auf, daß sich Düe in einem psychisch und physisch völlig zerrütteten Zustand befand; er wurde beim Durchqueren der Paßkontrolle gestützt, ja fast getragen.«

Vom Flugplatz ging es sofort auf eine Motorjacht, die angeblich dem »großen Boß«, Alidas Vater, gehörte. Düe legte sich in die Koje und war erst am nächsten Vormittag wieder ansprechbar. Sie hatten Mauss erklärt, Düe habe wohl schlechten Fisch gegessen und sich den Magen verdorben, was dieser getreulich in sein Protokoll übernahm, allerdings mit weiteren Informationen anreicherte: »Beide erklärten, daß sie durch die Umstände, daß die Polizei möglicherweise doch noch die tatsächlichen Hintergründe zur Sache aufhellen könnte und sie selbst durch Fehler den Anlaß dazu geben, nachts keinen Schlaf mehr finden. Hinzu kommt, daß Düe in der vorangegangenen Nacht Fisch in Hannover aß, der wahrscheinlich verdorben war. Er sei deswegen augenblicklich magenkrank und müßte sich ständig übergeben.«

Offenbar hatte Schnüffler Mauss die Fahne vom Schützenfest nicht gerochen.

Dafür konnte er seiner Versicherung mitteilen, welch üble Burschen Busse und Düe angeblich seien: »Der Legende zufolge hatte Düe in vorhergehenden Diskussionen in Zürich und Marseille großes Interesse daran bekundet, gestohlenen oder geraubten Schmuck der ›Organisation‹ aus Amerika oder Asien innerhalb von Europa zu ›säubern‹ und die wahrzunehmenden Hehlergeschäfte durch seine weitreichenden Kontakte abzustützen und zu legalisieren.«

Beweise für diese angebliche Bereitschaft zu kriminellen Geschäften konnte Mauss nicht liefern. Zwar hatte man Düe und Busse häufig genug belauscht und die Gespräche auch auf Band aufgenommen, später im Prozeß und im Untersuchungsausschuß konnten Mauss und seine Co-Detektive allerdings keines dieser Bänder vorlegen. Angeblich waren sie allesamt gelöscht worden.

Der Versicherung gegenüber behauptete Mauss, die Diskussionen mit Düe und Busse hätten gezeigt, daß beide »über ein ausgeprägtes Repertoire des Ganoven-Jargons verfügen und, ohne Rücksicht auf Dritte, bereit sind, eine ungeheure kriminelle Energie und Phantasie zur Abwicklung von ›Geschäften‹ einzusetzen«. Wo auch immer Mauss den Ganoven-Jargon der beiden gehört haben wollte – beim Abendessen auf der Jacht kann es nicht gewesen sein. Denn sowohl Busse als auch Düe war es so schlecht, daß sie keinen Bissen herunterbekamen und es deshalb auch gar nicht erst versuchten.

Als Düe am nächsten Vormittag aus seiner Koje kroch, wußte er immer noch nicht, ob er leben oder sterben sollte, so schlecht war ihm. Er war vom Schaukeln des Schiffes aufgewacht, und als er einen Blick über die Reling warf, stellte er fest, daß die Jacht nicht mehr vertäut im Hafen von Nizza lag. Während er seinen Rausch ausgeschlafen hatte, war das Schiff ausgelaufen und lag nun in dem kleinen Hafen von La Galère. Busse und Düe waren allein. Erst am nächsten Tag schickte Mauss ein Taxi, das sie zu einem Restaurant in die Berge brachte, wo Claude und Alida auf sie warteten.

Während des Essens machte Claude nach Erinnerung Dües »wieder Andeutungen, Schmuck ›auffliegen‹ zu lassen, auf die ich aber wieder nicht einging«. Der Agent erklärte, daß sein Chef am Abend in Nizza ankäme und man sich am nächsten Tag zusammensetzen wolle.

»Hast du wegen Hamburg schon etwas unternommen?« erkundigte sich Mauss.

»Ich habe mich mit einem Makler in Verbindung gesetzt und warte auf ein Angebot. Aber ich kann erst persönlich tätig werden, wenn ich mit dem Chef die Sache besprochen habe, weil ich ja dann auch Geld brauche.«

Dafür hatte Claude Verständnis. Er vereinbarte mit seinen »Zielpersonen«, ihnen abends über Bordfunk den Termin mit dem Chef durchzugeben. Alida erklärte Busse die Handhabung der Funkgeräte. Dennoch kam abends ein Kontakt nicht zustande, irgend etwas mußte defekt sein.

Am nächsten Morgen rief Claude, scheinbar sehr aufgeregt, über Funk an: »Was ist denn bei euch in Hannover los? Die ganzen Zeitungen sind voll. Das Geschäft am Kröpcke in Hannover ist zu. René Düe soll geflüchtet sein. Marion Düe und Achim Busse sind nicht auffindbar. Bei Achim haben sie eine Hausdurchsuchung gemacht ...«

Mauss gab sich erbost darüber, von dem Theater in Hannover, vor allem der Hausdurchsuchung, erst durch Mitglieder seiner Organisation erfahren zu haben, die ihm entsprechende Zeitungsartikel durchtelefoniert hätten. Dann schaltete er wieder auf ganz freundlich:»Verliert jetzt auf keinen Fall die Nerven, ich komme gleich zur Jacht.«

Wenig später tauchte Mauss auf dem Schiff auf. Er riet Düe und Busse, erst einen Tag später zurück nach Deutschland zu fliegen. Leider sei der »Chef« inzwischen wieder abgereist. Vor einem Treffen sollten die beiden Geschäftspartner in spe die Sache in Hannover erst einmal klären.»Man weiß ja nicht, ob wir nicht beschattet werden«, erläuterte Mauss,»wir wollen auf keinen Fall etwas damit zu tun haben.«

Tatsächlich hatte Mauss natürlich selbst eine Beschattung inszeniert. Auf seine Veranlassung waren aus Paris zehn Kriminalbeamte für die Observation der beiden Deutschen nach Nizza geschickt worden. Hinzu kamen niedersächsische Kripo-Beamte. Eine zweite Motorjacht war angemietet worden und hatte zur Funküberwachung der beiden Zielpersonen in der Nähe geankert. Auch die Durchsuchungsaktion in Hannover hatte Werner Mauss angeregt.

Es ging weniger darum, tatsächlich etwas Aufschlußreiches zu finden, als Düe und Busse zu Panikreaktionen zu veranlassen. In seinem Bericht für die Versicherung schrieb Agent Mauss über ein Gespräch zwischen Düe und Busse, kurz nachdem sie über die Hausdurchsuchung in Hannover unterrichtet worden waren:»Interessant ist das daran anschließende Zwiegespräch der Zielpersonen, die sich über den Inhalt meines Telefongespräches im Zusammenhang mit der Durchsuchung und den Zeitungsartikeln unterhielten. Weiter ist abzuleiten, daß sich die aus dem vorgetäuschten Raub befindliche Beute in dem durchsuchten Haus befunden haben muß; außerdem stellen Zielpersonen Betrachtungen darüber an, hoffentlich nichts beim Umlagern der Ware ›vergessen‹ zu haben.«

Auch von diesem, angeblich auf der Motorjacht abgehörten Gespräch, wurde nie ein Band als Beweismittel gegen den Juwelier vorgelegt.

Der Juwelier geht in die Falle

Am Abend trafen Düe, Busse, Claude und Alida wieder im Bergrestaurant zusammen. Diesmal hatte Claude sich einen besonderen Gag ausgedacht. Er schenkte den beiden je eine große Sonnenbrille und einen breitkrempigen Hut, offenbar zur besseren Tarnung.

Beim Abendessen dann wandte sich Claude an Düe: »Willst du dir die Sache mit dem Schmuck nicht noch einmal überlegen?«

»Das lohnt sich wohl nicht«, wehrte Düe erneut ab.

So jedenfalls wollte sich der Juwelier später erinnern.

Mauss jedoch gab einen anderen Gesprächsverlauf wieder: »Beide Gesprächspartner, insbesondere René Düe, erklärten nunmehr eindeutig, den Raubüberfall vorgetäuscht zu haben. Man sei davon überzeugt, daß die Polizei nichts wisse, sondern nur Vermutungen hege. Daß das Feuer dieser Vermutungen ständig mit neuen Aktionen gegen sie genährt würde, liege nur an einem Beamten namens Mäuser. Beide meinten übereinstimmend, daß die Sache sicherlich schnell ›einschlafe‹, wenn es gelänge, diesen Beamten auszuschalten.«

Busse habe angeblich schon entscheidende Vorarbeit geleistet, indem er bei einer Krankenversicherung Unterlagen über den Kripo-Beamten besorgt habe. Mauss in seinem Bericht weiter: »Sie seien jetzt fest entschlossen, daß man Mäuser auflauern und töten müsse. Die Busse vorliegenden Unterlagen zu Privatanschriften etc. seien als sogenannte Anlaufstellen dazu sicherlich geeignet und ausreichend. Beide ergingen sich gesprächsweise in sadistischen Tötungsarten, wie man den Beamten beseitigen könne; so schlug Düe bezeichnenderweise u. a. vor, Mäuser bei vollem Bewußtsein zu kastrieren und erst eine Stunde später zu töten.«

Auch diesen angeblichen Mordplan weisen Düe und Busse

entschieden zurück. Er entspreche nur der Phantasie und dem hinterhältigen Konzept des Agenten Mauss.

Laut Mauss behaupteten Düe und Busse zudem, durch verschiedene Schmuckverkäufe etwa 400 000 Mark an Barmitteln beiseitegelegt zu haben. Sie seien bereit, einem durch die Mauss'sche Organisation vermittelten Killer 100 000 Mark für die Ermordung des Beamten Mäuser zu zahlen.

Angeblich offenbarten sie Mauss nun auch, daß sie fest entschlossen seien, eine sogenannte »Spur« zu legen. Claude solle ihnen nun doch dabei helfen.

Mauss an die Versicherung: »Düe berichtete, daß er sich die ganze Zeit ›gescheut‹ habe, das Versteck zu ›öffnen‹. Jedoch plane er nunmehr, mir ganz markante Stücke aus dem vorgetäuschten Raub im Werte von ca. 80 000 bis 150 000 Mark zu übergeben, um hiermit einen Dritten ... in Verdacht zu bringen.«

Damit, so meinte angeblich Düe, werde der Verdacht gegen ihn bei der Polizei in Hannover wie ein Kartenhaus zusammenbrechen.

Düe und Busse wurden von ihrem nur französisch sprechenden Kapitän (Mauss in seinem Bericht: »Wichtig – eigens so ausgesucht!«) nach Nizza zurückgeschippert. Am Hafen erwarteten Claude und Alida sie und brachten sie zum Flugplatz. Wie schon für alle Reisen zuvor kaufte Claude die Flugtickets. Der Rückweg sollte über Rom und München nach Frankfurt erfolgen. »Man weiß ja nicht, was da los ist«, erklärte er den Zickzackkurs.

»Das ist doch ganz egal«, sagte Düe, »man weiß doch in Hannover, daß ich in Nizza bin.«

Claude bestand auf dem Umweg, und da er alles bezahlte, war es Düe und Busse egal. Kurz vor dem Abflug besuchte man noch gemeinsam ein Restaurant. Das war der Moment, in dem Düe endgültig in die Falle ging.

Düe später: »Claude unterhielt sich noch eine ganze Zeit mit mir und fragte, ob ich nicht von seinem Angebot Gebrauch machen wolle, Schmuck auffliegen zu lassen. Ich sagte ihm, daß sich noch ein paar Schmuckstücke angefunden haben, die ich bei der Versicherung und der Kripo versehentlich als geraubt angegeben habe. Claude meinte: ›Das ist ja prima.‹

Ich sagte: ›Es sind aber nur ein paar Stücke, so daß ich mir nicht vorstellen kann, was man damit machen könne.‹

Claude sagte, daß er die Schmuckstücke zum Beispiel in New York auffliegen lassen könne und somit die Versicherung auch endlich mal zahlen müsse. Ich könne mich dann in Ruhe mit dem Aufbau des neuen Geschäfts in Hamburg befassen. Claude sagte, daß ich sonst damit rechnen müsse, daß dieses Theater, was jetzt mit uns wieder gemacht wird, Hausdurchsuchung usw., noch lange dauern kann und sein Chef in diesem Stadium mit mir das Geschäft nicht machen könne bzw. noch nicht.«

Darauf Düe nach seiner eigenen Erinnerung: »Nach diesem Theater, was jetzt wieder in Hannover mit uns veranstaltet wird, und wenn du meinst, daß man mit den Sachen, die ich noch habe, etwas anfangen kann, um dieses Theater zu beenden, bin ich damit einverstanden. Dann übergebe ich dir den noch vorhandenen Schmuck.«

Claude fragte: »Was sind das im einzelnen für Schmuckstücke, die du noch hast?«

»Es handelt sich um ein paar Uhren, die sich noch von einer Auswahl der Firma Piaget angefunden haben, und um ein paar Schmuckstücke.«

»Weißt du, was die Sachen wert sind?«

»Das kann ich nicht genau sagen, aber ich schätze, daß es so circa 60 000 oder 70 000 Mark sind.«

»Einkaufs- oder Verkaufspreise?« fragte Mauss.

»Nach meiner Schätzung Verkaufspreise«, sagte Düe.

»Das ist aber sehr wenig.«

»Ich habe ja schon gesagt, daß es sich meiner Meinung nach

nicht lohnt, mit so ein paar Schmuckstücken etwas zu machen.«

»Kannst du nicht etwas dazukaufen oder etwas besorgen?«

»Das ist kaum möglich, denn ich hatte eine sehr ausgefallene Schmuckkollektion.«

Claude meinte, die Sache müsse auch gut mit den noch vorhandenen Schmuckstücken gehen. »Es muß nur hundertprozentig feststehen, daß diese Schmuckstücke auch als geraubt bei der Kripo gemeldet sind. Das ist das Allerwichtigste, und, wenn das alles klar ist, wird das auch hundertprozentig klappen.«

Daraufhin, so berichtete Düe später, seien ihm Bedenken gekommen. »Ich möchte aber auf keinen Fall, daß irgend jemand dadurch zu Schaden kommt.«

»Darüber mußt du dir keine Sorgen machen«, meinte Mauss. »Da kannst du volles Vertrauen zu mir haben. Die wiedergefundenen Schmuckstücke werden dann ja eh von der Gesamtsumme abgesetzt und zurückgegeben. Dann haben die Versicherungen endlich auch keine Bedenken, auszuzahlen.«

Nach Aussagen Dües hatte Achim Busse von diesem Gespräch nichts mitbekommen, weil er gerade mit Alida gesprochen habe. Claude habe ihm ohnehin geraten, sich darüber auf keinen Fall mit Achim und seiner Schwester Marion zu unterhalten. In Zukunft werde Alida ihn auch direkt anrufen, ohne den Umweg über Achim Busse.

Nach diesem Gespräch verabschiedete sich der Juwelier vom Versicherungsagenten und bestieg die Maschine nach Rom. Über München flog er anschließend nach Hannover.

Abstecher nach New York und Rhodos

In der Zwischenzeit hatte Mauss die Lage mit dem Leiter der Sonderkommission, Kriminalhauptkommissar Mäuser, besprochen. Der nahm Kontakt zum zuständigen Oberstaatsanwalt auf und gab dem Agenten grünes Licht. Es reiche grundsätzlich für die Überführung und Anklage aus, wenn Düe bei einer derartigen Spurenlegung mit eindeutig identifizierbarem Schmuck aus seinem angeblichen Raub angetroffen würde.

Düe gegenüber hatte Mauss einen komplizierten Plan zur Spurenlegung entwickelt. Einem Kriminellen wollte er den von Düe übergebenen Schmuck als Probegeschäft aushändigen. Dabei sollte dem Hehler gegenüber der Eindruck erweckt werden, als ob sich der gesamte Düe-Schmuck in New York befände. Von einem Hotelzimmer in New York aus sollten dann ohne Wissen des Kriminellen belanglose Telefongespräche zum Hauptlieferanten Dües, der Firma Heyman & Brothers, New York, geführt werden. So wollte er den Verdacht auf ebenjene Firma als Auftraggeber des Überfalls lenken. Danach plante Mauss angeblich, den Kriminellen über einen anonymen Hinweis festnehmen zu lassen. Düe müsse nur noch den bei ihm aufgefundenen Schmuck identifizieren, und die Sache sei klar.

Angeblich war Düe bereit, seinen Teil zu diesem Plan beizusteuern.

Verabredungsgemäß meldete sich Alida telefonisch bei Düe in Hannover. Der Juwelier gab ihr die Telefonnummer der Pizzeria »Mario«, wo er am Abend zu erreichen sei. Tatsächlich meldete sich Claude zur verabredeten Zeit. Für dieses Telefongespräch war er am 11. Juli 1982 nach New York geflogen. Er hatte Düe gegenüber den Eindruck erwecken wollen, aktiv an der Vorbereitung der »New York Connection« zu arbeiten.

In seinem Bericht schrieb Mauss: »Durch die scheinbar

unverzügliche Durchführung seines Planes tief beeindruckt, sprach Düe mit mir über einen längeren Zeitraum. Mir ging es bei diesem Telefongespräch ausschließlich darum, die angewandten psychologisch-taktischen Maßnahmen weiter abzustützen, um möglicherweise noch vorhandenes letztes Mißtrauen zu zerstreuen.«

Vier bis fünf Tage nach seiner Ankunft in New York packte Mauss erneut seine Koffer und flog auf die Insel Rhodos in Griechenland. Er behauptete dem Juwelier gegenüber, das »wichtige Bandenmitglied«, mit dem er sich bereits in Nizza treffen sollte, halte sich vorwiegend auf einem in der Ägäis kreuzenden Schiff auf. Wieder wurde Düe mit Telefonaten, Terminvorschlägen und komplizierten Abwicklungsmodalitäten bombardiert.

Mauss gab ihm eine Telefonnummer in Griechenland und forderte ihn auf, dort drei Tage später anzurufen: »Ich sage dir dann, wie und wann ich den Schmuck abholen lasse, da ich nicht nach Deutschland kommen kann.«

Wie verabredet, erreichte Düe den Agenten wenige Tage später am Telefon. Mauss sagte: »Ich habe die Sache für Ende Juli eingeplant, kannst du nicht nach Salzburg kommen? Ich schicke dann jemanden an die Grenze, der den Schmuck in Empfang nimmt, und wir können uns dann in Salzburg treffen.«

»Das ist nicht möglich, in der Saison kann ich nicht von Westerland weg, und da es ja keiner wissen soll, ist ja auch unmöglich, wenn ich in der Hauptsaison nach Salzburg fahren würde.« Claude sah das ein.

»Ich kann die Schmuckstücke ja mit nach Westerland nehmen«, schlug Düe vor. »Du kannst ja jemanden schicken, der einfach zu mir ins Geschäft kommt und sich die Sachen abholt. Das wäre nach meiner Meinung das beste.«

Ein solcher Plan war Mauss natürlich viel zu simpel: »Ich will niemanden auf die Insel schicken, da ja derjenige nicht wissen soll, von wem was kommt.« Er werde sich etwas anderes einfallen lassen. Alida werde sich dann in Westerland bei Düe melden.

Mitte Juli rief Mauss-Freundin Alida in Westerland an. Düe gab ihr die Telefonnummer des Hotels »Roth«, von wo aus man ungestört telefonieren könne. Am Abend meldete sie sich dort an und verband Düe mit Claude.

»Ist alles klar, hast du den Schmuck in Westerland?«

»Der Schmuck ist in Hannover«, erklärte Düe. »Weißt du jetzt, wie wir den Schmuck übergeben wollen?«

»Kannst du nicht nach Kopenhagen kommen, das ist ja nicht weit von Sylt.«

»Es ist für mich unmöglich, während der Saison wegzufahren, geschweige denn ins Ausland. Ich habe dir das schon einmal gesagt.«

Mauss wurde grantig: »Ich habe schon eine Menge Geld investiert, laß mich jetzt nicht hängen.«

»Ende Juli muß ich nach Hannover. Dort kann ich ja die Sachen übergeben. Oder auf der Rückfahrt nach Westerland, in Hamburg am Flughafen oder im Hotel oder irgendwo. Mir ist das egal.«

»Ich muß mir das überlegen, ich rufe wieder an«, sagte Claude und legte auf.

Ende Juli rief Alida wieder im Geschäft in Westerland an und vereinbarte ein weiteres Telefonat im Hotel »Roth«. Claude sagte, die Übergabe solle nun in Hamburg am Flughafen ablaufen. »Wann genau fährst du nach Hannover?«

»Am Sonntag, dem 1. August. Und am Mittwoch, dem 4., fahre ich wieder zurück nach Westerland.«

»Das deckt sich sehr gut mit meinem Plan. Ich habe da einen sehr guten Vertrauensmann, der die Schmucksachen in Empfang nehmen kann.« Mauss gab ihm eine Telefonnummer in Brüssel und bat ihn, am Dienstag, dem 3. August, von Hannover dort anzurufen: »Da gebe ich dir dann die genaue Uhrzeit. Wir lassen auf jeden Fall Mittwoch, den 4. August, als festen Termin.«

Die Falle schnappt zu

Brav rief Düe am 3. August bei Claude in Brüssel an.
»Jetzt ist auch alles hundertprozentig klar«, sagte der Agent. »Es hat sich nur etwas geändert. Wegen der Flugverbindung nach Brüssel muß es Bremen und nicht Hamburg sein. Ich hoffe, daß es dir nichts ausmacht.«

»Das ist mir egal«, sagte Düe. »Ich habe in Bremen eine Kundin, der ich bei dieser Gelegenheit gleich eine Reparatur vorbeibringen kann.«

»Setz dich ins Flughafenrestaurant. Dort wirst du gegen 10 Uhr von einem Mann mit dem Namen Lewin angesprochen.« Düe solle dem Mittelsmann aber nicht einfach eine kleine Schachtel mit den Schmuckstücken übergeben. »Kaufe einen kleinen Koffer und ein paar Handtücher. Wickele die Handtücher um die Schachtel und verstaue das Paket im Lederkoffer.«

»Ein Koffer ist doch viel zu groß«, wandte Düe ein.

»Das fällt am wenigsten auf.« Mauss erkundigte sich, was Düe an diesem Tag anziehen werde, damit Lewin ihn auch gleich erkennen könne. Er selbst werde im Hotel bleiben und den Juwelier am Mittwochmorgen um 9.30 Uhr auf dem Bremer Flughafen anrufen, damit auch alles hundertprozentig klappe.

Ahnungslos fuhr der angebliche Millionenschwindler Düe am 4. August nach Bremen und rief Mauss pünktlich um 9.30 Uhr in Brüssel an. Er hatte Betrübliches zu vermelden: »Das Restaurant ist geschlossen. Was soll ich nun machen?«

Claude schien überrascht. Dann sagte er: »Herr Lewin hat seine Maschine verpaßt. Das tut mir sehr leid. Warte aber nicht auf ihn. Vielleicht ist es auch besser, wenn dich in dieser Sache keiner sieht. Stelle den Koffer doch einfach in ein Schließfach, stecke den Schlüssel in einen Umschlag und hinterlege ihn bei der Information für Herrn Lewin.« Danach solle er ihn wieder anrufen.

Düe erkundigte sich auf dem Flughafen nach den Schließfächern und erfuhr, daß man in einen Raum gehen müsse, wo das Gepäck zunächst durchleuchtet würde. Erst dann bekäme man einen Schlüssel für das Schließfach. Dieses Risiko wollte Düe nicht eingehen.

Er fuhr in die Bremer City und rief Claude von der Post aus an: »Ich habe den Koffer nicht im Flughafen gelassen, weil man dann ja wohl den Schmuck gesehen hätte, und das würde einen schlechten Eindruck machen.«

»Die suchen doch nur nach Bomben«, sagte Claude, »du hättest den Koffer im Flughafen lassen sollen. Jetzt ist der Lewin auf dem Weg zum Flughafen.« Er sei ziemlich sauer, daß alles nicht so klappe, wie es geplant sei. »Wo bist du denn jetzt?«

»In der Post beim Hauptbahnhof.«

Blitzschnell schlug der routinierte Agent einen neuen Plan vor: »Geh einfach in das Hotel ›Columbus‹ gegenüber vom Hauptbahnhof, reserviere ein Zimmer für einen Herrn Schneider, gib den Koffer dort ab und sage, daß Herr Schneider dein Chef ist und in einer Stunde kommt.« Er fügte hinzu, Düe solle dem Mann an der Rezeption zehn Mark Trinkgeld geben. Dann wies er den Juwelier an, noch ein wenig in Bremen zu bleiben, er wolle ganz sichergehen, daß jetzt auch alles klappe.

Düe willigte ein: »Ich habe auch noch nicht gefrühstückt.«

Claude empfahl ihm das »Parkhotel«. Dort werde er ihn unter dem Namen Stein ans Telefon rufen.

Artig führte Düe die Anweisungen des Agenten aus, lieferte den Koffer mit dem Schmuck im Hotel »Columbus« ab, verzichtete allerdings darauf, bei der Rezeption zehn Mark Trinkgeld zu spendieren. Schließlich mußte gespart werden.

Als er eineinhalb Stunden später im »Parkhotel« gerade mit dem Frühstück fertig war, rief Mauss an: »Hast du den Koffer im Hotel ›Columbus‹ abgegeben? Ist alles okay?«

»Von mir aus, ja.«

»Bei mir ist auch alles klar. Der Lewin holt den Koffer ab. Kannst du mir genau sagen, was für Schmuck in der Schachtel ist? Hast du dir die Nummern aufgeschrieben?«

»Alles notiert. Die Schmuckstücke müssen ja wieder zurück zu mir kommen.«

»Kannst du mir die Nummern, Preise und Gegenstände nennen?« Immerhin müsse er auch eine Kontrolle haben, wenn Lewin ihm die Sachen nach Brüssel bringe. Düe zog einen Zettel aus der Tasche und gab, wie verlangt, alle Einzelheiten durch.

»Das ist aber nicht viel«, mäkelte Mauss.

»Es sind genau die Schmuckstücke, von denen ich immer gesprochen habe. Leider haben sie ja keine Kinder bekommen.«

Sie vereinbarten für den Fall, daß noch etwas unklar sein sollte, ein weiteres Telefonat nach Westerland.

Aber es war alles klar. Am nächsten Tag, dem 5. August 1982, wurde Düe morgens in seinem Geschäft verhaftet.

Mauss wird bekannt

Am 4. Januar 1984 wurde René Düe von der 3. Großen Strafkammer des Landgerichts Hannover »wegen Vortäuschens einer Straftat, versuchten Betruges und veruntreuender Unterschlagung« zu sieben Jahren Freiheitsstrafe verurteilt.

Es nutzte dem Juwelier nichts, daß er beteuerte, den wiederaufgefundenen Schmuck nicht gemeldet zu haben, weil er sich von der Polizei »in die Mangel genommen« gefühlt habe und deswegen zu feige gewesen sei. Das Gericht befand, diese Einlassung widerspreche der Lebenserfahrung und sei deshalb unglaubhaft.

Ganz ungeschoren ließen die Richter den Agenten Mauss allerdings auch nicht: »Der V-Mann ›Claude‹ ... machte nur gegen den Angeklagten und seine Familie gerichtete Mitteilungen gegenüber der Polizei und leitete Maßnahmen ein, er trug jedoch nicht zur Aufklärung des Falles in der Weise bei, daß er z. B. Angaben zu angeblichen Mittätern oder Hintermännern machte. Die Mitteilung des ›Claude‹ im wesentlichen über künftige Ereignisse wurde durch polizeiliche Maßnahmen wie Observation u. a. nur ›objektiviert‹.«

Auch die Verquickung polizeilicher und versicherungswirtschaftlicher Aufklärungsarbeit wurde vom Gericht gerügt: »So veranlaßte ›Claude‹, daß den Zeugen Busse und Marion Düe über den damaligen Leiter des Verkehrsbüros in Hannover ... zwei Flüge nach Australien zur Verfügung gestellt wurden. Die Flugkosten und Spesen wurden von der Mannheimer Versicherung getragen. Die Kriminalbeamten ... riefen diese Auslagen sowie auch spätere Kosten und Spesen bei der Mannheimer Versicherung ab ...«

Vor allem aber bemängelte das Gericht, daß die Staatsanwaltschaft, von Rechts wegen Herr des Verfahrens, bis zur Verhaftung Dües und noch einige Zeit darüber hinaus »keine Ahnung« gehabt habe, daß ein V-Mann mit von der Partie war.

Tatsächlich hatte der Staatsanwalt Düe zunächst kein Wort geglaubt, als der von dem ominösen »Claude« berichtete. Erst bei einem Haftprüfungstermin erfuhr die Staatsanwaltschaft, daß die Kollegen längst Bescheid wußten. Im Urteil hieß es dazu: »Dabei geschah die ›fallbezogene Mitwirkung‹ des ›Claude‹ in Abstimmung mit der Staatsanwaltschaft Hannover, die jedoch über die Beteiligung des ›Claude‹ als V-Person im Ermittlungsverfahren bis spätestens zur Haftprüfung ... von dem Landeskriminalamt Niedersachsen und zuvor ... der Polizeidirektion Hannover nicht informiert war.« Ob das stimmte, mag dahingestellt bleiben.

Als sich das Gericht während des Verfahrens gegen Düe

selbst einen Eindruck von Mauss alias »Claude« machen wollte, wurde behördlicherseits abgeblockt. Das niedersächsische Innenministerium teilte mit, der Zeuge »Claude« dürfe nur vernommen werden, wenn Zeit und Ort vom Landeskriminalamt bestimmt würden und das Gericht auf die Befragung zur Person verzichte. Unabdingbare Voraussetzung sei »Totalausschluß der Öffentlichkeit«, zusätzlich »Herrichtung des Vernehmungsraumes dergestalt, daß die Verfahrensbeteiligten keinen Sichtkontakt zu dem Zeugen haben«.

Das Verwaltungsgericht Hannover hob die Sperrerklärung durch einstweilige Verfügung auf: »Es unterscheidet den Rechtsstaat vom Willkürstaat, daß auch die Verteidigung der Rechtsordnung nicht jedes Mittel rechtfertigt.«

Das Oberverwaltungsgericht in Lüneburg hob die Verfügung wieder auf. Mauss wurde daraufhin in einer hannoverschen Polizeikaserne verdeckt vernommen. Zweimal wurde er gehört. Zum dritten Termin kam der Agent nicht.

Daraufhin platzte dem Vorsitzenden Richter der Kragen: »Ich habe mich bisher zurückgehalten. Ich habe so etwas in meiner Praxis noch nicht erlebt. Man läßt die Strafkammer im Regen stehen. Ich will das einmal sagen, damit das für die Öffentlichkeit klar wird. Wir sind zur Wahrheitsfindung verpflichtet. Wir haben eine Aufklärungspflicht. Mir werden die Mittel dazu versagt. Wir werden diesen Herrn Nelson ausschreiben zur Fahndung.«

Das Gericht kam nicht weit mit dieser Absicht. Der Vorführungsbefehl an Mauss war unter dem Namen Richard Nelson an die Adresse Borwiese 5, 5581 Altstrimmig, Kreis Cochem/Zell geschickt worden. Vollstreckt werden konnte er nicht. Werner Mauss alias »Nelson« alias »Claude« war dort nicht aufzufinden. Düe-Anwalt Elmar Brehm in einem Brief an BKA-Chef Boge nutzlos empört: Claude könne offenbar »abgesichert und gedeckt in einem völlig rechtsfreien Raum operieren«.

Seinem Mandanten René Düe half das alles nichts. Aufgrund der Falle, die Mauss ihm gestellt hatte, wurde er verurteilt.

Dennoch war die Affäre damit noch nicht beendet. Der niedersächsische Landtag setzte, wie bereits mehrfach angesprochen, im März 1984 auf Betreiben des F.D.P.-Abgeordneten Rudolf Fischer aus Buxtehude einen parlamentarischen Untersuchungsausschuß ein, der die Rolle von Werner Mauss im Falle Düe und im Fall Hastra/T. aufklären sollte.

Der Ausschuß ermittelte fast zwei Jahre. Das Ergebnis war mager, und das hatte seine Gründe. Regierungspolitiker und Behördenvertreter gaben sich redlich Mühe, Mauss und seine Aktivitäten im dunkeln zu lassen.

In ihrem Abschlußbericht schrieb die von der CDU gestellte Ausschußmehrheit: »Viele Verzögerungen ergaben sich aus der Besonderheit der Materie: Der Untersuchungsausschuß mußte in Bereiche eindringen, die der Öffentlichkeit im allgemeinen nicht zugänglich sind und für die die Landesregierung einen Geheimschutz für erforderlich hielt. Zu anderen Bereichen wurde dem Untersuchungsausschuß der Zugang durch Dienststellen und private Firmen in anderen Bundesländern verweigert ... Insbesondere die nicht erreichbar gewesene Vernehmung des Hauptzeugen Werner Mauss läßt viele Fragen offen.«

Die SPD-Minderheit im Ausschuß kam sogar zu dem Ergebnis: »Die das gesamte Untersuchungsverfahren begleitenden Behinderungen der Ausschußarbeit durch den niedersächsischen Minister des Innern [sind] nicht als Versuche zur Wahrung der Geheimhaltung der Identität des Privatdetektivs Mauss zu verstehen – diese ist durch Presseveröffentlichungen hinreichend bekannt –, sondern allein als Behinderung der Ausschußarbeit mit dem Ziel der Verschleierung der Verantwortung des niedersächsischen Ministers des Innern und der ihm unterstehenden Beamten, die bei ihrem Zusammenwirken mit Mauss außerhalb des geltenden Rechts gearbeitet haben.«

Eines bewies der Untersuchungsausschuß sehr deutlich: wie begrenzt seine Macht war. Das zeigte sich besonders bei den Versuchen, Werner Mauss oder andere wichtige Zeugen vor das parlamentarische Gremium zu laden.

Im Falle Mauss ließ dessen Anwalt, der ehemalige Bundesinnenminister Hermann Höcherl, erklären, sein Mandant sei bei einer Vernehmung in Hannover wegen seiner Tätigkeit in der Verbrechens- und Terrorismusbekämpfung an Leib und Leben gefährdet; außerdem halte er sich im Ausland auf.

Für die »1. Mitarbeiterin des M.«, seine Ehefrau, konnte der Ausschuß auch mit Hilfe des niedersächsischen Innenministers keine ladungsfähige Anschrift ermitteln. Im übrigen ging der Untersuchungsausschuß davon aus, daß die Ehefrau mit Vornamen Karin hieß. Auf den richtigen Namen, Margret Mauss, hatten die Behörden die Parlamentarier nicht hingewiesen.

Ein vorgeladener leitender Manager der Mannheimer Versicherung leistete der Ladung keine Folge mit dem Hinweis, daß die Befugnisse des Untersuchungsausschusses auf das Land Niedersachsen begrenzt seien. Als außerhalb Niedersachsens wohnender Bürger sei er rechtlich nicht verpflichtet, einer Vorladung aus Hannover nachzukommen.

BKA-Präsident Dr. Heinrich Boge folgte nur seiner ersten Ladung. Zur Fortsetzung seiner Vernehmung erschien er nicht mehr. Boge vertrat die Ansicht, an ihn zu richtende Fragen berührten immer auch Angelegenheiten des Bundes. Darauf erstreckten sich aber die Untersuchungs- und Beweiserhebungsrechte des parlamentarischen Untersuchungsausschusses eines Bundeslandes nicht. Im übrigen sei er als Bürger des Landes Hessen nicht verpflichtet, in Hannover zu erscheinen. Der Bundesminister des Innern, Boges Dienstvorgesetzter, schloß sich dieser Meinung schriftlich an. Kein Wunder, schließlich hatte Friedrich Zimmermann inzwischen selbst schon mit Agent Mauss gearbeitet: in Sachen Seveso-Gift.

Kamen beamtete Zeugen ihrer Vorladung nach, so hatten sie häufig nur eine beschränkte Aussagegenehmigung.

Die Parlamentarier in ihrem Abschlußbericht resigniert: »Der Untersuchungsausschuß ist aus zeitlichen Gründen nicht mehr dazu gekommen, alle Fälle von Aussageverweigerungen darauf zu überprüfen, ob sie unter den genannten Aspekten gerechtfertigt waren.«

Die altbewährte Kumpanei zwischen Versicherungsmanagern, niederen und höheren Beamten und dem Privatdetektiv Werner Mauss hatte sich wieder einmal bewährt. Der Mann mit den vielen Identitäten durfte weiter im praktisch rechtsfreien Raum operieren. Allerdings war sein richtiger Name über den Untersuchungsausschuß plötzlich in aller Munde, was seine konspirative Arbeit nicht gerade förderte.

Aber einen Mann wie Mauss ließ man nicht fallen. Der Mannesmann-Konzern bot ihm Arbeitsmöglichkeiten im Ausland. Das Düsseldorfer Weltunternehmen war ihm ohnehin zu Dank verpflichtet, hatte er die Firma doch mit einem seiner bravourösen Einsätze aus den – negativen – Schlagzeilen gebracht.

Das war 1983 gewesen, ein Jahr bevor der niedersächsische Untersuchungsausschuß seine Arbeit aufnahm. Es ging um 41 Fässer mit hochgiftigen Dioxinabfällen, die aus dem italienischen Seveso stammten. Doch dazu später.

Bleibt nachzutragen, daß das Urteil gegen den Juwelier René Düe vom Bundesgerichtshof wieder aufgehoben wurde. Der Fall mußte erneut verhandelt werden. Die gerichtliche Entscheidung stand bei Drucklegung dieses Buchs noch aus.

Zu Beginn des Jahres 1982, während er noch am Komplott gegen den hannoverschen Juwelier Düe bastelte, übernahm Mauss einen Zusatzauftrag des Bundesnachrichtendienstes. Trotz seines sang- und klanglosen Abschieds Ende 1980 wollten die Pullacher auf den Mauss'schen Ideenreichtum doch wohl nicht ganz verzichten.

Der Einfall war typisch Mauss. In seiner bewegten Vergangenheit hatte er Juwelenräubern die Beute zum Hehlerpreis abgekauft, Madonnenfiguren zurückgekauft, gestohlene Autos zurückgekauft, Pelze zurückgekauft ... Was lag da näher, als sich auch Leute zu kaufen, an deren Ergreifung den Sicherheitsbehörden außerordentlich viel lag?

8. Kapitel
Der Mann für alle Fälle

Mauss und der Baader-Verteidiger

Das Telefon in der Kanzlei des Frankfurter Rechtsanwalts Dr. Hans-Heinz Heldmann klingelte. Am Apparat war ein Mann, der sich unter dem Namen »Corta« als Mitarbeiter einer »Journalisten-Organisation« mit Sitz in der Schweiz vorstellte. Der Unbekannte – es war im Februar 1982 – erklärte dem verdutzten Anwalt, seine Gruppe hätte ein Angebot zu machen, das einzelne seiner Mandanten sicherlich interessieren würde. Gemeint waren Mitglieder der »Roten Armee Fraktion«. Heldmann hatte einst den RAF-Gründer Andreas Baader im Stammheimer Prozeß vertreten.

Anrufer »Corta« machte vage Andeutungen, aus denen hervorging, daß ihm besonders jene Mandanten am Herzen lägen, die sich noch im Untergrund befänden und daran dächten, auszusteigen, insbesondere Brigitte Mohnhaupt. Seine Organisation, so »Corta«, könne ihnen dabei helfen, mit Geld und einer sicheren Zukunft.

»Corta« war kein anderer als der Super-Detektiv Werner Mauss. Jetzt hatte er den ehemaligen Verteidiger Andreas Baaders im Visier.

Am 8. März 1982, einen Monat nach dem Telefonat, schrieb er einen Brief an den Anwalt: »Sehr geehrter Herr Dr. Heldmann! Ich würde mich freuen, wenn wir uns baldmöglichst, wie bei unserem letzten Telefongespräch Anfang Februar 1982 vereinbart, persönlich besprechen könnten. Wie Ihnen hinreichend bekannt ist, möchte ich nicht unbedingt ins Bundesgebiet einreisen. Ich könnte Ihnen aber insoweit entgegenkommen, daß wir uns im Transitraum des Flughafens Frankfurt treffen.«

Am 13. März 1982, gegen Mittag, wartete Mauss in einer Sesselgruppe vor der Paßkontrolle der Halle B auf dem Frankfurter Flughafen. Rechtsanwalt Dr. Heldmann kam um 12.45 Uhr. Gemeinsam gingen Anwalt und Detektiv in eine Snackbar. Heldmann, so notierte Mauss, »wirkte gut gelaunt und aufgeschlossen, aber sehr nervös. Er zitterte am ganzen Körper. Als er seine Ellenbogen aufstützte, vibrierte die gesamte Tischplatte hörbar«.

Ohne großes Vorgeplänkel, so Mauss, kam der Anwalt zur Sache. Seine Mandantin – für Mauss war klar, daß es sich nur um Brigitte Mohnhaupt handeln konnte – trage sich ernsthaft mit dem Gedanken, aus der RAF auszusteigen. Heldmann gab zu bedenken, daß die Sache für ihn sehr gefährlich werden könnte, wenn die Aktion fehlschlüge. Er müsse dann seinen Beruf als Rechtsanwalt an den Nagel hängen. Deshalb sei es notwendig, daß er selbst soweit wie möglich abgesichert würde. (Dazu Heldmann später: »Die Äußerung oder sinngemäß eine solche habe ich nicht getan.«)

Mauss beruhigte ihn: »Hinter mir steht eine Personengruppe, die in den letzten Jahren im Pressewesen versucht hat, an besondere Informationen zu gelangen, um diese, entsprechend abgeschottet, zu vermarkten.«

In den letzten zwei Jahren, erklärte Mauss, habe man sich jedoch mehr darauf spezialisiert, besonders gesuchte Personen zum Aussteigen zu bewegen. »Wir können deshalb, wie schon angesprochen, auf entsprechende Erfolge und Erfahrungen zurückgreifen und -blicken.«

Zu dem inzwischen herangewachsenen Apparat gehöre auch die unentgeltliche Mitarbeit hoher Persönlichkeiten im europäischen und außereuropäischen Ausland. »Diese stellen sich bereitwillig vor die Aussteiger, decken und unterstützen sie. Allerdings nur unter der Bedingung, daß gesichert feststeht, daß eine Abkehr vom Terrorismus gewährleistet ist.«

Mauss begann ein Loblied auf diese hilfswilligen Prominenten zu singen: »Darin liegt auch der Grund ihrer selbstlosen Mitarbeit, daß nach dem Aussteigen und der damit verbundenen Veröffentlichung über die sogenannten Top-Terroristen die Jugend allgemein und gefährdete Personengruppen in verschiedenen Ländern in ihrem Denk- und Entscheidungsprozeß erheblich zum Positiven beeinflußt und gesteuert werden können.«

Und noch eines hatte der ehemalige Reiterlehrling, Staubsaugervertreter und Versicherungsdetektiv anzumerken: »Zweitlinig wird auch die falsche Theorie des Anarchismus ausgehöhlt und offenkundig zum Scheitern gebracht.«

Dr. Hans-Heinz Heldmann zeigte sich kooperationswillig. Nach Austausch der letzten Informationen mit dem Kurier aus dem Untergrund könne er schnellstens in Aktion treten. Allerdings brauche er für seine Bemühungen und Spesen, für Tikkets, Hotel und so weiter, einen Kostenvorschuß.

Er habe an 25 000 Mark gedacht, die auf sein Konto bei der Bremer Bank, einer Tochtergesellschaft der Dresdner Bank, überwiesen werden könnten. Nach Eingang des Geldes werde er in den Ostblock reisen, um seine Spuren zu verwischen und über einige weitere Umwege wieder Kontakt zu seinen Verbindungsleuten in den Untergrund aufnehmen. Er wolle sich zunächst ihre Bedingungen und Vorschläge anhören.

Heldmann gab sich laut Mauss-Notizen zuversichtlich, in knapp vier Wochen zu einem neuen Treffen kommen zu können. Am besten träfe man sich am gleichen Platz in Halle B des Frankfurter Flughafens. Termin: 10. April 1982 um 13.00 Uhr.

Für mögliche Rückfragen schrieb Heldmann dem Agenten die Telefonnummer seiner Schwester auf die Rückseite einer Geschäftskarte.

Darüber hinaus notierte der ehemalige Verteidiger Andreas Baaders im Stammheimer Prozeß: »Einzahlung auf Konto-Nr. 270828000, Bremer Bank/Dresdner Bank, BLZ 290 800 10, Stichwort ›Monrivia B. Compania‹.«

Anwalt und Agent verabschiedeten sich überaus herzlich. Heldmann sagte laut Mauss, er sei sicher, man könne gemeinsam zu einem guten Ergebnis kommen.

Wenig später lag ein Vertragsentwurf vor. Partner sollten die »Journalisten-Organisation« und eine steckbrieflich gesuchte »Mandantin« sein.

Auszüge aus dem Entwurf:
»Vertragsziel ist das Alleinverwertungsrecht für die Journalisten-Organisation mit der Verpflichtung der Mandantin im Wege des Autorenvertrages der Journalisten-Organisation ein Alleinverwertungsrecht für sämtliche zur Veröffentlichung bestimmten Schriften zu übertragen.

Die Journalisten-Organisation trägt sämtliche Kosten des Lebensunterhalts der Mandantin in einem Land ihrer Wahl, in welchem ihr nach den Möglichkeiten der Journalisten-Organisation ein legalisiertes Leben möglich ist. Dazu gehören erstens ein Haus und zweitens eine monatliche Zahlung von mindestens 2000 Schweizer Franken.

Die Journalisten-Organisation sorgt für die Sicherheit der Mandantin und ihres Beauftragten für die persönlichen Begegnungen und verbürgt sich dafür in der Weise, daß sie zu Händen eines Züricher Rechtsanwaltes und Notars den Betrag von 500 000 Schweizer Franken hinterlegt mit der Maßgabe, daß dieser Betrag sieben Tage nach dem Treffen an den Einzahler zurückzuzahlen sei, es sei denn, daß im Verlaufe dieses Treffens, bei seiner Vorbereitung, bei seiner Abwicklung oder im Zusammenhang mit dem Treffen danach die persönliche Sicherheit und/oder die persönliche Freiheit der beteiligten Mandantin und deren Beauftragter verletzt worden sind.

Die Zahlungen für den Lebensunterhalt der Mandantin sollen als Gesamtbetrag auf einmal geleistet werden, und zwar zu Händen eines Treuhänders, der... den unwiderruflichen Auftrag erhält, feste monatliche Kontozahlungen zu leisten.«

Heldmann sagte später, er habe diesen Vertrag nie unterschrieben.

Der Unbekannte habe für seine »angeblich ausländischen Auftraggeber angeboten: So, wie sie schon Hans-Joachim Klein geholfen hatten, der Menschenjagd zu entgehen, wären sie bereit und in der Lage, weiteren Menschen, die steckbrieflich gesucht werden, zu helfen.«

Das Projekt, Terroristen aus dem Untergrund herauszukaufen, zog sich hin. Es kam zu Treffen zwischen Mauss und Heldmann, vornehmlich in Zürich und unter Observation durch Beamte des Bundesnachrichtendienstes. Nur die Hauptperson Brigitte Mohnhaupt erfuhr davon offenbar nichts. Die Top-Terroristin wurde am 11. November 1982 zusammen mit Adelheid Schulz von einem GSG-9-Kommando festgenommen, als sie im Stadtwald zwischen Gravenbruch und Dietzenbach, unweit von Offenbach, ein Erddepot öffnen wollte, in dem die RAF Geld und falsche Papiere gelagert hatte.

Anwalt Heldmann bestritt auf Anfrage nicht, mit einem Mann von der »Journalisten-Organisation« Kontakt gehabt zu haben. Er bestätigte auch ein Treffen am 31. August 1982 in Zürich, bei dem die geheimnisvolle Organisation »durch diese Person 10 000 Mark an mich zahlen« ließ. »Ich habe diese Zahlung quittiert.«

Text der Quittung:

»Für Aufwendungen und Verhandlungen bis zum Abschluß des Autorenvertrages zwischen meiner Mandantin persönlich und dem Beauftragten der Journalisten-Organisation, Herrn Cornelius Corta, habe ich heute 10 000 Mark in bar erhalten. Zürich, 31. 8. 82, Heldmann.«

Trotz der Formulierung »meine Mandantin« auf der von ihm unterschriebenen Quittung beharrt Rechtsanwalt Heldmann darauf, er habe »niemals gesagt, eine Mandantin (oder ein Mandant oder eine potentielle Mandantin oder ein potentieller Mandant) erwäge den Gedanken, aus der RAF auszusteigen«. Er habe lediglich »jedem steckbrieflich Gesuchten« das »Angebot zuleiten« sollen.

Die inhaftierte Brigitte Mohnhaupt legt Wert auf die Feststellung, Heldmann sei nicht als ihr Vertreter zu den Treffen mit Mauss gegangen und habe auch nicht in ihrem Namen Verhandlungen geführt:

»Einen solchen Zusammenhang gibt es nicht. Von Februar, spätestens Anfang März 1977 bis heute habe ich zu Rechtsanwalt Heldmann keinerlei Verbindung mehr gehabt. Allein schon deswegen konnte Heldmann auch keine Erklärungen über mich abgeben noch sonst irgend etwas in meinem Namen tun.«

Es läßt sich also im nachhinein kaum noch klären, wer in diesem Fall wen über den Tisch gezogen hat, der Anwalt den Agenten oder der Agent den Anwalt.

Vermutlich verlief das Ganze auf Gegenseitigkeit. Aber das ist auf jenem Abenteuerspielplatz, der sich Geheimdienst nennt, durchaus nicht ungewöhnlich.

Das verschwundene Seveso-Gift

Am 30. April 1983 wurde Werner Mauss zum Vorstand des Mannesmann-Konzerns nach Düsseldorf eingeladen. Gleich drei Topmanager setzten sich mit ihm an einen Tisch: Dr. Overbeck, Vorstandsvorsitzender, Dr. Weissweiler, Vorstand, und Dr. Munding, Generalbevollmächtigter. Sie schilderten Mauss eine für den Konzern prekäre Lage und stellten ihm Akten zur Verfügung.

1976 war nach einer Explosion aus der Chemiefabrik Icmesa im italienischen Seveso eine dioxinhaltige Giftgaswolke entwichen und hatte das Werksgelände sowie die Umgebung verseucht. Bei den Aufräumarbeiten fielen etwa 151 Tonnen hochgiftiger Müll an, wovon ein Teil – abgefüllt in 41 Fässer – als besonders gefährlich eingestuft wurde.

Die Icmesa, von deren Gelände das Gift stammte, ist eine Tochter der Firma Givaudan, die wiederum dem Konzern Hoffmann La Roche in der Schweiz gehört. Der Großkonzern verhandelte damals vergeblich mit verschiedenen europäischen Regierungen, um den hochgiftigen Müll zu »entsorgen«.

Daraufhin stellten die italienischen Behörden einen Kontakt zwischen der Icmesa und der Mannesmann Italiana her, einer knapp fünfzigprozentigen Tochtergesellschaft von Mannesmann Düsseldorf. Mannesmann Italiana übernahm den Auftrag zur Beseitigung des dioxinhaltigen Mülls und wandte sich an eine Schweizer Firma mit dem Namen »Etablissement Wadir«, eine Briefkastenfirma, deren Inhaber und einziges Belegschaftsmitglied ein Mann namens André Maurer war, gleichzeitig fungierend als Sekretär des Verwaltungsrates von »Robertet u. Co.«, wiederum einer Tochter von Hoffmann La Roche. Das Einmannunternehmen André Maurer schaltete seinerseits eine weitere Briefkastenfirma ein, die »spelidec«. Eigentümer dieser Firma war ein gewisser Bernard Paringaux, der den Auftrag an eine weitere Firma, die »SATM«, weiterreichte. Dieser große Speditionsbetrieb setzte für den hochbrisanten Transport nicht seine Fahrzeuge ein, sondern heuerte dafür die Firma »Trajora-Transport« an.

Diese kleine Firma transportierte die 41 Giftfässer schließlich am 10. September 1982 bei Ventimiglia über die italienischfranzösische Grenze und brachte sie nach Saint-Quentin. Bis zur Grenze eskortierten italienische Polizeifahrzeuge und ein Beauftragter der italienischen Regierung, Senator Dr. Luigi Noe, die heiße Fracht. Danach verlor sich die Spur der Giftfässer.

Erst im Februar 1983 erhielt die französische Polizei vom Pariser Innenministerium den Auftrag, die Fässer zu suchen. Zwar

war das Innenministerium schon unmittelbar nach dem Verschwinden der Fässer informiert worden, es gab den Ermittlungsauftrag jedoch erst an die zuständige Kriminalpolizei in Lille, nachdem Umweltschutzorganisationen die Öffentlichkeit alarmiert hatten. Schließlich veranlaßte die Polizei in Lille am 30. März 1983 die Festnahme von Bernard Paringaux und startete umfangreiche Durchsuchungsaktionen in Saint-Quentin, dem Hafen von Marseille, Dünkirchen und anderen Orten, die für die Lagerung der Fässer geeignet erschienen. Doch das Gift blieb verschwunden.

Paringaux hatte bei den Vernehmungen zugegeben, die 41 Fässer von Italien nach Saint-Quentin transportiert zu haben. Er weigerte sich aber hartnäckig, zu sagen, wo sie nun standen. Auch der Lastwagenfahrer, der die Fässer von Italien nach Frankreich transportiert hatte, wurde ohne Ergebnis vernommen. Ein Mitarbeiter von Paringaux in Saint-Quentin bestätigte zwar, daß die Fässer am 16. September 1982 weggeschafft worden waren, wußte aber angeblich auch nicht, wohin.

Nun sollte Mauss im Auftrag des deutschen Mannesmann-Konzerns, der mit der Affäre in die Schlagzeilen geraten war, den Fässern nachspüren, um das Konzern-Image wieder aufzupolieren. Er flog nach Paris und erfuhr dort von alten Bekannten im französischen Polizeiapparat, daß Paringaux in seinen Vernehmungen behauptet hatte, von einem französischen Ministerium die Genehmigung bekommen zu haben, die Fässer ins Ausland zu schaffen. Der endgültige Lagerort und die Bezahlung seien aber »inoffiziell«. Er, Paringaux, habe sein Wort gegeben, die Sache geheimzuhalten.

Französische Dienststellen hatten vertraulich erfahren, daß die Firma Hoffmann La Roche nach Abwicklung des Geschäfts über einen Mittelsmann eine Million US-Dollar an Paringaux zahlen wollte. Schon vor dem Seveso-Geschäft, so wurde Mauss von seinen französischen Gewährsleuten mitgeteilt, habe Paringaux in Sachen Müllbeseitigung Geschäftskontakte zu Hoffmann La Roche unterhalten.

Offiziell behauptete Paringaux vor der französischen Polizei, pro Tonne 1563 Schweizer Franken für das Wegschaffen des Seveso-Giftes erhalten zu haben. Das Geschäft sollte sämtliche 151 Tonnen Giftmüll umfassen.

Die französische Polizei hatte bei Paringaux Dokumente beschlagnahmt, aus denen hervorging, daß er die 151 Tonnen, einschließlich der 41 hochgiftigen Fässer, an einen deutschen Geschäftspartner liefern wollte. Dabei handelte es sich um einen Mann namens Weber, Inhaber der Firma »Badische-Rückstandsgesellschaft-Neckar« in Steinach.

Das Unternehmen, mit dem Paringaux seit Jahren eng zusammenarbeitete, war auf dem Sektor der Industriemüllbeseitigung tätig. Von seinen französischen Gewährsleuten wurde Mauss gesteckt, Weber habe Verbindung zu Personen in Ministerien der DDR, die sich angeblich bereit erklärt hatten, die geheime Entsorgung der gesamten 151 Tonnen Seveso-Gift zu übernehmen.

Ein gut informierter Vertrauensmann – und gleichzeitiger Gegner der amtierenden Mitterrand-Regierung – gab Mauss den Tip, daß die mit Paringaux und Weber zusammenarbeitenden DDR-Leute Geschäfte über speziell eingerichtete Schweizer Konten abwickelten. Zudem sei Paringaux seit vielen Jahren Angehöriger des französischen Nachrichtendienstes und von diesem auch schon in Deutschland eingesetzt worden.

Die Ermittlungen hätten weiter ergeben, daß auch einige von Paringaux' Mitarbeitern aktive Geheimdienstleute seien, die beim Gifttransport durch den Zoll ihren Einfluß entsprechend geltend gemacht hätten. Der Kontaktmann des deutschen Agenten Mauss behauptete auch, nach Beginn der Ermittlungen von einem sehr hochgestellten Beamten aus dem Büro Mitterrand angelaufen worden zu sein, dem Verbindungsmann des französischen Inlandsnachrichtendienstes. Dieser habe ihm die geheime Mitteilung gegeben, die 41 verschwundenen Seveso-Fässer sollten zwar gesucht, offiziell aber nicht gefunden werden. Er selbst, Mauss' Kontaktmann, durchschaue bisher nicht, ob es sich bei der Sache um eine rein nachrichtendienstliche Operation zur Erkenntnisgewinnung gegen die DDR handele und die Industriemüllgeschäfte nur ein Vorwand seien, oder ob die Geheimdienstleute über ihre Hilfe für Paringaux und Weber nur ihre Privatkasse aufbessern wollten.

Mauss erfuhr auch, daß Paringaux früher in der Fremdenlegion, der »Légion d'honneur«, als Fallschirmspringer viele Auszeichnungen erhalten habe. Seine Ehefrau, Christine Paringaux, stamme aus Deutschland und habe neben ihrer deutschen auch die französische Staatsbürgerschaft. Bei ihrer Vernehmung vor der Polizei in Marseille hatte sie angegeben, bei ihrem Mann als Sekretärin und Telefonistin angestellt zu sein. Der französische Gewährsmann konnte Mauss nach Gesprächen mit dem Untersuchungsrichter sagen, daß Paringaux höchstens einen, maximal zwei Monate in Beugehaft gehalten werden könne, wenn er den Auffindungsort der Fässer nicht verriet. Sein Anwalt Mourin gelte in Marseille als Staranwalt und werde von der Polizei als absolut seriös eingeschätzt. Paringaux und Mourin würden sich seit vielen Jahren privat kennen.

Ein Geheimnis soll gekauft werden

Mauss rief beim Vorstand der Firma Mannesmann in Düsseldorf an, gab seine ersten Erkenntnisse durch und vereinbarte einen Gesprächstermin für den 11. Mai 1983 in München. Dort skizzierte er den Managern Dr. Weissweiler und Dr. Munding seinen Plan. Über vier Zielpersonen wolle er nach Aufbau einer entsprechenden Legende in das Umfeld von Paringaux eindringen. Zielperson eins sei Paringaux' Frau Christine, Zielperson zwei der Müllbeseitiger Weber in Steinach, der nach der Einschätzung des Agenten wußte, wo die Fässer lagen, Zielperson drei sei Rechtsanwalt Mourin in Marseille und Zielperson vier ein gewisser Dr. Pozzi in Italien.

Mauss bat die Mannesmann-Manager, ein Gespräch mit dem Bundesinnenministerium in Bonn zu führen. Er brauche für seinen Einsatz Tarnpapiere sowie informierte Ansprechpartner bei den Behörden, für den Fall, daß Hilfe von offizieller Seite nötig werde. Schon einen Tag später, am 12. Mai 1983, Himmelfahrt, konnte Mannesmann-Vorstand Dr. Weissweiler mit Bundesinnenminister Zimmermann in Sachen Mauss konferieren. Am Tag darauf begab sich Mauss zusammen mit dem Mannesmann-Generalbevollmächtigten Dr. Munding selbst ins Bundesinnenministerium. Er berichtete dem Leiter des Ministerbüros, Hans-Georg Dusch, seine bisherigen Erkenntnisse und erklärte ihm seinen Plan.

Dusch bat den Agenten, seine Aktivitäten noch bis Sonntag, den 15. Mai, zurückzustellen, da zur Zeit noch andere Operationen liefen. Das Bundesinnenministerium habe aber nichts dagegen, bis zu diesem Zeitpunkt seine bereits angelaufene Hilfestellung für einen »Legendenaufbau« des Privatdetektivs fortzusetzen.

Mauss reiste erst einmal nach Athen. Dort wollte er mit Hilfe alter Beziehungen einer Mitarbeiterin – dabei handelte es sich um seine Freundin Alida – eine »geeignete Legende«, zu deutsch: falsche Papiere, beschaffen.

Von Athen aus rief er am Sonntag Hans-Georg Dusch an. Der erklärte ihm, man habe bei den laufenden Operationen bisher keine Fortschritte gemacht. Mauss könne mit seiner Arbeit beginnen, solle jedoch zunächst nicht direkt an den Marseiller Anwalt Mourin herantreten.

Nach dem Gespräch mit Bonn rief der Agent Christine Paringaux in ihrer Marseiller Wohnung an. Sie möge sich bitte am nächsten Morgen ins Hotel »Frantel« begeben, um dort einen wichtigen Anruf entgegenzunehmen. Weitere Erklärungen gab er nicht ab. Tatsächlich wartete Frau Paringaux am 16. Mai im Hotel auf einen Anruf. Er bat sie, um ein Abhören des Telefongesprächs zu verhindern, ihn in einer halben Stunde von einem Postamt aus in Athen zurückzurufen.

Irritiert fragte Christina Paringaux: »Athen? Athen? Was hat die Sache mit Athen zu tun?« Mauss antwortete nicht und legte auf. Offenbar wollte er besonders geheimnisvoll wirken.

Tatsächlich rief Frau Paringaux pünktlich in Athen an. Jetzt rückte Mauss mit der Sprache heraus: »Ich halte mich überwiegend in Griechenland auf und möchte Ihnen über eine größere Firmengruppe, Mitfinanzier ist ein italienischer Staatsangehöriger, der sich selbst fast ausschließlich in den USA aufhält, eine vertrauliche Kooperation anbieten, um aus der ganzen Sache möglichst schnell – und für Dritte unbemerkt – herauszukommen.«

Bis zum nächsten Tag hielt Mauss Frau Paringaux mit verschiedenen Anrufen und Bitten um Rückruf auf Trab. Nach Rücksprache mit Vertrauten ihres Mannes erklärte sie sich zu einem persönlichen Treffen mit Mauss in Paris bereit. Sie habe auch mit dem »sehr schwierigen Rechtsanwalt Mourin« gesprochen und ihn bereits auf den von Mauss vorgeschlagenen Kurs eingestimmt.

Mauss wollte seine zukünftigen Geschäftspartner überrumpeln und setzte sie entsprechend unter Zeitdruck. Das Treffen in Paris solle schon am nächsten Tag, dem 18. Mai, um 11.30 Uhr stattfinden. Wieder war Frau Paringaux einverstanden, diesmal zusammen mit Rechtsanwalt Mourin im »Grand-Hotel Paris« auf einen Anruf zu warten.

Der Plan von Mauss war so einfach wie bewährt und hätte eigentlich gar nicht der umständlichen Vorbereitungen bedurft: Er wollte das Geheimnis der verschwundenen Seveso-Fässer schlichtweg kaufen.

Am Nachmittag des 17. Mai flog er gemeinsam mit Freundin Alida von Athen nach Frankfurt, wo er sich um 19 Uhr zu einem Gespräch mit den Mannesmann-Managern Dr. Weissweiler, Dr. Funke und Dr. Munding traf. Das Gespräch dauerte bis Mitternacht und wurde unterbrochen durch verschiedene Telefongespräche mit dem Innenministerium in Bonn. Büroleiter Dusch hatte die französischen Behörden vom geplanten Einsatz des deutschen Agenten Mauss in Paris unterrichtet und Unterstützung zugesagt bekommen.

Am 18. Mai, um 10 Uhr morgens, landete Mauss auf dem Flughafen Paris-Orly. Die Paßkontrolle passierte er mit seinen Tarnpapieren auf den Namen Klaus Möllner, die ihm vom Landesamt für Verfassungsschutz in Niedersachsen zur Verfügung gestellt worden waren. Welches Interesse die Niedersachsen an der Giftmüllsuche hatten, ist unklar.

Mauss mietete in Paris einen Mercedes 280 SE mit Chauffeur und quartierte sich in einer Suite im »Ritz«, unmittelbar neben dem »Grand-Hotel«, ein. Von seiner Zimmerflucht aus konnte er den Hotelvorplatz und den Eingang des »Grand-Hotel« beobachten. Er wollte feststellen, ob Frau Paringaux und Anwalt Mourin allein oder in Begleitung zum Treffen erschienen.

Die beiden warteten bereits auf seinen Anruf. Er beorderte sie zu sich ins »Ritz«, wo sich die Gespräche bis in den Abend hineinzogen. Der Anwalt war überreizt, er schien überfordert und hysterisch. Während der Verhandlungen sprang er ein paarmal auf und verließ einmal sogar fluchtartig das Hotelzimmer. Frau Paringaux beruhigte ihn und konnte ihn zurückholen.

Am frühen Abend verließ Mourin das Hotel und kam erst nach mehr als einer Stunde zurück. Als er kurz darauf schon wieder nach draußen wollte, packte ihn Mauss freundlich aber bestimmt am Anzug und drängte ihn aufs Bett. Der erschöpfte Anwalt ließ sich alles gefallen und schlief schließlich sogar für eine halbe Stunde ein. Als er wieder aufwachte, sagte er, er müsse einige dringende Telefonate erledigen. Mauss regte an, doch der Einfachheit halber vom Hotelzimmer aus zu telefonieren. Am nächsten Tag ließ er dann mit Hilfe der ausgedruckten Gebührenrechnungen über die angewählten Nummern Mourins Gesprächspartner von einem Abgesandten des Ministerbüroleiters Dusch feststellen.

Er drängte ohne jede Kompromißbereitschaft auf eine schnelle Geschäftsabwicklung. Schon am nächsten Tag sollte der Handel »Geld gegen Lagerort der Giftfässer« abgewickelt werden.

Während des Gesprächs sagte Mourin, er habe in der vergangenen Nacht die 41 Giftfässer in ihrem Versteck besichtigt, um sich von deren Vollzähligkeit und ordnungsgemäßem Zustand zu überzeugen. Mauss schloß aus den Diskussionen zwischen Frau Paringaux und dem Anwalt, daß die Fässer wahrscheinlich noch in der Nähe von Saint-Quentin lagerten und der Personenkreis um Paringaux, der mit der Sache zu tun hatte, etwa 18 Mitglieder stark war.

Gegen 20 Uhr hatte man sich auf eine Vorgehensweise geeinigt. Rechtsanwalt Mourin sollte noch in der Nacht zurück nach Marseille fliegen, Frau Paringaux am nächsten Morgen die Maschine von Paris nach Genf nehmen und sich gegen Mittag im Anwaltsbüro Cottier in Lausanne einfinden, mit dem Mourin seit Jahren zusammenarbeitete.

Mauss und Freundin Alida wollten inzwischen das erforderliche Geld besorgen und am 19. Mai um 13.30 Uhr ebenfalls in die Lausanner Kanzlei kommen. Währenddessen sollte Mourin über die Bernard Paringaux vertretenden Anwälte in Saint-Quentin veranlassen, daß Paringaux am 19. Mai gegen 15.00 Uhr in einer Vernehmung das Giftmüllversteck preisgab. Etwa vierzig Minuten vor seinem offiziellen Geständnis sollte Rechtsanwalt Mourin in Lausanne anrufen und das Versteck mit genauer Beschreibung benennen. Zuvor, so vereinbarte

Mauss mit Frau Paringaux und Mourin, könne sich der Schweizer Anwalt vom Vorhandensein des Geldes überzeugen. Danach sollte Alida gestattet werden, ihren angeblichen italienischen Vater anzurufen, um ihm alle Einzelheiten über die Lage des Verstecks mitzuteilen. Schließlich arbeitete Mauss ja laut Legende im Auftrag einer mysteriösen Firmengruppe mit Alidas Vater als Chef.

Durch diesen Ablauf wollte Mauss verhindern, wie er in seinem Bericht schrieb, »daß die Fässer möglicherweise noch im letzten Augenblick durch die französischen Behörden, aufgrund der besonderen politischen Situation im Zusammenhang mit dem Seveso-Müll, ausgetauscht oder weggeräumt werden konnten«.

Nach dem Gespräch ließ Mauss den Anwalt und Frau Paringaux von seinem Chauffeur zum Flughafen bringen. Mourin nahm die Abendmaschine nach Marseille, und Frau Paringaux kam zurück ins »Ritz«. Sie schien mit den Nerven am Ende und mußte sich mehrmals auf der Toilette übergeben. Fürsorglich ließ der deutsche Agent in seiner Suite ein Bett für sie herrichten.

Am Nachmittag hatte Mauss sich vom Mannesmann-Vorstand und aus dem Büro des Bonner Innenministeriums anrufen lassen. Die Operation in der Schweiz sollte geheimdienstlich abgesichert werden. Friedrich Zimmermanns Berater Dusch sagte Mauss darüber hinaus zu, eigene Leute nach Paris und Lille zu beordern. Sie sollten am Auffindungsort der Giftmüllfässer Posten beziehen und beobachten, wie die Franzosen die Tonnen abtransportierten.

Der Deal in Lausanne

Morgens um 3.00 Uhr war Mauss mit seinen Vorbereitungen fertig. Er legte sich für drei Stunden schlafen und weckte dann Frau Paringaux. Gemeinsam fuhren sie zum Flughafen. Christine Paringaux stieg in die Maschine nach Genf, Mauss und Alida nahmen den Flug nach Frankfurt.

Sofort nach der Landung besprach Mauss mit Hans-Georg Dusch die weiteren Schritte. Die Bonner sahen sich außerstande, Mauss und Alida auch in der Schweiz Fahrzeuge und Rückendeckung zu gewähren. Mauss störte das wenig, hatte er doch auch dort seine eigenen Leute. Er rief den Chef der Kantonspolizei Zürich, Herrn Dulex, an und schilderte ihm sein Problem. Schon nach einer halben Stunde, in der er mit dem Chef des schweizerischen Geheimdienstes sprach, konnte Dulex grünes Licht geben. Mauss wurde erlaubt, bewaffnet in die Schweiz einzureisen. Außerdem wurden zwei Mann zu seiner Unterstützung bereitgestellt.

Die Schweizer Hilfsorgane des deutschen Privatdetektivs stuften die Aktion als »streng geheim« ein. Vor allem schworen sie Stein und Bein, weder sofort noch später dem Schweizer Konzern Hoffmann La Roche irgend etwas von den Mauss'schen Aktivitäten in der Schweiz zu verraten.

Jetzt fehlte nur noch das Geld. Es wurde Mauss kurz vor seinem Abflug nach Genf übergeben. Die Kaufsumme für das Geheimnis betrug 500 000 Mark. Nach der Landung um 12.30 Uhr in Genf erwarteten zwei Beamte der politischen Polizei Mauss und Alida an der Paßkontrolle. Der deutsche Agent gab ihnen die notwendigen Verhaltensmaßregeln und rief dann Christine Paringaux im Anwaltsbüro Cottier an.

In seinen Vorgesprächen mit Hans-Georg Dusch im Innenministerium hatte Mauss mit seiner Vorliebe für Konspiratives einen Telefoncode vereinbart. Über einen besonders geheimen Telefonanschluß sollte Freundin Alida ihren angeblich schwerreichen italienischen Vater anrufen. In italienischer Sprache sollte sie dann vom Schweizer Anwaltsbüro aus den Fundort der giftigen Fässer nach Bonn durchgeben.

Einer der eidgenössischen Sicherheitsdienstler tarnte sich als Chauffeur und brachte Mauss und Freundin im Wagen des Sicherheitsdienstes zur Anwaltskanzlei nach Lausanne. Das Gebäude in der Rue Etraz Nr. 12 war bereits von Schweizer Geheimpolizisten »mit kleiner Observation« abgedeckt worden.

Gegen 14.00 Uhr klingelten Mauss und Alida im ersten Stock. Der Anwalt begrüßte sie. Frau Paringaux wartete schon im Büro. In einem der Nebenräume saßen zwei etwa 40jährige Männer von südländischem Aussehen. Sofort kombinierte Mauss, es müsse sich um Vertrauensleute des Rechtsanwaltes Mourin handeln, die zur Überwachung der Aktion von Marseille nach Lausanne geschickt worden seien.

Aus Andeutungen Mourins hatte Werner Mauss auch entnommen, daß Cottier als Berater für die persische Schah-Familie in der Schweiz tätig sei. Natürlich hatte Mauss diese geheimnisvollen Informationen sofort durch den Schweizer Nachrichtendienst überprüfen lassen, jedenfalls schrieb er das in seinem späteren Bericht. Schließlich verlangten seine Auftraggeber nicht nur, daß er viele Spesen machte. Auch reichlich Wind gehörte zum Geschäft.

Endlich kam der große Moment, den Mauss so zielstrebig wie kompliziert inszeniert hatte. Der Handel »Fundort gegen Bargeld« konnte über die Bühne gehen. Mauss übergab dem Anwalt die 500 000 Mark in bar, die dieser sorgfältig zählte. Um 14.10 Uhr war er fertig, verließ den Raum, um sich im Nebenzimmer kurz mit den südländisch aussehenden Herren zu besprechen, und beauftragte dann seine Sekretärin, ein Gespräch mit Rechtsanwalt Mourin in Marseille zu vermitteln.

Nach kurzem Vorgeplänkel gab er den Hörer weiter an Alida, die das Versteck der 41 Giftmüllfässer notierte:

»M. Maurice Droy, Anguilcourt-le-Sart, ancien boucherie (alte Metzgerei), à gauche du monument aux morts, devant l'école, près de Saint-Quentin, route de Lyon.«

Jetzt rief Mauss die vorher mit dem Bundesinnenministerium vereinbarte Telefonnummer an und übergab den Hörer an die angebliche Tochter des angeblichen Finanziers.

Die Stimme am anderen Ende der Leitung sagte: »Ihr Vater geht gerade im Garten spazieren.« Ob man irgend etwas ausrichten könne?

Alida diktierte die Neuigkeiten in italienischer Sprache. Mauss konnte zufrieden sein. Die Devise »Warum einfach, wenn es auch kompliziert geht« verfehlte ihren Eindruck nicht. Cottier hatte das Telefon auf »Mithören« geschaltet, um sich vom ordnungsgemäßen Ablauf des Geschäftes zu überzeugen. Um 14.40 Uhr war das Gespräch beendet.

Nun wurde eine neue Verbindung zu Rechtsanwalt Mourin hergestellt, der noch weitere Einzelheiten zur Giftmüll-Lagerstätte übermitteln konnte: »Die Metzgerei ist schon lange außer Betrieb. Es war die einzige in dem kleinen Ort Anguilcourt-le-Sart. Die Tür ist verrostet, und auf dem Boden liegen Bretter und Bleche.«

Plötzlich wurde nun Anwalt Cottier hektisch, stürmte aus dem Zimmer und kam nach zehn Minuten zurück: »Ich habe nicht mehr länger Zeit. Ich muß am Nachmittag nach Portugal fliegen.« Dort habe er dringende Geschäfte zu erledigen. Er sei nämlich Nachlaßverwalter des dort verstorbenen ehemaligen italienischen Königs. Es sei wohl das beste, das Geld in seinen Panzerschrank einzuschließen, nachdem nun der Auffindungsort der Giftmüllfässer bekannt sei.

Mauss erhob Widerspruch. Bedingung sei von Anfang an gewesen, daß die Fässer auch tatsächlich aufgefunden würden, bevor das Geld übergeben werden könne. Das müsse aber erst durch Presseveröffentlichungen oder Abgesandte des italienischen Auftraggebers bestätigt werden. Im übrigen benötige er von Cottier noch eine schriftliche Erklärung, daß er als eingesetzter Treuhänder das Geld erst weitergeben dürfe, wenn einwandfrei feststehe, daß es sich bei den 41 Fässern auch tatsächlich um die verschwundenen Dioxin-Behälter aus Seveso handele.

Erst nach langem Hin und Her waren Cottier und Frau Paringaux einverstanden. Während des Disputs marschierten die südeuropäisch aussehenden Männer im Flur auf und ab und beobachteten den Verhandlungsverlauf betont unauffällig. Schließlich unterzeichnete Cottier eine entsprechende Vereinbarung in französischer Sprache.

Dann stand er auf, verabschiedete sich eilig und beauftragte seine Sekretärin, ihn zu vertreten. Mauss und Alida blieben und schalteten das Radio ein. Um 16.30 Uhr kam über Radio Luxemburg die Nachricht, daß aufgrund eines Telefonanrufs eines Reporters der »Welt am Sonntag« bekannt geworden sei, der deutsche Innenminister habe seinem französischen Amtskollegen den Auffindungsort der 41 Seveso-Fässer übermittelt.

Frau Paringaux hatte mitgehört und reagierte nervös und ärgerlich. Von Innenminister Zimmermann war schließlich vorher nicht die Rede gewesen. Mauss konnte sie jedoch beruhigen, rief anschließend von einer Telefonzelle aus das Innenministerbüro in Bonn an und erfuhr, daß die von Büroleiter Dusch nach Frankreich beorderte Einsatzgruppe die Fässer tatsächlich in der alten Metzgerei von Anguilcourt-le-Sart gesichtet hätte. Um 18.30 Uhr wurde Mauss aus Bonn telefonisch mitgeteilt, daß es sich bei den aufgefundenen Fässern mit »an Sicherheit grenzender Wahrscheinlichkeit« tatsächlich um die Seveso-Tonnen handele.

Mauss gab die halbe Million Mark frei, und Cottiers Sekretärin schloß sie im Safe ein. Im Wagen ging es zurück nach Genf, und Mauss und Alida setzten Frau Paringaux am Hauptbahnhof ab. Sie wollte noch am selben Abend nach Marseille zurückreisen. Mauss hatte mit ihr vereinbart, daß ihr Mann nach seiner Entlassung aus dem Gefängnis mit ihm noch einmal zusammenkommen würde. Unter dem Siegel absoluter Vertraulichkeit sollte er die Hintergründe des Giftmüllgeschäfts preisgeben.

Dann fuhr Mauss zu seinen Schweizer Vertrauensleuten. Sie boten ihm an, das Geld wegen »Sittenwidrigkeit des Geschäfts« in der Anwaltskanzlei beschlagnahmen zu lassen. Cottier, so vermuteten sie, würde wohl keine Probleme machen, da er sich sicherlich Schwierigkeiten mit Behörden und Anwaltsverein vom Halse halten wolle. Mauss rief bei seinen deutschen Auftraggebern, den Mannesmann-Managern, an und fragte sie nach ihrer Meinung. Die Finanziers der Fässersuche verzichteten auf die Amtshilfe des Schweizer Sicherheitsdienstes.

Mauss notierte in seinem Einsatzbericht: »... beließen das Geld, ohne Fallenstellung, in der Anwaltskanzlei, zugunsten der noch zu erwartenden Hintergrundaufdeckung, die mit hoher Wahrscheinlichkeit sowohl für den Mannesmann-Konzern als auch, aus politischen und nachrichtendienstlichen Erwägungen, für die Bundesrepublik Deutschland interessant sein kann.«

Tatsächlich kam es am 29. Mai 1983 noch zu einem Gespräch mit Paringaux. Dieser erzählte Mauss, er habe geplant, das gesamte Gift von Italien per Schiff in ein Ostblockland zu verfrachten. Paringaux verriet ihm auch, daß er zusammen mit einem deutschen Geschäftspartner eine, wie er es nannte, »konspirative Wohnung in Paris« besitze, zu der beide einen Schlüssel hätten. Nur nach entsprechenden »Schüttelmanövern« würde er sie aufsuchen. Deshalb, so meinte er, wüßten weder Polizei noch Presse von dieser Wohnung.

Das war laut Mauss-Bericht alles.

Ein Erfolg mit Fragezeichen

Am 10. Juni 1893 schickte Mauss den Seveso-Bericht unter dem Absender »Export Import Eurotex, Postfach 18 80, Mainz 1« an Zimmermann-Mitarbeiter Dusch. Er fügte noch drei weitere Erfolgsberichte bei: »Eurogang«, »Festnahme Terrorist Pohle in Athen« und »Raubüberfall Düe, Hannover«. In seinem Begleitbrief schrieb er: »Ich würde mich persönlich sehr freuen, wenn Sie den Seveso-Bericht und evtl. einen der Ihnen wichtig erscheinenden anderen Berichte, auch einmal dem Bundesinnenminister Zimmermann, zur direkten Information, vorlegen könnten.«

Mit gleicher Post schickte Mauss den Seveso-Bericht an einen ehemaligen Auftraggeber, der inzwischen als Staatssekretär im Bundesjustizministerium fungierte: »Sehr geehrter Herr Dr. Kinkel! Unter Bezugnahme auf mein Telefongespräch mit Ihnen Ende März 1983 möchte ich an dieser Stelle noch einmal meine aufrichtige Teilnahme zum Tode Ihrer lieben Tochter aussprechen. In der Anlage reiche ich Ihnen unseren Einsatzbericht zur Auffindigmachung der Seveso-Fässer zur persönlichen Information ein. Mit freundlichen Grüßen! Mauss.«

Mauss-Auftraggeber Mannesmann warf derweil Nebelkerzen. Die »Frankfurter Allgemeine Zeitung« schrieb am 26. Mai 1983 unter der Überschrift »Mannesmann hat Paringaux Geld weder gezahlt noch versprochen«: »Die Mannesmann AG hat sich die Suche nach den 41 Fässern mit Dioxin-Rückständen aus Seveso einiges kosten lassen. Der Konzern legte aber Wert auf die Feststellung, weder dem Inhaber des französischen Entsorgungsunternehmens Spelidec, Paringaux, noch dessen Anwalt Geld gezahlt oder in Aussicht gestellt zu haben. Das hat der Vorstandsvorsitzende des Mannesmann-Konzerns, Overbeck, am Mittwoch in Düsseldorf klargestellt ...« Mit den tatsächlichen Ereignissen hatte diese Darstellung kaum etwas zu tun.

Für Mannesmann hatte die Geschichte ein weiteres finanzielles Nachspiel. Die Firma Hoffmann La Roche verklagte das deutsche Unternehmen, dessen italienische Tochter den Auftrag zur Giftmüllbeseitigung zwar übernommen, aber nicht vertragsgemäß ausgeführt hatte. Mannesmann Italiana mußte die rund 160 000 Mark für die nicht erfolgte Dioxin-Beseitigung zurückzahlen. Weiterhin heißt es in dem gerichtlichen Vergleich: »Darüber hinaus beteiligt sich Mannesmann Italiana an den bei Icmesa/Hoffmann La Roche bisher entstandenen und durch die bevorstehende Beseitigung entstehenden Kosten mit einem Betrag von drei Millionen Schweizer Franken, auf den jedoch 500 000 Franken angerechnet werden für Aufwendungen, die bei Mannesmann durch die Suche nach den Fässern entstanden sind.«

Das war fast genau jene Summe, die Mauss an Paringaux gezahlt hatte und von der Finanzier Mannesmann angeblich nichts wissen wollte. Spürnase Mauss erhielt für seine Bemühungen 120 000 Mark Honorar.

Der Inhalt der 41 Fässer wurde später in einem Spezialofen des Schweizer Chemieunternehmens Ciba-Geigy verbrannt. Völlig aufgeklärt wurde die ganze Affäre dennoch nie.

Eingeweihte beharren hartnäckig auf dem Standpunkt, die von Mauss per Schmiergeld an einen betrügerischen Transportunternehmer aufgefundenen 41 Fässer seien nicht identisch mit jenen, die ursprünglich Italien verlassen hatten. Die Originalfässer mit dem supergiftigen Inhalt seien entweder schlicht ins Meer geworfen oder auf einer Mülldeponie in der Bundesrepublik, z. B. im niedersächsischen Münchehagen, oder in Schönberg in der DDR, gleich gegenüber von Lübeck, falsch deklariert und heimlich verbuddelt worden. Ein italienischer Chemiespezialist, Berater der Regierung der Lombardei in Sachen Umweltschutz und von Amts wegen mit der Seveso-

Katastrophe befaßt, behauptete gar, die 41 »Doubletten« seien von einer italienischen Firma produziert und stückweise nach Frankreich geliefert worden. Stimmen die Darstellungen, so war die ganze Seveso-Operation des Geheimagenten Mauss nichts als ein gigantisches Ablenkungsmanöver. Aber das sind, wie gesagt, nur Spekulationen.

Scheidung und Verkauf der Villa

Bis Mai 1983 blieb Margret Mauss in der ehelichen Villa in Altstrimmig. Dann zog sie in eine andere Stadt. Die Ehe zwischen Werner und Margret Mauss wurde am 25. Mai 1983 geschieden. Im September desselben Jahres heiratete Werner Mauss die Italienerin Alida. Jetzt reiste sie mit ihm um die Welt und war ihm bei seiner konspirativen Arbeit behilflich.

Kurz nach Margrets Auszug begannen in Altstrimmig Umbauarbeiten. Sie zogen sich über einen langen Zeitraum hin. Im Herbst 1987 wurde immer noch – oder schon wieder – gebaut. Es entstand ein geräumiger Nebentrakt mit einem pagodenartigen Dach; alles höchst feudal. Auch die Sicherheitsvorkehrungen wurden erheblich verstärkt. Ein neues Eingangstor aus mehr als zwei Meter hohem Stahl entstand, schwenkbare Videokameras konnten jeden potentiellen Besucher observieren.

Werner Mauss behauptete indes, nicht mehr in Altstrimmig zu wohnen. Er bedrohte jeden mit Gerichtsverfahren, der dieses behauptete. Und in der Tat gibt es Anhaltspunkte dafür, daß der Besitz inzwischen verkauft ist. Die Frage ist, an wen. Allem Anschein nach ist der neue Eigentümer eine Firma mit Namen »Nolilane N. V.« mit Sitz in Curaçao auf den Niederländischen Antillen. Dieses Unternehmen ließ sich durch die Firma »Curaçao Corporation Company N. V.«, ebenfalls mit Sitz in Curaçao, vertreten und beauftragte einen deutschen Rechtsanwalt, Grundstückskäufe in Altstrimmig vorzunehmen.

Die Ländereien grenzen unmittelbar an das Mauss'sche Anwesen und waren in der Vergangenheit als gemeinsamer Flugplatz von Mauss und dessen Nachbar Theisen benutzt worden.

Auf dem Gelände standen auch zwei kleine Flugzeughallen, eine davon hatte sich Mauss selbst bauen lassen. Für den Baugrund hatte er 1973 einen Pachtvertrag mit Theisen abgeschlossen und dafür monatlich 250 Mark bezahlt.

1986 wurde der gesamte Privatflugplatz für 250 000 Mark von der Witwe des inzwischen bei einem Flugzeugabsturz ums Leben gekommenen Theisen an die »Nolilane« verkauft. Die Firma machte den Kauf davon abhängig, daß der Flugplatz auch weiterhin als »Außenlandegelände« benutzt werden durfte.

Und es scheint so, als sei die obskure Firma »Nolilane« auch Eigentümer der Mauss-Villa geworden. Was sollte sie sonst mit dem Flugplatz anfangen? Wer aber hinter der »Nolilane« steckt, ist ungewiß. Mauss, wie gesagt, bedroht jeden mit gerichtlichen Schritten, der behauptet, der Agent habe seinen Besitz quasi an sich selbst verkauft.

Eines aber ist sicher: Curaçao, Sitz der Firma »Nolilane«, liegt nicht weit entfernt von jenem Land, in dem Mauss 1985/86 seinen Geschäften nachging: Kolumbien.

Geld für die Guerilla

Ob es nun in der Seveso-Affäre die echten Giftfässer waren, die Agent Mauss mittels Schmiergeld aufgetrieben hatte, oder Duplikate, seinen Auftrag hatte er erfüllt. Mannesmann war aus den peinlichen Schlagzeilen verschwunden.

Kein Wunder, daß sich der Konzern an den Mann für besondere Aufgaben erinnerte, als es wieder einmal Schwierigkeiten gab. Diesmal in Übersee. Hatte Werner Mauss im Auftrag von

BKA oder BND zuvor die deutsche Stadtguerilla gejagt, so versorgte er nun südamerikanische Guerilleros mit Bargeld. Aber das war nur ein Teil seines Arbeitsgebietes im Auftrag von Mannesmann.

Das Düsseldorfer Unternehmen hatte Anfang der achtziger Jahre einen 750-Millionen-Auftrag in Südamerika an Land gezogen. Eine hundertprozentige Tochter des Konzerns, die Mannesmann Anlagenbau AG, sollte in Kolumbien 284 Kilometer Pipeline von einem Ölfeld im Nordosten des Landes durch die Anden bis zur Karibik bauen.

Dieses Mammutprojekt stand in mehrfacher Hinsicht unter einem schlechten Stern. Zum einen fehlte es an qualifiziertem Personal. Nur zehn Prozent der Arbeitskräfte durften aus Deutschland mitgebracht werden. Das waren gerade 400 Mann. Die übrigen Arbeiter sollten unter den Einheimischen angeworben und ausgebildet werden. Zum zweiten gab es immer wieder Schwierigkeiten mit dem kolumbianischen Zoll, durch den sämtliche Gerätschaften wie Rohre, Pumpen und Ersatzteile geschleust werden mußten.

Das schwierigste Problem waren aber die Guerilleros. In über vierzig Jahren waren die Untergrundkämpfer der Nationalen Befreiungsarmee, ELN, in manch abgelegenem Gebiet des Landes zur zweiten Macht geworden. Die ELN war in direkter Folge der kubanischen Revolution entstanden. Sie ist die älteste aktive Guerilla-Organisation Südamerikas und gilt als eine der gewalttätigsten. Chef ist heute der 43jährige ehemalige Priester Manuel Perez.

»Unsere Gewalt ist legitim«, sagte er einmal in einem Interview, »sie ist die letzte Möglichkeit, die unserem Volk geblieben ist, um sich gegen die wirtschaftliche Gewalt, die alljährlich Tausende von Kindern in diesem Land tötet, und gegen die repressive Gewalt der Armee und ihrer Todesschwadronen zu verteidigen.«

Die ELN spezialisierte sich darauf, Bauvorhaben ausländischer Unternehmen zu sabotieren. Bei Mannesmann wurde die Pipeline regelmäßig kurz nach der Fertigstellung wieder in die Luft gesprengt. Die Guerilleros überfielen ein Baulager und entführten schließlich sogar einen deutschen Ingenieur. Guter Rat war teuer. Ein Fachmann, der das Land kannte, meinte dazu: »In Arauca, der Ölprovinz, stehen neunzig Prozent der Bevölkerung hinter der Guerilla. Wenn Sie dort eine Ölleitung effektiv bewachen wollen, müssen Sie mindestens alle hundert Meter zwei Soldaten aufstellen. Bei einer Gesamtlänge von 300 Kilometern würde das fast die gesamte kolumbianische Armee in Anspruch nehmen. Ein solches Vorhaben ist absurd.«

Wo die Armee eines südamerikanischen Landes nicht helfen konnte, wurde ein deutscher Spezialist gebraucht. Werner Mauss schwebte ein, diesmal unter dem Namen »Señor Claus«. Manchmal nannte er sich in der kolumbianischen Hauptstadt Bogota auch »Bergmann«, »Lorenz« oder »Möllner«. Seine Frau Alida führte er als »Michaela« oder »Laura« ein.

Mauss sollte die Probleme von Mannesmann auf seine Art lösen. Er reiste im Charterjet zwischen Kolumbien, Panama, der Karibikinsel Aruba und zwischen Florida und Puerto Rico hin und her und zog seine Fäden. Auch in Südamerika, so hatte er wohl richtig erkannt, gab es nichts, was sich nicht mit genügend Bargeld bewerkstelligen ließe.

Während sich der hannoversche Untersuchungsausschuß zum Fall Düe 1985 vergeblich abmühte, den Agenten zur Zeugenaussage zu bewegen, stürzte dieser sich gerade mit Feuereifer in sein südamerikanisches Abenteuer. In Bogotá richtete er ein Hauptquartier mit einer deutschen Schreibkraft ein, die im Gegensatz zu ihm der englischen Sprache mächtig war. Bürochef war ein im Spanischen perfekter Mann, ebenfalls ein Deutscher. Ein spanischer Leibwächter und zwei bewaffnete kolumbianische Ex-Polizisten sorgten für die Sicherheit. Mauss selbst residierte in der Avenida Suba 131, Villa Eden Nr. 2, bei

Dr. Jaime Hernandez Salazar, dem damaligen Generalstaatsanwalt für ganz Kolumbien. Über dessen Telefonnummer war Mauss alias »Claus« für Eingeweihte erreichbar.

Als Außenstation für den deutschen Agenten diente eine Villa in Panama City, von wo aus eine Mitarbeiterin namens »Linda« Nachrichten und vermutlich auch Geld hin und her schickte.

Mauss operierte im Hintergrund, selbst im fernen Kolumbien so konspirativ wie einst in der Frankfurter Unterwelt. Seine Auftraggeber, später vom »Spiegel« befragt, wollten von den Einzelheiten wieder einmal nichts Rechtes wissen. Mauss »hat unmittelbar nicht für uns gearbeitet«, erklärte der Mannesmann-Generalbevollmächtigte Friedrich Schunder. Er »hat sich vermittelnd eingeschaltet«. Wegen der »akuten Sorgen« damals habe die Firma eben »auch unkonventionelle Wege beschreiten« müssen. »Was der im einzelnen dort getan hat, weiß ich nicht.« Der Konzern sei »davon ausgegangen«, daß Mauss seine »Aktivitäten in Übereinstimmung mit staatlichen Stellen« entfalte.

Die »unkonventionellen Wege« des Werner Mauss bestanden etwa darin, das Gastarbeiterproblem auf touristische Weise zu lösen. So wurden Facharbeiter, vornehmlich aus der Bundesrepublik, als Urlaubsreisende nach Kolumbien eingeflogen. Dort angekommen, erhielten sie von einem Mauss-Vertrauten nachträglich anhand der Pässe eine Arbeitserlaubnis – manchmal nicht einmal das.

Nach ihrem Arbeitseinsatz besaßen die Techniker oftmals keine Dokumente, keine Ausreisevisa, keine Sichtvermerke über ihre Einreise. Sie wurden dann in ein Hotel beordert, wo ein Mauss-Mitarbeiter sie einsammelte und für 300 Dollar pro Kopf durch den Flughafen schleuste.

Auch beim Import von technischem Gerät bewährten sich die Fäden, die Mauss in die kolumbianischen Behörden gesponnen hatte. Gegen harte Dollars wurden die muntersten

Zöllner müde. Gebaut werden konnte nun. Für Material und Arbeitskräfte war dank der Umsicht des deutschen Agenten und seiner Mitarbeiter gesorgt. Damit blieb noch ein Problem: die Angriffe der Guerilleros. Der entführte Mannesmann-Ingenieur war – ob mit oder ohne direktes Zutun von Mauss, muß offenbleiben – für zwei Millionen Dollar von der ELN freigekauft worden. Und Geld half auch bei der Sicherung der Pipeline gegen Anschläge.

In einem Interview mit der »Zeit« erklärte ELN-Führer Manuel Perez unumwunden: »Wir entschieden uns für direkte Verhandlungen mit den Multis, die sich ihrerseits natürlich nicht aus freien Stücken, sondern nur unter Druck mit uns an einen Tisch setzten. Druck kann man vor allem auf zwei Arten ausüben: durch Sabotage und militärische Aktion gegen die Bautruppe der Multis sowie durch die Gefangennahme von Technikern und Ingenieuren.«

»So wie Sie das mit der deutschen Mannesmann gemacht haben?«

»Ja, Mannesmann war der erste Konzern, der in Arauca die Arbeit aufnahm ... Wir machten der deutschen Firma klar, daß es in ihrem Interesse lag, eine Übereinkunft mit uns zu finden: Sie erfüllen die Wünsche der Bevölkerung, und wir lassen sie die Pipeline bauen. Im großen und ganzen hat sich Mannesmann an diese Übereinkunft gehalten. Nur gelegentlich mußten wir durch Angriffe auf die Pipeline sicherstellen, daß die sozialen Programme wie gewünscht weiterliefen.«

»Wieviel hat Mannesmann für soziale Programme zahlen müssen?«

»Unseren Schätzungen nach wurden in Arauca rund zwei Millionen Dollar für soziale Arbeiten investiert, aber daran waren auch andere Konzerne beteiligt ...«

»Und wie hat die ELN die Mannesmann-Dollars investiert?« fragte der Reporter.

»Nun«, meinte der Guerilla-Chef, »einen Teil haben wir an

die Bevölkerung weitergeleitet. Der Rest floß vor allem in den Kauf von Waffen.«

»Dann ist also der Vorwurf jener gerechtfertigt, die behaupten, daß Mannesmann die Hauptschuld an der finanziellen Sanierung der kolumbianischen Guerilla trägt?«

»Nein, das ist Unsinn. Mannesmann war unserer Ansicht nach nur der intelligenteste aller in Kolumbien tätigen multinationalen Konzerne ...«

Werner Mauss hat das gebündelte Bare jeweils im Koffer von Panama nach Kolumbien gebracht, wobei ihm Regierungsstellen, vermutlich auch nicht umsonst, behilflich gewesen seien. Mannesmann konnte sich ahnungslos geben. »Wir«, betonte der Generalbevollmächtigte Schuder, »haben weder an die Terroristen noch an das Militär gezahlt.«

Für derartige Transaktionen hat man eben seine Leute.

9. Kapitel
Ende offen …

»Staatsgeheimnis Mauss«

Es ist unmöglich, die Geschichte eines Menschen lückenlos zu rekonstruieren. Zu begrenzt sind Zeugenaussagen, zu begrenzt sind auch Selbstzeugnisse, etwa in Form von Berichten über eigene Taten. Jeder Zeuge, auch der sachlichste, gibt immer nur seine Sicht der Dinge wieder. Gefühle, Motivationen, innere Regungen entziehen sich ohnehin weitgehend der Berichterstattung. Grobe Verfehlungen werden von Beteiligten selbstverständlicherweise nur ungern geschildert.

So hat jeder Bericht seine dunklen oder unscharfen Stellen. Das gilt ganz besonders dann, wenn ein Mensch sich der späteren Spurensuche professionell und systematisch entzieht. Werner Mauss, der Mann mit den zahlreichen Namen und Identitäten, war ein Meister darin. Er ist es heute noch. Kein Wunder, daß sich auch weiterhin Legenden um ihn ranken.

Schon die Veröffentlichung von Teilen seiner geheimnisvollen Vita betrachtete der Superdetektiv als Sakrileg. Das Geheimnis des Werner Mauss ist – zumindest nach seiner eigenen Einschätzung – nicht mehr und nicht weniger als ein Staatsgeheimnis.

Als Teile dieses Buches in der Zeitschrift »Stern« vorab als Serie erschienen, versuchte Werner Mauss die Veröffentlichung zu stoppen. Er ließ seinen Anwalt, den renommierten Stuttgarter Presserechtler Professor Dr. Karl Egbert Wenzel, vor dem Münchener Landgericht einen Antrag auf Erlaß einer einstweiligen Verfügung stellen, durch die verboten werden sollte, »das Lebensbild des Antragstellers öffentlich darzustellen«.

Im Falle einer Zuwiderhandlung sollte ein Ordnungsgeld bis zu 500 000 Mark, ersatzweise Ordnungshaft bis zu sechs Monaten verhängt werden.

Der Schriftsatz des Mauss-Anwalts zeigt überdeutlich die Selbsteinschätzung des Agenten: »Die Tätigkeit des Antragstellers [Mauss] läßt sich am besten als Undercoveragent bezeichnen. Er ist Sachverständiger insbesondere auf dem Gebiet der Bandenkriminalität.« Eingeschaltet wurde und werde Mauss »nur in Fällen von großer und größter Bedeutung«. Durch eine Veröffentlichung solle Mauss »in jeder Hinsicht« bloßgestellt werden. Mauss solle »sozusagen ausgezogen werden. Er soll als Person gleichsam nackt dastehen. Jedermann soll ihn bestaunen oder bespucken können«.

Als Beleg für die Wichtigkeit seines Mandanten führte Presserechtler Wenzel an, daß beispielsweise Dagobert Lindlau, Autor des Buches »Das organisierte Verbrechen«, Mauss »100 000 Mark nur dafür angeboten hat, mit ihm persönlich sprechen zu können, und zwar unabhängig davon, was er sagen werde«.

Mauss und sein Anwalt hatten sich mit diesem Hinweis allerdings leicht übernommen. Fernsehjournalist Dagobert Lindlau versicherte auf diese Darstellung hin an Eides Statt: »Die Behauptung ist frei und darüber hinaus schlecht erfunden. Herr Mauss hat mich beim ersten und einzigen Gespräch bewußt getäuscht, das ich (kostenlos) mit ihm geführt habe.«

Werner Mauss, so sein Anwalt weiter, habe »stets und ausnahmslos« finanzielle Angebote für Informationen über seine Tätigkeit abgelehnt. Der Grund: »Die Offenlegung seiner Tätigkeit gefährdet den Antragsteller [Mauss] und seine Familie an Leib und Leben. Überdies beeinträchtigt die Darstellung von Einzelheiten seiner Tätigkeit die Möglichkeiten seiner zukünftigen Arbeit. Die Person des Detektivs muß so unbekannt bleiben wie nur immer möglich. Wenn jedermann sofort weiß, daß es der bekannte Detektiv ist, der ihm gegenübertritt, kann er seine Arbeit einstellen.« Mauss ging in seinem Abwehrkampf gegen unliebsame Publizität noch weiter. Er ließ seinen Anwalt – ohne den Anflug eines Beweises – behaupten, die Veröffentlichung über ihn beruhe in wesentlichen Teilen auf Material, »das in unzulässiger und strafbarer Weise beschafft worden ist«. Das Material stamme »zum größten Teil aus dem BND«. Und weiter: »Die Antragsgegner haben praktisch das gesamte im BND vorhandene Material über den Antragsteller [Mauss]. Im BND ist das Material als VS-geheim oder streng geheim eingestuft. Deshalb wird der Dienst auch Geheimdienst genannt.«

Wer das Material herausgegeben habe, sei gegenwärtig noch nicht bekannt. Mauss-Anwalt Wenzel: »Es ist aber undenkbar, daß es beschafft worden ist, ohne daß dabei strafbare Handlungen begangen worden sind.« Der Anwalt führte auch gleich die einschlägigen Straftatbestände mit auf: »Landesverrat, Offenbaren sowie Auskundschaften bzw. Preisgabe von Staatsgeheimnissen.« Möglicherweise stammten die Unterlagen auch »ganz oder teilweise aus dem Ministerium für Staatssicherheit der DDR (Stasi) oder aus sonstigen östlichen Geheimdienstkreisen«.

Überflüssig zu sagen, daß das natürlich alles völliger Unsinn ist. Weder stammen die für die »Stern«-Serie – und dieses Buch – verwendeten Materialien aus dem Bundesnachrichtendienst, noch sind sie »VS-vertraulich« oder gar »streng geheim« klassifiziert. Schon gar nicht kommen sie vom Stasi oder vom KGB. Die anwaltlichen Vermutungen waren nichts weiter als der Versuch einer Irreführung – für Mauss und seine Arbeitsweise nicht eben untypisch.

Der Agent hat im Laufe seiner gesamten Untergrundkarriere, bis auf ein einziges Jahr, in dem er für den Bundesnachrichtendienst arbeitete, immer als Privatmann operiert. Seine Auftraggeber, und damit seine Finanziers, waren Versicherungen oder Wirtschaftsunternehmen. Deshalb sind seine Berichte auch stets dort hingegangen. Mauss selbst hat die Duplikate zudem kräftig gestreut. Es bedurfte also keineswegs eines Einbruchs in die Panzerschränke des BND oder konspirativer Umwege über Moskau oder Pankow, um an Materialien über den berühmt-berüchtigten Geheimagenten zu kommen.

In Wahrheit konnte oder kann Werner Mauss es wohl nicht ertragen, in einer Veröffentlichung auf sein tatsächliches (Mittel-)Maß zurechtgestutzt zu werden. An der Legende vom Super-Agenten ist offenkundig niemand so sehr interessiert wie Mauss selbst. Kein Wunder, daß er seinen Anwalt erklären ließ: »Zusammenfassend ist festzustellen, daß die geplante Veröffentlichung den Antragsteller [Mauss] vernichten würde, und zwar nicht nur beruflich, sondern mit großer Wahrscheinlichkeit sogar physisch. Die Antragsgegner geben den Antragsteller sozusagen zum Abschuß durch Terroristen oder Verbrecher frei. Dieses Vorhaben ist um so vorwerfbarer, als der Antragsteller im Dienste der inneren Sicherheit der Bundesrepublik tätig gewesen ist. Bei seinen Ermittlungen hat er Erfolge erzielt wie kaum ein anderer. Dem Antragsteller ist es gelungen, das Ausmaß der Kriminalität in der Bundesrepublik und zum Teil auch innerhalb Europas zu begrenzen.«

So macht man aus Mäusen Elefanten.

Kein Wunder also auch, daß der Anwalt sich in einem weiteren Schriftsatz gar in die Behauptung verstieg, eine Veröffentlichung der Mauss-Vita würde »die innere Sicherheit der Bundesrepublik [...] gefährden«.

Von gar so vitaler Bedeutung für die innere Sicherheit der Bundesrepublik ist Werner Mauss allerdings nicht. So erklärte etwa das Bundesamt für Verfassungsschutz im November 1985: »Das Bundesamt für Verfassungsschutz hat nie mit Herrn Mauss zusammengearbeitet und ist auch nicht der Auffassung, daß James Bond oder Nachahmer für die Aufrechterhaltung der inneren Sicherheit der Bundesrepublik unverzichtbar sind.«

Anwalt Wenzel verlangte de facto nicht mehr und nicht weniger als eine »Lex Mauss«, eine Informationssperre über einen Privatdetektiv, der den Filz zwischen Polizei, Geheimdiensten, Versicherungen und Industrieunternehmen beispielhaft verkörpert. Die Privatisierung der Verbrechensbekämpfung sollte auch weiterhin im verborgenen bleiben.

In eben dieser Privatisierung einer der wichtigsten staatlichen Hoheitsaufgaben liegt das Kernproblem der Mauss'schen Aktivitäten.

Polizeibeamte sind gesetzlich verpflichtet, nicht nur Belastungsmaterial gegen einen Verdächtigen zu sammeln, sondern auch Entlastendes. Mauss hatte immer nur eine Zielrichtung, nämlich einen vermuteten Täter dingfest zu machen. Nur darin lag sein Interesse. Sobald er mit seiner bekannten Spürnase und dem kriminalistischen Handwerkszeug »›pi‹ mal Daumen« einen Verdächtigen ausgemacht hatte, setzte er alles daran, diesen auch zu überführen. Dabei trug er meistens weniger Indizien über Tat und Täter zusammen, als daß er seiner »Zielperson« eine Falle stellte und alles daransetzte, sie zielstrebig und geschickt hineinzumanövrieren.

Zu diesem Zweck legte er sich falsche Identitäten zu, tarnte sich als Hehler, als Vertreter internationaler Wirtschaftsunternehmungen oder als Abgesandter ominöser Sicherheitsorganisationen. Seiner überschäumenden Phantasie waren keine Grenzen gesetzt. Doch all dieses, bei ihm geheimdienstlich hochtrabend »Aufbau einer Legende« genannt, entpuppte sich beim näheren Hinsehen als nichts als Lug und Trug.

Werner Mauss ist eine Art Kopfgeldjäger in bester Tradition des Wilden Westens. Er hat die Verbrechensbekämpfung nicht nur privatisiert, er hat sie auch kommerzialisiert. Polizei und geheime Dienste haben ihm dabei geholfen – kostenlos. Es drängt sich der Verdacht auf, daß die Behörden ihn auch deshalb so tatkräftig unterstützt haben, weil sie, selbst an Recht und Gesetz gebunden, einen Mann für »dirty tricks« brauchten. Wenn Beamte mit ihrem rechtsstaatlichen Latein am Ende waren, mußte die Wunderwaffe »M.« her. Da brauchte man sich selbst die Hände nicht schmutzig zu machen und bekam das gewünschte Ergebnis dennoch frei Haus geliefert.

Daß viele – möglicherweise sogar der Großteil – der von Mauss zur Strecke gebrachten mutmaßlichen Straftäter alles andere als unschuldig waren, macht die Sache nicht besser. Rechtsstaatliche Garantien gelten nicht nur für Unschuldige. Sonst könnte man sich korrekte Ermittlungsverfahren, Strafprozesse und unabhängige Gerichte ja auch vollends sparen. Selbst wenn eine vom Staatsanwalt vorgelegte Anklageschrift nicht selten weitgehend mit dem späteren Urteil identisch ist, kommt deshalb dennoch niemand auf den Gedanken, sie gleich mit der Aufschrift »Urteil« zu versehen und den mutmaßlichen Täter ohne Gerichtsverfahren hinter Gitter zu stecken. Schlimmer noch als keinen Täter zu fassen ist es, einen falschen zu verurteilen.

Aber nicht nur ein fairer Prozeß, auch ein faires Ermittlungsverfahren gehört zum Rechtsstaat. Wenn die polizeilichen oder privatdetektivischen Recherchen von Anfang an jeweils in eine bestimmte Richtung zielen, kann davon jedoch nicht mehr die Rede sein.

Nehmen wir – pars pro toto – den Fall Düe. Mauss konnte seinen Versicherungsauftrag nur dann erfüllen, wenn der überfallene Juwelier in Verdacht kam, den Raubüberfall auf sein Geschäft selbst inszeniert zu haben. Nur dann mußte die Versicherung den Millionenschaden nicht ersetzen. Logischerweise tat der Agent alles, Düe zu überführen. Es gelang ihm allerdings nur, dem Juwelier nachzuweisen, daß er kleine Teile der angeblichen Beute fälschlicherweise der Versicherung als Verlust gemeldet hatte. Dieses reichte trotz allem aus, Düe im ersten Prozeß zu sieben Jahren Freiheitsstrafe zu verurteilen. Aus der Tatsache, daß Düe in einem Teilbereich falsche Angaben gemacht hatte, wurde im Urteil seine Urheberschaft des gesamten Raubüberfalls.

Spuren, die in andere Richtungen gedeutet hätten, wurden von Anfang an vernachlässigt. Beim fröhlichen Halali gegen den Juwelier waren alternative Tätertheorien nur störend und konnten deshalb ausgespart werden. Entsprechend der Interessenlage seiner Auftraggeber bestimmte Mauss das jagdbare Wild, und die Polizei stellte, kostenlos, die Treiberkolonnen.

Als dann Gericht und Untersuchungsausschuß die zwielichtige Rolle des Agenten näher untersuchen wollten, wurde behördlicherseits gemauert, so gut es ging. Polizisten und Politiker gerierten sich wie Verdunkelungsgehilfen eines im privaten Auftrag operierenden Geheimagenten.

Ständig wiederholtes Argument gegenüber Gerichten und parlamentarischen Untersuchungsausschüssen war und ist die angebliche Lebensgefahr, die Werner Mauss bei einer Enttarnung seiner Person und seiner Methoden drohe.

Von diesem fadenscheinigen Argument ließ sich auch das Münchener Landgericht leiten, als es – zu einem kleinen Teil – dem Antrag von Werner Mauss auf Erlaß einer einstweiligen Verfügung gegen den Abdruck des Mauss-Berichts im »Stern« folgte. Das Gericht verbot, »darüber zu berichten, daß und in welcher Hinsicht bzw. Weise der Verfügungskläger [Mauss] an der Enttarnung und/oder Aufspürung und/oder Festnahme von Terroristen und/oder sonstigen Personen, die Gewalt gegen Personen verübt haben, beteiligt war, soweit seine Beteiligung nicht bereits durch Veröffentlichungen in den Medien bekannt geworden ist«.

Alle übrigen von Mauss beantragten Verbote, ausgenommen der Veröffentlichung neuer Fotos und seiner Wohnstätten der letzten fünf Jahre, wurden vom Gericht abgelehnt, und damit sein Antrag zu drei Vierteln abgeschmettert. (Die Kostenentscheidung: Der Verfügungskläger Mauss hatte elf von vierzehn Teilen, die Beklagten drei von vierzehn Teilen zu tragen.)

Mauss – und kein Ende

Die Gerichtsentscheidung hat zur Folge, daß in diesem Buch über die jüngsten Operationen des Geheimagenten nicht berichtet werden darf. Deshalb muß zunächst auch unerwähnt bleiben, zu welchem Zweck und in wessen Auftrag Werner Mauss im Sommer und im Herbst 1987 seine umfangreichen Flugbewegungen durchführte: im Juni mehrmals nach Luxemburg, Genf und Zürich; im Juli von Nizza nach Athen und von Cannes nach Larnaca auf Zypern (»Weiterflug nach Absprache mit Passagieren«); im August mehrmals nach Athen, Genf, Luxemburg und Zürich.

Allein zwischen dem 19. August und dem 1. September betrugen die Flugkosten für das von Mauss jeweils gecharterte Flugzeug D-CDRB vom Typ Mitsubishi 73 695,58 Mark.

Die Gesamtflugkosten mit dieser Maschine zwischen Juni und Oktober 1987 dürften an die 300 000 Mark betragen haben. Dazu kam offenbar eine Reise in den Nahen Osten. Jedenfalls teilte das Düsseldorfer Charterunternehmen »Evex« am 25. August 1987 einem Herrn B. von der Dresdner Bank mit: »Für Flüge, die durch Ihren Herrn Lange durchgeführt werden, in Arabien, Syrien etc. (außerhalb von EG-Staaten), bitten wir um eine Zusatzvereinbarung.« Darunter: »Abschluß einer Kriegsrisikoversicherung bei Flügen in Krisengebiete für Flugzeug und Crew gehen zu Lasten des Charterers.«

Mauss hat die Charterflugzeuge jeweils unter dem Namen »Lange« gebucht, ein Name, den er schon bei seinem Einsatz im Fall der Tapetenfirma »Hastra« benutzte.

Unter diesem Namen flog er auch an einem denkenswerten Wochenende in die Schweiz.

Die zweimotorige Mitsubishi startete am Freitag, dem 9. Oktober 1987, um 11.35 Uhr in Düsseldorf und landete um 12.05

Uhr in Frankfurt. Dort stiegen Mauss, seine Frau Alida sowie ein zweiter Mann zu. Das Flugzeug hob um 12.32 Uhr ab und landete um 13.32 Uhr in Genf. Der zweite Mann blieb in Genf, während Mauss und Frau um 13.54 Uhr nach Zürich abflogen, wo sie um 14.23 Uhr landeten. Um 20.38 Uhr startete Mauss erneut und kam um 21.08 Uhr wieder in Genf an.

Dort schrieb er sich unter dem Namen »Lange« im Hotel »Le Richemond« ein. Er blieb dort bis Sonntagvormittag.

Im unmittelbar angrenzenden Hotel »Beau-Rivage« quartierte sich am Samstag, dem 10. Oktober, gegen 17.00 Uhr der ehemalige schleswig-holsteinische Ministerpräsident Dr. Dr. Uwe Barschel ein, der am Sonntag, dem 11. Oktober, um 12.30 Uhr tot in der Badewanne seines Hotelzimmers aufgefunden wurde.

Um 12.51 Uhr desselben Tages startete Mauss alias »Lange« mit seiner Chartermaschine in Genf. Um 13.46 Uhr landete er in Frankfurt. Doch schon um 16.16 Uhr hob er erneut ab. Ziel war auch jetzt wieder Genf, wo er um 17.14 Uhr landete. Schon eine knappe halbe Stunde später, um 17.42 Uhr, verließ er den Flughafen wieder in Richtung Deutschland und landete um 18.49 Uhr in Düsseldorf.

Die Gesamtkosten für diese Wochenendflüge betrugen 23 057,17 Mark.

Mauss-Anwalt Professor Dr. Karl Egbert Wenzel dementierte jeden Zusammenhang zwischen der Anwesenheit seines Mandanten an jenem Wochenende in Genf und dem gleichzeitigen Aufenthalt von Uwe Barschel in derselben Stadt. Alles Zufall? Schon möglich.

Am 23. Oktober hatte sich »Herr Lange« wieder im »Richemond« in Genf angemeldet. Diesmal warteten »Stern«-Reporter Rudolf Müller und ich auf den Agenten. Um 23.18 Uhr erschien Mauss. Unser freundliches »Guten Tag, Herr Mauss« kam ihm offenbar ungelegen. Er stammelte: »Ich kenne Sie nicht, ich kenne Sie nicht«, und verließ fluchtartig das Hotel.

Wie gesagt, darf in diesem Buch entsprechend der Entscheidung des Münchener Landgerichts über die Hintergründe der jüngsten Mauss-Reisen nicht berichtet werden. Was immer der legendenumwobene Geheimagent bei seinen Reisen nach Genf oder in den Nahen Osten unternommen haben mag, muß fürs erste im dunkeln bleiben – auch wenn seine Aktivitäten auf erheblichen Unwillen der Bundesregierung gestoßen sein sollten.

Schlappen, Pannen und windige Manöver geheimer Dienste werden bei uns allzu häufig mit dem Etikett »Streng geheim« versehen und auf diese Weise vertuscht. Die Karriere des Super-Agenten bietet auch dafür ein anschauliches Beispiel. Nachrichtendienste, so hat es einmal ein Eingeweihter formuliert, sind »die hohe Schule der Hochstapelei«.

Würde der Hauptmann von Köpenick heute leben – er käme im Gewand eines Geheimdienstlers daher.

Sein Name könnte Mauss sein oder sonstwie. Das wäre zum Lachen, wenn es nicht so ernst wäre.

Nachtrag

Der Agent blieb der große Unbekannte der deutschen Polizei- und Geheimdienstnetze – fast zehn Jahre lang. Seine geheimnisvolle Anwesenheit in Genf genau am Tage des nach wie vor unaufgeklärten Barschel-Todes und dazu im Nachbarhotel, beschäftigte die Phantasie von Journalisten und Ermittlern. Mauss wurde auf Ersuchen der Genfer Ermittlungsbehörden in Sachen Barschel vorgeladen und vernommen.

Er beteuerte – wie auch später in Interviews –, daß er mit der Genfer Affäre nichts zu tun gehabt hätte. Und in der Tat gab es außer ein paar weiteren Zufälligkeiten keine Beweise für eine Verstrickung des Super-Agenten in den rätselhaften Fall Barschel. So hätte es theoretisch eine Verbindung geben können, die in den Abläufen der Barschelaffäre Platz gehabt hätte. Die Bespitzelung des damaligen SPD-Kandidaten für das Ministerpräsidentenamt in Schleswig-Holstein war nämlich von der Haarwaschmittelfirma Schwarzkopf finanziert worden – angeblich ohne den wirklichen Zweck des Detektiveinsatzes zu kennen. Diese Firma wiederum war damals zum großen Teil im Besitz des Chemie-Giganten Hoechst. Und das war genau jener Konzern, der zu dieser Zeit Mauss beschäftigte, um den im Nahen Osten entführten Manager Cordes zu befreien. Als die Affäre aufgedeckt war und Barschel sich bereit erklärte, vor dem Untersuchungsausschuß auszusagen, hätte es jedenfalls im Interesse der Firma Hoechst gelegen, vorab zu erfahren, welcher Ärger auf ihr Tochterunternehmen und damit auf den Konzern zukommen könnte. Was hätte da nähergelegen, als den Agenten, den man ohnehin gerade unter Vertrag hatte, zu bewegen, Barschel genauer unter die Lupe zu nehmen? Zudem hatte Mauss Jahre zuvor Kontakt zum Drahtzieher der gesamten

Barschelaffäre, Reiner Pfeiffer, gehabt, es gab sogar ein Foto, auf dem beide nebeneinander abgelichtet waren.

Doch eine solche denkbare Verwicklung in den Fall Barschel, für die es auch keinerlei sonstigen Belege gibt, hat Mauss immer vehement bestritten. Er sei keinesfalls jener geheimnisvolle »Roloff« gewesen, mit dem Barschel sich in Genf getroffen haben wollte. Darüber, so schrieb die Tageszeitung »Die Welt« im Juli 1998 nach einem Gespräch mit dem Agenten, hätte Mauss nur milde gelächelt: »Ich habe mit der Hisbollah über die Freilassung der beiden Deutschen Cordes und Schmidt verhandelt, die als Geiseln im Libanon festgehalten wurden. Als Barschel im Hotel ›Beau Rivage‹ abstieg, hatten wir dort ebenfalls gebucht, doch meine Gesprächspartner wollten lieber ins ›Richemond‹.« Mit Verve setzte Mauss hinzu: »Ich habe Uwe Barschel nie gesehen und nie gesprochen.« Eines könne er mit Gewißheit sagen: »Wenn ich ihn gekannt hätte, würde er heute noch leben.« Außerdem sei er, Mauss, zu seinem eigenen Schutz in Genf rund um die Uhr von deutschen und Schweizer Sicherheitsbehörden observiert worden: »Ein besseres Alibi kann niemand haben.«

Allerdings ist den sorgsamen Observationstrupps nicht aufgefallen, daß der politisch bedrängte schleswig-holsteinische Ministerpräsident Barschel im Nachbarhotel eingecheckt hatte. Aber das ist eine andere Geschichte.

Jede weitere Andeutung, der Privatagent könnte doch mehr mit dem Fall Barschel zu tun haben, als er zugeben wollte, konterte sein Anwalt, der Stuttgarter Presserechtler Egbert Wenzel, mit heftigen Gegenattacken. So schrieb er dem SPIEGEL: »Ob Barschel (unwahrscheinlicherweise) ermordet wurde oder ob er (wie naheliegend) den Freitod gewählt hat, berührt Mauss nicht. Mit Barschels Tod in Genf hat Mauss so wenig zu tun wie mit dessen gesamtem Genfaufenthalt.«

Der Aufenthalt des Super-Agenten in der Agentenstadt Genf, so streute Mauss später selbst, habe einzig und allein mit einer seiner Heldentaten zu tun gehabt, der Befreiung der deutschen Industrievertreter Schmidt und Cordes aus nahöstlicher Geiselhaft.

Anfang 1987 war der Terrorist Hamadi in Frankfurt festgenommen worden. Die USA verlangten seine Auslieferung, weil er an der Entführung einer TWA-Maschine nach Algier beteiligt gewesen war. Das Kommando hatte nach der Kaperung der Maschine einen amerikanischen Passagier erschossen und mit der Ermordung weiterer Geiseln gedroht, wenn Israel nicht über 700 inhaftierte Hisbollahkämpfer freilassen würde. Israel beugte sich dem Druck und entließ Hunderte von Häftlingen. Hamadi und seine Tatgenossen wurden daraufhin von den Revolutionsgarden im Iran und der Hisbollah im Libanon als Helden verehrt. Als die USA Hamadis Auslieferung verlangten, entführte die Hisbollah die Deutschen Cordes und Schmidt, um Druck auf die Frankfurter Justiz auszuüben.

Bei den Konzernen Siemens und Hoechst wurden Arbeitsstäbe gegründet, um in enger Kooperation mit dem Bundeskanzleramt die Freilassung der beiden Geiseln zu erreichen. Abgesandte der Firmen durften sogar an geheimen Sitzungen in Bonn teilnehmen, nachdem sie zuvor ordnungsgemäß auf Verschwiegenheit verpflichtet worden waren. Wolfgang Schäuble, damals als Kanzleramtsminister für den Arbeitsstab zuständig, war es sogar ganz recht, daß die Firmen selbst aktiv wurden. In dem Buch »Staatsaffäre« des Geheimdienstspezialisten Wilhelm Dietl wird Schäuble mit dem Satz zitiert: »Wir haben ihnen geholfen. Die haben uns nicht alles gesagt. Wir wollten es auch nicht so genau wissen.«

Was der Kanzlervertraute nicht so genau wissen wollte, war offenbar der Einsatz des Agenten Werner Mauss und seiner üblichen Tricks, wozu komplizierte Legenden und vor allem viel Geld gehörten. Im Mai 1987 machten sich Mauss und seine Frau Alida ans Werk. In ihrem Rechenschaftsbericht an die Auftraggeber schrieben sie später: »Aufgrund der Erfahrungen in Kolumbien warben wir durch verdeckte Maßnahmen in Griechenland und der Schweiz Mitarbeiter für humanitäre Tarnorganisationen an. Von Zypern und Athen aus entsandten wir Mitarbeiter zu den Waisenhäusern in Beirut, von denen wir wußten, daß sie von den Führern der Hizbollah und Amal verwaltet, gestützt und geschützt wurden. Ebenfalls war uns bekannt, daß sich die Entführergruppe Cordes-Schmidt logistisch von ihren Religionsbrüdern aus Teheran unterstützen ließ, jedoch ohne die Bereitschaft, Entführte auf Befehl freizulassen.«

Die Tarnorganisation Mauss & Mauss nannte sich jetzt »Cercle humanitaire Suisse-Grèce« mit Sitz in Larnaca und Genf und belieferte bald die Waisenhäuser der Hizbollah in den südlichen Vororten von Beirut mit größeren Mengen kostenloser Medikamente. Langsam arbeiteten sich die scheinbaren Freunde der islamischen Revolution zu den führenden Schiiten-Clans vor. Regelmäßig unterrichtete der Agent die Auftraggeber in Deutschland über seine Erkenntnisse aus dem Innenleben der Partei Gottes: »Wir erkannten schon bald, daß die diversen irangestützten Hisbollahgruppen, untereinander verfeindet, in erster Linie ein kriminelles Profitdenken verfolgten, hingegen die Amal, mehr politisch motiviert, logistisch durch Syrien gestützt, anders agiert, und daß Libyen durch eine Vielzahl nachrichtendienstlicher Quellen in beiden Organisationen die gegensätzlichen Interessen zwischen Iran, Hisbollah, Amal und Syrien zu eigenem kriminellen Handeln gegen Westeuropa nutzt«.

Derart arabeske Gemeinplätze kosteten die Firmen Hoechst und Siemens viel Geld, was den Buchautor Dietl zu der Bemerkung veranlaßte: »Analytiker Mauss und seine Finanziers hätten sie auch – was erheblich billiger gewesen wäre – durch unermüdliches Studium der Neuen Zürcher Zeitung erfahren können.«

Doch Mauss wäre nicht Mauss, hätte er nicht seine Legende mit realen Aktionen glaubwürdig untermauert. So ließ er die fiktive Hilfsorganisation tatsächlich humanitäre Dienste leisten, indem er zwei Waisenkinder nach Europa bringen und dort von Augenärzten operieren ließ. Die Spezialisten flogen später nach Beirut und behandelten weitere Kinder. Mauss ging förmlich in seiner neuen Rolle als Helfer auf: »Man muß mit den Leuten reden, mit denen niemand spricht. Man muß dabei zeigen, daß man alles einhält.«

Mauss' Unteragenten beim nahöstlichen Geiselpoker waren zwei schillernde Gestalten aus dem Graubereich zwischen Geheimdiensten und dem Handel mit Waffen, Nachrichtentechnik und Embargowaren. Der eine, gebürtiger Genfer, war Jean-Jacques Griessen, der andere, libanesischer Schiit, Ali Hidschasi. Beide verfügten über allerlei Verbindungen zu den führenden Clans im Libanon. Ali Hidschasi hatte einen Draht zum geistlichen Führer der gemäßigten Schiiten, Scheich Mohammed Mahdi Schamsedin. Dieser war nach Mauss' Erkenntnissen das Bindeglied zwischen Hisbollah und Amal. Zu seinen Aufgaben »gehörten insbesondere Geldanlagen im Ausland wie auch Waffenkäufe«. Auch beim Rauschgiftexport habe der Scheich seine Hände im Spiel.

So reiste Mauss' Vertrauter Ali Hidschasi Ende Juli 1987 nach Beirut zu Schamsedin. »Dieser«, so Mauss später, »stellte den Kontakt zur Entführergruppe Cordes-Schmidt her. Hidschasi brachte Lebenszeichen in Form von Briefen und Gegenständen, die Cordes und Schmidt bei der Entführung getragen hatten. Wir wurden mit der Vorstellung konfrontiert, daß die Entführten nur gegen die Freilassung des in Frankfurt einsitzenden Hamadi eingetauscht würden.«

Jetzt begann die entscheidende Verhandlungsrunde: »Es gelang uns, durch einen persönlichen Brief an die Hisbollah Interesse zu wecken, indem wir erklärten, daß eine solche Verhandlung erst dann sinnvoll und möglich sei, wenn zuvor einer der Entführten freigelassen würde. Ende August konnten wir uns mit dieser Idee durchsetzen, und nach Zusage und durch zweimaliges Verschieben des Entlassungstermins im Zusammenhang mit der Exklusivität unserer Erkenntnisse wurde Schmidt in enger Zusammenarbeit mit der Amtsleitung des Bundesamtes für Verfassungsschutz am 9. 9. 1987 befreit.«

In den bisher bekanntgewordenen Mauss-Papieren ist von einem nicht die Rede, von Geld. Tatsächlich aber dürfte die Operation nicht nur Millionen verschlungen haben, es gibt auch Anzeichen dafür, daß Mauss für die Freilassung des Siemens-Technikers Alfred Schmidt ein sehr hohes Lösegeld gezahlt hat. So erklärte der ehemalige hohe iranische Geheimdienstmitarbeiter Abolghasem Mesbahi, wichtigster Zeuge der Bundesanwaltschaft im Prozeß um die Dissidentenmorde im Berliner Lokal »Mykonos«: »Siemens zahlte 15 Millionen US-Dollar, damit ihr Mann noch vor der anderen Geisel freikam. Außerdem erhielt der Iran von Siemens Ersatzteile für Radaranlagen im Wert von 50 Millionen Dollar«.

Ein solcher Deal könnte der Grund dafür sein, daß zunächst nur eine der beiden Geiseln freigelassen wurde – das Erpressungspotential wurde zwar quantitativ verringert, qualitativ aber nicht. Auch mit einem Menschenleben lassen sich Geschäfte machen. Entsprechend kompliziert gestaltete sich die Befreiung der zweiten Geisel, Rudolf Cordes.

Mauss gab nicht auf, doch seine Aktionen kamen nicht so recht voran. Doch dafür hatte Mauss schnell Schuldige ausgemacht.

Ausgerechnet in seine Verhandlungen mit Hisbollahvertretern seien »Stern«-Redakteur Rudolf Müller und ich damals hineingeplatzt, als wir den Agenten im Genfer Hotel »Le Richemond« angesprochen hätten. Mauss noch zehn Jahre später beleidigt in einem Brief: »Auf Vorschlag des Krisenstabes der deutschen Regierung wurden meine Frau und ich im Rahmen einer Sondermission aktiv und erreichten nach schwierigen, lebensgefährlichen Gesprächen im Libanon die Freilassung der beiden Deutschen. Bei diesen Gesprächen ging es nicht um

Geld, sondern um die von der Hisbollah verlangte Freilassung des Hamadi, was wir in den Verhandlungen verhindern konnten. Nach der Befreiung der ersten Geisel im September 1987 standen plötzlich überfallartig die Herren Aust und Müller in der Halle des Hotels ›Richemond‹ in Genf und sprachen uns so laut, daß es jeder hören konnte, mit dem Klarnamen Mauss an, obwohl sie wußten, daß wir in diesem Hotel mit Verbindungsleuten der Hisbollah Gespräche führten. Wir mußten deshalb fluchtartig das Hotel verlassen. Sie haben uns vor Mitgliedern dieser gefährlichen und fanatischen islamischen Organisation enttarnt und in Gefahr gebracht.« Diese Aktion, so Mauss weiter, habe die Befreiung der letzten Geisel erheblich verzögert. Eine Darstellung, die in keiner der amtlichen Unterlagen auftaucht, die Wilhelm Dietl in seiner akribischen Analyse der Cordes-Schmidt-Entführung ausgewertet hat. Tatsächlich war es wohl die unkoordinierte Vorgehensweise von Mauss selbst, verschiedenen deutschen Ämtern, Politikern bis hin zu Franz Josef Strauß und deren halbseidenen Kontaktleuten im Nahen Osten, die aus der Entführung eine fast unendliche Geschichte gemacht hat. Am Ende war es die offizielle Politik, die durch Kontakte zum Iran und Syrien soviel Druck auf die Entführer ausgeübt hat, daß sie im September 1988 ihre Geisel Cordes freigaben. In ungewohnter Bescheidenheit erklärte Mauss in seinem vertraulichen Dossier für die Firma Hoechst: »Wir möchten zur Befreiung Cordes anmerken, daß sie insbesondere in letzter Konsequenz nur durch die Intervention der Bundesregierung und des deutschen Außenministers ab Frühjahr 1988 ermöglicht wurde. Wir sind jedoch der Auffassung, daß dieser Erfolg durch unsere hier geschilderte Arbeit wesentlich erleichtert, wenn nicht sogar erst ermöglicht wurde.«

Inzwischen zogen sich die Spuren des Agenten durch mehrere Prozesse. Der Fall Düe nahm kein Ende, ein Untersuchungsausschuß versuchte Licht in das Dunkel des privaten und staatlichen Sicherheitsgeflechtes zu bringen, ein Sonderstaatsanwalt in Hannover ermittelte und legte ein Gutachten vor. Im Falle der Sonderkommission »Zitrone«, bei der Mauss und das Landeskriminalamt Anfang der achtziger Jahre versucht hatten zu ermitteln, wer hinter einer Serie von Brandanschlägen stand, hatten Polizei und Privatdetektiv die Grenzen des Rechtsstaates eher weniger beachtet. Sonderermittler Oberstaatsanwalt Hans Dieter Jeserich listete eine ganze Reihe möglicher Straftaten der privatpolizeilichen Allianz auf: Strafvereitelung, Freiheitsberaubung, versuchte Aussageerpressung, bei einer Dienstreise nach Griechenland sei bewußt gegen das Rechtshilfeabkommen verstoßen worden, Strafvereitelung im Amt, Mauss habe sich möglicherweise einer Bedrohung schuldig gemacht, Gefangenenbefreiung, allerdings verjährt, Anstiftung zum Betrug und Diebstahl. Der Oberstaatsanwalt schlug in vierzehn Fällen disziplinarische Maßnahmen gegen Beamte vor.

Eng wurde es auch für den langjährigen Mauss-Freund Frans Reyniers in Brüssel. Der Chef der Brüsseler Kriminalpolizei, der faktisch auch Abteilungen für organisiertes Verbrechen und Interpol-Angelegenheiten dirigierte, war in Verdacht geraten, Geld von Mauss genommen und den staatlichen Ermittlungsapparat in den Dienst des deutschen Privatagenten gestellt zu haben.

Der Staatsanwalt ließ das Haus des Mauss-Freundes durchsuchen und förderte Erstaunliches zutage. Die Kollegen des später vom Dienst suspendierten Oberpolizisten fanden ein Faxgerät, das nicht aus Dienstbeständen stammte, und eine raffinierte private Telefonanlage. Die heikelste Entdeckung aber waren Belege für ein Konto der Ehefrau von Reyniers, auf das allmonatlich 1000 Mark von der in Panama ansässigen Firma Charterhouse Investment Inc. sowie von einem Konto bei der Essener Filiale der Dresdner Bank eingezahlt worden waren, und das fünf Jahre lang, von 1985 bis 1990. Reyniers behauptete, das deutsche Bundeskriminalamt habe ihm das Geld zur

Weitergabe an Mauss überwiesen. Der Agent selbst ließ über seine Anwälte schriftlich erklären, daß Frau Reyniers für ihn eine getarnte Kontaktstelle für Telefonanrufe und Faxe betrieben habe: »Solche Kontaktstellen sind mir seit 1967 durch Polizeidienststellen und auch durch das Bundeskriminalamt vermittelt worden. Meistens waren es Ehefrauen von Polizeibeamten. Dies aus Geheimhaltungs- und Sicherheitsgründen.

Während meiner Tätigkeit in Kolumbien, die der Rettung von Menschenleben gedient hat, kam es mir darauf an, aus Tarnungsgründen eine Kontaktstelle nicht in Deutschland, sondern in Belgien zu unterhalten. Deswegen bot es sich für mich an, Reyniers zu fragen, ob seine Ehefrau zur Übernahme dieser Aufgabe bereit sei. Frau Reyniers war einverstanden.« In der Zeit seiner Bemühungen um die Freilassung der Geiseln Cordes und Schmidt hätten ihm Frau Reyniers und deren erwachsene Kinder die Telefaxe auch häufig persönlich zugestellt. Dadurch seien zusätzlich Reisekosten angefallen, die er ihnen später in bar zurückerstattet habe. Auch nach der Freilassung der Deutschen habe er die Kontaktstelle weiter finanzieren müssen, weil er den Kontakt zu dem »libanesischen Kreis« nicht abbrechen wollte – aus Angst vor einer Gefährdung seiner Familie.

Die Ermittler konnten dem nicht allzuviel entgegensetzen. Reyniers' gute Zusammenarbeit mit Mauss war ein offenes Geheimnis gewesen. Seine Vorliebe für unkonventionelle Ermittlungsmethoden war bekannt. Seit er Ende der sechziger Jahre einen Schulungskurs bei der US-Drogenfahndung absolviert hatte, war er ein begeisterter Anhänger amerikanischer Techniken, von der Provokation von Verbrechen bis zur Infiltration des kriminellen Milieus. Da war die Freundschaft zu jenem Mann, der die Privatisierung der Verbrechensbekämpfung in Deutschland so weit vorangebracht hatte, nur konsequent. Auch in Brüssel nahm man inzwischen die Trennungslinie zwischen privater und staatlicher Verbrechensbekämpfung nicht mehr so genau. Die kleinen dienstlichen Unkorrektheiten des Polizeibeamten Reyniers waren im Vergleich zu dem großen Ziel des Kampfes gegen das organisierte Verbrechen eher marginal. Am Ende wurde Mauss im Januar 1995 in Abwesenheit zu zwei Jahren Haft, davon ein Jahr auf Bewährung, verurteilt. Das Urteil wurde im Juni 1996 von der belgischen Justiz wegen Verfahrensfehlern wieder aufgehoben. Sein Freund und Helfer, der Polizeibeamte Frans Reyniers, wurde dagegen zu zehn Monaten Haft verurteilt.

Derartige Verfahren oder Veröffentlichungen über die zweifelhaften Methoden des deutschen Privatagenten Mauss hinderten einen Mann nicht, sich mit ihm auf eine nicht minder zweifelhafte Allianz einzulassen. Es war ein Gymnasiallehrer, der es zum Staatsminister im Bonner Kanzleramt gebracht hatte und von dort aus die bundesdeutschen Geheimdienste koordinieren durfte. Viel lieber aber spielte Staatsminister Bernd Schmidbauer selbst James Bond. Zu 007 Mauss war er der ebenbürtige 008, Spielkameraden auf dem Abenteuerspielplatz der Geheimdienste. Vermutlich im Februar 1994 knüpften die beiden ihren kurzen Draht, der bis zu Mauss' Festnahme zweieinhalb Jahre später hielt – mindestens. Im Notizbuch des Agenten fanden die kolumbianischen Ermittler die Privatnummer des Bonner Geheimdienstkoordinators – neben »Tierhändler Jobst« und »Tante Mecc« steht Min SCHIDBAUER Bernd, ein kleiner Verschreiber. Wie Mauss, der die Erfolge in allen Affären, in denen er mit herumgerührt hat, sich selbst zuschreibt, so glänzt auch Schmidbauer gern mit den Taten anderer. Er ließ es sich beispielsweise nicht nehmen, im Juni 1992 die lange Zeit im Libanon festgehaltenen Geiseln Thomas Kemptner und Heinrich Strübing aus Beirut abzuholen, obwohl im Hintergrund nicht er, sondern der italienische UN-Diplomat Giandomenico Picco die Freilassung der beiden Deutschen erreicht hatte. Ein fast perfektes Paar: der Minister Schmidbauer und sein Agent Mauss – man könnte mit den Buchautoren Ignacio Gómez und Peter Schumacher auch schreiben: Der Agent und sein Minister. Endlich war Mauss ganz oben angebunden, im geheimdienstlichen Vorzimmer des Bundeskanzlers. Da durfte natürlich nicht mehr allein im kriminellen oder terroristischen Milieu Agentenarbeit geleistet werden, es mußte endlich Politik gemacht werden, große Politik. Kolumbien, so erzählte Mauss im Sommer 1998 der »Welt«, habe bei ihm und seiner Frau eine innere Wende bewirkt. Als sie 1984 zum ersten Mal in das lateinamerikanische Land kamen, seien sie zu der Erkenntnis gelangt: »Wir müssen nach 30 Jahren Bürgerkrieg Frieden stiften. Man muß die Armut bekämpfen, nicht die Guerilla.« Damals bat ihn die Firma Mannesmann um Hilfe, weil sie Schwierigkeiten mit der Guerilla hatte. Das Ehepaar Werner und Alida Mauss startete damals, wie Mauss den »Welt«-Journalisten erzählte, gemeinsam mit der katholischen Kirche einen »karitativen Feldzug entlang der Rohrleitung«. Zusammen mit Hilfsorganisationen aus aller Welt seien damals Schulen und Krankenhäuser für die Armen gebaut worden. Das Nationale Befreiungsheer ELN (Ejército de Liberación Nacional) habe die Projekte unterstützt. Mauss: »Wir haben uns sogar als Weihnachtsmänner kostümiert und kleine Geschenke dort verteilt, wo nur Mord und Totschlag herrschten.«

In derselben Zeitung hatte im Juli 1997 der seit vielen Jahren in Kolumbien lebende deutsche Journalist Hero Buss, der selbst einmal in der Hand von Geiselgangstern gewesen war, eine ganz andere Sichtweise der Mauss-Mission veröffentlicht. Zu Beginn des Erdölbooms sei das Heer der ELN auf rund 50 unmotivierte, schlecht ausgerüstete Kämpfer geschrumpft. Doch dann geschah das, was der Guerillaführer später als »el milagro alemán« bezeichnete, »das deutsche Wunder«.

Ein ELN-Kommando zerstörte ein Mannesmann-Materiallager und entführte drei deutsche Techniker. Mauss wurde zu Hilfe gerufen und entfaltete seinen karitativen Zauber. Aber nicht nur das. Hero Buss in der »Welt«: »Angeblich gab es für die ELN-Kriegskasse prall mit Dollarnoten gefüllte Reisetaschen.« Nach Schätzungen in Bogotá habe das Unternehmen 10 Millionen US-Dollar in diese Art von Werkschutz gesteckt. »Die zerlumpten Guerilleros«, so Buss weiter, »jedenfalls wandelten sich zu schmucken Politbanden mit neuen Uniformen und Waffen, einem Monatssold deutlich über dem kolumbianischen Mindestlohn sowie einem Zentralorgan im Vierfarbdruck. Die ELN wuchs auf eine Stärke von mehr als 6000 Mann.«

Als die Erdölleitung sogar vor dem Termin fertig wurde, gab es für das Konsortium eine fette Prämie. Mannesmann konnte die Pipeline an den Betreiber, die Ecopetrol, übergeben, die nun selbst für den Schutz zuständig war. Ohne Mauss und seine Reisetaschen lief das nicht mehr ganz so gut. Buss: »Jedesmal wenn die ELN-Comandantes Zahlungsverzug oder Zahlungsunwilligkeit bei Ecopetrol feststellten, schickten sie ihre Sprengkommandos los. 437 Pipelineabschnitte traf es seit 1986. Unmengen von Rohöl flossen in die Ökosysteme, bis heute mindestens das zwanzigfache dessen, was nach der ›Exxon-Valdez‹-Katastrophe an die Strände von Alaska gespült wurde. Der bisherige Gesamtschaden der Sprengstoffanschläge wird in Bogotá mit rund 1,6 Milliarden Dollar beziffert.«

Zweiter Geschäftszweig der von Mauss und Mannesmann hochgepäppelten Guerilla wurde die Entführung von Technikern europäischer Firmen. Und auch da konnte Mauss dank seiner langjährigen Erfahrung mit der Fütterung der Guerilla helfen.

Nach seiner Verhaftung in Medellín 1996 gab er dem Staatsanwalt in einem langen Verhör seine Version der Kolumbien-Mission zu Protokoll: »1988, während meiner Operation im Libanon, waren fünf europäische Politiker und Techniker in Corrijo, Antioquia, entführt. Unter ihnen befand sich auch der deutsche Konsul in Medellín, Hellmuth Lücker. Die deutsche Regierung bat uns um Hilfe in diesem Fall. Wir hatten jedoch wegen unserer Operation im Libanon keine Zeit, nach Medellín zu reisen.« Mauss habe aber aus Kolumbien erfahren, daß die Guerilla Interesse habe, mit der deutschen Regierung zu sprechen. Die deutsche Regierung sei einverstanden gewesen, unter der Bedingung, daß die Entführten ohne Lösegeldzahlung freikämen. Tatsächlich konnte Mauss kurz darauf vier Vertreter der ELN am Frankfurter Flughafen abholen und mit deutschen Regierungsbeauftragten, wohl Geheimdienstlern, zusammenbringen. »Die von der ELN waren froh, daß man ihnen zuhörte«, erklärte Mauss dem vernehmenden Staatsanwalt später, »dann baten sie, dem Bundeskanzler ein Schreiben übergeben zu können, dann würden sie die Entführten befreien.« In dem Brief prangerten die Guerilleros die Verletzung der Menschenrechte in Kolumbien an.

Mauss erteilte den Guerilleros seinerseits Nachhilfe in Sachen Demokratie. »Wir brachten sie zur Berliner Mauer, um ihnen den Unterschied zwischen Kommunismus und freier Demokratie zu zeigen.«

Tatsächlich wurde im Mai 1988 der deutsche Konsul in Barrancabermeja freigelassen. Lösegeld, so erklärten die Guerilleros, hätten sie nicht verlangt. Nach der Deutschlandreise der Guerilleros 1988, sagte Mauss, habe er keine Kontakte mehr mit ihnen gehabt. Erst 1995 hätte er seine alten Kontakte wieder nutzen können. Der österreichische Ingenieur Leo Ruttnik, für Mannesmann-Demag erst wenige Tage im Land, war von der ELN entführt worden. Erst als ein Versuch des Bundesnachrichtendienstes fehlgeschlagen sei, den Entführten mit Hilfe des kolumbianischen Militärs zu befreien, sei er eingeschaltet worden: »Als sie bis Mai noch nichts erreicht hatten, bat die deutsche Regierung mich und meine Frau, die Lage zu sondieren.« In Kolumbien mußte er aber feststellen, daß drei der vier Guerilleros, denen er sieben Jahre zuvor die Mauer gezeigt hatte, nicht mehr am Leben waren. Angeblich mit Hilfe der Kirche habe er aber doch wieder Kontakt zur ELN-

Führung aufnehmen können. Abermals lud Mauss eine ELN-Delegation nach Deutschland ein. Diesmal hatten die Guerilleros sogar die Möglichkeit, einem echten Politiker die Hand zu schütteln, dem Staatsminister Bernd Schmidbauer. Die ELN-Vertreter, denen zahlreiche Entführungen und Morde angelastet werden, durften sogar Kontakt zur CDU-nahen Konrad-Adenauer-Stiftung aufnehmen und in einem weiteren Brief an die Bundesregierung ihre Friedenssehnsucht ausdrücken: »Wir von der ELN sind bereit, unsere politischen Ideen zugunsten einer neuen christdemokratischen Orientierung auszurichten. Wir würden es gern sehen, wenn durch die Vermittlung der Gruppe Diana (Mauss und seine Ehefrau waren als John und Diana aufgetreten), die das volle Vertrauen aller Guerillagruppen unseres Landes genießt, es zu einem Dialog zwischen der ELN und der Konrad-Adenauer-Stiftung käme.« Kanzler Kohl und die Europäische Gemeinschaft sollten die sozialen Probleme des Landes untersuchen und zu einer Lösung des internen Konfliktes in Kolumbien beitragen. Schmidbauer nahm die Petition entgegen, und das Ehepaar Mauss wurde von den Guerilleros zu einem Besuch in Kolumbien eingeladen. Um ihrem Wunsch nach Frieden Ausdruck zu geben, ließ die ELN Anfang September ihre Geisel Leo Ruttnik frei. Mauss holte den Österreicher gemeinsam mit dem Bischof von Valledupar im Jeep an einem geheimen Treffpunkt ab. Für die Aktion hatte Mauss mit Hilfe Schmidbauers einen falschen deutschen Paß auf den Namen des Entführten bekommen.

Gut einen Monat später, im Oktober 1995, kam es in einem Mainzer Hotel zu einem Treffen des geheimnisvollen Agenten mit Redakteuren des SPIEGEL. Nach der kurzen Begegnung im Genfer Hotel »Richemond« acht Jahre zuvor hatte sich mein Kontakt mit Werner Mauss auf gerichtliche Auseinandersetzungen über dieses Buch beschränkt. Er selbst war zu den Sitzungen nie erschienen. So ließ der Agent in der von uns angemieteten Suite zunächst eine längere Tirade über die kritische Tendenz des Buches ab und beklagte sich vor allem über die Enttarnung seiner Person. Dann schilderte er ausführlich seine eigenen Theorien zum Fall Barschel, der sich möglicherweise mit Hilfe einer Organisation für humanes Sterben selbst ins Jenseits befördert habe. Eher scherzhaft warf ich den Namen des Professors Hackethal ein, der als bekannter Befürworter der Sterbehilfe früher eine Klinik in Lauenburg betrieben habe, was immerhin in nächster Nachbarschaft zu Barschels Wohnsitz gewesen sei. Fast begeistert sprang Mauss daraufhin auf: »Das ist doch die Lösung, Herr Aust ...« Wir anderen schauten uns irritiert an. Dann kam die Sprache auf den Friedensprozeß in Kolumbien. Mauss und seine ebenfalls anwesende Frau zeigten uns stolz eine Sammlung Fotos, die sie mit dem befreiten Leo Ruttnik zeigten. Ruttnik hockte, offenbar nicht ganz nüchtern, auf einem Esel, posierte mit kolumbianischen Soldaten auf dem Provinzflugplatz und spreizte die Finger zum Siegeszeichen. Mauss berichtete detailliert über die »dilettantischen und gefährlichen Versuche« des BND, Ruttnik zu befreien und spottete über die Geheimen: »Das sind alles Beamte, da ist keiner bereit, für den Kanzler zu sterben.«

Nach Mauss' Darstellung sei Mannesmann nach halbjährigen erfolglosen Befreiungsversuchen nervös geworden. Der Konzern hätte dem Kanzleramt erklärt, man werde jetzt Mauss einschalten. Schmidbauer hätte entschieden, dem Agenten logistische Hilfestellung zu geben. Daraufhin wurde der vom BND mit der Aktion beauftragte Mitarbeiter abgezogen, der sich wiederum über die Interventionen des Privatagenten Mauss beschwerte: Er mische sich ständig ein, versuche ins Geschäft zu kommen und treibe die Preise hoch. Der BND-Mann habe zunächst versucht, die Methode Mauss aus dem Libanon zu kopieren, indem kleine Rot-Kreuz-Stationen im Guerillagebiet eingerichtet werden sollten. Dann habe er sich an Armeeangehörige gewandt, die mit der ELN über die Rückgabe getöteter Regierungssoldaten verhandelten. Ein von der Armee auf

Bitte des BND ausgesandtes Spezialkommando habe sich daraufhin mit der Guerilla eine wilde Schießerei geliefert. Er, Mauss, sei über die erfolglosen Bemühungen des BND durch den »Nachrichtendienst der Guerilla« immer informiert gewesen. »Es hat den Dienst völlig verrückt gemacht, daß ich immer alles gewußt habe«, erklärte Mauss den Reportern. »Ich habe denen immer gesagt, so dürft ihr das nicht machen.« Sogar ein von dem BND-Mann in den Busch geschicktes Radio und ein Pullover seien nicht angekommen. »Das habe ich dem BND natürlich mitgeteilt«, fügte Mauss stolz hinzu. Aus anderen Quellen hatten die SPIEGEL-Leute erfahren, daß der BND auf Schmidbauers Weisung eine sogenannte »black operation«, über die kein Schriftverkehr angefertigt wird, zur Unterstützung von Mauss angeschoben habe. An der bis dahin involvierten BND-Abteilung I vorbei sandte Schmidbauer den spanischen BND-Residenten Fischer-Hollweg nach Bogotá. Am Frankfurter Flughafen habe Fischer-Hollweg Mauss getroffen, der sich gerade Müller nannte. Er habe dem BND-Mann eine rote Tasche mit sieben Millionen Dollar übergeben, noch ordentlich gebündelt, mit Banderolen einer Schweizer Bank. Die BND-Dienststelle am Flughafen soll nach diesen Informationen die Tasche verplombt und als Diplomatengepäck deklariert haben. Fischer-Hollweg sei mit der Lufthansa nach Bogotá geflogen und habe das Geld dort in der deutschen Botschaft deponiert. Wenig später sei Mauss erschienen und habe die Herausgabe des Geldes verlangt. Die Botschaft weigerte sich, bis der Staatssekretär im Auswärtigen Amt auf Veranlassung des BND die Botschaft angewiesen habe, die sieben Millionen Dollar an Mauss zu übergeben. Kurz darauf war der entführte Mannesmann-Mitarbeiter frei.

Bei einem weiteren Gespräch in Mainz konfrontierten SPIEGEL-Leute Mauss mit dieser Summe. Er dementierte heftig. Die Gesamtkosten einer Operation lägen zwischen einer und drei Millionen Dollar. Seine Hauptkunden seien im übrigen nicht die Deutschen, sondern Franzosen und Schweizer. Er habe bereits vor Jahren die Zusicherung erhalten, daß keine Deutschen mehr entführt würden. »Wir sind keine gierigen Geister«, ergänzte Mauss und berichtete von weiteren Entführungsfällen, in denen er tätig sei. So habe er im Fall des in Kambodscha entführten Matthias Wolf einen Kontakt zum Leibarzt von Pol Pot. Wolf lebe freiwillig in einem Lager der Roten Khmer, bewache dort sogar ein Sprengstoffdepot und habe eine Freundin. Ein Gespräch oder einen Brief an seine Familie verweigere er. Darüber habe Mauss auch das Kanzleramt informiert. Dennoch sei er »in der Sache noch nicht völlig zufrieden«.

Auf die Frage der Reporter, warum es trotz der angeblichen Zusicherung der ELN immer wieder zu Entführungen von Deutschen käme, antwortete Mauss ausweichend: »Die gehören zumeist ausländischen Konzernen an und werden von der Guerilla nicht als Deutsche anerkannt.« In solchen Fällen, sagte Mauss, würde er nur protestieren, und schon könne er die Entführten ohne Lösegeld abholen.

Mauss und seine Frau schienen wenig kritische Distanz zu den Guerillakämpfern der ELN zu haben. »Die sind hier wie Robin Hood«, sagte er. Seine eigene Rolle beschrieb er mit den Worten: »Wir sind so etwas wie die Steuereintreiber der Waldmenschen.« Selbst die Amerikaner und die NATO würden die Aktivitäten der ELN begrüßen, auch zum Papst habe er einen Abgesandten geschickt. Auf die Frage der Reporter, ob denn Informationen zuträfen, daß die Guerillas in den Kokainhandel verwickelt seien, wehrte der Agent ab. In den Drogenhandel seien nicht die Aufständischen, sondern die amerikanische Drogenbehörde DEA verwickelt.

Mauss machte den Vorschlag, die SPIEGEL-Redakteure sollten ihn und seine Frau auf der nächsten Reise zu den Guerillas begleiten, um sich selbst ein Bild von deren hehren Motiven und ihrem Wunsch nach Frieden und politischer Anerkennung zu machen. Er habe demnächst noch eine weitere

Befreiungsaktion vor, dabei könnten ihn die Journalisten begleiten.

Die Entscheidung, gemeinsam mit dem Agenten Mauss auf einen solchen Trip zu gehen, war nicht leicht. Zum einen war die Reise gefährlich, man konnte leicht in einen blutigen Konflikt zwischen Regierungstruppen und Guerilleros geraten. Zum anderen war schwer zu durchschauen, wie das Gewerbe der Agenten tatsächlich vor Ort funktionierte, welche verborgenen Interessen hinter einer solchen Einladung standen. Außerdem verlangte Mauss eine schriftliche Vereinbarung, daß er bei einem Bericht über die Befreiungsaktion nicht genannt würde und auch keine Bilder von ihm veröffentlicht würden. Die Aktion wurde in der Hamburger Redaktion des SPIEGEL ausführlich mit Justitiariat und Geschäftsleitung erörtert. Am Ende siegte die journalistische Neugier. Wie wollten wir jemals erfahren, wie das politische Geiselgeschäft des Agentenpaares funktionierte, was an ihren Friedensbemühungen dran war, wenn wir diese Chance nicht wahrnahmen? Und so reisten drei Redakteure und ein Kamerateam von SPIEGEL-TV im Herbst 1995 nach Kolumbien, um eine Befreiungsaktion des legendären Agenten live mitzuerleben.

Einige Wochen zuvor hatten Abgesandte der italienischen Botschaft im Bonner Kanzleramt vorgesprochen. In diplomatischen Kreisen war bekannt, daß Staatsminister Schmidbauer einen Mann für besondere Fälle an der Hand hatte, den legendenumwobenen Agenten Werner Mauss, Spezialist für Entführungsfälle.

Die beiden italienischen Techniker Giuliano Ponzanelli und Salvatore Rossi der Firma Tecnologie Progetti Lavori waren auf dem Weg zum Flughafen der nordkolumbianischen Stadt Barrancabermeja gekidnappt worden. Mehr als sechs Monate lang hatten sie mit den Entführern, Guerillas der ELN, durch den Busch irren müssen, geschwächt, krank und von Moskitos zerstochen.

Jetzt sollte Mauss die Italiener aus der Hand der »Waldmenschen« befreien, angeblich ohne Lösegeld. Mauss paßte die Aktion offenbar gut in sein Konzept. Er versicherte den SPIEGEL-Redakteuren, daß ihre journalistische Begleitung der Expedition »für die Friedensmission sinnvoll und hilfreich sein könnte«. Dafür sei Öffentlichkeit notwendig: »Jemand muß doch den Guerilleros mal zuhören, das macht doch sonst keiner.« Es könne für die Befreiung der Geiseln nützlich sein, wenn die ELN-Guerilleros ihre politischen Motive und ihre Bereitschaft zur Aufgabe des Kampfes erläutern dürfen.»Das Angebot«, so der SPIEGEL später in einer Hausmitteilung, »war nicht allein aus humanitären, sondern auch aus journalistischen Gründen eine Herausforderung: Die Guerilleros hatten kaum jemals Interviews gegeben oder sich bei einer Geiselübergabe beobachten oder gar filmen lassen.« Die Bedingung des Ehepaars Mauss, sie bei dem Bericht über die Befreiungsaktion nicht zu erwähnen, wurde akzeptiert, um weitere Aktionen – und damit das Leben anderer Geiseln – nicht zu gefährden.

So reisten die Redakteure Jens Glüsing, Hans Leyendecker und Georg Mascolo gemeinsam mit einem Kamerateam von SPIEGEL-TV im November 1995 nach Bogotá. Von dort aus ging es weiter in die Provinzhauptstadt Valledupar. In der Bar eines Hotels trifft Mauss dort den Bischof José Agustín Valbuena zum Gespräch über die Lage. Seine Frau dolmetscht, denn der Mann, der Kolumbien den Frieden bringen will, spricht kaum ein Wort spanisch. Bei Bier und Erdnüssen entwirft er auf Notizzetteln Friedenspläne. Die Helfer des Bischofs erläutern ihm auf einer Papierserviette, wie die kolumbianische Regierung organisiert ist. »Der Bischof«, so schreiben die mitgereisten Journalisten später, »gewährt Mauss auf allen Befreiungsmissionen kirchlichen Schutz.«

Katholische Würdenträger, so schwebe es Mauss vor, sollten den Friedensprozeß überwachen, den er mit Rückendeckung aus Bonn zwischen Regierung und Guerilla einzuleiten gedenke. Die Reporter sind skeptisch: »Nun sind an der Befreiung Kolumbiens schon weitaus kompetentere Männer gescheitert als der Privatdetektiv ... Ist der Mann übergeschnappt? Ist ihm sein Erfolg als Geiselbefreier zu Kopf gestiegen? Oder will der Agent aus dem Schatten ins Licht treten, seinem Mentor Schmidbauer als politischer Makler nacheifern?«

Für das Abenteuer im Busch hatte sich Mauss schmucke Safarikleidung und zwei große Reisekoffer angeschafft. Ein Satellitentelefon sicherte auch im Busch die weltweite Kommunikation. Lösegeld hatte er offenbar nicht dabei. Er habe auch nichts bezahlt und auch keine Provision kassiert, betonte er später. Nur seine Spesen habe er über das italienische Konsulat in Bogotá abgerechnet. »Ob die Firma in Italien auf anderen Wegen für die Befreiung zahlt«, so die SPIEGEL-Redakteure, »läßt der Entführungsspezialist im dunkeln. Doch unverkennbar ist, daß Mauss den Weg zu den Guerilleros mit dicken Pesobündeln geebnet hat. Dem Bischof hat er schon vor Monaten ein neues Auto geschenkt«.

In zwei klimatisierten Geländewagen geht die Reise in das Rebellengebiet am Río Magdalena. Am Steuer sitzt ein Priester. Bei Kontrollen, so hat Mauss den deutschen Journalisten eingeschärft, sollen sie sich als eine Priesterdelegation auf Missionsreise ausgeben. Doch das Militär läßt den Konvoi mit dem vielen Gepäck und der Fernsehausrüstung ohne Probleme passieren. Zügig geht es durch verlassene Dörfer etwa 150 Kilometer nach Süden, durch ein Gebiet, das die Bauern aufgrund der bürgerkriegsähnlichen Zustände schon seit Jahren verlassen haben. Dann steigt die Gruppe in ein Schnellboot um. Der Priester bleibt zurück, und die Führung übernimmt nun ein Guerilleros in Zivil. Vier Stunden geht es durch die verzweigten Flußarme des Río Magdalena. Dann nimmt ein Lastwagen die Reisegruppe und ihr Gepäck auf. Nach einer weiteren Stunde erreichen der Agent, seine Ehefrau und die Reporter das Guerillacamp, das zwischen Maisfeldern und Rinderweiden liegt.

Militärchef Nicolás, der strategische Kopf der ELN, und Antonio García, der politische Sprecher, begrüßen die Ankömmlinge. »John und Diana«, wie sich Mauss und Gattin Alida bei den Guerilleros nennen, werden herzlich begrüßt. Den Militärchef lernen die Journalisten als Hardliner kennen, der die Welt in Freund und Feind einteilt und selbst in den folgenden stundenlangen Gesprächen keinerlei Zugeständnisse gegenüber der kolumbianischen Regierung in Aussicht stellt. García, der wie ein vergrübelter Romantiker wirkt, ist das genaue Gegenteil. Er fragt begierig nach der Welt jenseits des kolumbianischen Buschkrieges und verwickelt die Besucher in Diskussionen über die Zukunft Lateinamerikas. García soll nach der geglückten Geiselbefreiung zur Friedensmission nach Europa reisen. »Wir wollen, daß Deutschland uns hilft«, erklärt er den Journalisten. »Wir wollen wissen, wie die Welt nach dem Fall der Mauer aussieht.« Doch am Rande der ideologischen Diskussionen wird knallhart um Menschenleben gefeilscht. »Stundenlang«, so beobachten die Reporter, »verziehen sich ihre Anführer mit dem Ehepaar Mauss in den Busch, um die Übergabe der Italiener auszuhandeln.« Nach drei Tagen war der Deal perfekt. Verschwitzt und von Moskitos zerstochen, aber offensichtlich zufrieden, habe Mauss zur Abreise gemahnt. Er müsse noch ein paar Fragen in Deutschland klären, dann könne er die Geiseln abholen.

Eine Woche später bricht Mauss mit seinen journalistischen Begleitern erneut auf. Mit gecharterten Flugzeugen, Jeeps und am Ende wieder mit dem Motorboot geht es in die abgelegene Flußlandschaft des Río Magdalena. Zwischendurch hält Mauss über sein Satellitentelefon Kontakt zu der italienischen Firma der Entführten und verhandelt über Konditionen – wozu laut Beteuerungen des Superagenten kein Lösegeld gehört. Guerillakämpfer, die sie schon beim Besuch im Camp getroffen haben, begrüßen »John« und »Diana« mit Umarmungen und Küßchen. Wie benommen sitzen die inzwischen gut sieben Monate verschwundenen Italiener Giuliano Ponzanelli und Salvatore Rossi auf einem Baumstamm und starren in den Morast am Ufer des Flusses. Mauss stellt sich ihnen unter falschem Namen vor und sagt, daß sie nun nach Hause zurückkehren können. Die beiden ausgemergelten Gestalten, um deren dürre Glieder Hemd und Hosen schlottern, können die Nachricht kaum fassen. Dann baut der Agent sein Satellitentelefon auf. Als einer der Reporter ihm zu nahe kommt, ruft er launig: »Von der Antenne weg, sonst in drei Minuten impotent. Noch dreißig Zentimeter zurück wäre besser. Sonst haben Sie nachher eine ganz hohe Stimme, wenn Sie nach Hause kommen.« Dann dürfen die beiden Entführten über Mauss' Satellitentelefon zum ersten Mal mit ihren Familien zu Hause in Italien sprechen. Lebenszeichen über Intermar-Sat. Rossi schluchzt, als er die Stimme seiner Frau hört.

Vor dem Abschied servieren vermummte Guerilleros Hühnersuppe mit Reis, dazu Dosenbier. Mauss drängt zum Aufbruch. Die beiden Italiener wanken zum Motorboot. Der Guerillachef gibt den Reportern noch eine kleine Entschuldigung mit auf den Weg: »Für unsere Politik brauchen wir Geld. Und eine Möglichkeit, an Geld zu kommen, ist, Angestellte ausländischer Firmen gefangenzunehmen, die das Land ausbeuten. Wir haben nichts gegen die Leute persönlich. Unsere Aktion richtet sich ausschließlich gegen die Multis.«

Die Guerilleros winken zum Abschied, es ist nicht klar, wem sie zuwinken, den freigelassenen Entführten oder »John« und »Diana«, die ihnen soviel Gutes getan haben. Plötzlich versagt der Außenbordmotor, das Boot treibt fast eine Stunde lang im Strom. Der Zeitplan kommt ins Wanken. Mauss wird nervös und schnauzt den Bootsführer an. Dann springt der Motor wieder an und die Fahrt kann fortgesetzt werden. Die Italiener rätseln, wem sie ihre Freiheit verdanken. Sie erfahren es nicht. Nach mehreren Stunden Flußfahrt erreicht die Reisegruppe in der Dämmerung zwei wartende Cessna-Flugzeuge. Es ist zu spät, um wie geplant in Valledupar zu landen. Dort gilt ein Nachtflugverbot. Mauss leitet die Maschinen zur Hafenstadt Baranquilla um. Von dort aus geht es weiter nach Bogotá, wo Firmenvertreter die beiden Italiener in Empfang nehmen.

Beim Abschiedsabend im Busch versprach Alida Mauss den Guerilleros: »Ich bin bereit, Ihre Botschafterin in Europa zu sein. Es geht nicht immer nur um Geld, es geht auch um Ideale.« Mauss führte die Anwesenheit der Journalisten als Beleg dafür an, daß Europa größtes Interesse an der Situation in Kolumbien habe: »Die Welt soll von dem gerechten Kampf in Kolumbien erfahren.«

Dazu organisierte der Agent zwei Monate später eine erneute Reise der Guerillaführer nach Deutschland. Später berichtete er den ihn vernehmenden Staatsanwälten: »Anfang 1996, im Januar, kamen die eingeladenen Kommandanten der ELN nach Deutschland und blieben bis ungefähr Mai oder Juni. Wir veranstalteten Konferenzen und Seminare über Frieden und Demokratie. Damit sollte versucht werden, den Herren der ELN eine konkrete Vorstellung von Demokratie zu geben.« Die 21 eingeladenen Guerilleros, darunter ihr Militärchef Nicolás Rodríguez und ihr politischer Sprecher Antonio García, seien auch in Berlin gewesen und hätten dort festgestellt, daß die Situation in Kolumbien ähnlich sei wie früher im geteilten Deutschland: »Die einen können aus dem Urwald nicht raus, und die anderen können in den Urwald nicht rein.«

Ausgerechnet während der Lehrstunde in Demokratie wurde in Kolumbien der Ingenieur Karlheinz Dressel gemeinsam mit drei Kollegen von einem Kommando der ELN entführt. Schmidbauer, dem zugesagt worden war, daß während des Friedensprozesses keine europäischen Geiseln mehr genommen würden, regte sich furchtbar auf, sagte Mauss später. Die kolumbianischen Gäste wanden sich. Jede Gruppe der ELN sei autonom. Sie würden sich nach ihrer Rückkehr aber um die Sache kümmern. Das taten sie auch. Der Deutsche wurde am 7. März 1996 – angeblich ohne Lösegeld – freigelassen. Die übrigen Verschleppten blieben im Dschungel bei den »Waldmenschen«, wie Mauss die Guerilleros zu nennen pflegte.

Die Ingenieure waren nach Kolumbien entsandt worden, um etwa 200 Kilometer östlich von Medellín eine Zementfabrik in Betrieb zu nehmen. Wenige Wochen nach ihrer Ankunft waren sie auf dem Weg zu ihrer neuen Arbeitsstelle von ELN-Guerilleros gekidnappt worden. Nach der Freilassung des Deutschen waren nun noch der Däne Ulrik Schultz und der Engländer Philip Halden und der Kolumbianer Diego Blandón Cardona in der Hand der »Waldmenschen«. Dressel, zurück in Deutschland, nahm Kontakt zur Firma F. L. Smidth, die weltweit Zementfabriken aufbaut, und zu den Angehörigen seiner zurückgebliebenen Leidensgenossen auf. Mehr als Hoffnung konnte er nicht geben, hatte aber ein erkennbar schlechtes Gewissen, daß er allein freigekommen war. Einige Monate später, zur Adventszeit 1996, wurde er tot aufgefunden, eine Einwegspritze mit Resten von Heroin neben sich. Bei der Obduktion fanden die Ärzte fünf Einstiche in der Armbeuge. Alle waren relativ frisch. Die Drogenmenge, die er sich gesetzt hatte, wäre für einen Junkie nicht tödlich gewesen. Offenbar hatte Dressel, belastet durch die Geiselhaft und das Schuldgefühl, vor seinen Kollegen befreit worden zu sein, sich den »goldenen Schuß« gesetzt.

Das dänische Unternehmen hatte in der Zwischenzeit die britische Firma Control Risks engagiert, um die in der Hand der »Waldmenschen« verbliebenen Mitarbeiter auszulösen. Die mit einem Versicherungskonsortium assoziierte Consulting-Gruppe, die weltweit Erpressungs- und Entführungsfälle bearbeitet, kam allerdings nicht so recht voran. Sie hatte zwar Kontakt zu den Guerilleros aufnehmen können und sogar Lebenszeichen von den Entführten erhalten, man konnte sich aber nicht über das Lösegeld einigen. Die Berater von Control Risks rieten zum Abwarten, bis sich die Entführer »besänftigten«, um so mit der Zeit »bessere Chancen für eine bewaffnete Befreiung zu haben oder aber in einer langgezogenen Verhandlung den Preis für den Freikauf der Geiseln drücken zu können«, wie Ignacio Gómez und Peter Schumacher in ihrem Buch schreiben. Die Entführer aber drängten auf eine schnelle Lösung und setzten auf ihre Geheimwaffe – den Agenten Werner Mauss. Der trat dann auch prompt in telefonischen Kontakt mit Jan Carlsen, der bei der dänischen Firma die Koordination aller Bemühungen zur Befreiung der Geiseln übernommen hatte. Mauss nannte sich »Weber« und gab sich als Vertreter einer humanitären Organisation aus, die sich mit der Befreiung von Geiseln befaßte. Das Gespräch wurde – vermutlich von der amerikanischen Fernmeldeaufklärung – mitgeschnitten und später kolumbianischen Behörden und Medien zugespielt.

»Man muß eben nach einer Lösung suchen, um die Leute zu retten und eben die Situation zu ändern«, erklärte Mauss.

»Mhm«, sagte der Däne.

Der Druck, so erklärte der Agent, richte sich gegen die Betreiberfirma der Zementwerke. »Die müssen einen Frieden schließen, sonst können sie den Betrieb vergessen.«

Dann müßten die Guerilleros eben mit der Betreiberfirma Cementos Rio Claro selbst sprechen. »Ich mach' das nicht mehr. Ich hab' das versucht, drei-, vier ...«

»Dann muß man's eben noch mal versuchen.« Carlsen erklärte, das sei aussichtslos. »Ich habe nichts von ihnen gekriegt.«

»Ich kann nichts daran ändern«, sagte Mauss. »Die lehnen das ab. Die sagen: Wenn wir diesen Preis akzeptieren, dann sind sie in einer Woche frei.«

»Glaub' ich nicht.«

»Ja, aber hundert Prozent«, erwiderte Mauss. Es müsse nur eine Firma die Garantie für die geforderte Summe von fünf Millionen übernehmen.

»Ich zahle die fünf Millionen nicht«, sagte Carlsen. Mauss

ließ sich nicht beirren. Bei Zahlung dieser Summe seien die Leute in acht bis zehn Tagen frei.

»Ich habe da doch meine Zweifel«, sagte Carlsen.

»Ich kann Ihnen nur sagen, wenn wir eine Zusage haben und die Verhandlungen beendet sind und der Krieg vorbei ist, dann können Sie sich darauf verlassen, wird das auch eingehalten.«

»Ich habe da meine Zweifel, Herr Weber (Mauss). Warum sagen Sie zu ihnen nicht, wir gehen auf drei Millionen ...«

Mauss antwortete: »Sie müssen eines bedenken: In diesen fünf sind ja auch unsere Kosten drin, und es sind Kosten drin für die Mittel ins Land zu bringen, für die Mittel in den Urwald zu bringen.«

Das, so meinte der Däne, könne er schon selbst machen, das sei zu gefährlich für eine humanitäre Organisation. Er wolle auch die Gefangenen selbst abholen, da würden für seinen Gesprächspartner keine Kosten entstehen: »Wir akzeptieren diese Kosten nicht, das kann ich selber machen, das brauchen Sie nicht, das ist viel zu gefährlich.« Doch Mauss ließ nicht locker: »Für uns ist es so, daß wir nur eine Sache komplett machen können oder gar nicht. Das hängt mit den sensiblen Mitarbeitern zusammen. Die ELN ist nicht bereit – aus Sicherheitsgründen –, andere Mittel, andere Wege ...«

Carlsen schlug vor, die Kirche oder das Rote Kreuz einzuschalten, doch Mauss wollte sich den Deal nicht aus der Hand nehmen lassen.

Kurz darauf rief er erneut an und berichtete, daß die kolumbianische Luftwaffe begonnen habe, die Camps der ELN zu bombardieren. »Ich glaube, jetzt gibt's überhaupt keine Möglichkeit mehr mit 'ner Preisreduzierung ... Wenn Sie Ihre Leute noch lebendig rausholen wollen, muß man jetzt handeln.« Auch die dänische Regierung müsse eingeschaltet werden, um die Friedensverhandlungen zwischen den Guerilleros und der kolumbianischen Regierung zu unterstützen. Carlsen erklärte, er wolle sich nicht unter Druck setzen lassen.

Kurz darauf meldete sich Mauss wieder am Telefon: »Die Sache ist neu beraten worden und abgelehnt ...« Die Entführer seien ganz hysterisch: »Jetzt also völlige Aggressivität und Ablehnung auf ganzer Linie.« Er sei aber bereit, noch einen Versuch zu machen. Da müsse Carlsen aber noch mit seiner Firma zu Hause über die Kosten beraten, die entstehen würden, wenn die Leute rausgeholt würden. Bonn könnte behilflich sein, das Lösegeld nach Kolumbien zu schaffen. Er selbst werde die Mittel dann bis »ins Zentrum« schaffen. »Wir können diese Mittel nicht irgendwo in der Hauptstadt abgeben, sondern die müssen vor Ort geschafft werden. Und das sind natürlich auch noch mal Kosten, das will ich Ihnen von vornherein sagen, ja?« Das müsse professionell und sicher ablaufen, sonst sei das Geld weg. Der Betrag müsse als Gesamtpaket verstanden werden.

»Aber den Preis haben wir noch nicht«, sagte Carlsen, »die haben das erste Angebot abgelehnt, und jetzt geht's weiter ...«

»Die wollen bei fünf Millionen bleiben«, erwiderte Mauss. Er meinte Dollars.

»Ja, das geht nicht, das wissen Sie ja. Das ist nicht der Preis in Kolumbien.«

»Ja, ich kenne Preise, die viel höher sind«, sagte Mauss. Das könne ihm auch der Minister Schmidbauer bestätigen. »Die Preise liegen im allgemeinen so zwischen fünf und acht, das ist nun mal so bei diesen Leuten hier, die Guerilla hat da ihre Programme ...«

Noch während der Geiselhaft des Deutschen Karlheinz Dressel hatten die Guerilleros ihm und seinen Leidensgenossen gegenüber angedeutet, daß ihre Entführung eigentlich ein Versehen gewesen sei. Sie hätten vorgehabt, ein anderes Fahrzeug mit Angestellten der Zementfirma Rio Claro zu kidnappen. Das Unternehmen sollte gezwungen werden, einen »Friedensvertrag« mit der ELN zu schließen, was im Klartext bedeutete, regelmäßig »Schutzgeld« zu zahlen. Da man nun die falschen Geiseln hatte, mußte der Druck eben via Kopenhagen gemacht werden. Immer wieder hatte Mauss alias »Weber« seinem dänischen Gesprächspartner gegenüber angedeutet, daß die Mitarbeiter auch ohne Lösegeld freikommen könnten, wenn Rio Claro sich auf die Guerilla zubewegen würde. Für solche Verhandlungen könne auch ein »Herr S.« in Bonn eingeschaltet werden. Manager der kolumbianischen Zementfirma könnten in Deutschland mit den Guerilleros verhandeln. Mauss: »Sie können ohne weiteres sagen, daß so ein Friedensgespräch im Kanzleramt stattfinden könnte.« Das war noch nicht einmal übertrieben. In diplomatischen Kreisen war inzwischen bekannt, daß der kürzeste, wenn auch nicht der billigste Weg, entführte Mitarbeiter freizukaufen, über das deutsche Bundeskanzleramt und dessen Superagenten lief. So meldete sich im Frühjahr 1996 der argentinische Botschafter in Bonn im Kanzleramt. Drei Mitarbeiter der argentinischen Firma Techint waren seit Monaten in der Hand der ELN, einer von ihnen hatte Krebs. Das war wieder ein Fall für Mauss, der sich diesmal »Atlanta« nannte. Die argentinische Firma bestätigte die Ergebnisse des Gespräches im Kanzleramt mit einem Schreiben vom 31. Mai 1996:

»Techint garantiert, daß sie 3,5 Mio US-Dollar für das Gesamtpaket bezahlen wird.« Darin enthalten seien die Freilassung der drei Männer, die Kosten für »Atlanta« sowie die Friedensvereinbarung. Als Beweis für die »Seriosität des Kompromisses« würden zwei wichtige Direktoren von Techint an einem abschließenden Treffen mit Schmidbauer in Bonn teilnehmen.

Das Bonner Kanzleramt war zu dieser Zeit ohnehin die Drehscheibe für die von Mauss betriebenen »Friedensverhandlungen«. Über seine vielfältigen Kontakte in Kolumbien hatte er den Ingenieur und ehemaligen kolumbianischen Konsul in Berlin Carlos Villamil Cháux kennengelernt. Villamil berichtete später dem Staatsanwalt über die Gespräche bei einem noblen Abendessen. Mauss, der sich ihm gegenüber Möllner nannte, schwärmte über die Reichtümer Kolumbiens, über die Investititonsmöglichkeiten für deutsche und europäische Firmen und über die traurige Situation der inneren Sicherheit, die diese Investitionen und die Entwicklung des Landes verhinderten.«Er ging auch auf die politische Situation des Präsidenten und den ›ungebührlichen‹ Druck der Amerikaner ein und abschließend sagte er mir, daß die deutsche Regierung in der Lage sei, dem Land zu helfen, die Probleme zu lösen ...

Villamil, der gute Beziehungen zur Regierung in Bogotá hatte, berichtete im Präsidentenpalast über die deutschen Friedenspläne. Präsident Samper erklärte sich einverstanden und schrieb sogar einen Begleitbrief an Bundeskanzler Kohl: Er habe Villamil ernannt, um die Bundesregierung über die politischen Umstände in Kolumbien zu unterrichten und über »einige Alternativen zu ihrer Lösung« zu sprechen.

Villamil flog nach Frankfurt und wurde dort am 25. Mai von »Klaus« und »Michaela« am Flughafen abgeholt. Schon am nächsten Tag brachte das Ehepaar Mauss den Kolumbianer ins Kanzleramt zu Schmidbauer. Mauss hatte dem Geheimdienstkoordinator des Bundeskanzlers eine Krawatte als Geburtstagsgeschenk mitgebracht. Schmidbauer freute sich, und Mauss erweckte den Eindruck, als ginge er im Kanzleramt ein und aus. Villamil: »Ich dachte in diesem Moment, daß Möllner ein Funktionär der deutschen Regierung ist, und zwar ein ziemlich hoher – mit solcher Leichtigkeit bewegte er sich im Kanzleramt.« Es war eine »Nicht-Zusammenkunft«, aus der ein von Michaela Möllner alias Alida Mauss niedergelegtes »Nicht-Papier« entstand. Darin war nicht nur festgelegt, wie man sich den »Runden Tisch« mit den Guerilleros vorstellte, sondern auch, wie man die Drogenbarone Kolumbiens mit in den Friedensprozeß einbauen könnte. Das Ehepaar Mauss hatte nämlich erkannt, daß die Kokainbosse von Cali und Medellín zwar ideologisch meilenweit von den Guerilleros der ELN oder anderer linker Rebellenorganisationen entfernt waren, in der rauhen Wirklichkeit aber durchaus zusammenarbeiteten. So verlangten die Guerilleros von den »Narcos« Schutzgeld für ihre Kokainlaboratorien und profitierten dafür erheblich vom weltweiten Rauschgifthandel. Die Amerikaner hatten für diese unselige Koalition den Begriff »Narco-Guerilla« geprägt.

Der verwegene Friedensplan aus dem Kanzleramt sah vor, daß die »Guerilla verspricht, sofort alle Entführungen und Sprengstoffattentate einzustellen, bis zum Ende der Verhandlungen«. Dafür sollten die Guerilleros von der kolumbianischen Regierung freies Geleit nach Deutschland zu den Friedensverhandlungen erhalten. Aber auch die Drogenbosse sollten beteiligt werden. Goméz und Schumacher über die »Friedensrunde« bei Schmidbauer: »Wer Frieden in Kolumbien will, muß auch eine Lösung für das Problem des Drogenhandels finden. Das hatte die Runde im Kanzleramt richtig erkannt und diskutierte das Thema ausführlich. Wer den Anstoß dazu gegeben hat, ist unklar. Mauss und Villamil sagten, es sei Schmidbauers Idee gewesen. Der Staatsminister leugnete und erklärte, ›einzelne Gesprächsteilnehmer‹ hätten ihre Vorstellungen zur Lösung des Problems geäußert. Wer auch immer es war, fest steht, daß alle Beteiligten nicht ahnten, welch heißes Eisen sie damit angefaßt hatten.«

Auf immerhin drei Seiten des »Friedensplanes« legte Michaela Möllner das Angebot an die Herren der Drogen nieder. Sie sollten sagen, wo sich ihre Drogenlabors befinden und wie sie den Stoff global vermarkten. Im Gegenzug sollten sie ihre Strafen in Kolumbien absitzen dürfen und würden nicht in die USA ausgeliefert. »Aber die Zusicherung der Nichtauslieferung schien der Bonner Runde aus Schmidbauer, Mauss und Villamil nicht verlockend genug. Und so dachten sie sich noch ein besonderes Bonbon für reuige Kokainproduzenten aus: Bis zu 20 Prozent ihrer beschlagnahmten Güter und Gelder sollten sie nach der Haftentlassung zurückerhalten – offenbar, um die Wiedereingliederung in die Gesellschaft zu erleichtern.«

Schmidbauer, Villamil und das Ehepaar Mauss hätten auch an die Angehörigen der Mafiabosse gedacht: »Während sie im Gefängnis sind, werden die Familien angemessen geschützt ... Sind die Strafen abgebüßt, werden sie sich mit ihren Familien in einem Land ihrer Wahl niederlassen können und den nötigen Schutz erhalten.« Politisches Asyl also für die Familien von Narco-Gangstern? Bei Staatsminister Schmidbauer waren offenbar alle Sicherungen durchgebrannt.

Auch bei einem weiteren Gespräch zwischen Schmidbauer, Villamil und dem Ehepaar Mauss am 14. Juni 1996 in Bonn stand das Thema Guerilleros und Drogenbosse wieder im Mittelpunkt. Wenn Kolumbien offiziell darum bitte, wolle Deutschland den Vermittler spielen: »Im Kanzleramt mit den Bossen des Drogenhandels« und den Guerillaführern. Das notierte Villamil für seinen Präsidenten Samper. Der erklärte seinem Abgesandten daraufhin angeblich: »Mit der Guerilla machen wir weiter, nicht mit der Mafia.« Schmidbauer hatte später einige Mühe, von den irren Plänen zur Verhandlung mit der kolumbianischen Kokainmafia wieder abzurücken. Die Amerikaner aber schienen über die Pläne des deutschen Agenten und seines Ministers alles andere als erfreut zu sein. Der US-Botschafter in Kolumbien, Myles Frechette, erklärte der Tageszeitung El Tiempo: »Ungefähr in der zweiten Juliwoche 1996 schickte Minister Schmidbauer eine Mitteilung an US-Diplomaten in Deutschland, daß er gedenke, mit der kolumbianischen Regierung und dem Cali-Kartell zu verhandeln, und er fragte, ob die amerikanische Regierung an einer solchen Verhandlung interessiert sei. Wir antworteten sofort: Überhaupt nicht.« Schmidbauer ruderte zurück, es gab halbherzige Dementis der Amerikaner, wohl aus politischer Rücksicht auf den Bündnispartner. Nur der US-Botschafter in Kolumbien blieb bei seiner Aussage – er hatte Schmidbauers Plan schließlich schwarz auf weiß – und ergänzte in einem weiteren Interview: »Wir verhandeln nicht mit dem Drogenhandel, wir wollen, daß die Drogenhändler verurteilt werden, daß das Gesetz angewendet wird.« Nach ihrer Freilassung würden die USA ihre Auslieferung verlangen, denn in den Vereinigten Staaten warteten noch sehr viel mehr Gerichtsverfahren auf sie.

Zu diesem Zeitpunkt waren Ulrik Schultz, Philip Halden und Diego Blandón immer noch nicht frei. Noch weigerte sich Carlson, auf »Webers« Wünsche einzugehen. Doch er arbeitete auf eigene Faust im Hintergrund. Anfang September wurden die Entführten von den Rebellen über ihre bevorstehende Freilassung informiert und in langen Märschen durch den Busch zu dem geheimen Übergabeort gebracht. Dort, an der Straße zwischen Bogotá und Medellín, warteten »Jürgen« und »Isabel« gemeinsam mit einem Priester. Nach einigen Stunden Fahrt im Geländewagen kamen sie in Rionegro an und konnten in einem Hotel ihre Gummistiefel und die zerfetzte Kleidung ausziehen, die sie von den Guerilleros erhalten hatten. Ein von der dänischen Armee entsandter Arzt untersuchte ihren Gesundheitszustand. Nach 223 Tagen Gefangenschaft konnten sie den Heimflug antreten. »Bis heute«, so schrieben Gómez und Schumacher in ihrem Buch, »ist nicht geklärt, ob die Versicherung die Lösegeldsumme gezahlt hat. Äußerungen des F.-L.-Smidth-Managers Jan Carlsen vor der Presse lassen vermuten, daß sich die Londoner geweigert haben. Fest steht jedoch, daß Control Risks sein einträgliches Geschäft in Kolumbien gefährdet sah.« Die Briten hätten sich beim Gouverneur der Provinz Antioquia darüber beschwert, wie sich der deutsche Vermittler eingemischt habe. Der Gouverneur Alvaro Uribe Vélez erklärte gegenüber der Presse: »Diese Freilassung ist durch die Zahlung von mehr als zwei Millionen Dollar Lösegeldsumme zustande gekommen. Auf diese Weise machen sich die ausländischen Regierungen und Firmen zum Schutzherren der Subversion, die … den Osten der Provinz kontrolliert, sowohl durch Entführungen wie durch den Anbau von Drogen.« Die deutschen

Firmen und die deutsche Regierung sollten endlich die Wahrheit über ihren Pakt mit der Guerilla sagen.

Mauss und sein mächtiger Gönner, der Gymnasiallehrer im Kanzleramt, waren offenbar zu weit gegangen. Doch das sollten sie erst kurze Zeit später merken.

In der Zwischenzeit war auch die katholische Kirche Kolumbiens und die deutsche Bischofskonferenz in die Pläne des Agenten und seines Ministers einbezogen worden. Bischof Lehmann schrieb – auf Latein – an seinen kolumbianischen Kollegen Alberto Giraldo Jaramillo: »Hochgeschätzter Herr! Ich habe alle Deine Briefe erhalten. Gerade habe ich mit unserem hochgeschätzten Herrn Schmidbauer gesprochen. Ich bin bereit, Verantwortung in dem Friedensprozeß zu übernehmen. Du wirst weitere Informationen über mögliche Wege durch unseren Vermittler erhalten. Dein in Christus, Karl Lehmann.« Auch auf politisch höchster Ebene gingen die Vorgespräche weiter. Schmidbauer wollte den kolumbianischen Präsidenten in New York treffen. Samper mußte die Linienmaschine nehmen, denn kurz vor Abflug nach Bogotá hatte die Polizei in der Präsidentenmaschine 3,7 Kilogramm Heroin gefunden. In New York kam es dann doch noch zu dem – von den Amerikanern argwöhnisch beobachteten – Treffen. Das Ergebnis: Mitte Dezember sollten in Bonn die am Friedensprozeß beteiligten Gruppen zum Runden Tisch zusammenkommen.

Für den 18. November hatte Mauss ein Gespräch mit dem kolumbianischen Innenminister Horacio Serpa vereinbart, bei dem die Vorbedingungen der Guerilla für die Teilnahme an Friedensgesprächen erörtert werden sollten. Die Einzelheiten erklärte Mauss später dem Staatsanwalt: Die ELN wollte die Zusage, daß die kolumbianische Regierung ihr nach einem Waffenstillstand jährlich 14 Millionen Dollar Unterhaltskosten zur Verfügung stellt. Das Geld sollte das deutsche Bundeskanzleramt verwalten. Aus dem Termin wurde nichts. Am 17. November klingelte bei dem kolumbianischen Gewährsmann des deutschen Agenten morgens früh das Telefon. Villamil schreckte hoch. Am anderen Ende der Leitung war Mauss: »Wir sind festgenommen worden, hier in Medellín. Das muß ein Mißverständnis sein. Mach irgendwas, ruf Samper an oder Serpa.« Mauss war in der Falle.

Die Operation, die den Super-Agenten in eine Rolle brachte, die er immer anderen zugedacht hatte, begann in der Nacht zum 16. August 1996. In einem Wohngebiet nahe Medellín stürmten gegen Mitternacht acht maskierte Männer mit Maschinengewehren im Anschlag das Haus der deutschen Familie Schoene. Der Ex-Direktor von BASF in Kolumbien war gerade auf Dienstreise in Venezuela, und so nahmen die Eindringlinge dessen Ehefrau Brigitte, den fünfjährigen Sohn Christopher und zwei Hausangestellte als Geiseln. In einem Geländewagen ging es langsam aus dem Wohngebiet auf die Straße nach Bogotá, nach eineinhalb Stunden bogen sie auf einen Feldweg und erreichten schließlich ein verlassenes Haus, dessen Einrichtung aus nicht viel mehr als ein paar Plastikstühlen bestand. Die Entführer erklärten Brigitte Schöne, daß sie keine Soldaten, sondern Kämpfer der ELN seien. Am nächsten Morgen erschien der Chef der Truppe und sagte den Hausangestellten, sie würden wieder freigelassen. Brigitte Schoene protestierte gegen ihre Entführung, doch der Chef ließ sich nur dazu erweichen, das Kind mit freizulassen. Drei Monate blieb die Frau in der Hand der Entführer und mußte mehrmals zu Fuß oder auf dem Rücken von Maultieren das Lager wechseln.

Ulrich Schoene war schon in Venezuela von der Entführung seiner Frau unterrichtet worden. Zurück in Kolumbien traf er umgehend einen Berater der Sicherheitsfirma Control Risks Group. Die deutsche Botschaft wurde darüber informiert, daß die Londoner Entführungsspezialisten den Fall übernommen hatten. Eineinhalb Wochen nach dem Verschwinden von Brigitte Schoene meldeten sich die Entführer am Telefon und verlangten sechs Millionen Dollar Lösegeld. Schoene bot auf Anraten von Control Risks 100 000. Nach zahlreichen Telefonaten innerhalb der nächsten Woche reduzierte der Beauftragte der Entführer das Lösegeld auf zwei Millionen Dollar.

Einen Monat nach der Entführung meldete sich die deutsche Botschaft bei Schoene. Es gäbe da einen Mann, der ihm möglicherweise bei der Lösung seiner Probleme helfen könne. Schoene meldete sich am 16. September in der deutschen Botschaft in Bogotá und wurde dort mit einem Mann bekannt gemacht, der sich »Seitz« nannte. Der Botschaftsrat schlug Schoene vor, sich doch mit »Seitz« unter vier Augen zu unterhalten. Die Zeitschrift »Semana« berichtete unter Berufung auf Ulrich Schoene nach der Verhaftung von Werner Mauss, wie das Gespräch abgelaufen sei. »Ich habe eine sehr interessante Information für Sie«, habe »Seitz« alias Mauss gesagt. »Ich arbeite für eine Organisation, die es sich zur Aufgabe gemacht hat, sich für Entführte einzusetzen. Wir haben die Freilassung von 87 Menschen in allen Teilen der Welt erreicht, und meine Arbeit spielt vor allem in Ländern mit schweren Entführungsproblemen. Ich habe vor allem in Kolumbien gearbeitet, mit voller Rückendeckung der deutschen Regierung.« Schoene habe nichts dazu gesagt und den Mann weiterreden lassen. »Im Auftrag hoher Funktionäre der deutschen Regierung habe ich eine Reihe von Nachforschungen über den Fall Ihrer Frau Brigitte angestellt. Meine Informanten haben gesagt, daß sie sich in der Hand von Paramilitärs befindet und ihr Gesundheitszustand kritisch ist. Nach diesen Informationen geht es ihr sehr schlecht, weil sie angekettet ist. Wenn Sie nicht bald etwas machen, wird die Sache schwierig.«

Ulrich Schoene sei skeptisch gewesen und habe »Seitz« erklärt, daß er, beraten von der Firma Control Risks, den Fall von der kolumbianischen Polizei lösen lassen wolle. »Seitz« erkundigte sich, wieviel Lösegeld er denn zahlen wolle. »Nicht mehr als 250 000 Dollar«, antwortete Schoene. »Seitz« lachte: »Entschuldigung, aber da irren Sie sich gewaltig. Nach meinen Informationen will die Bande, die Ihre Frau in der Gewalt hat, von Ihnen zwischen 1,2 und 1,5 Millionen.« Er habe mit Kontaktpersonen der ELN gesprochen, die versichert hätte, Brigitte Schoene nicht entführt zu haben. Die Täter seien Paramilitärs. »Es wird schwierig für Sie werden, sie zusammen mit der Polizei und Control Risks freizubekommen. Ich dagegen kann Ihnen mit meiner Erfahrung garantieren, daß ich in weniger als zwei Wochen ihre Befreiung erreichen kann. Alles, was ich dafür will, sind die Spesen für meine Arbeit. Denken Sie gut darüber nach, und in drei Tagen sprechen wir nochmals darüber.«

Mauss bestritt nach seiner Festnahme gegenüber der Staatsanwaltschaft in Medellín, daß er über Geldforderungen und Spesen gesprochen habe: »Ich habe Herrn Schoene nur den Rat gegeben, daß sein niedriges Angebot zu einer Aggression führen und daß seine Frau dadurch in Gefahr kommen könnte.«

Schoene nahm nach dem Gespräch mit »Seitz« an, der mysteriöse Agent würde sich aus dem Fall heraushalten, hatte er doch am Ende des Gesprächs erklärt: »Ich habe mich entschieden, daß die kolumbianischen Behörden den Fall abwickeln. Bitte mischen Sie sich da nicht ein.«

Eine Woche später meldete sich »Seitz« dennoch telefonisch bei ihm und bot an, ein Lebenszeichen von der Entführten zu beschaffen: »Ich brauche von Ihnen drei Fragen über Ihre Frau, um sie ihr über einen Kontaktmann zuzuschicken, und wenn sie die beantwortet, werden wir wissen, daß sie lebt.« Mauss hatte aus New York angerufen, wo er sich gerade mit dem kolumbianischen Präsidenten Samper und dem deutschen Staatsminister Schmidbauer traf. Die Fragen an Brigitte Schoene übergab Mauss an ELN-Kontaktleute in Bonn, die sie nach Kolumbien weiterreichten. Anfang Oktober meldeten sich die Guerilleros bei der deutschen Botschaft in Bogotá und lieferten das gewünschte Lebenszeichen. Sie teilten zugleich mit, daß kein Kommando der ELN verantwortlich sei. Es seien Kriminelle, die sie aber inzwischen aufgespürt hätten. Die ELN habe durchgesetzt, daß Mauss Brigitte Schoene am 10. Oktober ohne Lösegeld abholen könne.

In der Zwischenzeit hatte aber Control Risks sich bei der deutschen Botschaft in Bogotá und beim Bundeskanzleramt in Bonn beschwert. Das Londoner Sicherheitsunternehmen sei mit dem Fall betraut und niemand anderes. Daraufhin, so erzählte Mauss später dem Staatsanwalt in Medellín, habe das Kanzleramt ihm verboten, weitere Schritte zu unternehmen. In Bonn habe man befürchtet, »daß durch weitere Intrigen der Friedenstisch in Deutschland zerstört wird«.

Das Verbot habe aber nur bis Ende Oktober gegolten, erklärte Mauss den Vernehmern. Am 1. November habe Schmidbauer bei ihm angerufen: »Bei dem Minister war der Präsident der BASF, und sie baten uns, daß Frau Schoene vor Dezember befreit sein müsse und daß wir alles in unserer Macht stehende tun sollten, um Frau Schoene zu finden und zu befreien, weil der Friedensprozeß Mitte Dezember anfangen sollte.« Wenn sie nicht befreit sei, könne das die Gespräche scheitern lassen. »Wegen des Anrufs«, so sagte Mauss unter Tränen der Staatsanwaltschaft, »ließen wir alles stehen und liegen. Unsere Kinder waren traurig, denn es war ein Feiertag, und wir konnten zusammensein.« Mauss nahm noch in Bonn Kontakt zu seinen Vertrauten der ELN auf und erklärte ihnen den Ernst der Lage. Kurz darauf hatte Mauss die Antwort: »Sie teilten uns mit, daß sie nachgeforscht hätten und daß wir Frau Schoene abholen könnten.« Mauss meldete sich wieder unter dem Namen »Seitz« bei Ulrich Schoene und teilte ihm seine Bedingungen mit. Er arbeite nur für Firmen und nicht für Privatpersonen, und Schoene solle sofort gemeinsam mit seinem Sohn Kolumbien verlassen. Die Zusammenarbeit mit Polizei und Control Risks müsse sofort eingestellt werden.

»Wenn das Ihre Bedingungen sind« antwortete Schoene, »was kann ich da machen? Ich werde sie erfüllen.« Mauss erklärte später dem Staatsanwalt wie die Bezahlung geregelt worden sei: »Alle Kosten sollten von der BASF bestritten werden, von ihrer Hauptdirektion in Ludwigshafen.« Nur so habe er auch die entsprechenden Dokumente vom Kanzleramt bekommen – Tarnpapiere für ihn selbst und seine Ehefrau sowie für Brigitte Schoene. Mauss wußte, daß er diesmal besonders auf Eigensicherung achten mußte.

Am Morgen des 14. November erklärten die Bewacher Brigitte Schoene, daß sie freigelassen würde. Nach einem längeren Fußmarsch und noch längerer Wartezeit näherte sich der weiße Geländewagen von der Diözese Valledupar. Das Ehepaar Mauss und der Priester Miguel Jaimes waren in Begleitung eines Kontaktmannes der ELN erschienen. Brigitte Schoene weinte und sagte: »Heute bin ich neu geboren.« Auf dem Rückweg tranken alle eine Flasche Aguardiente, denn es war kalt, und sie hatten allen Grund zu feiern. Gegen Mitternacht setzte der Priester das Ehepaar Mauss und die Befreite auf dem Flughafen Medellín ab. Als sie den Weg zur Abflughalle hinaufgingen, um sich am Schalter nach dem gecharterten Flugzeug zu erkundigen, traten mehrere Polizisten auf sie zu und fragten nach den Pässen. Die drei präsentierten Personalpapiere auf die Namen Norbert Schröder, Silvia Schröder und Barbara Baumann. Die Anti-Entführungspolizei hatte von der Aktion erfahren und die Flughäfen überwachen lassen. »Haltet sie fest, ich komme sofort« sagte der Chef der Einheit. Das Gepäck wurde durchsucht, es kamen vier Mobiltelefone, ein Satellitentelefon, ein tragbares Faxgerät, ein Laptop, ein Diktiergerät und ein Fotoapparat mit 12 Filmen zum Vorschein. Außerdem hatte Mauss 35 000 US-Dollar und 22 000 DM in bar dabei. Das Ehepaar Mauss wurde festgenommen. Brigitte Schoene war frei.

Kurz darauf führte der Gouverneur Alvaro Uribe Vélez das Agentenpaar der Presse vor. Das Bild der beiden ging um die Welt. Die Anonymität des geheimnisvollen Mannes mit den vielen Namen war plötzlich gelüftet. Es war das passiert, wovor

Mauss so viele Jahre Angst gehabt hatte. Mauss wirkte wie geschlagen, doch seine Frau Alida nutzte die Anwesenheit der Reporter zu einem Statement: »Wir respektieren kolumbianisches Recht. Wir sind hier, um einen Beitrag zum Frieden zu leisten. Deutschland ist entschlossen, diesem Land den Frieden zu bringen, die Aussöhnung mit der Guerilla zu ermöglichen.« Aber der Ermittlungsrichter blieb unbeeindruckt. Der Gouverneur erklärte gegenüber SPIEGEL-TV: »Dem Ehemann von Frau Schoene war geraten worden, er solle über eine Lösegeldsumme zwischen 150 und 250 Millionen Pesos verhandeln, kolumbianische Pesos. Und dann erscheint Herr Mauss und zahlt zwischen 1,2 und 1,5 Millionen Dollar an die Guerilla. Die Freilassung, die für umgerechnet 200 000 Dollar zu haben gewesen wäre, setzt er mit einem Betrag an, der fast zehnmal so hoch ist. Das gefährdet in höchstem Maße die nationale Sicherheit.« Und er fügte hinzu: »Sie können sich vorstellen, wie viele Gewehre man für 1,5 Millionen Dollar kaufen kann, wieviel Mohn- und Kokapflanzen man mit diesem Geld anbauen kann.«

Für die Spezialeinheit zur Bekämpfung des Kidnapping in Kolumbien war die Verhaftung des Ehepaares Mauss nur ein kurzfristiger und vor allem politischer Erfolg. Der deutsche Detektiv, so behauptete die Truppe, treibe die Lösegelder künstlich in die Höhe, zum Wohle der Guerilla und des eigenen Geldbeutels. Mauss habe sich ein fettes Stück aus dem einträglichen Geschäft mit der Entführung herausgeschnitten. Insgesamt 550 Millionen Dollar, so Schätzungen von Experten, setzte die nationale Kidnappingbranche des Landes jährlich um. Allein 1995 wurden in Kolumbien 1158 Menschen entführt. Die Mehrzahl der Fälle wurde nicht von der Polizei, sondern durch die Zahlung von Lösegeld geregelt. Ein lukratives Geschäft, auch für die Unterhändler. Doch solche Vorwürfe wehrt Mauss stets ab. Er habe allein aus humanitären Gründen und im Kampf um den Frieden gehandelt. Geld habe für ihn nie die entscheidende Rolle gespielt. Ärmer ist er dennoch nicht geworden.

In den ersten Wochen nach seiner Verhaftung rechnete Mauss noch mit einer baldigen Freilassung. Alles sei ein Mißverständnis, schlimmstenfalls eine Intrige von Control Risks gewesen. Seine Freunde in der Politik, vor allem im Bonner Kanzleramt würden ihm schon helfen. Zunächst trat er dem vernehmenden Staatsanwalt noch recht forsch entgegen und spulte sein heldenhaftes Leben im Kampf gegen Verbrecher, Terroristen und Entführer so schnell ab, daß die Übersetzerin kaum folgen konnte. Schließlich kam er zu seinem Lieblingsthema, dem Friedensprozeß in Kolumbien. Der Plan, unterstützt von Deutschland und der Europäischen Gemeinschaft, solle »die Kolumbianer daran hindern, sich gegenseitig umzubringen«. Nach den endlosen Wortkaskaden des Agenten hatte der Staatsanwalt Zweifel am Geisteszustand des Häftlings: »Würden Sie uns bitte sagen, ob Sie wissen, warum Sie hier befragt werden?«

Erst dann ließ sich Mauss zur Sache ein. Im Kanzleramt in Bonn brach derweil Hektik aus. Mauss habe die Papiere nur für eine »humanitäre Aktion bekommen«. Die Bundesregierung habe im »rechtfertigenden Notstand« gehandelt, um das Leben einer Geisel zu retten. Fragen nach Schmidbauers Beteiligung an den Friedensbemühungen des Super-Agenten, nach den Kontakten zu Guerilleros und fragwürdigen Unterhändlern, nach den Plänen zur Einbeziehung der Drogenmafia in die Verhandlungen wurden eher zögerlich und unvollständig beantwortet. Eine Woche nach der Verhaftung, so berichtete später der US-Botschafter in Bogotá, habe Schmidbauer bei den Amerikanern angefragt, ob sie sich für eine baldige Freilassung von Mauss einsetzen könnten. Dieser Vorschlag, so schreiben Gómez und Schumacher in ihrer genauen Rekonstruktion des Falles, sei brüsk zurückgewiesen worden: »Die Amerikaner«, vor allem der US-Botschafter Frechette, »hielten Mauss für eine höchst zweifelhafte Persönlichkeit, schon wegen seiner Verbindungen zur Hisbollah und zum Regime im Iran. Er sprach von Mauss, aber der Schienbeintritt galt Schmidbauer, dem die USA eben auch diese Verbindungen vorhalten.«

Mitte Dezember ließ sich die Bundesregierung offiziell gegenüber der Staatsanwaltschaft zum Fall Mauss ein. Die hatte inzwischen schweres Geschütz gegen den Agenten und seine Frau aufgefahren: Das Ehepaar sei an der erpresserischen Entführung von Brigitte Schoene selbst beteiligt, habe sich dazu mit den Entführern verschworen und habe außerdem gefälschte Personalpapiere benutzt. Das hätte leicht 25 Jahre Haft bedeuten können. Doch die Beweislage war nur dürftig. Die fragwürdigen Aktivitäten der Vermittler Mauss & Mauss waren kaum in Gesetzesverstöße zu kleiden. Am Abend des 25. Juli 1997 konnten Mauss und seine Ehefrau die Gefängniszellen verlassen. Die Gefängnisleitung bewies Humor: Super-Agent Werner Mauss erhielt den Entlassungsschein 007, seine Frau durfte als 008 wieder in die Freiheit. Neuen Aufgaben entgegen. Nur die Gesichter der beiden, sie waren jetzt bekannt.

Abkürzungen

Antifa-Gruppen	antifaschistische Gruppen; sind dem legalen Umfeld der RAF zuzurechnen
BfV	Bundesamt für Verfassungsschutz
BKA	Bundeskriminalamt
BND	Bundesnachrichtendienst
CIA	Central Intelligence Agency; US-amerikanischer Geheimdienst
CID	Counter Intelligence Division; US-amerikanischer Militärgeheimdienst. (Auch: Criminal Investigation[s] Division [FBI])
ELN	Ejército de Liberación Nacional; Nationale Kolumbianische Befreiungsarmee
FRAP	Frente Revolucionário Antifascista Y Patrióto; spanische Terrororganisation
FRG	Federal Republik of Germany
GRAPO	Grupos de Resisténcia Antifascista Primero de Octubre; spanische Terrororganisation
HUK	ursprünglich: Haftpflicht-Unfall-Kraftfahrt; steht heute für: Verband der Haftpflichtversicherer, Autoversicherer und Rechtsschutzversicherer
KBW	Kommunistischer Bund Westdeutschland
KGB	Komitet gossudarstwennoi besopasnosti; russischer Geheimdienst

LVM	Landwirtschaftlicher Versicherungsverein Münster A. G.
MAD	Militärischer Abschirmdienst
ML	Marxismus-Leninismus
MPAIAC	Movimiento para la Autodeterminación y Independencia del Archipiélago Canario; Bewegung für die Unabhängigkeit des Kanarischen Archipels
OAS	Organisation de l'Armée Secrète; rechtsextreme französische Untergrundorganisation
RAF	Rote Armee Fraktion
RZ	Rote Zellen
SoKo	Sonderkommission
TE	Kürzel für Terrorismus
VGH	Versicherungsgruppe Hannover
VS	Verfassungsschutz
VM	Kürzel für V-Mann
ZP	Zielperson

Register

Albert [Kripobeamter] 343
Albertz, Heinrich 177
Albrecht, Ernst 246f., 255–258
Albrecht, Udo 293–303,
 305–309, 339f.
Alm-Merk [SPD-Abgeordnete] 258
Amelung, Martin 190
Aust, Stefan 421, 430f., 433, 439

Baader, Andreas 28, 205, 381
Baal, Karin 33
Barschel, Uwe 421, 425f., 439
Baum, Gerhart 269f., 289, 306
Baumann [Zürcher Kripochef] 133
Becht [Besitzer einer Ölfirma] 68f.
Beer, Wolfgang 288, 292
Benito, Lorenzo de 98
Berger, Manfred 201–204, 209, 213, 244–247, 253ff., 258f.
Bergmann [Deckname von Werner Mauss] 406
Bertling [Kriminaldirektor] 192f.
Blanco, Eduardo 98, 100
Blandón Cardona, Diego 448, 456

Bläsig [Direktionsbeauftragter der Mannheimer Versicherung] 341f.
Blötz [BND-Vizechef] 276
Boeden [BKA-Vizechef] 248
Boge [Präsident des BKA] 335f., 374, 376
Börner, Holger 246
Borrak, Manfred 147, 195–200, 209f., 212, 215, 217, 219, 233, 235, 237, 239, 243f., 306, 333
Brandenburg, Albrecht von 166
Brandt, Willy 294, 317
Brauchitsch, Elmar von 27
Brehm, Elmar 27, 374
Brumm, Hansheinrich 103, 327f.
Brunk [Kriminalhauptkommissar] 78
Buback, Siegfried 266
Buss, Hero 435f.
Busse, Achim 344–349, 351ff., 355–364, 366, 373

Capone, Al 118
Carlos [griech. Krimineller] 71f.
Carlos [Terrorist] 276, 293
Carlsen, Jan 449ff., 456
Ceccato, Jeremia [Deckname von Vilijam Dallavalle] 168

Chandler, Raymond 118
Chirico, Giorgio de 120
Claude [Deckname von Werner Mauss] 26f., 33, 346f., 349ff., 353f., 356, 359, 361, 363–366, 369ff., 373, 375
Cohn-Bendit, Daniel 200, 224, 284
Cordes, Rudolf 425–431, 433
Corta, Cornelius [Deckname von Werner Mauss] 381, 385
Cottier [schweiz. Anwalt] 396–400
Cubillo, Antonio 211, 221f., 234–237, 260

Dallavalle, Vilijam 167–173
Debus, Sigurd 202f., 206–209, 213ff., 245ff., 249, 256
Derks, Helmut 93–101, 118, 128, 148
Diana [Deckname von Alida Mauss] 438, 445
Dietl, Wilhelm 427f., 431
Dressel, Karlheinz 447f., 451
Dröse [Prokurist] 57
Droy, Maurice 398
Düe [Familie] 349f.
Düe, Lydia 340
Düe, Marion 341ff., 345–348, 361, 373
Düe, René 25ff., 29, 340ff., 346–373, 377, 401, 406, 418f., 431
Dulex [Chef der Zürcher Kantonspolizei] 396
Dürkopf [Prokurist] 57

Dusch, Hans-Georg 391, 394–397, 399, 401
Dyck, Elisabeth van 217f., 229

Eckrodt [Kriminalhauptmeister] 78
Emmerlich [SPD-Abgeordneter] 255
Ensslin, Gudrun 28, 205
Ernst, Johanna 170
Ernst, Ljubomir 167–174
Ewe [Staatsanwalt] 193

Fatinopoulos [griech. Interpolchef] 181f., 185, 340
Feldmann [Vorstandsmitglied der Frankfurter Versicherungs-AG] 76
Fellini, Federico 48
Fetscher, Iring 219
Fischer [Kriminalbeamter] 193
Fischer, Rudolf 375
Fischer-Hollweg [BND-Beamter] 440
Flath [VGH-Präsident] 183ff.
Flick, Friedrich 27, 267
Folger, Gerhard 14f., 20f., 23f., 86, 135ff., 139f., 162
Franco, Francisco 101, 159
Frechette, Myles 455, 464
Frendle, Adolfo Lopez Christobald [Deckname von Rolf Pohle] 177
Frisch [niedersächs. Verfassungsschutzpräsident] 254f.
Fröhlich [Staatssekretär] 247f.

Funke [Mannesmann-Manager] 393

Gabi [dt. Bardame] 97 ff., 101
Galeno, Aldo 149–157, 160
Gandhi, Indira 311 f., 317 ff.
Gandhi, Sanjay 312 f., 318
García, Antonio 445, 447
Gartenschläger, Michael 295
Gärtner [Chef der Allianz-Versicherung] 150, 153 f.
Gemmer [Kriminaloberrat] 74, 86 f., 116
Genscher, Hans-Dietrich 147
Glüsing, Jens 443
Gómez, Ignacio 435, 449, 454, 464
Griessen, Jean-Jacques 429
Gross, Rötger 248, 257 f.
Guderian, Heinz 41

Hackethal, Julius 439
Halden, Philip 448, 456
Hamadi [Terrorist] 427, 431
Hansen, Peter [Deckname von Werner Mauss] 88, 267
Haupt, Hans-Georg 141, 163
Hauser [Juwelier] 149, 155
Heigl, Frank Peter 13–17, 21–24, 121–124, 163
Heinl [Vizepräsident] 268
Heinrich [Sonderstaatsanwalt] 118, 193
Heissler, Rolf 207
Heldmann, Hans-Heinz 277, 381–386
Herbst [niedersächs. Ausschutzvorsitzender] 257

Herold, Horst 21, 143, 196, 268–271
Hidschasi, Ali 429
Hinkelmann [Oberstaatsanwalt] 348 f.
Höcherl, Hermann 376
Hoffmann [Schadenssachbearbeiter] 61, 63
Hoffmann, Karl-Heinz 302–305
Hoffmann, Rainer 329, 332, 348
Hügeli [schweiz. Untersuchungsrichter] 150
Hüskes [Kriminalkommissar] 78

Ijad, Abu 302, 305

Jacques [Deckname von Werner Mauss] 33, 169, 171 f., 174
Jaime, Miguel [Priester] 462
Jandt, Ilse 284
Jaramillo, Alberto Giraldo 457
Jeschke [BKA-Abteilungspräsident] 116 f., 150, 352
Jeserich, Hans Dieter [Oberstaatsanwalt] 432
Joachimsthal, Peter [Deckname von Werner Mauss] 267
John [Deckname von Werner Mauss] 33, 438, 445
Johns, Otto [Deckname von Werner Mauss] 58, 60
José [jugosl. Krimineller] 62 f.
Jüllig, Herbert 197, 212, 217, 246, 249
Juneja, Pushkar 317 f.
Jung, Rolf [Deckname von Werner Mauss] 299–302, 306 ff.

Jüres, Alice Edith Hedwig [geb. Völkening] 33, 38
Jüres, Dietrich Wilhelm Gerhard 33f.
Jüres, Margret Ida Elfriede 33f.
Jüttner [Kriminalbeamter] 347

Kaiser [Dezernatsleiter] 348
Kaufmann, Hugo [Deckname von Zjelko Susak] 205–208, 213ff., 234, 238, 240–243, 245, 261–265
Kemptner, Thomas 434
Kinkel, Klaus 269f., 271, 275, 401
Klar, Christian 276
Klein, Hans-Joachim 284, 385
Kohl, Helmut 28, 438, 453
Köhler, Gundolf 304
Kohlmann [BKA-Kommissar] 307
Kollmar, Hans 16f., 19, 21, 131, 135–141, 143, 162, 164f., 193
Korter [SoKo-Beamter] 121
Kröcher-Tiedemann, Gabriele 178
Kühling [Leiter der Vollzugsanstalt Celle] 249–252, 256, 335
Kyriakopoulos [griech. Einsatzleiter] 181f.

Lampe [Deckname von Werner Mauss] 333
Lange [Deckname von Werner Mauss] 333, 335, 421
Langemann, Hans 164f.
Laura [Deckname von Alida Mauss] 406
Lecki, Alfred 94–97, 99ff., 118, 128
Lehmann, Karl 457
Leiding [VW-Generaldirektor] 146f.
Lewin [Deckname von Werner Mauss] 370ff.
Leyendecker, Hans 443
Lichtenwald [Geschäftsführer des Verbandes der Sachversicherer] 70, 106
Lindlau, Dagobert 414
Linkvogel [Kriminalhauptkommissar] 352
Loren, Sophia 120
Lorenz [Deckname von Werner Mauss] 406
Lorenz, Peter 177
Loudil, Klaus Dieter 200–204, 213, 244–247, 253ff., 263
Luciano, Lucky 118
Lücker, Hellmuth 436

"M" [= Werner Mauss]
Mahler, Horst 284
Mähler, Hubert 179, 276
Maihofer, Werner 248, 258
Manopulo [ital. Interpolchef] 88
Marchini, Robert 154
Marthe [Bardame] 95ff.
Martini [BND-Mitarbeiter] 277, 281, 311, 313, 315, 318
Mascolo, Georg 443
Maß, Otto [Deckname von Werner Mauss] 33, 73–76

Maurer, André 387
Mäuser [Kriminalhauptkommissar] 341 ff., 363 f., 367
Mauss, Alida 338, 345, 350 f., 353, 359, 361, 363, 367, 369, 391, 393–399, 403, 421, 427, 430, 435, 437, 441–445, 447, 453 ff., 462 f., 465
Mauss, August 33, 35
Mauss, Margret [geb. Jüres] 33–36, 38–50, 53 f., 56–59, 65, 70, 77, 79–86, 102, 106–112, 117, 129, 136, 138, 142, 148, 153, 156–159, 161, 177–181, 183 ff., 187, 191, 194 f., 210, 217, 222, 229, 233, 235, 237, 260, 275–278, 289, 310, 315 f., 319–322, 327 f., 336–339, 345, 376
Mauss, Minna Emma Pauline Getrud 33, 35 f., 39 ff., 160
Meier, Richard 268 f.
Meinhof, Ulrike 227
Meins, Holger 227
Meshabi, Abolghasem 430
Michel [Beamter des Bundesamts für Verfassungsschutz] 134
Mitterrand, François 389
Möcklinghoff, Egbert 248, 257
Mogul, Kurshid 310, 314–319, 345
Mohnhaupt, Brigitte 276, 382, 385 f.
Möllner, Klaus [Deckname von Werner Mauss] 33, 393, 406, 453

Möllner, Michaela [Deckname von Alida Mauss] 406, 453 f.
Moorhoff [Staatssekretär] 246
Moro, Aldo 234
Mörschel [Bezirkskommissar] 59, 63, 74, 76, 82
Mourin [franz. Anwalt] 390, 392–395, 397 f.
Müller, Karl-Heinz 78, 332, 344, 348, 352, 355, 358
Müller, Richard 421, 430 f.
Munding [Mannesmann-Manager] 386, 390 f., 393
Napoleon [d.i. Luigi J.; Gangster] 117–124
Nelson, Karin [Deckname von Margret Mauss, geb. Jüres] 15 f., 23, 77 f., 80 f., 105
Nelson, Richard [Deckname von Werner Mauss] 14 ff., 33, 77 f., 80 f., 105 f., 321, 374
Nicki [Deckname von Helmut Derks] 95 f.
Nieto [span. Interpoldirektor] 97
Nitzschmann, Manfred 248, 250, 252
Noe, Luigi 387

Oetker, Marion 186
Oetker, Richard 185–190
Oetker, Rudolf August 186 f.
Ost, Friedhelm 28
Otto [Deckname von Alfred Lecki] 96
Overbeck [Mannesmann-Manager] 386, 401

Paco [span. Geheimagent] 233, 235f., 260
Pardo, Espinosa 236, 260
Paringaux, Bernard 388ff., 392, 394, 400ff.
Paringaux, Christine 390–397, 399f.
Perez, Alfredo Gonzáles 236f.
Perez, Manuel 405, 408
Pfeiffer, Reiner 426
Picco, Giandomenico 434
Plambeck, Juliane 288, 292
Pless, E. W. [Pseudonym von Willi Pohl] 293f.
Pohl, Willi 293f.
Pohle, Rolf 177, 179–182, 266, 339, 401
Ponto, Jürgen 266
Ponzanelli, Giuliano 442, 446
Proll, Astrid 284
Pukallus [Kriminaloberkommissar] 78

Raspe, Jan Carl 28, 205
Reyniers, Frans 432ff.
Rick, Herbert [Deckname von Werner Mauss] 33, 77, 310, 321
Rick, Karin [Deckname von Margret Mauss] 77
Ringo [Verbindungsmann von Werner Mauss] 61ff.
Rodríguez, Cortes 236
Rodríguez, Nicolás 445, 447
Roland, Hans [Deckname von Werner Mauss] 88
Rossi, Salvatore 442, 446

Roth, Karl-Heinz 284
Ruschke [Kriminalbeamter] 193
Russell, Bertrand 205
Ruttnik, Leo 437ff.
Ruzca [Freundin von Zjclko Susak] 192

Salazar, Jaime Hernandez 406
Samper, E. [kolumb. Präsident] 453, 455, 457f.
Sartre, Jean-Paul 312, 316f.
Schäfer [Angestellter beim Verband der Sachversicherer] 129
Schäuble, Wolfgang 427
Schamshedin, Mohammed Mahdi 429
Schenk [Kriminalhauptkommissar] 59, 69f., 78
Schieren, Wolfgang 266f., 269
Schill, Walter 20ff., 131–136, 138–141, 162f.
Schlayer [Allianz-Direktor] 154
Schleyer, Hanns-Martin 28, 205, 266, 292
Schmid [Kriminaloberkommissar] 78
Schmidbauer, Bernd 434f., 438ff., 442, 451–457, 461, 464
Schmidt, Alfred 426–431, 433
Schmidt, Helmut 258
Schmücker, Ulrich 197, 208, 240, 265
Scholz [Deckname von Werner Mauss] 217f., 223, 229, 279, 283f., 288–291
Schonart [Kriminalbeamter] 193

Schoene, Brigitte 458–463, 465
Schoene, Christopher 458, 461
Schoene, Ulrich 458–461, 463
Schreiber, Manfred 185
Schüler, Manfred 269
Schultz, Ulrik 448, 456
Schulz, Adelheid 385
Schumacher, Peter 449, 454
Schunder, Friedrich 407, 409
Schwind [Justizminister] 248 ff.
Seitz [Deckname von Werner Mauss] 459 ff.
Señor Claus [Deckname von Werner Mauss] 406 f.
Singh, M. K. 311–318
Sitte, Götz 193
Smoydzin, Werner 248, 268 f., 276
Spiegel [BND-Mitarbeiterin] 275
Steffen, Gerd 148 f., 315 f.
Stein [Deckname von Werner Mauss] 371
Steinke [Kriminalkommissar] 78
Strass [Kriminalrat] 78, 117
Strübing, Heinrich 434
Studente [d.i. Fernandino C.; Gangster] 122 ff., 135
Stümper, Alfred 19
Suffert [BKA-Beamter] 193
Susak, Zjelko [genannt: "Django"] 148, 191–196, 198–201, 204, 209, 211 ff., 215, 219, 232–245, 259 f., 264 ff., 306

Theisen [Nachbar von Werner Mauss] 404

Tiegel, Ralf [Deckname von Werner Mauss] 87 f.
Tulipan [Deckname von Frank Peter Heigl] 123 f.
Tunjic, Borislav 167 ff., 171 ff.

Ulreich [Juwelier] 66
Unbescheiden [Kriminaloberkommissar] 78
Uribe Vélez, Alvaro 456, 462

Valbuena, José Augustín 443 f.
Vasiliki [Freundin von Udo Albrecht] 300 f., 308, 339 f.
Viett, Inge 241
Villamil Cháux, Carlos 452–455, 457
Vincent, Jean-Claude 352
Vogel [Kriminalhauptkommissar] 100
Vogel, Hans-Jochen 270 f.
Vogt [Beamter des Bundesamts für Verfassungsschutz] 235
Wackernagel, Christoph 227
Wagner [Deckname von Werner Mauss] 141
Waike [niedersächs. Ausschutzvorsitzender] 255 ff.
Walter [ital. Krimineller] 63
Weber [Deckname von Werner Mauss] 449 ff.
Weber [Müllbeseitiger] 389 ff.
Weber, Oskar 344 f.
Weil, Ekkehard 295
Weingraber, Volker von 240–243

Weiß [Kripobeamter] 343
Weissweiler [Mannesmann-Manager] 386, 390f., 393
Wenzel, Karl Egbert 413–417, 421, 426
Wiehe, Harald 197, 199, 201f., 212, 217, 219, 233ff., 247, 249ff., 260
Wischnewski, Hans-Jürgen 294f.

Wubben, Henk 203f., 245, 247, 253f.
Wunder [Kriminalbeamter] 347

Zabel [Kriminalkommissar] 78
Zahl, Peter-Paul 284
Zimmermann, Eduard 70
Zimmermann, Friedrich 376, 391, 395, 401
Zlof, Dieter 189f.

Wissen, was der SPIEGEL weiß

Der SPIEGEL-Almanach: Alle Länder dieser Welt – Zahlen, Daten, Analysen

Ob rasche Informationen über Land und Leute, Geschichte in Epochen, meteorologisches oder politisches Klima, Wirtschaft, Verfassung oder Kultur: Der SPIEGEL-Almanach bleibt zu keinem Land der Erde eine Antwort schuldig. Übersichtlich dargestellt, präzise recherchiert und hervorragend illustriert liefert er auf über 600 Seiten und mit mehr als 1.500 Abbildungen den kompletten Weltüberblick auf SPIEGEL-Niveau.

Lieferbar:

- *Als Buch mit mehr als 600 Seiten und über 1.500 Abb., durchgehend vierfarbig,*
- *Als CD-ROM, mit ergänzenden Informationen und über 1.500 Abb.*
- *Als Buch mit CD-ROM*

GOLDMANN

SPIEGEL-Bücher bei Goldmann

Rudolf Augstein (Hrsg.),
Ein deutsches Jahrzehnt   12954

Tiziano Terzani,
Fliegen ohne Flügel   12952

Robert S. McNamara/
Brian VanDeMark, Vietnam   12956

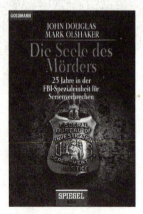

John Douglas/Mark Olshaker,
Die Seele des Mörders   12960

Goldmann • Der Taschenbuch-Verlag

DAS NEUE GOLDMANN LEXIKON

mit CD-ROM

♦ 150.000 Stichwörter und über 20.000 meist farbige Abbildungen. Insgesamt 11.112 Seiten.

♦ Der neueste Wissensstand zu allen Sachgebieten, ideal für Schule, Studium, Beruf und zu Hause.

♦ Aktualisierbar durch Online-Updates

ISBN 3-442-90000-X

GOLDMANN

24 Bände und CD-ROM in Kassette: die geniale Kombination

GOLDMANN

Das Gesamtverzeichnis aller lieferbaren Titel erhalten Sie im Buchhandel oder direkt beim Verlag.

Taschenbuch-Bestseller zu Taschenbuchpreisen
– Monat für Monat interessante und fesselnde Titel –

✶

Literatur deutschsprachiger und internationaler Autoren

✶

Unterhaltung, Thriller, Historische Romane
und Anthologien

✶

Aktuelle Sachbücher, Ratgeber, Handbücher
und Nachschlagewerke

✶

Esoterik, Persönliches Wachstum und
Ganzheitliches Heilen

✶

Krimis, Science-Fiction und Fantasy-Literatur

✶

Klassiker mit Anmerkungen, Autoreneditionen
und Werkausgaben

✶

Kalender, Kriminalhörspielkassetten und
Popbiographien

Die ganze Welt des Taschenbuchs

Goldmann Verlag · Neumarkter Str. 18 · 81673 München

Bitte senden Sie mir das neue kostenlose Gesamtverzeichnis

Name: _____

Straße: _____

PLZ / Ort: _____